개정3판

인사행정론

한영수 · 강인호 공저

형설출판사

개정3판 머리말

세상의 변화가 참으로 빠르다는 느낌이 든다. 이러한 변화는 한국의 인사행정에 있어서도 예외가 아니다. 지난 2009년 3월에 「인사행정론」개정2판을 낸 이후 2012년 2월에 개정3판을 다시 내게 되었다.

그간 국가공무원법의 개정과 그 밖의 인사행정 관련 법령이 개정됨으로써 한국의 인사행정제도에 적지 않은 변화가 있었고, 이에 따라서 인사행정 내용도 많이 바뀌게 되었다.

개정3판에서는 이러한 변화에 따라서 「인사행정론」 내용을 새롭게 개정하였다. 좀 더 말하자면, 「인사행정론」 내용 중에서 공무원 임용제도, 공무원 성과평가(근무성적 평정 등)제도, 공무원 보수 및 연금제도, 그리고 공무원의 신분보장 및 징계제도 등 그 동안 변화된 내용들을 수정 보완하였다. 이 외에도 기존의 내용들을 일부 보완하거나 삭제하는 한편, 도표 및 통계적 수치의 수정과 내용상의 오탈자를 바로잡았다.

또한 이 책의 체계를 일부 바꾸었다. '제13장 공무원의 신분보장과 징계' 부분에서 다루었던 '제2절 공무원의 부정부패'의 내용을 '제12장 행정윤리와 공무원의 근무규율' 부분의 제2절로 옮겼다. 큰 차이는 없으나 이는 독자들에게 「인사행정론」을 이해하는 데 좀 더 도움이 될 것으로 생각해서이다.

이와 같이 「인사행정론」 내용과 체계를 수정함으로써 보다 간결하고 바른 내용을 독자들에게 제공할 수 있을 것으로 생각된다.

그러나 아직도 부족한 점이 많이 있다. 이 책의 초판을 낼 때에는 책의 내용이 간결하면서도 독자들이 인사행정 실무에 필요한 내용들을 쉽게 이해할 수 있도록 하고 싶었다. 이러한 방향으로 앞으로도 계속 성심껏 수정하고 보완하여 나갈 것이다. 독자 여러분들의 많은 지적과 충고를 바란다.

2012년 2월 1일
저자 씀

개정2판 머리말

2004년 3월 「인사행정론」 초판을 내고 난 이후 2006년 3월에 개정1판을 내었고 2009년 3월에 개정2판을 내게 되었다. 그동안 우리나라 인사행정제도에는 많은 변화가 있었고 개정2판을 내게 된 이유도 이러한 변화를 반영하기 위한 것이다.

개정2판에서는 개정1판 이후 우리나라 인사행정제도의 변화를 반영하였다. 특히 2008년 2월 이명박 정부 수립 후 인사행정제도의 변화된 내용을 새롭게 개정하고 보완하였다. 중앙인사기관이 중앙인사위원회에서 행정안전부로 변경됨으로써 그 조직과 기능이 바뀌었다. 이와 함께 공무원 교육훈련제도, 공무원 근무성적평정제도, 그리고 고위공무원단제도가 바뀌었다. 또한 공무원 노동조합 관련 내용이 변화되었다. 이 외에도 우리나라의 인사행정제도는 세부 내용에 있어서도 적지 않은 변화가 있었다.

개정2판에서는 이러한 변화에 따라서 「인사행정론」의 내용을 새롭게 개정하고 보완하였다. 이외에도 개정판의 내용들을 부분적으로 보완하거나 삭제하는 한편, 통계적 수치와 도표 및 내용상의 오탈자를 바로잡았다.

그러나 아직도 내용상의 오류나 미진한 부분이 있을 것으로 생각한다. 앞으로도 계속 성심껏 수정하고 보완하여 나갈 것이다. 독자 여러분들의 많은 지적과 격려를 바란다.

2009년 2월 3일

저자 씀

초판 머리말

우리 나라의 대학에서 인사행정론이 강의되기 시작한지는 약 50여 년이 되었다. 그 동안 인사행정에 관한 많은 이론과 기술들이 소개되었고 그 내용 구성이 체계성을 갖추는 등 괄목할 만한 학문적 성과가 있었다. 이러한 성과는 훌륭한 선임 연구자들의 노고에 의한 커다란 결실이 아닐 수 없다.

그 동안 저자는 이러한 선임 연구자들의 업적을 바탕으로 대학에서 십 수년간 인사행정을 강의하여 왔다. 강의를 하면서 그간에 느낀 것 중의 하나는 인사행정에 관한 방대하고 때로는 지나치게 자세한 내용들을 압축하여 학생들에게 꼭 필요한 지식만을 전달할 수 있었으면 하는 생각이 들었다. 그것은 학생들이 독서에 투자하는 시간을 절약할 수 있도록 하기 위한 배려에서 나온 생각이다. 또 하나의 생각은 학생들이나 일반독자들이 「인사행정론」을 통하여 현장에서 실무에 적용할 수 있는 유용한 지식을 얻게 할 수 있었으면 하는 것이었다. 이러한 생각을 구체화한 것이 이 책을 쓰게 된 동기이다.

이 책은 우리 나라의 인사행정에 초점을 맞추어 인사행정의 기능과 그러한 기능을 수행하는 데 필요한 제도, 절차, 기술에 관하여 소개하고자 하는 것이다. 이러한 내용을 기초로 하면서 다음과 같은 점에 충실하고자 노력하였다.

첫째, 인사행정에 관한 지식과 기술에 관한 내용을 압축하여 기술하려고 노력하였다. 기존의 이론들을 소개하면서 되도록 지나치게 자세한 설명을 배제하고 간추린 내용만을 소개하려고 노력하였다. 이는 독자들에게 읽는 시간을 절약시켜 줄 것이다.

둘째, 인사행정 실무를 담당하는 사람에게 필요한 지식과 기술을 좀 더 자세히 소개하려고 노력하였다. 즉 인사행정의 기획단계에서 필요한 인적자원계획과 직무분석 및 평가부분은 이 책의 다른 부분에 비하여 상대적으로 자세히 설명하려고 노력하였다.

셋째, 최근에 인사행정 법규 및 제도들이 많이 바뀌었다. 이러한 내용들을 최근의 자료를 통해서 추가, 정리하려고 노력하였다.

이러한 노력의 결과에 대하여 초기의 의욕과는 달리 미흡한 점이 많음을 느끼고 있다. 그나마도 선임 연구자들의 훌륭한 연구가 있었기에 가능하였다. 이러한 결과물을 출간하려 하니 부끄러움이 앞선다. 미흡한 점이 많지만 앞으로 지속적인 연구를 통하여 내용을 수정 보완하면서 보다 충실한 책이 되도록 노력하고자 한다. 독자들의 많은 지적과 조언을 바란다. 아무쪼록 이 책이 독자들에게 조그마한 도움이 된다면 저자에게 더 할 수 없는 보람이 될 것이다.

아무리 작을지라도 책을 쓴다는 것은 많은 시간과 노력이 필요하며 주변 사람들의 도움이 있어야 가능하다는 것을 다시 깨닫게 되었다. 이 책이 나오기까지 여러분들의 도움이 있었다. 이 책을 출간하는데 여러 가지 조언과 도움을 주신 행정학전공 동료 교수님들과 김용민 교수님, 그리고 김용만 박사, 오희환 박사께 감사드린다. 그리고 자료의 정리와 교정을 도와준 임승희, 장수경, 최소영 조교에게 감사한다. 또한 이 책이 출간되도록 후원해 주신 형설출판사 장지익 회장님에게 감사드린다.

2004년 2월 3일

한 영 수

CONTENTS

차 례

➜ 제7장 내부임용과 퇴직관리 / 185

➜ 제8장 공무원 교육훈련 / 225

제12장 행정윤리와 공무원의 근무규율 / 361

제13장 공무원의 신분보장과 징계 / 401

제1장 인사행정의 의의 및 체계

제1절 인사행정의 의의

제2절 인사행정의 체계

제3절 인사행정의 이념과 목표

제1절 인사행정의 의의

1. 인사행정의 개념

인사행정(public personnel administration)은 정부가 수행하는 행정활동 중 인적자원을 관리하는 업무를 말한다. 행정활동은 행정부가 공공의 문제를 해결하기 위하여 수행하는 제활동(諸活動)과 이를 효율적으로 수행하기 위한 정부조직 내의 관리활동으로 나누어 생각할 수 있다. 인사행정은 정부조직 내의 관리활동 중에서 인적자원을 관리하는 활동을 의미한다. 즉, 인사행정은 정부의 목표달성에 필요한 인적자원을 충원하고, 능력을 발전시키며, 근무의욕을 고취하여 조직의 효율성을 높이기 위한 일련의 관리활동 또는 관리체계라고 할 수 있다.

이러한 인사행정의 개념 속에는 인사행정이 정부의 목표달성을 위한 여러 관리체제 중 정부의 인적자원 즉, 공무원을 대상으로 하는 관리체계이며, 정부의 목표를 효율적으로 달성하기 위한 수단적 성격을 가진다는 의미가 내포되어 있다.

인사행정의 목표체계는 여러 상위체제들의 목적과 요구에 기여하도록 활동해야하기 때문에 매우 복잡하다. 그러나 인사행정의 기본 목표는 공무원이라는 인적자원을 정부조직의 필요에 따라 효율적으로 활용할 수 있게 하는 것과, 공무원들의 직업생활 만족과 발전을 촉진하는 것이다(오석홍, 2000: 4).

2. 인사행정의 중요성

인사행정은 조직의 관리에 있어서 가장 중요한 요소 중의 하나이다.

인사행정은 최근 인적자원이라는 개념과 함께 더욱 중요시되고 있다. 즉, 인간을 단순한 비용(인건비)의 측면에서 접근하던 과거의 시각에서 벗어나 비용 이상의 이득을 가져다 주는 자원 내지 투자의 대상인 자본으로까지 인식하게 된 것이다. 이러한 개념은 인적자원을 다루는 인사행정의 중요성을 의미하는 것이다.

인사행정은 다음과 같은 점에서 중요성을 갖는다.

첫째, 인적자원관리가 조직의 성과에 크게 영향을 미친다. 중앙정부의 인건비는 매년 일반회계 세출예산에서 차지하는 비중이 대략 10%에 이르고 있다(예산개요 참조). 정부에서 이와 같이 큰 비중을 차지하는 부분에 대한 관리의 효율성은 조직전체의 성과와 직결된다.

둘째, 공무원의 가치관, 태도, 기술, 지식에 대한 변화의 요구가 높아지고 있다. 공무원의 가치관과 태도의 변화는 행정의 모든 영역에 영향을 미치며, 그들의 능력은 정부의 국가경쟁력과 직결된다. 또한 행정이 미치는 영향력이 넓어지고 기술이 복잡해짐에 따라 행정의 전문성이 더욱 요구되고 있다. 이러한 요인들은 채용 · 능력발전 · 사기앙양 등 인사행정의 모든 국면에서 새로운 도전으로 작용하고 있다.

셋째, 공무원의 직업관과 욕구가 변화하면서 이에 대한 적절한 대응적 관리가 중요한 과제가 되고 있다. 과거의 인적자원관리에서는 공무원의 자기발전과 직무만족과 같은 욕구를 경시하고 조직의 목표만 중요시하였다. 그러나 인간의 자율성과 자기성장에 대한 인식이 확산되면서 과거의 통제중심 관리에서 능력개발의 적극적인 인적자원관리에 초점을 맞추기 시작한 것이다. 또한 오늘날의 공무원들은 공직을 국가에 대한 봉사자로서가 아니라 하나의 전문직이라는 변화된 직업관을 가지고 있다. 이러한 공무원들의 변화된 욕구와 가치관을 전통적인 봉사자로서의 가치관과 어떻게 조화를 이루어 나갈 것인가는 앞으로의 과제이다.

넷째, 인사행정은 정부에 대한 국민들의 이미지를 결정하게 된다. 공무원에 대한 평가가 실추되면 결과적으로 통치행위를 어렵게 한다. 즉, 인사행정은 단순히 행정력 내부만의 문제가 아니고, 국민과의 상징적 교호작용의 대상이 된다(유민봉 2010: 9~12).

3. 인사행정과 인사관리

인사행정이란 정부의 공무원을 대상으로 하는 인적자원관리를 의미한다. 그러나 민간기업체에서도 인적자원을 관리한다. 이와 같이 민간기업체에서 직원을 대상으로 하는 인적자원관리를 인사관리(personnel management 또는 administration)라는 말로 많이 쓰고 있다. 근래에는 정부부문에서 민간기업체로부터 인사관리 기법을 도입하는가 하면, 민간기업들의 공공성이 커지면서 공사조직과의 유사성이 높아지고 있다(오석홍, 2009: 6). 이처럼 인사행정과 인사관리의 개념을 구분하기도 하고 때로는 양자를 같은 개념으로 쓰기도 한다. 그러므로 여기에서는 인사행정과 인사관리 개념간의 유사점과 차이점을 검토하고자 한다.

인사행정은 인적자원을 대상으로 하며, 조직의 목표달성을 위한 지원활동이라는 점에서 민간기업의 인사관리와 유사한 속성을 가진다. 인사행정은 인사관리와 마찬가지로 조직의 효율적인 목표달성을 지원하기 위하여 그에 적합한 인재를 충원하고, 적소에 배치하며, 능력발전을 도모하고, 근무의욕을 고취시키는 활동을 수행한다.

그러나 인사행정은 공익을 실현하기 위한 관리활동이라는 점에서 사익을 실현하기 위한 인사관리와는 다른 특성을 가진다. 이러한 차이를 좀 더 구체적으로 살펴보면 다음과 같다(오석홍, 2009: 6∼8 / 강성철 외, 2010: 24∼25 / 유민봉 2010: 12∼14).

첫째, 인사행정은 공적 상황 또는 정치적 상황 속에서 작용한다. 정부의 인사정책의 결정이나 관리에는 기회균등에 의한 임용, 공무원의 정치적 중립 및 단체행동의 금지, 공무원의 신분보장, 공무원의 윤리성 등이 강조되는가 하면, 공무원의 보수 결정, 고위직의 인사이동 등에는 사회적 형평성이 강조되는 등 행정의 능률성 외에 공정성과 계속성 등을 보장하기 위한 다양한 법규나 요구가 개입된다. 이와 같은 다양한 사회적 법규나 요구들은 상호간의 경쟁과 타협을 거쳐 정부의 인사정책이나 기준에 반영된다. 이러한 정치적 성격으로 인하여 인사행정은 인사관리보다 비효율적이라는 비판을 받기도 한다.

둘째, 인사행정의 중요한 원리와 절차는 법률에 의하여 규정된다. 이러한 법정주의는 인사행정의 경직성을 높인다. 따라서 인사행정은 인사관리의 적시성과 융통성을 따라가기 어렵다.

셋째, 정부업무는 광범위하고 매우 다양하다. 즉, 민간기관에 없는 국방, 치안, 외교, 소방 등 많은 직무들을 담당하고 있다. 따라서 인력규모가 방대할 뿐만 아니라 직종 또한 다양하다. 그러므로 인사행정의 대상과 기능은 인사관리에 비하여 복잡하고 정부조직간 또는 민간기업과의 인적자원 활용의 융통성이 부족하게 된다. 이러한 특성은 정부의 경우 공무원에 대한 신분보장, 연금관리, 퇴직관리 등이 민간기업보다 강화되는 요인으로 작용하게 된다.

넷째, 정부활동의 비시장성(非市場性) 때문에 인사정책의 평가에 있어서 경제적 기준이 결정적인 구실을 하지 못한다. 정부활동의 비시장성은 정부활동의 성과를 객관적으로 측정하거나 시장가격으로 환산하기 어렵게 한다. 따라서 임용, 보수, 승진 등 정부의 인사정책도 경제적 합리성에 의해 판단하기보다는 정치적 고려를 포함하는 정책적 판단에 따라서 결정되는 경향이 매우 강하다(Stahl, 1983: 15~16).

위에서 논의한 바와 같이 인사행정은 인사관리와 차이가 있다. 그러나 이러한 차이는 상대적인 차이에 불과하다. 현대 사회에는 공조직과 사조직의 중간영역에 존재하는 다양한 민간조직이 있고 이들은 정부활동의 위탁기능을 담당하고 있다. 뿐만 아니라, 민간기업의 규모와 기능의 확대로 인하여 기업의 사회적 책임이 증대되면서 기업의 공공적 성격이 강조되고 있다. 따라서 정부는 민간기업에 대한 임용상의 차별금지나 의무고용의 강제, 그리고 근로자의 신분보장이나 노동조합 활동을 보장하는 등 민간기업의 인사관리에 법적 규제를 통한 공익성을 요구하고 있다. 이러한 의미에서 인사행정과 인사관리의 차이를 구별하는 것은 그 유용성이 크지 않다고 할 수 있다.

4. 현대 인사행정의 특징

여기서 현대 인사행정이라고 하는 것은 오늘날 산업화와 정보화 시대의 거대하고 복잡한 정부에서 발견되는 인사행정을 말한다(오석홍, 2000: 4). 즉, 보다 과학적이고 전문화된 정부의 인적자원관리를 말한다. 이러한 현대 인사행정은 여러 가지 측면에서 전통적 인사행정과 차이를 보인다.

1) 개방체제적 · 가치 갈등적 성격

인사행정은 개방체제적 성격을 지닌다. 인사행정은 행정체제를 포함한 정치체제 등의 상위체제로부터 다양한 요구를 수용하고 적절히 대응해야 한다(Nigro & Nigro, 1986: 30~54). 따라서 인사행정은 상호 경쟁적인 가치를 수용하고 이를 적절한 수준에서 조화시켜야 한다. 이런 성격은 인사행정의 여러 활동 중 공무원의 임용과정에서 가장 뚜렷하게 나타난다.

한편, 인사행정은 임용기준이나 방법을 통해서 임용뿐만 아니라 보직자의 영향력 행사 등을 결정함으로써 정치권력의 배분이나 공공정책의 결정 등에 영향을 미친다. 따라서 서로 갈등 관계에 놓여 있는 다양한 요구나 가치가 인사행정체제에 적절히 조화되어 수용되지 못할 경우에는 인사행정에 대한 개혁의 요구가 지속된다(Elliott, 1985: 21~36 / 강성철 외, 2001: 21).

2) 환경종속성

인사행정은 환경의 영향을 받는다. 인사행정을 지배하는 가치나 기본 원칙은 그 정부가 속해 있는 정치, 경제, 문화적 환경의 특수성에 따라 결정된다. 즉, 시공을 초월한 기본 원리나 제도는 존재하지 않는다(오석홍, 2000: 6). 또한 오늘날 인사행정의 환경이 급변함으로써 경직된 정부의 인적자원 구조에 대한 변화를 요구하고 있다. 따라서 인사행정 체제나 제도는 정부가 속한 환경에 잘 적응할 수 있도록 설계되고 운영되어야 한다.

3) 인적자원관리적 관점

오늘날의 인사행정은 인력의 획득과 배치, 통제와 보수관리 등 소극적 · 전통적 역할에서 조직 구성원의 능력발전과 직업생활의 질을 높이는 일에까지 적극적으로 나서게 되었다(오석홍, 2000: 5). 제한된 인적자원의 효율적 활용에 관한 전략가적 역할도 수행하게 되었다. 이러한 측면에서 오늘날의 인사행정은 인력을 조직목표달성의 핵심적인 자산, 즉 인적자원으로 인식하고 인적자원의 관리를 조직의 전략적 관리와 연결시킬 것을 강조하는 추세를 보이고 있다(Tompkins, 1995: 12~13 / 강성철 외, 2001: 22). 오늘날의 인적자원관리는 인력이 정부의 자산임을 강조하며, 인적자원은 개인의 욕구와 정부의 목표달성을 위한 전략적 요구를 동시에 충족시키는 방향으로 관리되어야 한다는 것이다. 이렇게 볼 때 현대 인사행정은 소극적 · 방어적 역할보다 적극적 · 지원적 역할을 더 강조해야 하는 상황에 처해 있다고 말할 수 있다(오석홍, 2000: 5).

4) 인사행정의 전문성

인사행정의 업무영역은 과학적 지식과 기술을 활용하는 전문분야이다. 행정의 전문화와 질적 향상은 인사행정의 전문화를 촉구하는 압력이 되고 있다. 여기에 인사행정은 개방체제적 특성을 지니며, 또한 임용기준을 통하여 정부의 정책결정이나 가치배분에도 영향을 미친다. 이러한 성격은 인사행정의 체계적 연구나 효과적인 관리전략의 수립을 위해 정치학, 심리학, 사회학 등 다양한 인접 사회과학의 도움을 필요로 하는 특성까지 가지게 한다(강성철 외, 2001: 23).

제2절 인사행정의 체계

1. 인사행정의 기능: 내적 체계

인사행정은 여러 가지 하위 기능 및 활동들과 상호 순환적으로 연관되어 이루어지며, 이러한 동태적인 과정을 통하여 인적자원을 관리한다.

그러나 분석적 목적을 위하여 이러한 기능 및 활동들을 구분하여 살펴보면 다음과 같다〈그림 1-1 참조〉.

1) 인적자원계획

인적자원계획은 정부에서 필요로 하는 인적자원의 수요와 공급을 예측하고 필요한 인적자원의 획득 및 활용방안을 결정하는 활동이다(오석홍, 2000: 9). 따라서 인적자원계획은 현재 정부에서 수행하고 있는 업무의 증감에 대한 예측은 물론, 장래에 필요로 하는 직무에 대한 예측도 포함해야 한다. 인적자원계획을 작성하기 위해서는 정부의 인적자원에 대한 분석뿐만 아니라 노동시장에 대한 분석도 필요하다. 이와 같은 분석을 기초로 하여 작성된 인적자원계획은 임용, 교육훈련, 보수 등 일련의 인사행정의 지침이 된다.

공직구조형성은 정부조직 내의 직위와 공무원을 일정한 원리에 따라 질서 있게 분류하는 것을 말한다. 정부에 필요한 인적자원을 획득하여 배치하려면 먼저 정부업무에 따라 조직을 설계하고 각 직무와 직무담당 공무원을 질서 있게 분류해 두어야 한다. 이를 위해서는 정부업무에 대한 직무분석이 필요하다.

그림 1-1 인사행정의 기능 : 내적 체계

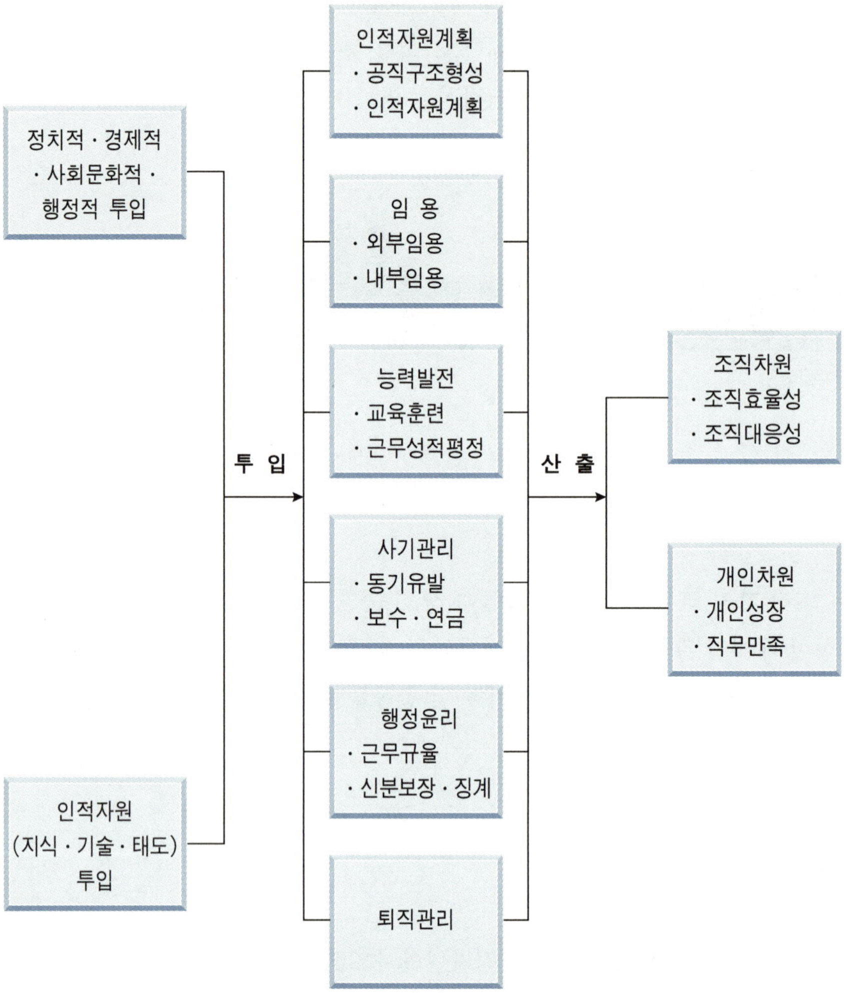

2) 임 용

임용이란 정부에서 사람을 선발하여 쓰는 활동을 말한다. 정부에서 필요로 하는 우수한 인재를 모집하여 적격자를 선발하고 선발된 사람을 적합한 직위에 배치하는 것을 말한다.

임용방법에는 조직 외부에서 선발 · 임용하는 방법과 조직 내부에서 승진 · 강임 · 배치전환 등을 통하여 임용하는 방법이 있다.

3) 능력발전

공무원의 능력발전을 위해서 우선 고려할 수 있는 것은 교육훈련이다. 교육훈련은 공무원의 일반능력을 계발(啓發)하고, 직무에 필요한 지식과 기술을 연마하며, 태도를 조직목적에 기여할 수 있도록 변화시키는 활동이다. 오늘날과 같이 직업공무원제에 의하여 장기간 근무하게 되고, 급격한 사회환경 변화에 적응하기 위해서는 기존의 공무원에 대한 지속적인 교육훈련이 필수적이다. 최근에는 개인의 적성과 의견을 고려하여 조직구성원 개인과 조직이 앞으로 맡게 될 보직(경력경로; career path)을 미리 계획하여 그에 따른 교육훈련과 보직이 이루어지는 경력계획을 활용하기도 한다.

교육훈련이 체계적이고 효율적으로 이루어지기 위해서는 객관적인 근무성적평정이 이루어져야 한다. 근무성적평정은 승진이나 상벌의 기준 등 평가적 용도로만 활용되기보다는 교육훈련의 수요측정이나 적재적소 배치 등 발전적 용도로 활용하는 것이 바람직하다. 이러한 활동은 공무원과 행정의 발전을 도모하고, 공무원을 공평하게 대우하기 위한 하나의 수단이라고 할 수 있다(오석홍, 2000: 10).

4) 사기관리

공무원의 직무수행동기를 유지 · 향상시키려는 활동을 동기유발 또는 사기관리라고 한다(오석홍, 2000: 10).

인간은 심리적인 면에서 매우 복잡한 존재이다. 인간은 동일한 능력을 가지고 있다고 하더라도 근무환경이나 직무에 관련된 심리상태에 따라서 생산성에 많은 차이를 나타낸다(Schein, 1970: 55~75). 따라서 정부는 공무원들의 근무의욕을 고취시킬 수 있도록 다양한 제도적 장치를 마련할 필요가 있다. 동기유발 방법으로써는 적정한 보수와 연금 등은 물론 신분보장, 고충처리제도, 제안제도 등 다양한 방법들이 사용되고 있다.

5) 행정윤리

인사행정이 정부의 목표달성에 기여하기 위해서는 공무원의 태도나 활동이 정부목표와 일치하도록 그들을 유도하고 통합하는 기능이 필요하다. 이러한 기능을 가능하게 하기 위해서는 공무원의 윤리관 확립이 필요하다. 그래서 정부는 공무원의 신분을 보장하는 한편, 공무원들에게 엄격한 의무와 행동규범을 요구하고, 이것을 위반하는 공무원에 대해서는 그에 상응하는 징계 조치를 취한다.

6) 퇴직관리

공무원은 언제인가는 퇴직하기 마련이다. 적절한 퇴직관리는 필요한 인적자원의 획득 · 유지를 통해서 조직의 생산성 향상에 큰 영향을 미치며, 공무원의 사기와 인권보호라는 측면에서도 매우 중요하다. 그러므로 각종 원인에 의한 공무원의 퇴직을 인사행정의 목적에 부합되도록 적절히 관리해야 한다.

위에서 논의한 인사행정의 주요 기능들은 서로 유기적으로 연관되어 있다. 그러나 이 기능들이 항상 순차적으로 수행되는 것은 아니다. 예를 들면, 근무성적평정의 결과는 인력계획을 비롯하여 임용시험의 타당성, 교육훈련 수요의 파악, 보수인상, 행동규범 등 인사행정의 여러 기능에 영향을 미친다.

이와 같이 인사행정의 주요 기능은 서로 유기적으로 연결된 동태적 과정 속에서 수행된다.

2. 인사행정의 환경: 외적 체계

인사행정체계는 폐쇄적 환경 속에서 이루어지는 것이 아니라 정치, 경제, 사회, 기술, 노동시장 등의 환경으로부터 영향을 받는다. 이러한 환경으로부터 정치적 · 사회적 요구, 법적 · 제도적 규제, 인적 · 물적 자원이 인사행정체계에 투입되어 정부의 인사정책 및 집행에 영향을 미친다. 인사행정에 대한 투입은 인사행정의 체계 내에서의 전환과정을 거쳐 산출로 전환된다. 산출은 개인의 성과와 조직의 성과로 구분될 수 있다. 개인의 성과는 공무원의 자기발전과 직무만족으로 나타나고, 조직의 성과는 조직의 효율성과 행정수요에 대한 대응성으로 나타난다. 인사행정체계의 산출에 대한 평가결과는 다시 환류되어 새로운 요구나 지지의 형태로 인사행정체계에 투입된다.

인사행정체계의 환경을 좀 더 자세히 설명하면 다음과 같다.

1) 법적 환경

역사적으로 볼 때 각국의 인사행정은 권력자나 권력집단의 자의적 영향을 줄이고 합리성과 공정성을 확보하는데 많은 노력을 하여왔다. 이러한 방법 중의 하나가 법에 의한 행정이다.

공무원은 특정인이나 집단에 대한 충성을 하는 것이 아니라 국민전체에 대한 봉사자이다. 현대의 인사행정이 민간조직의 인사관리에 비해 법적 제약이 강한 이유가 여기에 있다.

이러한 법적 제약의 강화는 인사행정의 경직화를 초래하기 쉽다. 법적 신분보장 때문에 유휴인력의 해고가 어렵고, 법적 절차나 규정 등으로 적시에 채용이 어렵다.

인사행정에 영향을 미치는 법의 체계는 헌법, 법률, 명령 등으로 나누어 생각할 수 있다.

헌법은 국가의 최고 기본법으로써 기본권 보장과 통치구조에 관한 내용을 규정하고 있다. 따라서 인사행정에 관련된 모든 하위법의 규정이나 인사결정은 헌법에 위배되어서는 아니 된다.

헌법 제33조 제2항은 공무원인 근로자는 법률이 정하는 자에 한하여 단결권 · 단체교섭권 및 단체행동권을 가진다고 하여 노동3권을 제한적으로 보장하고 있다.

인사관련 법률로서 국가공무원법은 인사행정 전반에 대한 규정을 모두 포함하고 있다. 즉, 인사기관, 공직분류제도, 채용, 보수, 근무성적평정, 의무, 신분보장과 징계 등의 내용을 담고 있다. 또한 국가공무원법은 실적주의제와 직업공무원제의 적용을 원칙으로 하고 있다.

정부조직법은 국가행정기관의 설치와 직급구조 · 명칭, 직무의 범위, 권한의 위임 · 위탁, 기관장의 직무에 관한 내용을 담고 있어 행정기관의 조직구조와 업무분장, 그리고 그에 따른 정원조정 등과 관련된 인사업무에 중요한 영향을 미치는 법률이다.

공직자윤리법은 공직자의 재산등록 및 공개, 선물신고, 그리고 공직퇴직자의 유관 사기업체의 취업제한을 포함하고 있다.

이 밖에도 민간기업의 근로자와 공직자 모두에게 적용되는 남녀고용평등법, 남녀차별금지 및 구제에 관한 법률, 근로기준법, 산업안전보건법 등의 영향을 받는다.

2) 정치적 환경

정치적 환경을 구성하는 구체적인 주체들로는 일반국민, 대통령, 국회의원, 정당, 언론, 시민단체 등을 들 수 있다. 이 중에서 가장 큰 영향을 미치는 주체는 대통령이라고 할 수 있다. 국민에게 책임을 지는 대통령은 공무원을 통해서 국민에 대한 약속을 실현시킬 수밖에 없다. 대통령의 공무원 임면권(任免權)은 공직을 움직이기 위한 가장 효과적인 수단이 된다.

이와 같이 대통령은 공무원의 임면권을 통해 인사행정에 영향을 줄뿐만 아니라 정책결정의 최고책임자로서 공무원의 보수, 인사조직 개편, 능력위주의 인사 등 주요 인사정책에 가장 결정적인 영향을 미친다.

국회의원은 국무총리 등 고위직 공무원의 임명동의와 국정감사를 통해 공식적으로 인사의 공정성, 민주성, 능률성 등을 조사할 수 있고, 비공식적으로는 해당 지역구 내의 자치단체 인사에 영향을 미치기도 한다. 일반국민, 시민단체, 언론 역시 공무원 사회의 전반적인 감시자 역할을 한다.

3) 경제적 환경

인사행정의 제도와 활동은 경제적 환경에 의존하기 마련이다. 국가 경제상태의 악화는 국가예산의 긴축를 가져오게 마련이고 이는 정부활동의 축소로 이어지기 때문이다.

경제적 환경은 공무원의 보수나 증원 그리고 교육훈련 등에 적지 않은 영향을 미친다. IMF 구제금융 하에서 공무원의 정년단축, 채용규모 축소, 보수 인하, 해외 교육훈련규모 축소 등은 그 대표적 예라고 할 수 있다.

4) 사회 · 문화적 환경

사회 · 문화적 환경은 인사행정에 많은 영향을 미친다. 특히 우리 나라의 경우 유교 문화적 영향이 크다. 유교적 장유유서의 질서는 인사에서 능력보다는 연공서열을 중시하게 하였다. 여기에 농경문화의 폐쇄성은 공직의 개방화에 걸림돌이 되었다.

일반국민의 공직에 대한 의식 또한 공직의 선택이나 공무원의 근무태도 및 행동에 중요한 영향을 미친다. 조선시대의 신분사회 전통은 관 선호사상을 낳고 공무원에 대한 사회적 평가를 높게 하여 우수한 공무원의 확보에 긍정적인 효과를 가져왔다. 일반국민들이 어떠한 사회적 규범 내지 신념을 가지고 있느냐가 또한 공무원의 태도와 행동 나아가 행정 서비스의 질을 결정하게 된다. 온정주의와 연고주의는 정실인사를 조장하고, 관직 사유화 관념은 공과 사를 구분하지 못하는 병폐를 가져오고 있다.

5) 기술적 환경

고도의 정보화 사회가 실현되어 감에 따라 행정에서도 새로운 기술이 도입되고 있다. 종전의 서류에 의한 결재가 컴퓨터 내에서 결재되는가 하면, 지역 사무실의 창고 재고가 중앙 상관의 컴퓨터 단말기에 의해 확인될 수 있다. 이러한 기술적 발전은 시간과 공간의 제약 없이 부하 통솔과 업무감시가 가능하고 부하의 근무태만이나 부정의 소지를 줄일 수 있다. 또한 감독자의 역할이 그만큼 줄어들게 되어 직무의 분배를 재구성하는 문제까지도 일어나게 한다.

또한 새로운 기술의 변화는 공무원의 지속적인 교육훈련을 요구하게 된다. 수작업이 전산화됨에 따라 우선 전산교육이 필요하게 되었다. 기존 인력의 재교육훈련으로 수요를 충족하지 못할 경우 외부 전문가를 유입하는 개방형 충원제도의 도입이 불가피하게 된다.

일반적인 지식기술의 변화뿐만 아니라 인적자원의 관리에 직접적인 관련을 가진 인사정보체계, 인적자원계획, 경력발전, 근무성적평정, 교육훈련 방법 등의 관리기술 발전이 인사행정에 직접적인 영향을 미치게 된다. 특히 공직에 직위분류제의 도입이 시도된다면 이에 따라 전반적인 인적자원관리의 과학성이 제고될 것이고 인적자원의 관리기술이 미치는 영향은 더욱 커질 것이다(유민봉 · 임도빈, 2003: 34).

6) 민간부문의 인사관리

인력시장에서 민간부문과의 인적자원확보 경쟁 이외에도 민간부문 인사관리기법이 공무원의 인사관리에 영향을 미치게 된다. 민간부문의 보수 수준뿐만 아니라 인사관리가 보다 탄력적으로 이루어지고 새로운 제도를 먼저 도입하는 민간부문은 정부의 입장에서는 인사 벤치마킹(benchmarking)[1]의 대상이 되기도 한다(유민봉 · 임도빈, 2003: 35).

예를 들어, 연봉제의 도입, 임금피크제, 다면평가제 등이 민간기업에 이어서 공직에 적용되었다.

제3절 인사행정의 이념과 목표

1. 인사행정의 이념

인사행정은 행정의 하위체제이므로 준수하고 추구해야 할 기본적인 이념이나 가치에 있어서도 행정일반과 유사하다. 인사행정의 지침으로 삼고, 인사행정이 추구하여야 할 중요한 가치는 일반적으로 효율성, 민주성(대응성), 형평성, 그리고 공무원의 권익보호를 들고 있다(Klingner and John Nalbandian, 1981: 23 / 유민봉 · 임도빈, 2003: 40).

1) 인사행정의 이념

(1) 효율성

효율성이란 효과성과 능률성을 포괄하는 개념이다. 인사행정에서의 효율성은 정부의 인적자원관리가 적은 투입으로 산출을 극대화시키는 행정목표를 달성할 수 있도록 이루어져야 함을 뜻한다.

산출에서는 양적인 것뿐만 아니라 질적인 것도 추구하여야 한다. 인사행정은 인적자원의 능력발전뿐만 아니라 그들이 건전한 가치관과 태도를 가지게 함으로

1) 벤치마킹은 관련 분야에서 최고의 경쟁력을 가지고 선도해 나가는 조직을 연구, 분석하고 이를 본받아 자기 조직의 개선을 위해 노력하는 일련의 활동 과정이라고 할 수 있다.

써 정부가 서비스를 효율적으로 제공할 수 있도록 노력하여야 한다. 효율성은 인적자원의 충원, 능력발전, 동기유발 등 인사행정의 전 과정에 걸쳐 추구되어야 할 가치이다(Rosenbloom, 1986: 362 / 유민봉 · 임도빈, 2003: 41). 실적제는 효율성의 가치를 추구하는 대표적인 인사제도라고 할 수 있다(Klingner, 1995: 633~634).

(2) 대응성 : 민주성

민주국가는 국민의 통제를 받고 국민에게 책임을 지는 민주행정을 지향하므로 인사행정 역시 민주성을 이념으로 삼는다. 행정의 민주성은 국민대표기관에 대한 공무원의 대응성을 확보함으로써 실현될 수 있는 가치이다.

공무원의 대응성은 공무원이 국민대표기관의 요구나 지시에 입각하여 정책을 결정하고 집행하는 것을 말하며, 인사행정은 공무원의 이러한 대응성을 확보하는 방향으로 이루어져야 한다.

인사행정의 대응성은 공직윤리의 확립, 공직자들의 민주적 가치관 확립 등 다양한 방법으로 추구될 수 있지만, 임용방법의 중요성이 특히 강조되어 왔다. 공무원의 대응성을 확보하기 위한 대표적인 임용제도는 엽관제이다.

그러나 공무원들이 선출직 공직자들의 지시를 단순히 따르는 것이 참다운 민주적 대응성인지에 대해서는 의문이 제기될 수 있다. 선출직 공직자들 모두가 언제나 국민 다수의 입장과 이익을 대변한다고 할 수 없기 때문이다.

(3) 사회적 형평성

현대 복지국가는 행정기능을 통해 사회적 형평성 내지 사회정의를 추구하므로 인사행정도 이를 이념으로 삼는다. 사회적 형평성을 추구한다는 것은 사회구성원들 사이에 존재하는 정치적 · 사회적 · 경제적 불평등을 중화시키려고 노력하는 것을 의미한다(김규정, 1997: 124).

인사행정에 있어서 형평성 추구는 소극적인 것과 적극적인 것의 의미로 이해할 수 있다. 소극적 의미의 형평성 추구는 인종 · 성별 · 연령 · 출신지역 등과 무관하게 공직에서 기회를 동등하게 보장하는 것이고, 적극적 의미의 형평성 추구는 과거에 겪었던 희생이나 차별을 보상하고자 특정집단을 선발하거나 승진 등에 있어서 우대하는 것이다(Thompson, 1990: 363~364 / 박천오 외, 2000: 11 / 유민봉 · 임도빈, 2003: 43).

적극적 의미의 형평성 추구를 위한 인사제도로는 대표적관료제를 들 수 있다. 우리 나라의 장애자, 국가유공자 등에게 공무원 채용시 혜택을 부여하고 있는데 이는 형평성 이념을 적용한 예라고 할 수 있다. 그러나 인사행정상의 형평성은 임용상의 인종이나 지역 등 외형적 형평성보다는 임용, 승진, 보상에 이르는 인사상의 내부적 공평성이 더 중요하다.

(4) 공무원의 권익보호

공무원 개인의 권익보호 역시 소극적 · 적극적 의미를 지닌다. 소극적 의미의 권익보호는 정부나 상관의 자의적 판단이나 불이익 처분으로부터 공무원을 보호하는 것을 말한다. 그러나 공무원의 권익보호는 단순히 신분보장이나 불이익 처분에 대한 소청의 기회를 제공하는 것 이상을 의미한다. 즉, 공무원 신분 때문에 한 국민으로서 기본권이 침해되어서는 안 된다는 의미로 보아야 한다. 이런 의미에서 일반국민이 누리는 권리를 공무원이라는 이유로 지나치게 제한하는 것은 정당성이 약하다.

적극적 의미의 권익보호는 법적인 측면의 보호뿐만 아니라 공무원이 인간다운 삶을 향유할 수 있는 여건을 조성하는 것을 말한다. 공무원의 권익보호는 공무원으로 하여금 직장에서 심리적 욕구를 충족시킬 수 있는 기회를 부여하고, 보수와 근무환경을 개선하는 것과 같은 물질적인 측면의 복리를 고양시킴으로써 실천할 수 있다(Thompson, 1990: 364 / 유민봉 · 임도빈, 2003: 46). 이렇게 삶의 질, 근무의 질을 향상시키고 공무원의 품위를 유지시켜 주는 일은 바로 공직사회의 생산성을 높이는 데 중요한 요인으로 작용할 것이다.

이상의 가치들은 상호 보완적인 성격을 띠기도 하지만, 갈등적인 관계에 놓일 수 있다. 예를 들면, 대응성이나 형평성을 지나치게 강조하면 효율성이 저해될 수 있고, 공무원의 권익보장에 치우치면 능률성과 대응성이 저하될 것이다.

현대 인사행정에서 이러한 가치들 간의 조화나 우선순위에 대한 합의된 의견은 아직 찾지 못하고 있다. 인사행정이 추구해야 할 이러한 가치들은 역사적 · 정치적 · 상황적 요인에 의해 영향 받기 때문이다.

인사행정은 앞으로 이러한 가치들의 우선순위나 배합의 조화를 찾는데 노력해야 할 것이다.

2) 한국 인사행정의 이념

한국의 국가공무원법 총칙은 효과성 · 민주성 · 능률성을 인사행정의 이념으로 밝히고 있으나, 실제로 이들 가치가 얼마나 충실히 추구되어 왔는지는 의문이다.

그러나 근래에 이들 가치를 추구하려는 노력이 여러 측면에서 가시화되고 있어서 그 결과가 주목된다. 최근 도입된 연봉제나 개방형 직위제도는 효율성과 대응성의 가치를 높이는 데 기여할 것으로 기대되며, 6급 이하 공무원의 노동조합활동 합법화는 공무원의 권익보호를 위한 중요한 발전이라고 할 수 있다. 또한 1999년에 수립된 여성공무원 발전기본계획이나, 1996년부터 실시된 여성채용목표제를 보완한 2003년 양성평등채용목표제의 실시 등은 형평성 제고에 이바지할 것으로 보인다.

2. 인사행정의 목표

조직의 이념이 조직이 추구하는 추상적인 방향을 제시하는 것이라면, 조직의 목표는 보다 구체적인 행동방향을 제시하는 것이라고 할 수 있다.

조직은 업무를 중심으로 한 분업과 통합의 체제이다. 따라서 조직목표의 달성은 개별 공무원이 각자 맡은 바 직무를 성공적으로 수행할 때 가능해진다. 그러므로 조직목표 설정의 기본적인 논리는 조직의 목표와 개인의 목표를 통합하는 것이다.

인사행정의 목표는 공무원 각자에게 주어진 직무목표가 성공적으로 달성될 수 있도록 지원하는 활동이다. 그러나 지금까지 인사행정의 활동별 세부목표에 나타난 특징은 조직의 목표가 개인의 목표보다 우선한다는 것이다. 이러한 조직중심의 전통적 인사행정은 개인의 욕구를 경시하고 공무원을 정부의 목표달성을 위한 수단 이상으로 간주하지 않기 때문에 개인과 조직 간의 부조화가 나타나기 쉽다(유민봉 · 임도빈, 2003: 47).

현대의 인사행정은 이러한 전통적 관점에 변화를 요구한다. 현대의 인사행정은 조직의 목표뿐만 아니라 개인의 목표도 중요시하게 된다.

즉, 조직의 요구와 개인의 욕구를 조화롭게 통합시키는 것이 현대 인사행정의 중요한 목표라고 할 수 있다. 개인의 욕구충족이 성공적 직무수행을 가져오고, 이

것이 조직의 목표인 생산성을 높일 수 있다고 보기 때문이다.

통제중심의 전통적 시각에서는 한 사람이 맡을 직무와 책임의 내용을 명확히 하고, 직무수행에 필요한 지식 · 기술 · 능력 · 태도 등을 정하여 이에 적절한 사람을 선발하고 직무와 관련하여 통제가 이루어진다.

발전중심의 현대적 시각은 사고의 출발점이 직무에서 개인의 욕구로 바뀌게 된다. 전통적 관점에서는 직무가 요구한 일의 내용이나 책임의 정도에 따라서 보상을 결정하게 되나 현대적 관점은 여기에 개인의 기대를 고려할 것을 요구한다. 또한 보상의 범위도 보수뿐만 아니라 각종 후생복지혜택이 포함되고, 나아가 비금전적인 보상인 승진이나 능력발전의 기회도 포함된다. 보상은 조직의 필요에 따라 활용되기도 하지만 개인의 기대에 부응하면서 구성원의 삶의 질을 높이기 위한 차원에서 이루어지는 것이다. 보상이 개인의 기대수준을 얼마나 충족시켰느냐에 따라 개인의 직무만족도가 결정된다(Locke, 1969: 309~336). 이것은 욕구중심의 보상과 개인의 만족도 그리고 동기유발이 현대 인사행정에서 중시되고 있음을 말하고 있다.

결국 인사행정의 목표는 직무중심의 통제지향적 인사행정과 개인중심의 발전지향적 인사행정을 적절히 조화시키는 작업이라 할 수 있다(유민봉 · 임도빈, 2003: 50). 개인과 직무의 통합은 개인에게는 개인성장과 직무만족을, 조직에게는 조직의 효율성과 대응성을 동시에 고려한 것이다.

제2장 인사행정의 발달

제1절 직업공무원제

1. 직업공무원제의 발달배경

인사행정의 제도나 기능은 대규모의 공무원제도가 확립되기 시작한 절대군주시대부터 체계화되기 시작하였다. 중세 봉건국가에서 군주와 신하간의 관계는 신분적 지배 · 복종관계에 있었고, 군주의 가내사무와 국가의 공공사무는 구분되지 않았다. 따라서 이 시대에는 대규모의 공무원제도가 발달하지 않았다.

산업혁명 이후 대량생산 체제에 걸맞는 경제적 통일시장의 형성에 대한 요구가 증대됨에 따라 분권적 봉건사회는 중앙집권적 통일국가로 전환되었다. 절대군주국가는 중앙집권적 통일국가를 유지하기 위하여 상비군을 창설하고 재원조달을 담당할 관료조직의 확립이 필요하게 되었다. 따라서 대규모의 관료조직을 정비하고 관리하기 위하여 인사행정의 제도와 기능도 체계화하기 시작하였다.

절대군주국가의 전형(典型)이라고 할 수 있는 프로이센(18세기 초~1871)의 관료제도 및 인사제도의 기본적인 특징을 살펴보면 다음과 같다(안희수, 1976: 365~367 / 강성철 외, 2001: 32).

첫째, 군주는 국가와 동일시되었다. 군주는 관료에 대하여 절대적인 지배권을 지니고 있었으며, 관료는 군주의 신하로서 군주에 대하여 절대적인 충성과 복종을 하는 특별의무관계에 있었다.

둘째, 관료제는 중앙집권적 계층구조를 이루고 있었다. 관료에게는 상관에 대한 절대복종, 엄격한 의무이행 등 엄격한 복무규율이 요구되는 대신 관료로서의 특권과 신분은 보장되었다.

셋째, 관료는 근대적 성격의 임용제도에 의하여 충원되었다. 관료의 지원자격은 관방학(官房學)을 이수한 자 중에서 통계와 예산에 관한 시험을 거쳐 임용되었다. 임용 후에는 비교적 강력한 신분보장을 받았다.

이와 같이 유럽 대륙에서는 절대군주국가시대부터 직업공무원제도가 발달하기 시작하였으며, 이에 상응하여 인사행정도 체계적으로 발달하였다고 볼 수 있다.

그러나 당시의 관료는 군주에 대한 봉사자였으며 국민에 대한 봉사자로서의 지위를 지니는 오늘날의 직업공무원과는 근본적으로 다르다.

영국은 유럽과는 다른 경우를 나타낸다. 영국은 일찍이 중상주의(重商主義) 정책을 추진하고 해외식민지를 개척하였기 때문에, 독일이나 프랑스 등 대륙국가들과는 달리 상비군의 유지에 필요한 재원을 전적으로 국내에서 조달할 필요가 없었다. 따라서 영국에서는 절대군주제가 확립된 16세기 이후에도 조직화된 대규모의 관료조직은 양성되지 않았다(이성덕, 1976: 235~236). 영국에서는 19세기 중엽까지 국왕이나 귀족들이 관직을 자신들의 정치세력 확대를 위한 이른바 정실주의에 의하여 관료를 임명하였다. 따라서 영국에서의 직업공무원제도는 오랜 군주제도에도 불구하고 실적주의가 확립되기 시작한 19세기 중엽부터 발달하기 시작하였다고 볼 수 있다. 여기서 중요한 것은 영국은 기존의 직업공무원제를 토대로 여기에 실적주의가 가미된 형태를 취하였다는 사실이다(유민봉 · 임도빈, 2003: 76).

그 뒤 시대의 변화에 따라 이러한 제도는 공무원들로 하여금 정권의 변동에도 불구하고 신분보장을 받으면서 교체되어 들어오는 새로운 정권 담당자들에게 계속 봉사하게 함으로써 행정의 계속성과 안정성을 유지하는 인사제도로 발달하여 오늘에 이르고 있다(강성철 외, 1999: 35~37 / 박천오 외, 2000: 39).

미국은 유럽 대륙과 같은 관료제적 전통을 경험하지 않았을 뿐만 아니라, 전통적으로 직업공무원제도를 민주주의에 대한 위협으로 인식하여 왔다. 즉 관직의 장기 점유는 관료주의화를 촉진하며, 따라서 행정의 민주화를 저해할 가능성이 큰 것으로 인식하였다. 미국의 엽관주의는 건국 초기부터 영국교육의 영향을 받은 소수 엘리트들이 관직에 장기적으로 남아 상류계급의 이익을 대변해 오던 종래의 방식을 완전히 부정한 것이다. 이에 따라 미국에서는 엽관주의(獵官主義)를 민주주의의 실천적 원리로 인식하고, 공직자의 임기를 대통령의 임기와 일치시키는 4년 임기법 (Four Year's Law)을 실시하였다.

미국에서는 1883년 펜들턴 법의 시작으로 실적주의가 먼저 도입되었고, 직업공무원제에 대한 관심을 가지기 시작한 것은 1930년대에 한 정부보고서에서 직업공무원을 규정하고 각급 학교를 졸업한 젊은 사람들로 신규채용하여야 한다는 제안을 하면서부터이다(Mosher, 1982: 56~80 / 유민봉 · 임도빈, 2003: 76).

직위분류제의 개방형 채용방식으로는 젊고 유능한 사람을 선발하여 공직에 장기근무하게 하는 것이 힘들다는 인식을 하였다고 볼 수 있다. 그 후 채용, 교육훈련, 보수, 신분보장 등에서 직업공무원제의 요건들이 보완되어 왔다. 실적주의를 바탕으로 직업공무원제가 확립되기 시작한 것이다. 실적주의와 정치적 중립의 원칙이 확립된 후에도 미국의 공무원제도는 모든 직급에 외부임용을 허용하는 개방형 공무원제도(open system)를 채택하고 있다. 미국의 공무원제도는 아직까지도 직업공무원제의 성격이 약한 편이라고 할 수 있다(강성철, 2001: 33).

2. 직업공무원제의 의의

1) 직업공무원제의 개념

직업공무원제(職業公務員制, career civil service system)란 공무원으로 일하는 것이 그들의 전생애에 걸친 직업이 될 수 있도록 조직 · 운영되는 인사제도를 말한다. 다시 말하면, 공직을 명예로운 직업으로 알고 학교를 갓 졸업한 젊은 나이에 공직에 들어와 그 안에서 성장하고 상급직에 진출하면서 노동력이 있는 동안의 전생애를 보낼 수 있도록 마련된 인사제도를 말한다(Mosher, 1963: 46~51 / 오석홍, 2000: 43).

그러므로 직업공무원제의 요체는 젊은 사람들이 그들의 첫 직업으로 공직을 선택하여 그것을 명예로운 직업으로 알고 거기에 일생을 바치게 하는데 있다. 따라서 직업공무원제는 응시자의 학력과 연령은 엄격히 제한되며, 선발기준으로는 전문적인 직무수행 능력보다는 장기적인 발전 가능성을 중요시한다. 그리고 상위직급은 원칙적으로 승진에 의해 충원되며, 외부로부터의 유입은 허용되지 않는다. 따라서 직업공무원제는 계급제와 폐쇄형 공무원제 및 일반능력주의와 공통된 특색을 지닌다.

오늘날의 직업공무원제는 실적(實績)의 원리에 입각하고 있으며, 실적주의와 같은 의미로 사용하기도 한다(강성철 외, 2001: 34). 그러나 직업공무원제는 실적주의와 개념이나 제도적으로 구별된다.

첫째, 실적주의에서 공무원의 신분보장은 정치적 압력이나 정실에 의해서가 아니라 실적원리에 의해서 결정되는데 반하여, 직업공무원제의 신분보장은 젊은이들이 공직에 들어와 일생 동안 열심히 일하게 하려는 보다 적극적인 의미도 지닌다(유민봉, 1997: 83 / 박천오 외, 2000: 42).

둘째, 직업공무원제와 실적주의는 역사적 배경을 달리한다. 유럽에서 직업공무원제는 절대군주시대부터 발달되었고, 실적주의는 19세기 후반에 확립되었다. 미국에서 실적주의는 1880년대 후반에 확립되었고, 직업공무원제는 1930년대 이후에 논의되기 시작하였다.

셋째, 실적주의는 공무원의 정치적 중립을 기본 원칙으로 하지만, 직업공무원제는 반드시 정치적 중립을 요구하지 않는다.

넷째, 직업공무원제는 폐쇄형 임용제도를 취하나 실적주의는 반드시 폐쇄형 임용제도를 취할 이유가 없다.

2) 직업공무원제의 특성

직업공무원제는 공무원들의 성실한 직무수행과 장기근속을 유도하기 위한 제도와 원칙들을 토대로 수립되며, 그 대표적인 특성으로는 계급제, 폐쇄형 임용체제, 일반능력자중심의 임용, 신분보장 등이다(Mosher, 1982: 151~156 / Lee, 1993: 169~174). 이를 좀더 자세히 설명하면 다음과 같다.

첫째, 직업공무원제는 공무원의 장기근무를 장려하므로 젊고 유능한 인재를 공직에 유치하고자 많은 노력을 기울인다.

둘째, 공무원을 채용할 때 현재의 직무능력보다 장기적인 발전 가능성이나 잠재력을 중요시한다.

셋째, 공무원으로 하여금 장기간 다양한 경험을 쌓게 함으로 전문행정가보다 폭넓은 안목과 시각을 가진 일반행정가 양성에 유리하다.

넷째, 공무원을 조직의 최하위 직급으로 임용하여, 상위직의 대부분을 내부 승진에 의하여 충원하는 폐쇄형 임용체제이다.

다섯째, 공무원은 신분보장을 통한 장기근속이 가능하게 되어 공직의 안정성, 행정의 일관성과 계속성을 확보할 수 있다.

3. 직업공무원제의 수립요건

직업공무원제를 채택하는 목적 내지 기대하는 효과는 공직의 안정성을 유지하고, 공직의 우수성을 확보하며, 공직의 윤리성을 지킬 수 있다는 것이다(유민봉 · 임도빈, 2003: 77). 직업공무원제가 이러한 목적을 달성하기 위해서는 우수한 인재를 확보하고, 신분을 보장하며, 인력을 적절하게 유지하기 위한 공직구조 및 관리체제가 갖추어져야 한다. 직업공무원제를 채택하고 유지할 수 있도록 하기 위한 조건들을 좀 더 자세히 설명하면 다음과 같다(오석홍, 2000: 44 / 강성철, 2001: 35~36).

첫째, 공직에 대한 사회적 평가가 높아야 한다.

둘째, 젊고 유능한 인재들을 공직에 유치하기 위한 임용제도 및 절차가 마련되어야 한다.

셋째, 우수인력의 확보를 위하여 임용 후의 승진, 교육훈련, 배치전환 등 공정하고 체계적인 장기적 능력발전 경로를 마련해야 한다.

넷째, 공무원의 신분보장과 함께 적절한 보수와 연금 등 다양한 동기유발 방안을 마련하고 시행하여야 한다.

다섯째, 이상의 조치들을 위해서는 장기적인 인적자원계획 및 퇴직관리 방안을 마련해야 한다.

4. 직업공무원제의 장 · 단점

1) 직업공무원제의 장점

직업공무원제 채택의 정당화 혹은 장점은 다음과 같다(Mosher, 1982: 152 / 오석홍, 2000: 45 / 강성철 외, 2001: 36 / 박천오 외, 2000: 44).

첫째, 공무원의 신분보장으로 인하여 행정의 계속성, 안정성, 일관성이 유지된다.

둘째, 공무원의 능력발전이 폭넓게 이루어지므로 고급공무원의 양성에 유리하다.

셋째, 공직에의 장기근무를 격려하기 때문에 공직이 전문직으로 인식되며, 그러한 직업의식은 공무원들의 단결심과 충성심을 강화하고 사기를 높여준다.

넷째, 공무원들이 정부에만 필요한 인적자원으로 육성되기 때문에 공직에 대한 자부심과 일체감이 강화되며, 이는 높은 수준의 봉사정신과 행동규범을 유지하는 데 유리하다.

2) 직업공무원제의 단점

민주주의와 산업 · 정보화 사회에서 직업공무원제도는 다음과 같은 비판을 받고 있다(Mosher, 1982: 152 / 오석홍, 2000: 45 / 강성철 외, 2001: 36 / 박천오 외, 2000: 44).

첫째, 신분보장 및 폐쇄적 임용으로 공무원 집단이 보수화 및 특권집단화 될 염려가 있다.

둘째, 폐쇄적 임용과 장기근무로 인하여 공직이 침체될 수 있고, 이로 인한 공무원의 질적 수준이 저하될 수 있다.

셋째, 공무원에 대한 신분보장은 외부환경의 변화에 둔감하여 무사안일에 빠지거나 변화에 저항하는 관료적 병리현상이 나타날 수 있다.

넷째, 일반능력자주의에 치중하는 인사운영은 행정의 전문화를 저해할 수 있다.

다섯째, 학력과 연령을 기준으로 하여 모집대상을 제한하는 것은 민주주의 기본 원리인 기회균등의 원칙에 위배된다.

여섯째, 승진적체의 문제가 일어날 수 있고, 이로 인한 승진경쟁의 과열현상이 빚어내는 문제가 발생할 수 있다.

5. 직업공무원제의 평가 및 경향

사회체제가 단순한 행정업무를 요구하던 시대에는 직업공무원제가 그 사명을 잘 수행할 수 있었다. 그러나 산업 · 정보화 사회에서는 환경변화에 둔감한 직업공무원제는 그 폐단이 커지게 되며, 행정기술이 고도화 될수록 일반능력자주의는 설 자리를 잃는다. 또한 사회전반에 걸쳐 직업적 유동성이 높아지면 직업공무원제의 폐쇄적 임용구조는 심한 부적응을 일으킬 것이다(오석홍, 2000: 45~46).

후기 산업화 사회 그리고 정보화 사회로 갈수록 직업공무원제는 장점보다는 단점이 더 부각되고 있다. 이는 민주주의의 요청과 상황적응성 · 유동성이 요청되는 현대 사회에서 직업공무원제의 폐단이 더욱 커지고 있기 때문이다(오석홍, 2000: 46).

현대 사회의 인사행정에서는 신분과 지위보다는 일할 능력을 더 중요시하며, 사회 전반에 걸친 직업적 유동성 향상으로 인하여 폐쇄적 임용구조보다 개방적 임용구조를 요구하고 있다. 그러나 직업공무원제가 완전히 불필요하다고는 주장할 수 없다. 직업공무원제는 행정의 일관성이나 연속성과 같은 다른 가치들을 가지고 있기 때문이다. 따라서 직업공무원제의 개혁조치들은 각국의 인사행정 환경과 관련하여 추진되어야 한다.

현재 서구 여러 나라는 직업공무원제의 개혁을 다각도로 추진하고 있다. 이러한 개혁은 대부분 직위분류제 · 개방형 충원 · 전문행정가 중심의 미국식 인사제도를 접목시키고, 민간부분의 인적자원 관리체계와 운영방식의 일부를 흡수하려는 경향을 보인다. 이는 직업공무원제의 전통적 요소에 일정한 변화를 가함으로써 공직구조의 대응성 · 전문성 · 능률성 등을 강화시키려는 목적을 지닌다(총무처직무분석기획단, 1997: 95 / 김규정, 1997: 563 / 박천오 외, 2000: 45).

다시 말하면, 직업공무원제를 채택한 국가에서는 그 단점을 보완하기 위하여 개방형 및 계약제 임용제도의 도입과 전문가주의 및 직위분류제를 도입하려는 경향이 있고, 직위분류제를 중심으로 하는 미국식 공무원제는 폐쇄형 및 일반행정가주의의 장점을 도입하려는 노력을 하고 있다. 즉, 양자를 절충하고자 하는 것이다.

6. 한국의 직업공무원제

1) 제도의 실태와 개선방안

제도적 측면에서 보면 한국의 인사행정은 실적제의 원칙을 근간으로 한 직업공무원제에 토대를 두고 있다. 이러한 특성은 법제와 운영의 측면을 통해서 알 수 있다. 즉 계급제적 인사운영, 폐쇄적 임용형태, 정년형 신분보장, 교육훈련 등을 통한 능력발전 기회의 부여, 일반행정가 중심의 채용원리 등의 특성을 가지고 있다.

이러한 특성을 지닌 한국의 직업공무원제의 폐단과 개선방향을 다음과 같이 제시할 수 있다.

첫째, 계급제와 일반행정가 중심의 채용과 잦은 인사이동으로 직무별 전문능력이 낮다(유민봉, 1997: 131~136). 현대행정은 전례 없이 복잡하고 전문화되어 있어 공무원의 전문지식이 요구된다. 따라서 직위분류제의 요소를 좀 더 가미시킬 필요가 있다.

둘째, 폐쇄형 임용을 기초로 하고 있어 외부인사에 대한 충원의 기회가 제한되어 있다. 이는 공무원의 무사안일과 질적 저하, 그리고 행정의 대응성 부족을 가져올 수 있다. 따라서 개방형 임용제도를 확대시켜야 한다.

셋째, 정년형 신분보장은 공무원들 사이에 무사안일과 적당주의를 만연시켜서 인적자원관리의 비효율성을 초래하고 있다(Hersey & Blanchard, 1977: 37~39). 강력한 공무원의 신분보장은 유능한 인적자원을 공직에 유인하는 요인으로 작용도 하였지만, 장기적인 측면에서 행정의 대응성 · 전문성 · 능률성을 높이기 위해서는 이를 완화하여야 한다. 따라서 공무원의 신분보장을 완화하고 실적제의 실효성을 확보하는 것이 중요하다.

2) 개혁의 실제 및 과제

(1) 계약직 공무원의 임용 확대

정부는 중앙부처 5급 이상 직위 가운데 전문성이 특히 필요한 분야(대외통상 · 협력 등 국제관계 업무분야, 환경, 정보통신, 교통, 도시계획, 과학기술 업무분야 등)의 직위를 개방형 전문직위로 선정하고 이들을 계약에 의해 임용하고 있다. 또한 1998년 2월 국가공무원법을 개정하여 종전 전문직 공무원의 명칭을 계약직 공무원으로 변경하고, 채용분야를 연구 · 기술분야 중심에서 전문성이 요구되는 모든 행정분야로 확대하여 계약직 임용을 활성화하였다.[1] 계약직 채용의 확대는 유능한 외부 인재의 충원을 통해 행정의 전문성을 제고시킬 수 있을 것이다.

(2) 개방형 직위제도의 운영

정부는 공직임용의 폐쇄성에 따른 문제점을 해소하고 공직사회의 전문성을 제고하고 경쟁력을 강화하기 위해 1999년 중앙부처 실 · 국장급 직위 중에서 고도의 전문성이 요구되거나 효율적인 정책수립이 필요한 직위를 개방형으로 지정하였다. 그 후 고위공무원단 및 과장급 직위 일부를 개방형 직위로 확대 지정하여 운영하고 있다. 이들 직위에 대해서는 공직 내외의 경쟁을 통하여 선발된 적임자를 계약에 의하여 일정기간(5년 범위 내에 소속장관이 정함) 동안 임용하도록 하였다.

---

1) 계약직 공무원은 전문계약직과 일반계약직이 있다.

개방형 직위제도는 유능한 외부 전문가의 임용을 통해 공직에 새로운 지식과 기술을 유입하고, 관료집단의 타성과 경직성을 완화시키며, 재직공무원의 자기발전과 대응성을 촉진시키는 등 여러 긍정적인 효과를 기대할 수 있게 한다. 반면에 현직 공무원의 승진기회 감소에 따른 사기저하, 정실에 의한 부적격자의 임용, 한시적 임용에 따른 행정업무의 안정성과 계속성을 저해하는 등의 부작용이 우려되고 있다(박천오 외, 2000: 51~52).

(3) 직위공모제

직위공모제는 2001년부터 도입된 제도로서 정부내 인적자원을 효율적으로 활용하기 위해 결원이 발생할 경우 부처 내외의 공무원을 대상으로 공개모집을 통하여 적격자를 선발 · 임용하는 제도이다.

직위공모제의 적용대상직위는 1~3급의 일반직 공무원 또는 별정직 공무원으로 보하는 직위(개방형직위 제외)와 3급 이상의 일반직 공무원과 별정직 공무원으로 보하는 주재관 직위이며, 4급 이하의 직위에 대하여는 소속장관이 판단하여 이를 준용하여 실시할 수 있다.

이러한 직위공모제는 각 부처 장관의 고유권한인 인사권을 침해할 수 있다는 우려가 없지 않으나, 직위공모제도의 취지에 맞게 좀 더 전문성을 높이고, 타 부처와의 교류 등 대외적인 개방의지를 높이며, 임기를 두어 안정적인 직위보장을 하는 등 제도안착에 적극적인 노력이 더 필요하다. 그렇게 함으로써 부처간 벽을 허물고 우수인재가 적재적소에 배치되어 정부정책의 효율성 제고에 도움이 될 것으로 전망된다.

(4) 연봉제와 성과급의 실시

2000년부터 4급 이상 공무원과 모든 계약직 공무원에 대하여 연봉제가 실시되고, 과장급 이하의 공무원에 대해서는 성과급제가 확대 · 실시되고 있다. 이 제도들은 공직 내에 긴장과 경쟁의 분위기를 확산시킴으로써 행정의 능률성을 제고시킬 목적에서 도입된 것이다(조영택, 1999: 18).

고위공무원에 대한 연봉제 실시는 오랫동안 지속되어 온 연공서열 위주의 근속급 제도를 폐지하고 공직사회에 경쟁의 원리를 도입하였다는 점에서 매우 획기적인 개혁조치로 평가할 수 있으나 부작용의 우려도 없지 않다. 연봉제는 공무원들로 하여금 단기적인 업적성취에만 치중하게 만들 수 있는 것은 물론, 공무원들

간에 갈등을 유발함으로써 조직 내의 인간관계를 악화시킬 수 있다. 또한 공무원들이 이를 임금삭감이나 인력감축의 수단으로 인식할 경우 이들의 사기를 크게 저하시킬 수 있다. 더욱 큰 문제는 연봉책정을 위한 객관적인 평가기준과 지표를 개발하기 어렵다는 것이다(김순양, 1998: 53).

성과급제는 직무능력과 실적의 평가에 따른 보수의 차등 지급을 내용으로 한다. 즉, 공무원의 개별적 직무성과를 매년 평가한 뒤 보수를 그 결과에 따라 차등 지급하는 제도이다(김병섭 · 박홍식, 1999: 33). 1999년부터 과장급 이하에 대해 현행의 특별상여급제도를 폐지하고 업무추진실적을 평가하여 업무실적에 따라 성과급을 차등 지급한다. 성과급제는 연공체계의 부작용인 공무원들의 무사안일과 보신주의를 시정하기 위한 것이다.

그러나 성과급제가 한국의 행정문화 속에서 얼마나 실효를 거둘지는 아직 불분명하다.

(5) 책임운영기관제의 도입

정부는 2000년부터 행정의 실효성과 질적 향상을 도모하고자 책임운영기관제를 도입하고 있다.[2)] 책임운영기관은 일반행정기관에 비해 인사 · 예산 등 기관운영상의 자율성과 독립성을 보장하고 성과에 따른 책임을 부여함으로써 행정의 효율성과 서비스의 질적 향상을 도모하고자 하는 제도이다. 정부조직 가운데 사업적 · 집행적 성격의 업무를 수행하는 기관이 책임운영기관의 후보가 될 수 있다. 책임운영기관의 장은 공직 내외에서 공모하여 계약직으로 채용되며, 장관과 기관장 간에 사업계획과 기관목표를 합의 설정하고 기관장에게 인사 · 예산 · 조직관리의 자율성을 부여하는 대신 사업결과에 대해 책임을 묻게 된다. 책임운영기관은 공개모집을 통해 1~4급 상당의 기관장이 채용된다.

이 제도는 행정의 효율성과 서비스의 질적 향상을 가져올 것으로 기대된다. 기관장 채용 등 제도운영상의 선명성 여부에 따라 제도의 확대실시가 기대된다.

(6) 민간근무 휴직제

민간근무 휴직제는 민간기업이나 대학 혹은 정부산하기관의 요청이 있을 경우 4 · 5급 중견 실무자들이 과장이나 부장급으로 취업할 수 있도록 3년간의 휴직을

2) 책임운영기관 운영유형은 행정형 책임운영기관(국립의료원)과 기업형 책임운영기관(국립극장)이 있으며 2008년 현재 48개 기관이 지정되었다.

허용하는 것을 내용으로 하는 제도이다. 이 제도를 통하여 정부는 민간부문의 효율적인 업무수행 방법과 경영기법을 습득하고, 민간기업은 정부의 법령 · 정책수립 관련 지식과 경험을 활용하여 기업의 경영방침 정립과 생산성 향상에 기여하도록 하기위한 것이다.

이 제도는 정부와 민간부문의 이해와 협조를 증진하고 인력운용의 유연성을 확대하여 국가의 경쟁력을 높일 수 있을 것이다. 그러나 공무원과 민간기업 간의 유착의 가능성도 있다.

제2절 엽관주의(엽관제)

1. 엽관주의의 발달배경

1) 영 국

유럽 대륙 국가에서는 절대군주제의 확립과 동시에 근대적인 관료제가 확립되었다. 그러나 영국에서는 절대군주제가 확립된 후에도 체계적인 관료제가 발달하지 못했다. 당시의 영국 국왕은 자신의 정치세력을 확대하거나 반대세력의 회유책으로 개인적으로 신임할 수 있는 의원들에게 국왕의 특권으로 고위관직이나 고액의 연금을 선택적으로 부여하였다. 한편 장관들은 하위관리의 임명권을 이권화함으로써 정실주의를 확대하였다. 이를 은혜적 정실주의(恩惠的 情實主義)라고 한다.

그러나 명예혁명(1688년) 이후 국왕에 대한 의회의 우월권이 확립되면서 관리의 임면권이 의회의 다수당에 넘어갔다. 이 때부터 의회를 장악한 유력 정치인들은 선거운동 대가로 그들의 지지자들에게 관직과 연금을 부여하기 시작하였다. 이를 정치적 정실주의(政治的 情實主義)라고 한다(이성덕, 1976: 237~239 / 박연호, 1983: 144~146).

영국의 정실주의는 의회정치의 발달과 더불어 발전하였으며, 미국의 엽관주의와는 달리 개인적 은혜에 의한 관직 부여라고 할 수 있다.

2) 미 국

건국 당시의 미국은 북부 상공업자를 중심으로 한 연방주의자와 남부 지주세력을 중심으로 한 분리주의자 사이의 이해 관계로 심각한 갈등 관계에 있었다. 이러한 상황에서 초대 대통령으로 취임한 워싱턴(George Washington; 1789~1797)은 연방주의자 임에도 불구하고 "인물의 적격성과 적재적소의 배치"를 관직임용의 원칙으로 삼아 공정한 인사를 실시하였다. 그러나 양자의 갈등으로 정부의 기능을 제대로 수행할 수 없었다. 결국 워싱턴은 집권 후반기에 자기와 정치적 신념을 같이하는 연방주의자들로 그의 정부를 구성하였다.

이러한 경향은 3대 제퍼슨(Thomas Jefferson; 1801~1809) 대통령에 의해 더욱 강화되었다. 분리주의자인 제퍼슨은 연방주의자에 의하여 독점되어 있던 연방정부에 자신의 세력을 끌어들이기 위하여, 국민과의 약속을 실현한다는 명분하에 대통령 임명직의 25%를 경질하였다. 이 때부터 정당에 의한 기여도를 공직임명의 기준으로 하는 엽관주의가 발달하기 시작하였다. 그리고 1820년에 4년 임기법(Four Year's Law)이 제정되어 공무원의 운명을 정권과 연결시킴으로써 엽관주의에 법적 기초를 제공하였다(안희수, 1976: 373~374 / 박연호, 1983: 121). 그러나 엽관주의에도 불구하고 당시 미국 연방정부는 동부 출신의 신흥 상류계층에 의하여 지배되었다. 따라서 상류층의 공직 독점에 대한 불만이 고조되고 있었다.

1829년에 취임한 서부 개척민 출신인 7대 잭슨(Andrew Jackson; 1829~1837) 대통령은 동부 상류층에 독점되어 있던 관직을 서부 개척민을 포함한 일반대중에게 공개하기 위하여 엽관제를 "민주주의의 실천적인 정치원리"라고 선언하고 엽관주의를 통하여 공직의 대중화를 추진하였다(안희수, 1976: 374~376 / 박연호, 1983: 123~124).

엽관주의는 잭슨 대통령 이후 본격적으로 확대되어 1845년부터 남북전쟁이 끝나는 1865년 사이에 절정을 이룬다. 이 시기는 엽관주의를 상징하는 "전리품은 승자에 속한다 (to the victor, belong the spoils)"라는 슬로건이 미국의 공직사회를 지배하였다. 그러나 남북전쟁 이후 엽관주의는 서서히 쇠퇴의 길을 걷게 된다.

미국의 엽관주의는 집권당과 관료기구와의 동질성을 확보하고 공직을 일반 국민에게 개방함으로써 민주주의를 실천하기 위한 인사원리로써 채택되었다.

2. 엽관주의의 의의

엽관주의(獵官主義)는 정당에 대한 공헌이나 인사권자의 신뢰관계를 기준으로 공무원을 임용하는 인사제도이다. 이러한 관계를 규정하는 귀속적 요인들로는 주로 혈연(血緣), 학연(學緣), 지연(地緣) 등이 지적되고 있으며, 군(軍)과 같은 특수 집단의 멤버십(membership)도 거론되고 있다(강성철 외, 2001: 41). 엽관주의는 공직을 선거에서 승리한 정당의 전리품이며 그것은 정당을 지지한 사람들에게 분배되는 보상이라고 본다.

엽관주의가 추구하는 궁극적 가치는 민주성과 형평성이며 그 수단적 가치는 정치적 · 정당적 대응성이다. 귀족적 · 신분적인 정부관료제의 구성을 반대하고 누구나 공직에 임용될 수 있게 해야한다는 주장을 담고 있기 때문에 그것은 민주성과 형평성을 이상으로 하는 제도라고 할 수 있다. 그러한 이상을 실현하는 방법으로 정당적 임용을 선택하기 때문에 수단적 가치는 정치적 · 정당적 대응성이라고 하는 것이다. 사실 이러한 수단의 선택은 궁극적 이상의 일부만을 달성할 수 있을 뿐이며 상황에 따라서는 궁극적 목표를 좌절시키기도 한다(Shafritz, 1986: 3~5 / 오석홍, 2000: 26~27).

3. 엽관주의의 장 · 단점

1) 엽관주의의 장점

엽관주의의 정당화 또는 장점은 공직의 개방화를 촉진하고 정치적 대응성을 높임으로써 정부관료제의 민주화, 공직임용의 형평성 제고, 그리고 민주정치의 발전에 기여할 수 있다는 것이다(오석홍, 2000: 27).

첫째, 엽관주의는 정부관료제의 민주화에 기여한다. 엽관주의는 정부관료제를 일반대중에 공개함으로써 임용기회의 형평성을 높이고, 특정 집단에 의한 관직의 특권화를 막을 수 있다.

둘째, 정당에 대한 공헌도나 충성도를 기준으로 임용함으로써 관료에 대한 정치 지도자의 지도력을 강화시켜 국민의 지지를 받는 정책실현을 용이하게 할 수 있다.

셋째, 엽관주의는 민주정치의 발전에 기여할 수 있다. 집권정당에 정부관료를 예속시킴으로써 국민의 요구에 대한 관료적 대응성을 향상시키고, 민주정치의 기초가 되는 정당제도를 유지하는데 도움이 되기 때문이다.

2) 엽관주의의 단점

엽관주의는 정치 · 행정적 부패, 비능률성, 그리고 행정의 안정성을 저해하는 폐단이 있다.

첫째, 관료들은 공직임용에 대한 정치적 개입이나 짧은 재직기간 동안 공직을 발판으로 많은 것을 얻으려 하기 때문에 정치 · 행정적 부패가 조장될 수 있다(Tompkins, 1995: 58).

둘째, 무능한 사람이 공직에 임용될 수 있어서 행정의 비능률성을 가져올 수 있다(Loverd & Pavlak, 1995: 5~6).

셋째, 정권이 교체될 때마다 인원이 대량으로 교체되기 때문에 행정의 계속성, 일관성, 안정성을 손상시킬 수 있다(Tompkins, 1995: 57).

넷째, 정치적 요구를 충족시키기 위해 불필요한 관직의 증설(爲人設官)로 재정상의 낭비를 초래할 수 있다(Loverd & Pavlak, 1995: 58).

다섯째, 공직에의 취임이나 신분의 유지가 전적으로 소속 정당이나 집권자에 대한 충성에 의존하기 때문에 행정의 공정성을 보장할 수 없다.

여섯째, 엽관주의는 공직임용의 조건으로 민주성 · 형평성을 주장하지만 공직의 문호개방은 집권정당에 연줄이 닿고 정당적 특수이익에 충성하는 사람들만이 공직에 들어갈 수 있다는 딜레마가 있다(오석홍, 2000: 28).

4. 엽관주의의 평가 및 경향

엽관주의는 특권계층에 의한 공직독점 현상이 없거나, 행정의 전문성이 높아질 때, 그리고 인사부패 등 엽관주의 폐해에 대한 시민의식이 고조될 때 설 땅을 잃게 된다.

그러나 오늘날의 상황에서도 엽관주의적 수단의 부분적 채택은 필요하다. 엽관적 임용절차를 완전히 배척하고는 민주국가의 정치 · 행정체제를 제대로 운영할 수가 없다. 집권자들이 믿을 수 있고 충성심을 확보할 수 있는 사람이 필요할 때나 인력운용상의 실적주의적 제약을 탈피해야 할 필요가 있을 때에는 엽관임용이 필요한 것이다(오석홍, 2000: 29).

따라서 여러 폐단과 남용의 위험에도 불구하고 현대 국가에서는 엽관주의의 적용이 정당화되는 한정된 영역을 인정한다. 그러나 엽관주의는 오늘날 고위 공무원이나 특별한 신임을 요하는 직위 등에 한하여 허용되고 있다.

제3절 실적주의(실적제)

1. 실적주의의 발달배경

실적주의(實績主義)는 엽관주의에 대한 비판에서 출발하였다. 엽관주의는 사회환경이 변화함에 따라 많은 부작용을 낳았고 이것이 실적주의 수립의 요인이 되었다.

실적주의 수립의 주요 원인은 두 가지 측면에서 찾아 볼 수 있다. 하나는 관료기구를 통제하던 정당의 본질이 바뀌었다는 점이다. 엽관주의는 근대 민주정치의 산물이다. 근대 민주정치 시대의 정당은 소수 유산계층과 보수적 지주들에 의하여 구성되었다. 그런데 19세기 중엽이래 선거권이 확대됨에 따라 정당의 규모는 팽창되어 갔으나 정당은 소수 정당간부들에 의해 지배됨으로써 그들에 의해 공직이 상품화되는 현상이 일어났다.

한편 자본주의의 발달과 산업화의 진전에 따라 사회는 점차 다원화되어 갔으며, 일부 소수계층에 의해 지배되는 정당은 국민의 대표기구로서의 특성을 잃게 되었다. 이에 따라 관료기구를 정당의 예속에서 벗어나 국민을 위한 봉사자로 전환시키려는 움직임이 시작되었다(안희수, 1976: 377～378 / 강성철 외, 2001: 45).

또 하나의 요인은 자본주의와 산업화의 발달에 따른 국가기능의 양적 확대와 질적 분화 현상이다. 산업화 이후 사회 · 경제적 규모가 확대 · 복잡해지고 사회문제가 증가함에 따라 국가의 간섭에 대한 사회적 요구도 증대되는가 하면, 행정의 전문성이 요구되었다. 따라서 이에 대응할 수 있는 능률적이고 전문성 있는 관료제의 필요성이 제기되기 시작하였다(안희수, 1976: 378~379 / 박연호, 1983: 150 / 강성철 외, 2001: 45).

한편 미국에서는 엽관주의를 반대해 오던 의회의원들이 1881년 가필드(James A. Garfield)대통령이 실망한 엽관주의 운동자에 의하여 암살된 데 자극을 받게 되었다(박동서. 2001: 74). 또한 1882년 중간선거에서 공화당은 민주당에 패배하고, 1884년 대통령 선거에서도 승리할 자신이 없게 되자 자신들이 임용한 공무원들을 보호하기 위한 정략적 차원에서 1883년에 실적주의를 근간으로 하는 펜들턴 법(Pendleton Act)을 제정하였다(안희수, 1976: 380 / 박연호, 1983: 131 / Hays and Reeves, 1989: 16 / 유민봉 · 임도빈, 2003: 59).

이와 같이 실적주의는 사회변화와 이에 대응하려는 정치적 노력의 산물이라고 할 수 있다.

1) 영 국

영국의 실적주의는 1853년 노스코트와 트리벨리언 보고서(Northcote and Trevelyan Report)와 1870년 추밀원령에 의하여 확립되었다고 할 수 있다. 1853년의 노스코트와 트레벨리언 보고서는 공개경쟁시험에 의거하여 공무원을 채용할 것과 시험을 관장할 독립적인 중앙인사위원회를 설치하고, 시험을 정기적으로 실시하며, 합격자에게는 시보 기간을 설정할 것 등을 건의하였다(안희수, 1976: 381~382 / 박연호, 1983: 151~153 / 강성철 외, 2001: 46). 이 보고서를 토대로 1855년에 제정된 추밀원령에서는 독립적인 인사위원회를 설치할 것과 인사위원회에서 발급한 자격증을 임용의 전제조건으로 할 것을 규정하였다. 그러나 추밀원령은 이 보고서의 건의 내용 중 일부를 수용하고 있으나, 실적주의적 측면에서 중요한 의미를 갖는 공개경쟁시험에 의한 임용은 채택되지 않는 등 이때까지도 정실주의적 요소를 강하게 담고 있었다.

영국에서의 실적주의는 공무원제도의 발전에 획기적인 계기를 마련한 1870년의 추밀원령에 의하여 확립되었다. 그 내용은 다음과 같다(안희수, 1976: 383~384 / 이성덕, 1976: 244 / 박연호, 1983: 155 / 강성철, 2001: 47).

첫째, 공무원의 임용은 원칙적으로 공개경쟁시험에 의하고, 시험은 일반 교양과목에 한하여 실시된다.

둘째, 서기적인 업무를 행정적 · 지도적 업무와 기계적 · 반복적 업무로 구분하고, 이에 의거하여 계급을 구분하며, 채용시험을 계급별로 구분하여 실시한다.

셋째, 재무부는 지원자의 자격과 시험을 행할 관직의 결정에 관하여 동의권을 가진다.

2) 미 국

미국의 실적주의는 1850년부터 시작된 엽관주의 개혁운동의 결과이다. 미국의 공무원제도 개혁운동은 여러 차례 실패를 거듭하면서도 꾸준히 지속되었으며, 1883년 제정된 펜들턴 법을 계기로 실적주의가 확립되었다.

펜들턴 법의 주요 내용은 다음과 같다(안희수, 1967: 388~389 / 박연호, 1983: 132 / 오석홍, 2000: 31 / 강성철 외, 2001: 47).

첫째, 독립적이고 초당적인 인사위원회를 설치한다.

둘째, 공무원의 임용은 공개경쟁 채용시험에 의한다.

셋째, 시험에 합격한 공무원에 대하여는 시보임용 기간(probation term)을 둔다.

넷째, 공무원의 정치활동은 금지된다.

이 법이 통과된 후 실적주의는 점차 진전되어 갔다. 1883년에 실적주의의 적용을 받는 공무원은 전체 공무원의 10%에 불과하였으나, 1923년의 분류법의 적용(Classification Act)을 계기로 급격히 증가하기 시작하여 1929년에는 80%에 달하게 되었다(Carpenter, 1952: 33~34 / Shafritz, Hyde & Rosenbloom, 1981: 35 / 강성철 외, 2001:47). 또한 공직에 대한 정당의 지배와 공무원의 정치활동을 금지하는 해치 법(Hatch Act)의 제정(1939년)도 실적주의 확립에 크게 공헌하였다.

그러나 이 시기의 개혁운동은 아직도 엽관주의의 해악을 줄이는 것에 초점이 맞추어져 있었다. 즉 공무원 해고에 대한 규정을 강화하고, 인사기능을 정치기능으로부터 독립시키는 것이었다.

실적주의 개념에 커다란 변화가 일기 시작한 것은 1900년대 초 과학적 관리론의 영향을 받으면서부터이다(Mosher, 1982: 73~80 / 유민봉 · 임도빈, 2003: 60). 이로 인하여 펜들턴 법의 부족한 점이 비판되었다. 부정적 · 소극적 인사행정에서 적극적 인사행정으로 전환기를 맞이한 것이다. 지금까지의 관심이 채용과 해고 과정에서 정치권력의 남용을 방지하는 것에서 채용 후의 승진, 교육훈련, 보수 등과 같은 인사활동으로 초점이 옮겨졌다.

실적주의를 적용해서 인사행정의 능률성을 높이는 데 가장 기초가 된 것이 바로 과학적 관리를 적용한 공직의 분류였다. 직무의 과학적 분석을 토대로 직위분류제를 도입한 것이다(Mosher, 1982: 76). 직위분류제는 채용, 교육훈련, 근무성적평정, 보수 등 모든 인사행정 활동에 기준을 제공해 줌으로써 실적주의 확산에 지대한 공헌을 하였다(유민봉 · 임도빈, 2003: 60).

하지만 실적주의는 인종 · 성차별금지라는 인권의 문제와 결부되면서 다시 한 번 변화를 맞게 된다(Hays and Reeves, 1989: 35～37). 즉, 실적주의의 국민대표성이 도전 받게 된 것이다. 이로 인해 대표적관료제의 주장이 제기되었다.

2. 실적주의의 의의

1) 실적주의의 개념

실적주의(實績主義)는 인적자원의 관리가 실적에 근거하여 이루어지는 인사제도이다. 실적주의는 실적기준에 따라 인사행정을 해야한다는 원리이다(오석홍, 2000: 30).

실적주의는 엽관주의에 의한 부패와 비능률성을 시정하기 위한 수단으로 제안되었다. 실적주의 옹호자들은 인사행정에서 정치적 정실주의를 제거하면 행정의 정치적 중립성과 능률성을 확보할 수 있다고 믿었다.

따라서 실적주의는 당파성이나 혈연, 지연, 학연, 인종, 종교 등과 같은 정치적 요인 및 귀속적 요인의 임용기준을 거부하고, 개인의 능력이나 실적을 중요한 임용기준으로 삼는다.

실적주의의 주요 구성요소는 공직취임의 기회균등, 공개경쟁과 실적에 의한 임용, 공무원의 정치적 중립과 신분보장을 포함한다(오석홍, 2000: 31 / 강성철 외, 2001: 48).

2) 실적주의의 기준

실적은 정의하기가 매우 어려운 개념이며 또한 그것을 측정하기도 어렵다. 일반적으로 실적은 교육과 경력을 기준으로 하는 경우가 많다.

개인의 실적을 나타내는 지표로서는 일반적으로 직무수행 능력, 생산성, 교육수준, 전공분야, 근무경력, 경력 및 훈련을 지적한다(강성철 외, 2001: 49~50).

① 직무수행 능력

유능한 후보자를 선택하는 가장 좋은 방법은 그들의 직무수행 능력을 직접 측정하는 것이다. 그러나 사무직 근로자의 실적은 가시적이지 않기 때문에 생산성을 측정하거나 동료들과 비교하는 것이 어렵다.

② 생산성

실적의 기준으로써 생산성이나 업적을 사용하는 것은 그에 대한 객관적 평가가 매우 어렵기 때문에 간접적인 방법을 사용한다. 즉 실적에 따른 보수나 등급의 결정에서 인적자본설을 이용한다. 보수와 등급은 근로자의 생산성을 반영하는 것이며, 근로자의 생산성은 교육, 훈련, 경험 등의 요소에 의하여 합리적으로 평가될 수 있다는 것이다(Becker, 1962 / Mincer, 1973 / 강성철 외, 2001: 49).

③ 교육수준

교육은 생산성과 밀접한 관련이 있는 것으로 믿어왔다. 교육은 직무수행에 직접적으로 도움이 되는 기술을 개발하는데 도움을 주며, 조직에 유용한 동기나 작업습관, 대인관계 등을 내재화시킨다(Becker, 1962 / 강성철 외, 2001: 49). 따라서 생산성의 대리지표로서 활용될 수 있다는 것이다(Arrow, 1973 / 강성철 외, 2001: 49).

④ 전공분야

교육의 하나로써, 전공은 특정한 직무 분야에 직접 응용할 수 있는 특수한 기술을 개발시키는 경향이 있다.

⑤ 근무경력

특수한 조직에서의 근무경험은 직무수행에 필요한 기술개발에 가장 좋은 방법이다. 경험의 축적은 공무원들이 과거의 전례나 외부 조직과의 관계 등을 이해하는데 도움을 준다. 고위관리자들에게는 조직과 관련된 기술이 직무와 관련된 기술보다 더 중요하다(Hersey & Blanchard, 1982 / 강성철 외, 2001: 50). 그런데 조직문화나 관행 그리고 조직 내에서의 인간관계 등에 대한 기술 등은 조직 내에서의 근무경험에 의해서 가장 잘 습득된다.

⑥ 경력 및 훈련

여타의 인적자본 변수 중 중요한 것으로는 공직임용 전 경력과 재직자 훈련을 들 수 있다. 계급제에서 직무교육은 배치나 승진의 전제조건이 된다.

반면에 직위분류제에서는 직무교육보다는 공직임용 전 경험이 더 중요하다.

3. 실적주의의 장 · 단점

1) 실적주의의 장점

실적주의는 궁극적으로 인사행정의 능률성, 민주성 그리고 공정성을 추구한다는 점에서 그 정당성을 찾을 수 있다(오석홍, 2000: 31~32 / 강성철 외, 2001: 51~52).

첫째, 실적주의의 기본 원칙인 공개경쟁시험은 공직취임의 기회균등이라는 민주적 요청을 충족시킨다.

둘째, 실적에 의한 공무원 임용은 행정의 능률성 향상에 기여한다.

셋째, 공무원의 신분보장은 행정의 안정성과 계속성을 유지하고, 나아가 행정의 전문화를 촉진한다.

넷째, 공무원의 정치적 중립을 요구하기 때문에 정치 · 행정적 부패감소와 행정의 공정성을 보장한다.

2) 실적주의의 단점

실적주의는 그 본래적 성격과 시대적 상황의 변화로 인하여 여러 가지 문제점을 노출시키고 있다(Mosher, 1982: 5 / 하태권, 1983: 388~390 / 오석홍, 2000: 32 / 강성철 외, 2001: 53).

첫째, 실적주의의 실천은 인사행정의 소극적 · 경직적 · 비능률을 초래할 수 있다. 공직에 비적격자가 들어오는 것을 막는데 급급하다 보면 좋은 사람을 공직에 끌어들이고 인사운영을 효율화하는데 소홀해질 수 있다.

둘째, 임용을 위한 자격요건과 시험내용이 직무수행 능력과 연계성이 약하다.

셋째, 실적에 의한 임용과 강력한 신분보장으로 정치지도자들이 공무원을 통제하기 어렵게 한다.

넷째, 공무원의 정치적 중립은 국민이나 정치지도자들의 요구에 공무원을 무감각하게 만드는 요인이 된다.

다섯째, 실적중심의 임용은 정부관료제의 대표성을 저해한다.

4. 실적주의의 평가 및 경향

엽관인사의 폐단이 심한 경우, 그리고 인사행정의 통일성 확보가 절실히 요망되는 경우 실적주의의 효용은 커진다. 그리고 정부관료제의 거대화, 복잡성의 증대, 행정업무의 전문화 촉진과 같은 조건도 실적주의의 선호도를 높이는 요인이 된다.

한편, 정부관료제의 탈관료화에 대한 요청, 대표성 확보에 대한 요청, 인사행정의 분권화에 대한 요청, 인사운영의 융통성에 대한 요청이 커질수록 실적주의 적용의 폐단은 더욱 크게 부각될 것이다(오석홍, 2000: 32~33). 이러한 논란에도 불구하고 실적주의가 아직까지 지배적인 접근방법이라고 할 수 있다.

이러한 논란에 따라 최근에는 실적주의 개념을 좀더 적극적으로 해석하고 인사행정의 운영에 신축성을 확대하려는 경향이 나타나고 있다. 즉, 중앙인사기관에 집중된 인사 권한의 각 행정기관 위임, 대표관료제의 도입, 엽관주의적 임용의 확대, 정치적 중립의 완화 등을 들 수 있다.

이것들은 주로 직업공무원의 관료주의화 경향을 시정하고 국민 요구에 대한 관료적 대응성을 높이기 위한 조치들이다.

한국의 헌법 및 법률에도 공직취임에의 기회균등, 정치적 중립, 신분보장, 성적·능력주의 등 실적주의의 제 원칙이 잘 규정되어 있다[3]. 그러나 이 법들이 얼마

---

3) (1) 공직에의 기회균등 관련 법; 헌법 제25조. 모든 국민은 법률이 정하는 바에 의하여 공무담임권을 가진다. 국가공무원법 제28조. ①공무원의 채용은 공개경쟁시험에 의한다. (2) 정치적 중립 관련 법; 헌법 제7조. ②공무원의 정치적 중립성은 법률이 정하는 바에 의하여 보장된다. 국가공무원법 제65조. ① 공무원은 정당 기타 정치단체의 결성에 관여하거나 이에 가입할 수 없다. (3) 신분보장 관련 법; 헌법 제7조. ②공무원의 신분은 법률이 정하는 바에 의하여 보장된다. 국가공무원법 제68조. 공무원은 형의 선고·징계처분 또는 이 법에 정하는 사유에 의하지 아니하고는 그 의사에 반하여 휴직·강임 또는 면직을 당하지 아니한다. 다만, 1급 공무원은 그러하지 아니하다. (4) 성적·능력주의 관련 법; 국가공무원법 제26조. 공무원의 임용은 시험성적·근무성적 기타 능력의 실증에 의하여 행한다.

나 실천에 옮겨지고 있는지는 의문의 여지가 많다(유민봉 · 임도빈, 2003: 64).

한국의 경우 각종 선거에서 공무원의 중립성은 완전히 지켜지고 있다고 볼 수 없다. 정년보장식 신분보장은 인적자원의 비효율성을 가져와 오히려 실적주의에 반대되는 결과를 가져오고 있다. 정확한 실적을 평가하기 위해서는 공직에 대한 직무분석 및 평가가 따라야 하나 그것이 제대로 되어 있지 않고, 실적과 보수를 연계시키지 못하고 있다. 또한 연공주의를 중시하는 인사풍토는 능력주의를 방해하고 있다.

제4절 대표관료제

1. 대표관료제의 발달배경

대표관료제(representative bureaucracy)란 말은 킹슬리(J. D. Kingsley)가 1944년에 발표한 「대표관료제: 영국관료제의 해석」에서 처음 사용되었다. 그 후 대표관료제는 행정학과 정치학 분야에서 많은 관심을 불러왔다. 특히 대표관료제는 인종, 문화, 지역성 등으로 사회적 갈등이 심한 미국을 비롯한 몇몇 국가들에서 많은 연구가 이루어져 왔다.

대표관료제(代表官僚制)는 정부관료제의 인적 구성이 그 사회의 인적 구성을 반영하게 함으로써 정부관료제의 대응성을 높이려는 의도에서 발달한 개념이다. 그것은 국민에 대한 공무원들의 대응성을 효과적으로 확보할 수 있는 제도적인 장치가 부족하다는 데서 출발한 것이다. 국민의 뜻을 반영하도록 선출직 공무원에 대한 국민의 통제 수단으로 마련된 선거조차도 근래에는 정치권력을 정당화시켜주는 수단으로 변질되고 있다(Krislov & Rosenbloom, 1981: 16 / 강성철 외, 2001: 54).

한편, 정책집행이 주요 임무였던 정부관료제는 정책집행은 물론 정책결정 과정에서도 주도적 역할을 수행하게 되었다. 정책과정에서 국민의 의사를 수렴하는 등 오히려 국민을 대표하는 기능을 수행하고 있다(Reeves, 1972: 4 / 강성철 외,

2001: 54). 이와 관련하여 "국민에 대한 관료의 대응성 확보"가 중요한 문제로 제기되고 있다. 그러나 사회문제의 복잡성과 행정의 재량권이 증대됨에 따라 일반 국민은 물론 선출직 공무원들도 공무원들을 통제하기보다는 오히려 그들에게 의존하게 된다. 여기에 민주정부의 딜레마가 있다(Mosher, 1982: 5).

대표관료 제도론자들은 이 딜레마를 관료들의 주관적 책임을 통하여 해결하고자 한다. 그들은 객관적 책임을 매우 비현실적이라고 비판한다. 대표관료 제도론자들은 전통적인 외부통제 장치들이 행정기능의 복잡성 및 광범위성 그리고 정부권력의 방대성 등으로 현대적인 정부를 통제하기에는 부적절하다고 한다. 뿐만 아니라 외부통제의 지나친 강화는 정부가 경직되고 비능률적으로 될 수 있다. 대표관료 제도론자들에 의하면, 주관적 책임은 주로 개인의 성장배경, 사회화 과정 및 조직 내부와 외부에 존재하는 사회집단 등에 의하여 형성된다. 대표관료제는 바로 이러한 맥락에서 발전되고 형성되어 왔다(Mosher, 1982: 10 / 강성철 외, 2001: 55).

관료들은 가치중립적인 존재가 아니라 그들의 가치관과 신념을 가지고 정책결정과 집행과정에 깊숙이 개입하고 있으며, 이 과정에서 자신의 견해나 가치를 반영하고자 노력한다. 그런데 가치나 태도는 그들이 속해 있는 사회집단에 의해 상당 부분 형성된다. 그러므로 관료제가 어느 특정집단에 의해 지배되면 관료제는 자기집단에 우호적으로 반응할 것이다. 따라서 관료제가 모든 집단에게 공평하게 대응하기 위해서는 관료가 모든 집단으로부터 골고루 충원되어야 한다고 주장한다.

2. 대표관료제의 의의

1) 대표관료제의 개념

대표관료제(representation bureaucracy)란 모든 사회집단들이 한 나라의 인구 구성비율에 맞게 관료조직의 직위들을 차지해야 한다는 원리가 적용되는 관료제이다. 대표관료제는 인적구성면이나 정책지향면에서 사회세력 전체의 축소판과 같은 관료제이다(오석홍, 2000: 34).

대표관료제는 인종 · 성 · 직업 · 계층 · 지역 등 여러 기준에 의하여 분류되는 국가 전체의 부문별 인구를 고루 흡수하는 인적 대표성을 지닌다. 관료제 내에서 특정한 집단이 차지하는 인적자원 규모는 그 출신 집단이 전체인구에서 점하는 규모에 비례한다. 각 집단은 관료제 내의 모든 계층과 직업군에 비례적으로 대표된다. 이와 같은 인력의 비례적인 대표성을 피동적 대표성(소극적 대표성: passive representation)이라 한다. 피동적 대표성은 능동적 대표성(적극적 대표성: active representation)으로 연결될 것이 기대된다. 즉 사회전체의 인구구조를 비례적으로 대표하는 대표관료제 내의 각 집단은 출신 집단의 가치와 이익을 대표할 것이 기대된다. 이것은 사회적 대표성이 정치적 · 정책적 대표성으로 표출된다는 전제이다. 공무원들은 자기의 사회적 배경이 되는 집단의 이익과 가치를 표출할 것이며, 그리하여 정책의 내용과 집행에 영향을 미칠 것이라고 본다.

대표관료제는 다른 인사행정제도보다 민주성 · 형평성에 대한 열망이 강하게 반영된 제도이다(오석홍, 2000: 34～35).

대표관료제에 대한 학자들의 견해를 보면 다음과 같다.

첫째, 킹슬리(Kingsley, 1944: 282～283)는 대표관료제를 사회내의 지배적인 세력들을 그대로 반영하도록 구성된 관료제라고 정의하고 있다.

둘째, 반 라이퍼(Van Riper, 1958: 552)에 의하면, 대표관료제는 ① 직업 · 사회계층 · 지역 등의 관점에서 그 사회의 모든 계층과 집단을 합리적으로 대표할 수 있도록 구성되어야 할 뿐만 아니라, ② 그 사회의 사조(ethos)나 태도까지도 충분히 반영될 수 있도록 구성되어야 한다.

셋째, 크랜츠(Kranz, 1976)에 의하면, 대표관료제는 ① 특정집단 출신이 정부관료제(혹은 특정 기관) 내에서 차지하는 비율이 그 집단의 구성원들이 국가의 총인구(혹은 특정기관의 관할구역 내의 총인구)에서 차지하는 비율과 동일하여야 할 뿐만 아니라, ② 사회 내의 모든 집단이 관료제 내의 모든 직무분야와 계급에 인구비율에 상응하게끔 분포되어 있어야 한다(강성철 외, 2001: 56).

이상의 논의를 보면 대표관료제의 개념이 정부관료제 내의 관료의 비율이 인구비례에서 모든 직위로까지 연장되고 있음을 알 수 있다. 이를 토대로 대표관료제의 개념을 정의하면, "대표관료제란 국민에 대한 관료의 대응성 확보를 목적으로 그 사회를 구성하는 모든 주요 집단으로부터 인구비례에 따라 관료를 충원하고, 나아가 그들이 관료조직의 모든 직무분야와 계급에 비례적으로 분포되도록 하는 인사제도"라고 할 수 있다.

2) 대표성에 대한 견해

대표관료제 이론은 "관료들은 누구나 자신의 사회적 배경(출신 집단)의 가치나 이익을 정책과정에 반영시키려 노력한다"는 명제를 전제로 한다. 그러나 이런 가정에 대한 의견이 일치되고 있지 않다.

대표의 능동적 측면(적극적 대표)에서는 관료들이 그들의 출신 집단의 이익을 위하여 적극적으로 행동할 것을 기대한다. 반면에 대표의 피동적 측면(소극적 대표)에서는 관료들이 다른 사람을 위하여 실제로 행동하는 것이 아니라 단지 출신 집단을 상징적으로 대표할 뿐이라고 본다(Mosher, 1982: 14~15 / 강성철 외, 2001: 57).

이러한 의견들 간의 관계를 입증하기는 많은 요인들이 있어서 매우 어렵다. 대표관료제 이론은 "피동적 대표는 자동적으로 능동적 대표를 보장한다"는 가정하에 전개되어 왔다. 그러나 몇몇 학자들은 공직임용 전의 출신 집단에 의한 사회화와 공직임용 후의 태도나 행태 간의 관계에 대하여 의문을 제기한다.

임용 전 사회화가 임용 후 직무행태에 미치는 영향을 약화시키는 요인으로 제기된 내용을 정리하면 다음과 같다(Dresang, 1974 / Meier, 1975 / Thompson, 1976 / Mosher, 1982 / Ha, 1988a & 1988b / 강성철 외, 2001: 58).

ⅰ) 임용전 사회화와 관련된 요인으로는 사회화의 내용과 강도, 그리고 사회화를 받은 후 경과 시간 등이며, ⅱ) 조직과 관련된 요인으로는 현재 근무하고 있는 조직에 의한 사회화의 내용, 시간, 강도, 그리고 현재 직책의 내용 등이다. 그리고 ⅲ) 개인적 요인으로는 공익을 강조하는 공식교육의 내용 및 기간, 개인의 자기발전 욕구, 그리고 특수이익보다 중립적 견해를 중시하는 전문가적 관점의 강조 등이다.

결국 두 견해의 관계는 더욱 많은 연구가 필요하다고 할 수 있다.

3. 대표관료제의 장 · 단점

1) 대표관료제의 장점

대표관료제의 필요성을 강조하고 대표관료제 실현의 정당화 근거를 제시하는 논점은 여러 가지이다(Kranz, 1976: 108~115 / Ha, 1988a: 134~138 / 오석홍,

2000: 39~40 / 강성철 외, 2001: 59~61).

첫째, 대표관료제는 정부관료제의 대표성을 높인다. 대표관료제의 인적구성이 사회 각 계층을 비례적으로 대표한다는 것 자체가 민주적인 가치에 부합된다. 또한 인적 구성요소가 능동적인 대표작용을 한다면 균형 잡힌 견해가 정부관료제의 민주적이고 합리적인 정책결정에 도움이 된다.

둘째, 내적 통제를 강화할 수 있다. 공무원들은 사회화의 과정을 통해 자기 출신 집단의 가치와 이익에 대한 심리적 책임을 지려 하기 때문에 서로 견제하여 내적 통제를 강화한다.

셋째, 기회균등을 보장할 수 있다. 소수집단에게 기회균등을 적극적으로 보장하고 그들의 지위상승을 돕는다. 이것은 사회 정의 구현에 이바지하게 된다.

넷째, 실적주의적 인사행정이 가져온 폐단을 시정할 수 있다. 실적주의는 공직취임의 기회균등을 추구하는 것이지만, 실질적으로는 여러 가지 차별을 가져온다. 실적주의에 입각한 임용시험은 지식과 기술을 요구하며, 이것을 배울 수 있는 기회가 사회집단 간에 불평등하게 배분되어 있다.

다섯째, 인적자원의 다양성은 보다 효과적이고 창의적인 정책을 낳을 수 있다.

여섯째, 소외집단의 사회적 · 경제적 지위를 높임으로써 사회적 형평성의 실현에 기여할 뿐만 아니라 소외집단에 의한 반 사회활동을 감소시킨다.

2) 대표관료제의 단점

대표관료제의 폐단을 지적하는 논리는 주로 다음과 같다(오석홍, 2000: 40~41 / 강성철 외, 2001: 61).

첫째, 사회 각 계층의 비례적 대표(형식적 대표성)가 각 출신 집단의 이익(실질적 대표성)을 보장하지 못한다. 공무원의 출신 배경만이 그의 가치관이나 직무행태 등 모든 것을 결정하는 것은 아니다. 그리고 권력은 기관이나 계층별로 균등하게 배분되어 있지 않다.

둘째, 대표관료제는 역차별(逆差別)을 가져오고 사회분열을 조장한다. 공직임용의 비례성은 능력 있는 사람이 불이익을 받을 수 있다. 이로 인하여 역차별 받은 사람들에 의한 법적 다툼이 계속될 가능성이 있다.

셋째, 대표관료제는 행정의 전문성과 능률성을 저하시킨다. 대표관료제는 실제로 할당제를 강요하는 결과를 가져온다. 이는 능력을 1차적 기준으로 삼지 않기 때문에 행정의 전문성과 능률성을 저하시킨다.

넷째, 대표관료제의 실현에는 여러 가지 기술적 문제가 따른다. 공무원 수의 구성에 있어서 일정한 인구비례를 유지하는 것은 매우 어렵다. 사회집단의 인구 구조는 매우 유동적이며, 사회 구성원을 사회 집단별로 구별하기도 어렵다. 또한 관료조직도 퇴직이나 내부 이동 등 매우 동태적이다.

4. 대표관료제의 평가와 경향

오늘날 어느 사회에서나 국민이 정치적으로 더 많이, 그리고 더 균등하게 대표되어야 한다는 요청은 커지고 있다. 따라서 대표관료제에 대한 관심도 높아지고 있다(오석홍, 2000: 41). 대표관료제는 인종적 · 민족적 · 문화적 · 지역적 갈등을 겪고 있는 국가나 민주화와 정통성의 위기를 겪고 있는 나라의 경우에 유용하다(강성철 외, 2001: 62).

한국의 경우도 예외는 아니다. 그 동안 권위주의적 정치행태로 인하여 국민의 정치참여가 제한되었으며, 정당이나 이익단체들도 국민의 대변자로서 제 기능을 하지 못했다. 따라서 정부관료제의 국민대표성은 중요성을 갖는다. 그리고 우리나라는 지역적 갈등이 있어 왔고, 최근 산업화와 경제발전으로 집단 간의 대립과 갈등이 심해지고 있다. 이러한 현상은 우리에게도 대표관료제의 필요성을 입증하고 있다.

한국 정부는 여성에 대한 차별의 철폐와 방지를 위해 1999년에 여성채용목표제를 실시한바 있고, 2003년부터는 양성평등채용목표제를 실시하고 있다. 남녀고용평등법은 민간부문의 남녀차별금지를 규정하고 있다. 이러한 일련의 조치들도 대표관료제적 사고와 연계하여 이해할 수 있다. 그러나 대표관료제적 사고에 의하여 공무원의 임용뿐만 아니라 행정 전반 그리고 국민생활의 형평성을 높여 나가려면 사회생활의 모든 영역에 걸쳐 차별의 문화를 개선해 나가는 것이 필요할 것이다(오석홍, 2000:42).

제3장 인사행정기관

제1절 중앙인사기관
제2절 주요 국가의 중앙인사기관
제3절 한국의 중앙인사기관
제4절 부처인사기관
제5절 지방자치단체의 인사기관

제1절 중앙인사기관

다른 조직과 마찬가지로 정부가 그 기능을 하기 위해서는 인사활동을 담당할 인사행정기관이 필요하다. 이와 같이 정부의 인사활동을 전문적으로 담당하는 기관을 인사행정기관이라고 한다.

정부의 인사업무를 전문적으로 담당하는 기관에는 정부 전체의 인사업무를 담당하는 중앙인사기관과 각 부처의 인사업무를 담당하는 부처인사기관(인사운영기관) 그리고 지방자치단체의 인사업무를 담당하는 지방자치단체 인사기관이 있다. 이러한 인사기관들에 대하여 살펴보고자 한다.

1. 중앙인사기관의 의의

중앙인사기관은 국가의 모든 공무원에 대한 인사관련업무를 총괄하는 기관을 말한다. 사기업의 인사관리기관은 기업의 이익을 극대화하기 위하여 최고 책임자가 참모기관으로 활용하기 편리한 형태면 된다고 할 수 있다. 그러나 정부의 인사행정에는 사기업과 달리 민주성, 형평성, 효율성, 합법성 등의 상충되는 가치관들이 항상 혼재한다. 이러한 가치관들에 기초하여 정부의 인사기관은 다양한 기능들을 수행하여야 한다(박천오 외, 2001: 63).

역사적으로 볼 때, 중앙인사기관은 대부분의 국가들에서 엽관적 · 정실적 요소를 배제하고, 실적주의 인사행정과 인사행정의 통일성을 확립하기 위해 수립되었다. 그러나 점차 실적주의가 정착되고 행정의 투명성이 확보된 오늘날에 있어서는 전통적인 인사행정의 기능이 가지는 비효율적인 측면에 대하여 개선하고자 노력하고 있다. 오늘날은 인사행정의 능률성을 도모하고 국가 행정수반의 국정관리수단을 제공하는 등 보다 적극적인 기능을 강조하고 있다.

이러한 맥락에서 중앙인사기관의 기능 또는 설치목적을 정리하면 다음과 같다(Stahl, 1983: 200~201 / 오석홍, 2000: 16).

첫째, 엽관주의적 임용을 배제함으로써 공무원의 신분과 권익을 보장하고, 나아가 인사행정의 공정성과 중립성을 확보할 수 있다.

둘째, 인사행정의 할거주의를 방지함으로써 인사행정의 통일성을 확보할 수 있다.

셋째, 인사행정의 전문화와 기술발전을 촉진하고 정부 각 기관의 인사행정을 지원할 수 있다.

넷째, 행정수반에게 인사행정부문의 관리수단을 제공하고 입법부에 인사정책을 권고할 수 있다.

다섯째, 인사행정에 다양한 이익집단의 요구를 반영할 수 있으며 국가의 인사정책에 대한 그들의 지지를 획득할 수 있다.

2. 중앙인사기관의 조직형태

중앙인사기관을 어떻게 만들어야 가장 효율적인가에 대한 보편적 기준은 없다. 그것은 국가가 놓여있는 환경에 따라 달라질 수 있기 때문이다. 중앙인사기관의 조직형태는 여러 가지로 분류할 수 있다. 그러나 일반적으로 중앙인사기관의 조직형태는 행정수반으로부터의 독립성 여부와 의사결정 방식의 합의성 여부에 따라 분류할 수 있다. 이를 정리하면 〈표 3－1〉과 같이 설명할 수 있다.

중앙인사기관의 조직형태는 〈표 3－1〉의 네 가지 형태 중 실재하는 제도로써 독립합의형과 비독립단독형이 일반적이며, 이들을 결합한 다양한 형태의 절충형이 있다. 여기에서는 이러한 전형적인 세 가지 조직형태에 대하여 논의하고자 한다.

표 3-1 중앙인사기관의 조직형태 유형

독립성 \ 합의성	합의성	단독성
독립성	독립합의형	독립단독형
비독립성	비독립합의형	비독립단독형

1) 독립합의형

독립합의형(獨立合議型)은 위원회형이라고도 한다. 이러한 중앙인사기관은 인사행정의 엽관주의나 정실주의의 폐해를 방지하고 인사행정의 정치적 중립성을 보장하기 위한 조직형태이다.

따라서 독립합의형의 중앙인사기관은 행정부에서 분리되어 있을 뿐만 아니라, 행정수반으로부터도 독립된 지위를 가지며, 의사결정은 위원들의 합의에 의해 이루어진다.

합의체의 구성에 있어서는 정치적 중립을 보장하기 위한 여러 가지 조치가 취해진다. 인사위원을 양당적 또는 비정당적 위원들로 구성되게 하고, 법적으로 엄격한 임기를 설정하며, 위원의 임기를 교차시키는 것 등은 이러한 조치의 예이다.

이러한 독립합의형의 장점은 다음과 같다(이상윤, 2000: 79 / 오석홍, 2000: 12～13 / 강성철 외, 2001: 91～92).

첫째, 인사행정의 정치적 독립으로 실적제를 발전시키는데 유리하다.

둘째, 다수의 위원들에 의하여 인사행정에 관한 결정을 함으로써 신중한 의사결정을 할 수 있다.

셋째, 합의체 구성원의 임기를 서로 다르게 함으로써 인사정책의 계속성을 유지할 수 있다.

넷째, 중요한 이익집단의 대표를 참여시키게 하므로 인사행정에 대한 이익집단의 요구를 균형 있게 수용할 수 있다.

다섯째, 위원회가 다수의 위원으로 구성되므로 입법부, 행정부, 국민과의 원만한 관계를 유지시키는데 도움이 된다.

그러나 독립합의형의 단점은 다음과 같은 것들이 있다(이상윤, 2000: 79 / 오석홍, 2000: 12～13 / 강성철 외, 2001: 91～92).

첫째, 인사행정의 책임소재가 분산되고 관련자들이 인사정책의 책임을 상대방에게 전가할 가능성이 있다.

둘째, 주요정책결정이 합의과정을 거쳐야 하므로 인사정책의 결정이 지연된다.

셋째, 초당적이고 비전문가들인 인사위원들이 전문적인 인사문제를 다루므로 비능률성 및 비합리적인 과오를 범할 수 있다.

넷째, 중앙인사기관의 독립성으로 인하여 행정수반은 인사행정 막료기능을 확보하지 못하므로 자신의 강력한 정책추진이 곤란하다.

2) 비독립단독형

비독립단독형(非獨立單獨型)은 부처형이라고도 한다. 비독립단독형은 한 사람의 기관장이 중앙인사기관의 지휘부를 구성하는 조직형태이다. 중앙인사기관은 행정부에 속해 있으며 행정수반이나 내각의 지시를 받고 인사정책이나 행정에 대한 책임도 최종적으로 기관장 한 사람이 진다.

이러한 비독립단독형의 장점은 다음과 같다(Stahl, 1983:2∼60 / 오석홍, 2000: 13∼14 / 강성철 외, 2001: 93∼94).

첫째, 인사행정의 책임소재를 분명히 할 수 있다.

둘째, 지휘부가 기관장 한 사람으로 구성되기 때문에 인사정책 결정이 신속하게 이루어지고 강력하게 추진될 수 있다.

셋째, 행정수반은 인사행정을 자신의 관리수단으로 삼아 능률적 행정을 수행할 수 있다.

넷째, 인사행정의 지휘부가 한 사람이므로 행정의 필요성과 변화에 신축적으로 대응할 수 있다.

그러나 비독립합의형은 다음과 같은 단점을 가지고 있다(Stahl, 1983:2∼60 / 오석홍, 2000: 13∼14 / 강성철 외, 2001: 93∼94).

첫째, 인사행정의 정치적 독립성이 결여되므로 인사행정의 정실화를 막기 어렵다.

둘째, 기관장의 독선적 결정을 막기 어렵다.

셋째, 중앙인사기관장이 바뀔 때마다 인사정책의 방향이 다를 수 있으므로 인사행정의 일관성과 계속성이 결여되기 쉽다.

넷째, 행정수반이 행정 프로그램의 능률적이고 신속한 집행을 지나치게 강조할 경우에 공무원의 권익이 침해될 가능성이 높다.

다섯째, 중앙인사기관이 행정수반 소속이므로 양당적이거나 초당적 문제를 적절히 반영하기 어렵다.

3) 절충형

현대국가에 있어서 정부의 규모가 급격히 확대되고 인력관리가 점차 복잡해짐에 따라 독립합의형과 비독립단독형 가운데 어느 하나를 선택하기는 더 이상 어렵게 되었다. 현재 대부분의 국가들은 두 가지 모형을 절충한 다양한 조직형태를 운영하고 있는 경우가 많다. 이러한 예로서 다음과 같은 것들을 들 수 있다.

첫째, 독립합의형에 비독립단독형의 요소를 약간 가미한 형태가 있다. 이러한 조직의 지휘부는 대개 3인 정도의 인사위원으로 구성되는데, 그 중에서 위원장으로 지명된 사람이 집행기능을 단독으로 책임지며 행정수반에 대한 참모기능도 수행한다. 위원장과 다른 두 위원으로 구성되는 합의체에서는 주로 준입법적 및 준사법적 기능을 관장한다.

둘째, 비독립단독형을 주축으로 하고 독립합의형의 요소를 첨가한 절충형도 있다. 비독립단독형의 중앙인사기관에 자문기관인 인사위원회를 부설하는 것이 그 예이다.

셋째, 중앙인사기구를 복수의 기관으로 이원화시켜 독립합의형과 비독립단독형 기관을 따로 두고 양자의 인사기능을 적절히 분담하게 하는 경우이다. 예컨대 2004년 이전 한국의 독립합의형인 중앙인사위원회와 비독립단독형인 행정자치부가 그 예이다. 한국은 1999년 중앙인사위원회를 발족하여 공정성을 강조하였으며, 전통적으로 행정자치부의 소청심사위원회는 준사법적 기능을 수행하여 왔다. 미국에서는 1979년부터 중앙인사기관을 비독립단독형인 인사관리처(Office of Personnel Management)와 독립합의형인 실적제 보호위원회(Merit System Protection Board)로 이원화 시켰다.

실제적으로 어떤 유형이 선택되느냐의 문제는 상황적응적이라고 할 수 있다. 인사행정의 통일성을 제외하고는 실적주의와 직업공무원제의 정착정도와 깊은 관련을 가지고 있다. 정실주의와 엽관주의를 배척하고 실적주의와 직업공무원제를 정착시키기 위해서는 인사의 독립성을 중시하여 위원회형이 필요하다. 그러나 두 제도가 정착된 후에는 국가정책의 성공적인 수립과 집행은 공무원의 지원 없이 불가능하기 때문에 국정의 효과적인 관리를 위해서는 국정책임자인 행정수반이 인사권을 장악해야 한다는 것이다. 따라서 실적주의와 직업공무원제가 정착된 경우는 비독립단독형이 유용한 것이다(유민봉 · 임도빈, 2003: 140).

이와 같이 중앙인사기관의 설립목적 가운데 무엇이 더 강조되느냐에 따라 그 형태와 기능도 달라진다. 반엽관주의의 요청이 강한 곳에서는 독립합의형이 채택될 가능성이 크다. 한편 행정수반의 관리기능 강화와 인사기능 전문화의 요청이 큰 곳에서는 비독립단독형이 선호될 것이다. 그리고 여러 세력중추들의 이익을 대표시키려면 합의형이 유리하며, 인사행정의 할거주의가 문제되는 곳에서는 기능의 집권화가 선호될 것이다(오석홍, 2000: 17).

3. 중앙인사기관의 기능

중앙인사기관의 기능을 비교하는 데는 여러 가지 기준이 있을 수 있으나 기능의 유형, 그리고 기능의 집권화와 분권화를 기준으로 논의해 볼 수 있다(오석홍, 2000: 15~16).

기능의 유형으로는 첫째, 기능수행의 대상분야에 따라 기능을 분류해 볼 수 있다. 예컨대 직업구조형성, 임용, 보수, 교육훈련 등 인사행정의 활동영역을 말한다. 중앙인사기관마다 관장하는 업무의 대상분야는 다를 수 있다. 둘째, 중앙인사기관의 기능을 정책결정기능, 집행기능, 준입법기능, 준사법기능, 감사기능, 보좌기능 등의 유형으로 분류해 볼 수 있다.

기능의 집권화와 분권화는 중앙인사기관과 정부 각 기관의 인사기능분배와 관련하여 논의된다. 대체로 엽관주의를 막고 인사행정의 통일성이 필요한 경우에는 인사기능을 중앙인사기관에 집권화하려는 경향이 있다. 반면 실적주의 체제가 안정된 나라에서는 비교적 분권화된 인사행정을 추구하고 있다.

여기에서는 기능의 유형과 관련하여 전통적 기능과 새로운 기능으로 나누어 설명하고자 한다(이상윤, 2000: 81~82 / 박천오 외, 2001: 64~68 / 강성철 외, 2001: 95~98).

1) 전통적 기능

(1) 집행기능

중앙인사기관의 집행기능(執行機能)이란 인사행정에 관한 구체적 업무, 즉 직위분류, 임용, 보수, 교육훈련 등 인사법에 규정된 업무를 집행하는 것을 말한다. 넓은 의미로는 여기에 인적자원의 개발, PR, 행정수반에 대한 조언, 인적자원관리를 위한 조사 및 연구, 각 기관의 인적자원관리를 위한 조언 등을 포함한다(박천오 외, 2001: 66). 이러한 집행기능은 인사기관의 고유한 기능이다. 여기에서 중요한 문제는 인사행정의 집권성에 관한 문제이다. 한국의 경우는 인사행정이 중앙인사기관에 집권화되어 있고, 각 부처나 지방자치단체의 인사행정의 자율성은 매우 낮은 편이다.

(2) 감사기능

중앙인사기관의 감사기능(監査機能)이란 공무원에 대하여 감사할 수 있고, 위법 · 부당한 사실을 발견하면 소속기관장에게 시정을 요구하고 관련 공무원을 징계위원회에 회부할 수 있는 기능을 말한다. 중앙인사기관의 감사권은 행정기관의 업무의 통제나 비위사실 발견 등과 같은 소극적 목적보다 공무원의 능력발전과 행정의 효율성을 높이는 적극적인 목적달성에 노력하여야 한다.

한국의 경우 감사결과 위법 · 부당한 사실이 발견되면 중앙인사기관장은 관계기관장에게 그 시정을 촉구하고, 관련 공무원의 징계를 요구하는 권한을 중앙인사기관에 부여하고 있다(국가공무원법 제17조).

(3) 준입법기능

중앙인사기관의 준입법기능(準立法機能)이란 의회가 제정한 법률의 범위 내에서 인사행정 전반에 대한 규칙을 제정할 수 있는 기능을 말한다. 이 기능을 통하여 중앙인사기관은 정치적 목적의 정실인사를 방지할 수 있으며, 인사행정에 있어서 통일성과 일관성을 유지할 수 있다.

(4) 준사법기능

중앙인사기관의 준사법기능(準司法機能)이란 공무원의 권익을 보장하기 위한 기능으로 위법 부당한 처분을 받은 공무원의 소청(訴請)이 있을 때 이를 재결(裁決)할 수 있는 권한을 말한다. 물론 위법성에 관한 최종적인 판단은 사법기관인 법원이 하게 된다.

한국의 경우 행정안전부의 소청심사위원회가 준사법적 기능을 수행한다. 중앙인사기관의 소청에 대한 결정은 처분행정청을 기속(羈束)하는 효력을 지닌다(국가공무원법 제15조).

(5) 보좌기능

중앙인사기관의 보좌기능(補佐機能)이란 행정수반이나 내각이 행정의 전반적 관리를 효율적으로 수행할 수 있도록 인사행정에 관하여 보고하고 권고하며 지원하는 기능을 말한다.

2) 새로운 기능

중앙인사기관의 전통적 기능은 실적주의에 기반을 둔 직업공무원제도를 확립하는 데 중점을 두었다. 그러나 인사행정의 공정성이 점차 확립되면서 인사행정의 효율성에 대한 요구가 높아지기 시작하였다. 즉, 행정 전반의 효율성을 높이기 위한 수단으로써 인사행정의 효율성을 강조하기에 이른 것이다. 행정의 효율성 강조는 집권적 인사기능에서 분권화를 요구하고, 인사행정의 독립성에서 행정수반의 전략적 정책수행을 보좌하는 기능을 중요시하게 되었다. 그 결과 중앙인사기관은 다음과 같은 기능을 새롭게 수행하게 되었다(Foley, 1997: 639~648 / Ban, 1998: 19~34 / 박천오 외, 2001: 67~68).

첫째, 인사기능의 분권화에 의해 각 부처인사기관의 집행기능이 커짐에 따라 중앙인사기관은 이에 대한 감독 및 자문역할을 강조하게 되었다.

둘째, 준입법기능은 새로운 인사규정을 창출하기보다 지나치게 엄격하고 복잡한 인사규정을 완화시켜 실적주의와 효율성이 달성될 수 있도록 단순화하는 방향으로 변화하고 있다.

셋째, 중앙인사기관은 상충되는 행정이념 간의 중재자로서의 기능을 수행하여야 한다. 전통적 중재기능인 준사법적 기능을 유지하면서, 각 부처인사기관과 계선관리자 그리고 기관장 사이에서 행정의 이념적 갈등에 대한 중재자 역할을 하여야 한다.

넷째, 민영화, 외부계약, 계약직 · 임시직 공무원제도 등의 새로운 행정관리 기술의 도입에 따라 중앙인사기관의 연구 및 조사기능이 더욱 강화되고 있다.

이러한 새로운 기능들은 전통적 기능들을 대치하는 것이 아니라, 전통적 기능인 실적제를 지킴과 동시에 새로운 행정환경에 대처하기 위한 것이라고 볼 수 있다.

제2절 주요 국가의 중앙인사기관

1. 미 국

미국의 중앙인사기관은 역사적으로 독립 후부터 1883년 펜들턴 법(Pendleton Act)이 통과되기 이전과 그 이후, 그리고 1978년 공무원제도 개혁법이 통과된 이후의 시기로 나누어 볼 수 있다(Pfifner, 1987: 57~65 / 강성철 외, 2001: 99).

1883년 펜들턴 법 이전에는 각 부처에 인사행정이 분산되어 있었으며 행정의 민주화라는 명분에서 엽관주의적 인사행정이 진행되었다. 1883년 이후에는 임기 6년의 3명의 위원으로 구성된 독립합의형의 연방인사위원회를 두었으며, 강력한 독립성과 함께 각 부처에 분산된 인사기능을 이 위원회에 집권화하였다. 연방인사위원회가 독립성을 가지고 있었던 것은 엽관주의적 폐단을 배제하려는 것이었으며, 이는 행정의 능률성과 효과성을 제고시키는데 목적이 있었다.

그러나 실적주의가 정착된 후에도 인사행정은 막료기관으로서의 지원기능을 해야하는 목적에도 불구하고, 여전히 연방인사위원회는 정부의 인사행정에 관한 견제자 내지 감시자 역할과 계선과의 협력 미비로 오히려 능률성과 효과성을 저해하였다(Stahl, 1983: 206). 이에 따라 연방인사위원회의 개편에 대한 요구가 일기 시작하였다.

그 후 1978년 연방공무원제도 개혁법에 따라 연방인사위원회는 폐지되고 복수의 중앙인사기관을 두게 되었다. 이는 행정의 능률성과 효과성 제고는 물론 행정의 대응성을 향상시키려고 한 것이다.

현재 미국의 인사행정을 담당하는 기관과 그 기능은 다음과 같다.

1) 인사관리처 (Office of Personnel Management : OPM)

인사관리처는 인사관리에 대한 대통령의 보좌기관으로 비독립단독형의 조직 형태를 띤 중앙인사기관이다.

인사관리처는 대통령의 지휘 · 감독을 받으면서 범정부적 인사정책의 수립과 집행에 대한 책임을 진다. 인사관리처장은 행정관직 2급(Executive Level II)으로 상원의 동의를 얻어 대통령이 임명하도록 되어 있고, 특별한 사유가 없는 한 임기가 4년으로 보장되어 있다. 이러한 면에서 인사관리처는 대통령으로부터 어느 정도 독립성이 보장된다고 볼 수 있다.

인사관리처의 주요 기능은 다음과 같다(Hays & Reeves, 1989: 56~57 / 강성철 외, 2001: 101 / 박천오, 2001: 75).

첫째, 인사행정 전반에 관하여 대통령에게 직접 조언할 수 있는 막료적 기능을 수행한다. 즉, 공무원 관리규정의 제정, 인사관계 법령의 시행, 인사행정 개선을 위한 조사 · 연구 등 제반 인사행정에 관하여 대통령에게 자문한다.

둘째, 모집 · 시험 · 선발, 인사처리에 관한 조사, 인사관리에 관한 감사 및 평가, 고급공무원의 교육 등의 기능을 수행하고 있고, 또한 퇴직 · 연금 · 보수를 관리하고 공무원 노사관계에 관한 업무도 담당하고 있다.

셋째, 인사에 관한 결정 권한을 각 부처에 이양하여 인사행정의 분권화를 도모한다. 또한 인사관리처는 각 부처 인사기관에 대하여 기술적 지원을 함으로써 권한 위임이 효율적으로 이루어지게 한다.

넷째, 중앙인사기관으로서 공무원 임용에 관한 정책 및 기준을 설정한다.

다섯째, 각종 인사행정에 관한 규제를 완화하는 기능을 한다. 이는 공무원의 사기제고, 능력발전 그리고 인사행정의 효율화를 도모하기 위한 것이다.

2) 실적제 보호위원회(Merit System Protection Board : MSPB)

실적제 보호위원회는 독립합의형의 중앙인사기관으로써, 연방정부의 실적주의를 보호하고 인사권의 남용으로부터 공무원을 보호하기 위한 독립적 · 준사법적 기관이다. 실적제 보호위원회는 대통령이 상원의 동의를 얻어 임명하는 7년 단임의 3인으로 구성되며, 초당적 합의체 조직형태를 띤다. 이 위원회의 주요기능은 다음과 같다(Moore, 1985: 47 / 이상윤, 2000: 89 / 박천오 외, 2001: 76).

첫째, 연방공무원의 파면 · 해임 등의 불이익 처분에 대한 소청, 재임용 탈락 및 정기승급에서 제외된 자의 소청 등을 심사하고 판결한다.

둘째, 인사관리처가 제정한 각종 규칙이 실적제의 원칙에 위반될 경우에는 무효선언을 할 수 있는 권한을 가진다.

3) 연방노사관계청(Federal Labor Relation Authority : FLRA)

연방노사관계청은 행정부 내에 설치된 독립합의형의 인사기관으로서 연방공무원의 단체협약 등 노사관계상의 분규를 재결하는 기능을 담당한다. 노사관계청은 3개의 기관이 하나로 통합되어 운영되는 복합적인 조직형태를 띠고 있다. 연방노사관계청은 상원의 동의를 얻어 대통령이 임명하는 임기 5년의 3명의 위원으로 구성되어 있다. 그리고 대통령이 상원의 인준을 받아 임명하는 임기 5년의 일반심의관으로 구성되는 일반심의관실(Office of General Counsel)과 대통령이 임명하되 임기가 보장되지 않는 7명의 위원으로 구성되는 연방공무원 분쟁처리위원회(Federal Service Impasses Panel)가 있다.

이 기관의 주요기능은 다음과 같다.

노사관계청의 3명의 위원들은 연방정부의 노사정책과 지침을 확정하고, 불공정한 노동행위에 관한 소청을 재결하며, 공무원의 노사 문제에 대한 진정과 청원을 재결한다. 그리고 연방정부와 공무원들이 자신들의 노사관계 문제를 공동으로 해결할 수 있도록 조력한다. 일반심의관은 일반심의관실의 관리와 연방노사관계청 7개 지역사무소를 관리한다. 지역사무소 관리를 통하여 불공정한 노동행위에 대한 불만이나 진정사항을 기본적으로 처리한다. 그리고 연방공무원 분쟁처리위원회는 연방공무원 고용조건에 대한 연방기관과 노동조합에서 제기되는 분쟁을 조정하는 기능을 수행한다(강성철 외, 2008: 113~114).

4) 특별심의관실(Office of Special Counsel)

특별심의관실은 초기에는 실적제 보호위원회의 한 기관으로 운영되어 오다가 1989년 분리되어 독립단독형의 조직형태로 기능하고 있다. 대통령이 상원의 동의를 얻어 임명하는 임기 5년의 특별심의관은 실적제 보호위원회의 '시행장치(enforcement arm)' 로 기능하며, 내부고발자에 대한 보복 금지조치를 위반한 사항에 대하여 조사하고 소추하며, 실적제 보호위원회가 실질적인 준사법적 기능을 수행하게 한다. 또한 특별심의관실은 공무원법과 규칙을 위반한 사람을 기소하고 공무원의 정치적 중립을 언명한 해치 법(Hatch Act)을 시행한다(강성철 외, 2001: 103).

2. 영 국

근대 영국의 인사행정은 명예혁명을 성공적으로 이끈 시민계급, 지주, 귀족 그리고 국왕의 잔존세력에 의한 정실주의가 지배하였다.

그 후 18세기 중엽에서 19세기 초 산업혁명을 계기로 의회를 지배하게 된 시민계급은 정부재정 절약, 유능한 공무원 확보 등을 통한 경제부흥을 시도하였다. 이에 따라 정부재정 지출의 책임을 맡은 재무부가 공무원의 연금제도 등 지출에 관한 주요기능을 갖게 되었다(Drewry & Butcher, 1988: 92 / 강성철 외, 2001: 104).

영국의 중앙인사기관은 1855년 추밀원령에 의하여 합의제기관인 인사위원회(Civil Service Commission)가 설치되면서 이원화되었다. 인사위원회는 정실주의를 배제하고 실적주의 인사행정을 확립하기 위하여 노력하였다. 이 위원회는 주로 채용시험만을 담당해왔고, 공무원의 분류 · 보수 · 연금 등의 기능은 기존의 재무부 인사국에서 수행하게 되었다.

그 후 1968년 풀턴 위원회(Fulton Commission)보고서의 건의에 따라 공무원제도의 통일적 관리를 위해 인사부(Civil Service Department)가 신설되어 공무원인사위원회와 재무부가 맡고 있던 공무원 관리기능을 통합하여 관장하게 되었다.

그러나 1979년 집권한 대처(Margaret Thatcher) 수상이 공무원 인력의 축소와 공무원 집단의 특권적 지위의 타파, 그리고 능률성을 강조함에 따라, 1981년 인사부는 폐지되었다. 이에 따라 인력관리와 보수관리 기능은 재무부로 이관되었고, 조직관리 · 공무원제도의 능률성 · 교육훈련 · 충원 등에 관한 기능은 내각사무처에 신설된 관리인사처(Management and Personnel Office: MPO)에서 담당하게 되었다. 그 후 관리인사처는 공무원의 근무조건에 대한 기능을 재무부로 이관하였고, 1987년에는 공무원장관실(Office of the Minister for Civil Service: OMCS)로 개편되었다. 공무원장관실은 1992년에 공공서비스 및 과학실(Office of Public Service and Science: OPPS)로 다시 개편되면서 예산을 제외한 공무원 관리기능이 공공서비스 및 과학실로 이관되었고, 1995년부터 공무원관리에 있어서 각 부처에 위임되지 않고 남은 기능 중 고급공무원의 급여제도, 공무원의 채용 · 퇴직 · 과원해소 및 연금에 관한 정책, 노사관계 및 공무원 통계업무 등이 다시 재무부로부터 공공서비스 및 과학실(OPPS)로 넘어오게 되었다.

그 후 공공서비스 및 과학실은 1995년 7월 1일 정부조직 개편에 따라 종래의 과학기술업무를 통상산업부로 이관한 반면, 경쟁촉진 및 규제완화 업무를 통상산업부에서 이관받아 공공서비스실(Office of Public Service: OPS)체제로 자리잡게 되었다. 1996년 4월 1일부터 그 동안 재무부와 함께 맡아오던 공무원 급여 및 근무조건에 대한 감독기능이 공공서비스실(OPS)로 일원화됨에 따라 공무원관리에 관한 전반적인 사항은 공공서비스실이 담당하게 되고 재무부는 공공지출 및 공공 분야의 급여정책에 관한 사항만 담당하게 되었다(행정자치부, 1998b: 5~6 / 이상윤, 2000: 83~84).

다시 영국은 공무원의 국민에 대한 대응성과 업무 효율성을 높일 목적으로 공무원에 대한 기업방식의 인사관리를 통하여 공무원을 양성하고 관리하기 위하여 중앙인사기관의 구조를 변화시켰다.

1999년 공공서비스실은 폐지되고, 중앙정부의 인사행정은 공무원장관을 겸직하는 수상 직속의 내각장관(Secretary of the Cabinet) 겸 공무원담당장관(Head of the Home Civil Service)과 랭커스터장관(Chancellor of the Duchy of Lancaster) 겸 내각사무처장관(Ministry of the Cabinet Office)이 직접 관리하게 되었다. 내각장관 겸 공무원담당장관은 그 직속에 관리 및 정책연구센터(Center of Management and Policy Study)를 두고 그 밑에 다시 인력개발 및 훈련국과 정책연구국, 기업 및 자원국, 그리고 공무원대학을 두어 이를 관리하고 있다. 랭커스터장관 겸 내각사무처장관은 공공서비스실에서 수행하던 인사기능을 인사관리처장(Head of Civil Service Corporate Management)이 담당하도록 하고, 여기에 다시 인사관리국(Civil Service Employer Group)과 고위공무원단관리국(Senior Civil Service Group)을 두어 이를 관리하고 있다.

인사관리국에는 인사관리 및 근무조건과 인력개발 및 고용기회 균등과, 속진 및 유럽고용과(Fast Stream and European Staffing Division), 공무원연금과, 최고관리자 프로그램과, 국제협력과와 4개의 위원회가 있다. 4개의 위원회는 고위공무원의 충원을 승인하고 충원의 공정성을 감독하는 독립합의형의 인사위원회실, 정부기관 내 장관 임명직을 감시하고 규제하는 독립단독형의 정부임명위원회실, 국내에 근무하는 공무원의 소청을 담당하는 비독립합의형의 공무원소청위원회, 그리고 정부나 왕실에 근무하던 사람이 이직할 때 그들의 권익을 보호하고 그들의 기업체 취업을 자문하는 비독립합의형의 기업체취업자문위원회이다.

그리고 고위공무원단관리국은 고위공무원단에 관한 제도를 관리하고 고위공무원단의 임용, 보수, 교육훈련, 경력발전 기능과 민간기구와의 인사교류와 공동훈련 기회를 증진함으로써 각 부처를 지원하고 장려하는 기능을 수행한다.

이와 같이 영국의 중앙인사기관은 비독립단독형과 독립합의형, 그리고 독립단독형, 비독립합의형의 복수기관으로 설치하여 운영하고 있지만, 실질적인 중앙정부의 인사행정은 수상 직속의 내각사무처장관하의 인사관리처장이 담당하는 비독립단독형의 조직형태로 관리되고 있다고 할 수 있다(강성철 외, 2001: 107).

3. 일 본

일본의 중앙인사기관은 내각의 관할하에 있는 인사원과 내각총리대신이 관할하는 총무성 인사 · 은급국으로 이원화 되어 있다.

1) 인사원

인사원은 내각의 관할에 있으면서도 실질적으로는 내각과 각 부처로부터 독립되어 있는 합의체기관이다. 따라서 인사원의 인사관 신분은 엄격하게 보장되고 있다.

인사원은 인사관 3인으로 구성되며 이들 가운데 한 명이 총재로 임명된다. 인사관의 임기는 4년이며, 재임될 수 있으나 계속해서 12년 이상 근무할 수 없으며, 퇴직 후 1년간은 다른 직위에 임명될 수 없다. 인사관은 국회에서 양원의 동의를 얻어 내각이 임명하고 국왕이 인준한다. 그리고 동일 정당원이 2인 이상이어서는 안되며 동일 대학 출신이 2인 이상이어서도 안된다. 이러한 특징으로 인하여 인사원은 형식적으로는 내각에 소속되어 있지만 실질적으로는 독립적 합의기관으로 운영되고 있다.

인사원의 기능은 다음과 같다(박천오 외, 2001: 78～79).

첫째, 급여, 기타 근무조건 및 인사행정의 개선에 관한 권고를 한다.

둘째, 공직분류, 시험 및 임면, 급여, 징계, 고충처리 및 기타 직원에 관한 인사행정의 공정성 확보 및 직원의 이익보호를 위한 사무를 관장한다.

셋째, 인사규칙 등을 제정한다.

넷째, 인사행정에 관한 연구 및 조사를 한다.

다섯째, 법령의 제정 · 개폐에 관한 의견을 제출한다.

2) 총무성 인사 · 은급국

총무성은 2001년에 설치된 내각 총리대신 소속의 인사관리부서로서 인사행정 업무뿐만 아니라 행정관리, 평가업무, 자치행정업무, 정보통신, 우정(郵政)업무, 통계업무 등을 수행한다. 총무성의 인사 · 은급국은 총무성장관에 의하여 지휘 · 감독을 받는 비독립단독형의 인사행정기관이다. 인사 · 은급국의 기능은 다음과 같다(http//www.soumu.go.jp).

첫째, 인사행정에 관한 종합조정
둘째, 국가공무원의 급여 · 복무 · 노무관리 · 고령대책
셋째, 국가공무원의 계발(啓發) · 인사 교류
넷째, 공무원제도 조사
다섯째, 은급 사무[1)]

제3절 한국의 중앙인사기관

1. 중앙인사기관의 변천

1) 고시위원회와 총무처(1948)

1948년 정부조직법에 의하여 중앙인사기관은 대통령 직속의 고시위원회와 국무총리 소속의 총무처 인사국으로 이원화되었다.

고시위원회는 중견 공무원만을 대상으로 고시(考試)와 전형(銓衡) 업무를 담당하였고, 인사의 공정성을 확립하기 위하여 대통령직속의 독립기관적 지위를 가지고 있었다. 총무처 인사국은 고시와 전형 이외의 인사기능을 담당하였다.

---

1) 은급(恩給)은 자위대가 창설되기 전의 군인에 대한 연금을 말한다.

2) 국무원 사무국(1955): 고시과 · 인사과

1954년 3선을 위한 헌법개정에 의하여 정부기구 간소화 정책이 추진되었고 이로 인하여 정부조직이 축소 개편되었다. 고시위원회와 총무처가 폐지되고, 국무원 사무국을 두어 그 밑에 고시과와 인사과를 두었다.

이와 같이 인사행정기구를 축소함으로써 다음과 같은 피해를 가져왔다.

첫째, 중앙인사기관의 장이 1급이므로 인사행정에 관한 사항을 국가 정책결정에 반영할 책임자가 없었다.

둘째, 정치적 외압 등으로 인사행정의 공정성과 공무원의 정치적 중립성 유지가 어려웠다.

셋째, 국무원사무국은 국무원의 제반 업무를 담당하게 되므로 20만 명이 넘는 공무원의 인사문제가 부실하게 되었다.

3) 국무원 사무처(1960)와 내각사무처(1961)

1960년 4.19를 계기로 국무원사무국이 사무처로 승격되었으며 국무원사무국 인사과도 인사국으로 승격되었다. 따라서 인사행정의 기능이 확대 강화되었고 인사책임자도 국무원으로 격상되었다. 1961년 군사정부는 국무원사무처를 내각사무처로 개칭하였다.

4) 총무처(1963～1998)

1963년 제3공화국의 출범과 함께 내각사무처가 총무처로 개편되어 총무처의 인사담당 전문기구는 인사국과 행정관리국 외에 연금국을 포함하게 되었다. 그 뒤 1978년 고시과가 고시국으로 승격되었으며, 총무처장관의 자문에 응하기 위하여 비상설기관인 인사위원회가 설치되었고(1973년 폐지), 공무원의 징계처분 및 기타의 불이익처분에 대한 소청을 심사 · 결정하는 소청심사위원회가 설치되었다. 두 위원회의 위원은 총무처장관의 제청으로 국무총리를 거쳐 대통령이 임명하였다.

총무처는 인사기능 이외에 다양한 국가사무를 관장하는 기능을 수행하였다. 그리고 비독립단독형으로 인사행정의 전문화, 기술화, 다양화에 따른 하부조직의 분화를 거듭하면서 인사행정의 발전에 기여하여 왔다. 그러나 총무처는 학자들로부터 독립성이 약하고 합의성이 불충분할 뿐만 아니라, 인사업무 외의 다른 여러 기능들을 담당함으로써 인사기능에 전념하기 어려웠고, 독자적인 인력수급계획이나 인사정책을 제대로 추진하지 못하였다는 평가를 받았다(김중량, 1999: 35~40).

5) 행정자치부(1998~1999)

1998년 2월 28일 총무처와 내무부를 통합하여 행정자치부로 개편하였다. 행정자치부의 인사전담부서로는 인사국, 복무감사관 그리고 소청심사위원회가 있다. 중앙인사기관인 행정자치부는 비독립단독기관이며, 약간의 독립성을 갖는 소청심사위원회를 둔 이원적 구조로 되어 있다.

6) 중앙인사위원회와 행정자치부(1999~2004)

1999년 정부조직 개편에 의하여 대통령 직속의 심의 · 의결기구로 중앙인사위원회가 설치됨으로써 한국의 중앙인사기관은 중앙인사위원회와 행정자치부의 이원체제로 개편되었다.

중앙인사위원회는 순수 인사전담기구이지만, 행정자치부는 인사기능 이외에 조직관리, 정부청사관리, 정부문서관리, 행정전산기능, 자치행정 지원, 지방재정, 민방위 재난통제기능까지 수행하는 복합기능을 하는 조직이다.

이들 인사기관들의 기능은 대략 다음과 같이 배분되어 있다.

행정자치부의 인사행정과 관련된 주요 기능은 인사관계 법령의 시행 · 운영, 5급 이상 공무원의 임용 제청, 공무원 임용시험 및 교육훈련, 징계제도와 소청심사위원회의 운영 등 공무원 인사운영을 총괄하는 것이다.

중앙인사위원회의 주요 기능은 인사행정분야의 개혁에 관한 사무, 고위직 공무원의 임용심사, 개방형 전문직위제도 운영, 인사감사, 공무원 처우 개선업무, 직무 분석업무 등이다.

7) 중앙인사위원회(2004~2008. 2)

한국의 중앙인사기관을 이원화한 이유는 인사행정의 공정성을 확보하고, 행정자치부에 집중되었던 인사정책과 집행기능을 분리하여, 중앙인사위원회는 인사개혁정책을, 행정자치부는 인사정책의 집행을 담당하여 인사행정의 효율성을 확보하려는데 있었다.

그러나 인사기능을 이원화함으로써 인사개혁정책과 집행기능이 조화를 이루지 못한 점이 있었다. 즉 인사개혁정책은 인사행정의 현실을 충분히 반영하지 못하는가 하면, 인사행정의 현장에서는 개혁정책의 의지를 충분히 이해하지 못하는 등의 문제점이 드러났다.

이러한 이유로 2004년 중앙인사기관을 중앙인사위원회로 일원화하였다. 따라서 행정자치부가 담당하였던 신규채용, 임용, 교육훈련, 중앙공무원교육, 소청심사위원회 등의 업무가 중앙인사위원회로 이관되었다. 그러나 지방공무원 인사행정, 공무원 복무, 공무원 연금 · 복지 및 노동조합관계 업무는 아직도 행정자치부의 업무로 남아 있다.

8) 행정안전부(2008. 2～)

2008년 2월 이명박 행정부가 집권하면서 '작은 정부'의 구현을 위해 정부조직법을 개편하여 중앙인사기관인 중앙인사위원회를 행정안전부에 통합시켰다. 따라서 한국의 중앙인사기관으로써 제한적이었지만 독립성과 합의성을 가졌던 중앙인사위원회는 비독립 단독형의 중앙인사기관으로 변천되었다. 그리고 중앙인사위원회 소속기관이었던 소청심사위원회와 중앙공무원교육원도 행정안전부 소속으로 바뀌게 되었다.

2. 중앙인사기관의 조직과 기능

1) 행정안전부의 인사 관련 조직과 기능

(1) 행정안전부의 조직

행정안전부는 정부조직법상 중앙행정기관의 하나로서 중앙인사기관의 역할을 수행한다. 행정안전부는 국무회의의 서무, 법령 및 조약의 공포, 정부조직과 정원, 공무원의 인사 · 윤리 · 복무 · 연금 · 상훈, 정부청사의 관리, 지방자치제도 관

그림 3-1 행정안전부의 조직

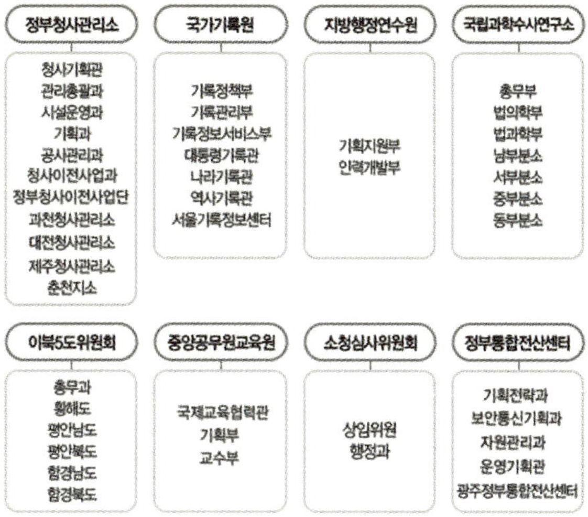

련 업무, 선거, 국민투표, 안전 및 재난 관련 업무, 기타 국가의 행정사무로서 다른 중앙행정기관의 소관에 속하지 아니하는 사무 등 복합적인 기능을 담당하는 거대 기구이다.

행정안전부는 장관과 차관(2명), 차관보, 기획조정실, 조직실, 인사실, 재난안전실, 정보화전략실, 지방행정국, 지방재정세제국, 지역발전정책국의 5실 3국으로 구성되어 있다. 그리고 행정안전부 장관 소속에 경찰청, 소방방재청(정부조직법 제29조)과 소청심사위원회(국가공무원법 제9조)가 있다<그림 3-1>.

또한 행정안전부 장관 소속에 중앙공무원교육원, 지방행정연수원, 국가기록원, 정부청사관리소, 정부통합전산센터, 국립과학수사연구소, 이북5도가 있다.

(2) 행정안전부의 인사담당 조직과 기능[2)]

행정안전부는 순수한 인사업무만을 담당하는 기구가 아닌 다양하고 복합적인 업무를 담당하는 비독립단독형의 중앙인사기관이다.

행정안전부의 조직 중 인사 업무를 담당하는 주요 부서는 국가공무원의 인사업무를 담당하는 제1차관보 산하 인사실의 인사정책관, 인력개발관, 성과후생관과 제1차관의 보좌기관인 인사기획관과 공무원노사협력관, 그리고 지방공무원의 인사업무를 담당하는 제2차관보 산하 지방행정국 자치제도기획관이다. 인사관련 부서의 기능은 다음과 같다.

2) 행정안전부 인사 관련 조직 업무는 '행정안전부와 그 소속기관 직제' 및 '행정안전부와 그 소속기관 직제 시행규칙'의 내용을 참고하였다.

① 인사실의 인사정책과

공무원 인사제도의 개혁에 관한 정책과 인사행정 운영에 관한 기본 방침을 수립하고, 공직분류체계의 개편 및 공무원 인사 관계 법령을 운영하고 제정한다. 또한 외국의 공무원제도를 분석하며 인사행정에 관한 자료를 수집하고 분석한다.

② 인사실의 심사임용과

3급(3급 상당 포함)공무원과 고위공무원단에 속하는 공무원의 임용제청 처리와 5급(5급 상당 포함) 이상 공무원의 인사기록을 유지하고 관리하며 공무원 인사교류를 담당한다. 그리고 고위공무원단 채용과 승진심사 업무를 담당한다. 또한 공무원의 파견과 결원보충 업무를 관리하고 민간근무 휴직제도를 운영한다.

③ 인사실의 고위공무원정책과

고위공무원단 제도를 수립하고 운영하며, 고위공무원 인사교류제도를 운영한다. 고위공무원단 후보자 양성과정의 운영계획을 수립하고 교육 대상자를 선발하여 관리한다. 또한 고위공무원단 적격심사제도를 운영하며, 능력검증평가에 관한 업무를 수립하고 시행한다.

④ 인사실의 인사평가과

행정기관의 인사 운영을 지원하는 기본계획을 수립 · 운영하며, 행정기관에 대한 인사 감사와 인사 운영 실태를 분석 · 진단한다. 또한 인사부문의 자체평가업무와 인사행정에 관한 국제협력계획을 수립하고 시행하며, 균형인사의 실현을 위한 기본계획을 수립하고 시행한다.

⑤ 인사실의 인력개발기획과

공무원 충원과 인력개발에 관한 기본계획을 수립하고 운영하며 공무원 채용후보자의 등록과 추천 업무를 담당한다. 공무원 시보 업무와 과장급 이하의 개방형 및 공모직위를 운영하며, 5급 일반승진시험과 5급 이상의 지방공무원 임용시험을 수탁하여 실시한다.

⑥ 인사실의 교육훈련과

공무원 교육훈련계획을 수립 · 시행한다. 그리고 공무원 교육훈련에 관한 각 중앙행정기관 및 교육훈련기관을 지원하고 감독하며 공무원의 상시학습 체제를 지원한다. 또한 공무원 교육훈련 정보화 사업과 국외교육훈련 성과평가 및 활용 방안 구축 업무를 담당한다.

⑦ 인사실의 채용관리과

공무원 공개경쟁채용시험에 관한 업무를 수행하고 공무원 시험에 관한 제반 통계를 작성하고 유지한다.

⑧ 인사실의 시험출제과

공무원 시험에 관한 업무를 수행하며, 5급 일반승진시험의 선택과목을 지정하고 협의한다.

⑨ 인사실의 성과급여기획과

공무원 평가 및 성과관리 인사제도(근무성적 평정제도, 성과상여금제 등)를 연구 · 운영하며, 공무원 처우 개선에 관한 업무(보수, 수당 등)와 총액인건비제도 및 각 부처의 보수 관련 업무를 지원한다.

⑩ 인사실의 연금복지과

공무원 연금제도에 관한 업무와 맞춤형 복지제도를 포함한 공무원 후생복지에 관한 종합계획을 수립 · 운영한다.

⑪ 인사실의 인사정보과

국가 인재를 조사 · 발굴 · 관리하기 위한 국가인재관리 정책을 개발하고 그 기본계획을 수립하여 시행한다. 공직후보자에 대한 공직 적합성 판단을 위한 정보를 수집하고 관리하기 위하여 국가인재 데이터베이스를 구축하여 관리한다. 그리고 현재의 공직자에 대한 성과와 역량정보도 수집하고 평가한다. 또한 인사행정에 관한 종합적인 정보화 기본 계획을 수립하고 시행하며 정부 전자인사관리 시스템(e-사람)을 구축하여 운영한다.

⑫ 인사기획관

인사기획관은 제1차관의 보좌기관으로 행정안전부 소속 공무원의 인사업무를 담당한다. 인사기획관은 행정안전부 소속 공무원의 인력 운영, 임용, 인사교류, 교육훈련, 상훈업무와 행정안전부 소속 공공기관의 임원 인사 및 인사 운영 지원 업무, 그리고 행정안전부 소속기관의 인사운영 지원 등의 업무를 수행한다.

⑬ 공무원노사협력관

공무원노사협력관은 제1차관보의 보좌기관으로 공무원의 노사 업무를 담당한다. 공무원노사협력관은 공무원 직장협의회제도의 운영과 개선, 공무원노동조합과의 단체교섭 및 단체협약 체결에 관한 사항, 공무원단체와 관련된 업무의 교육,

공무원단체와 관련된 갈등과 분쟁의 관리, 공무원노사협의체 운영 업무 등을 수행한다.

⑭ 지방행정국 지방공무원과

지방행정국의 지방공무원과는 지방공무원의 인사 업무를 담당한다. 지방공무원과는 지방공무원 인사제도와 보수 및 후생복지 제도, 그리고 교육훈련 제도의 연구 · 개선과 지방자치단체 여성공무원의 인사 및 교육훈련정책을 기획하고 지원하며, 지방자치단체 여성공무원의 지위 향상 및 복지 증진 등에 관한 업무를 담당한다.

⑮ 중앙공무원교육원

중앙공무원교육원은 행정안전부 소속기관으로 행정안전부 공무원 교육훈련에 관한 정책 및 지침에 따라 공무원 및 위탁받은 사기업체의 직원에 대하여 교육훈련을 담당하고, 공무원 교육훈련에 대한 각종 지도와 지원 업무를 담당한다.

⑯ 지방행정연수원

지방행정연수원은 정부의 공무원교육훈련에 관한 정책과 지침에 따라 행정안전부 소속 공무원, 자치행정 분야 직무에 종사하는 공무원, 지방자치단체에 근무하는 공무원 및 자치행정 관련 민간 종사자의 교육훈련에 관한 사무를 관장한다.

⑰ 소청심사위원회

소청심사제도는 공무원이 징계처분 및 기타 그 의사에 반하는 불리한 처분이나 부작위에 대하여 이의를 제기하는 경우 이를 심사하고 결정하는 행정심판의 일종이다. 소청심사위원회는 위법 · 부당한 인사상의 불이익 처분에 대하여 구제하는 사법 보완적 기능을 통하여 직접적으로 공무원의 신분 보장과 직업공무원제도를 확립하고, 간접적으로는 행정의 자기 통제를 도모한다. 소청심사위원회는 준사법적 합의제 의결기관으로 위원장 1인을 포함한 5명 이상 7명 이내의 상임위원으로 구성하되, 필요하면 약간의 비상임위원을 둘 수 있으며, 상임위원은 임기 3년의 신분이 보장된다. 현재 행정안전부 소청심사위원회는 위원장(정무직) 1인을 포함하여 상임위원(고위공무원단) 5인과 임기 1년의 비상임위원 2인으로 구성되어 있고, 위원회 사무를 처리하기 위하여 행정과를 두고 있다.

3. 중앙인사기관의 문제점과 개선 방안

중앙인사기관은 일반적으로 인사행정을 전체적으로 조정 · 통제하고, 공무원의 권익을 보호하며, 공무원의 정치적 중립을 보장하기 위하여 설치되고 운영된다. 그리고 중앙인사기관은 행정수반에게 인적자원관리 수단을 제공하고 인사행정의 범정부적 통일성과 전문성을 촉진하여 행정의 능률성을 향상시키기 위하여 설치되고 운영된다. 그러나 각 국가의 중앙인사기관의 조직형태나 기능은 다양하다.

중앙인사기관의 권한과 기능은 초기에는 실적주의 확립에 주안점을 두었으나, 근래에는 공무원의 권익 보호 등을 포함한 인사행정 전반에 걸친 광범위한 기능을 수행하고 있다. 오늘날 중앙인사기관은 엽관주의 방지라는 소극적 자세에서 벗어나, 유능한 인적자원의 확보는 물론 그들의 능력발전과 권익 보호를 위한 적극적인 인사기능을 담당하고 있다.

한국의 중앙인사기관은 정부 수립 이후 많은 변화를 거듭하여 오다가 2004년 6월에 처음으로 단일의 인사 업무만을 담당하는 중앙인사위원회가 발족 되었다. 그러나 2008년 2월 이명박 정부가 발족된 후 '작은 정부'의 구현이라는 구호 아래 행정안전부에 통합되었다. 따라서 정치적으로 어느 정도의 독립성과 합의성을 가진 중앙인사기관이 복합적 기능을 수행하는 비독립 단독형의 중앙인사기관으로 회귀하였다.

이로 인하여 합의제 기관으로써 중앙인사위원회가 가지는 의사결정의 지연, 책임소재의 불분명함을 막을 수 있고, 무엇보다 행정수반이 인적자원관리 수단을 확보함으로써 국가의 주요 정책을 신속하고 강력하게 추진할 수 있는 장점을 가지게 되었다.

그러나 복합적 기능을 갖는 비독립 단독형으로서의 행정안전부는 중앙인사기관으로서 문제점도 가지고 있다. 이러한 문제점과 개선 방안을 제시하면 다음과 같은 것을 들 수 있다(강성철 외, 2008: 136~138).

첫째, 현재의 행정안전부로서는 인사행정의 공정성과 중립성이 저해될 가능성을 내포하고 있다. 행정안전부는 대통령이 통할하는 중앙행정기관으로서 대통령의 영향력이 작용할 가능성이 높아서 독립합의형의 중앙인사기관에 비하면 인사행정의 공정성과 중립성이 저해될 가능성이 있다고 할 것이다. 중앙인사기관이 공정하고 중립적인 인사행정을 하기 위해서는 합의성과 독립성을 가진 중앙인사기관으로 기구를 개편하거나, 그것이 어렵다면 비독립단독형과 독립합의형의 이원적 중앙인사기관을 설립하여 비독립단독형의 행정안전부가 인사기능의 효율적 관리를 담당하고 독립합의형의 미국 실적제도보호위원회와 같은 기구를 설립하여 인사관리의 엽관화를 방지하도록 해야 할 것이다.

둘째, 현재의 행정안전부 체제로는 정부 인적 자원을 안정적이고 합리적으로 관리하기 어려운 구조이고, 혁신적이고 개혁적인 정책 수단을 강구하기도 용이하지 않다. 왜냐하면 행정안전부는 다양한 기능을 수행하는 기관으로 인사 업무만을 담당하는 기관에 비하여 정부 인적 자원의 안정적이고 합리적 관리 수단과 개혁적인 정책 수단을 개발할 여력을 갖기 어렵다. 현재의 구조는 중앙인사기관장인 행정안전부장관이 인사행정에 전념하기 어려운 위치에 있다. 따라서 인사행정에 대한 지속적인 관심과 개혁적인 추진을 위해서는 인사 업무만을 수행하는 독립합의형의 중앙인사기관을 설립하든가, 인사와 밀접한 관련이 있는 조직 업무를 통합하여 관리할 수 있는 비독립단독형의 인사처와 같은 기구를 설립하여 운영하는 방안도 고려해 볼 필요가 있을 것이다.

셋째, 국가공무원과 지방공무원 인사관리의 연계성 부족이다. 중앙인사위원회가 중앙인사기관으로서의 역할을 할 때는 국가공무원의 인사 기능은 중앙인사위원회가, 지방공무원의 인사기능은 행정자치부가 담당하여 이들의 인사가 이원적으로 행하여졌다. 하지만 중앙인사위원회가 행정안전부로 통합된 현재에도 여전히 국가공무원은 제1차관 산하의 인사실에서, 지방공무원은 제2차관 산하의 지방행정국 지방공무원과에서 담당하여 국가공무원과 지방공무원 인사관리가 여전히 그 연계성을 갖지 못하고 있다.

행정안전부에서 지방자치단체의 인사에 관한 연구와 개선 및 지원 업무를 담당한다면 이를 지방행정국 지방공무원과에서 담당할 필요가 있느냐 하는 것이다. 차라리 인사실에서 국가공무원과 지방공무원 인사업무를 통합하여 담당하는 것이 인적자원관리의 연계성을 더 높이고, 나아가 행정안전부가 범정부적 중앙인사기관으로서의 역할을 다할 수 있게 될 것이다.

제4절 부처인사기관

1. 인사기능의 분권화 요구

부처인사기관(인력운영기관)은 정부 각 부처의 인사업무를 담당하는 기관을 말한다. 원래 인사행정은 막료적 기능으로써 각 부처에 분산되어 운영되어 왔으나 엽관주의 혹은 정실주의의 폐해가 커지자 이를 극복하기 위하여 인사행정기능을 중앙정부로 집권화시키게 되었다. 인사행정기능의 집권화를 통한 반엽관주의적 인사행정은 인사행정의 중립성과 공정성을 달성하여 인사행정에 실적주의를 정착시키는데 크게 기여하였다.

그러나 이는 각 부처의 능률적 행정관리에 지장을 초래하였을 뿐만 아니라 엽관주의나 정실주의 폐해가 극복됨으로써 반엽관주의적 인사행정에 대한 개혁과 비판의 소리를 높이는 원인이 되었다. 즉, 인사기능의 분권화에 대한 요구가 시작된 것이다. 그 내용은 다음과 같은 것이다.

첫째, 실적주의 확립을 위하여 중앙인사기관을 설립하였으나 정부가 확대되고 각 부처도 관료제를 정착시킴으로써 각 부처인사기관의 기능에 관심이 집중되기 시작하였다.

둘째, 인사기능은 행정수반 뿐만 아니라 각 부처 기관장의 일상적인 관리수단이다. 인사관리는 보조적 · 참모적 기능이므로 각 부처에 이양해야 한다. 인사의 적재적소 배치와 동기부여 · 능력발전 등 적극적 인사관리는 각 부처인사기관이 훨씬 용이하게 할 수 있다.

셋째, 인사행정의 집권은 각 부처의 실정을 무시하고 인사행정의 획일성과 형식성을 초래하여 행정능률을 저하시킨다.

2. 부처인사기관의 기능

인사행정의 공정성이나 실적주의가 어느 정도 확립된 경우 부처인사기관도 각 부처장의 효율적인 정책수행을 위한 도구가 되도록 운영되어야 한다. 즉, 부처인사기관은 각 부처의 전반적 정책수행을 위한 관리수단으로써 통합되어 부처장의 인사관리에 대한 보좌기능을 담당하도록 운영되어야 한다.

한편 부처인사기관이 그 기능을 원활히 수행하기 위해서는 중앙인사기관과 부처인사기관의 인사권한의 배분기준을 명확히 할 필요가 있다. 이러한 기준은 각 정부의 환경에 따라 다를 수 있으나 일반적으로 다음과 같은 것들이 제시되고 있다. ⅰ) 사무 배분의 원칙과 책임을 명확히 규정하여 중복과 마찰을 피할 수 있도록 하여야 한다. ⅱ) 중앙인사기관과 부처인사기관의 업무 연계가 원활하도록 구조적 장치를 마련하여야 한다. ⅲ) 가능한 중앙인사기관의 권한을 부처인사기관에 이양하여야 한다. ⅳ) 중앙인사기관은 인사정책의 수립 · 조사 · 연구 · 지원 · 자문, 그리고 감사 등의 업무를 담당하며 부처인사기관은 구체적이고 실천적 업무를 수행하도록 하여야 한다.

이러한 기능배분의 원리에 따라 부처인사기관이 수행해야 할 기능을 종합해 보면 다음과 같이 요약할 수 있다(오석홍, 1983: 71).

첫째, 소속 기관장에 대하여 인사행정에 대한 참모역할을 한다.

둘째, 중앙인사기관에서 결정된 인사정책을 집행한다.

셋째, 소속기관의 인사업무를 계획하고 집행한다.

넷째, 소속기관과 중앙인사기관 사이에서 인사행정에 관한 문제들을 조정한다.

다섯째, 소속기관 계선조직의 인사업무를 지원하고 통제한다.

여섯째, 인사통계와 인사기록을 유지하고 관리한다.

3. 부처인사기관의 조직형태

부처인사기관의 조직형태로 흔히 논의되고 있는 유형은 인사전문가형과 일반행정가형이다(Dror, 1970: 36~39 / Stahl, 1983: 220).

1) 인사전문가형

인사전문가형(人事專門家型)은 기능별분립형이라고도 한다(오석홍, 1983: 92). 부처인사기관을 인사행정의 활동분야(직위분류, 시험, 교육, 평가 등)로 나누고, 분화된 각 조직단위에 그 분야의 전문가를 책임자로 임명하는 조직구조이다.

이러한 조직형태는 인사행정의 전문화를 촉진할 수 있다는 장점이 있다. 그러나 다음과 같은 단점이 있다.

첫째, 업무배분이 엄격하게 이루어지기 어렵다.

둘째, 인사행정을 종합적으로 보지 못한다.

셋째, 포괄적 능력을 가진 인사행정가 양성이 어렵다.

2) 일반행정가형

일반행정가형(一般行政家型)은 인사기능을 분야별로 분류하여 전문화시키지 않고, 통합된 비독립단독형 기관으로 구조화하고 인사책임자를 일반행정가로 임명하여 부처의 모든 인사업무를 담당하게 하는 조직구조이다.

이러한 일반행정가형은 인사전문가형의 단점을 극복할 수 있다. 그러나 다음과 같은 단점이 있다.

첫째, 인사행정에 대한 전문적 조언이 어렵다.

둘째, 인사행정에 대한 전문직업성 및 신념체계가 결여되기 쉽다.

셋째, 유리한 보직 및 직무를 담당하기 위해 상관에 맹종할 수 있다.

넷째, 인사업무에 대한 전문가 양성이 어렵다.

4. 한국 부처인사기관의 개선방안

한국의 각 부처인사기관은 총무과이다. 총무과장은 계통상 다른 과장과 동일한 위치에 있으나 승진예정자나 고참과장을 보임 하는 것이 일반적이다. 따라서 총무과는 인사행정의 효율적인 집행보다는 소속 기관장의 추종자 역할을 할 수밖에 없는 위치에 있다.

따라서 한국의 부처인사기관(총무과)은 다음과 같은 단점을 가지고 있다.

첫째, 총무과는 복합적 기능을 수행하며 전문적 인사기능을 수행하기 어렵다.

둘째, 총무과는 일반행정가형이므로 인사행정의 전문화를 도모하기 어렵다.

셋째, 총무과는 인사행정의 전문적 기관이 아니기 때문에 부처장에게 인사행정에 대한 전문적이고 객관적 조언을 하기 어렵다.

이러한 부처인사기관의 단점을 보완하고 발전시키기 위한 방안으로는 다음과 같은 것들이 제시되고 있다.

첫째, 인사책임자를 일반행정가로 하고 부문별 인사행정전문가를 배치하는 통합형의 인사기관을 설치하는 것이 바람직하다. 이것은 중앙인사기관과 연계를 맺는 데도 유리하다.

둘째, 부처인사기관을 총무과에서 분리하여 인사행정에 전념하도록 한다.

셋째, 부처인사기관을 총무과에서 분리하되 부처장의 직속기관으로 하여 인사자문에 충실하도록 한다.

넷째, 부처인사기관을 각 기관의 특성에 따라 개별적 구조화가 이루어지도록 하여야 한다.

제5절 지방자치단체의 인사기관

1. 총무과와 인사위원회

한국은 서울시(인사행정과)와 인천시(인력관리과)를 제외하고는 광역 및 기초자치단체에 별도의 인사기관을 두지 않고 총무과나 행정지원과 및 자치행정과 등에서 인사업무를 담당하고 있다. 그리고 지방자치단체별로 인사위원회와 지방소청심사위원회를 두고 있다. 그러나 지방자치단체의 인사업무는 총무과가 주축이 되어 수행하며 인사위원회는 형식적이다.

그런데 지방자치단체의 총무과는 지방자치단체장과 직결되어 있지 않고 내무국이나 총무국의 소속기관으로 설치되어 일반행정가형으로 운영되고 있다. 이러한 조직형태는 지방공무원의 능력을 제고하고 인사행정의 전문화를 도모하기에 부족하다(이상윤, 2000: 115 / 강성철 외, 2001: 133). 따라서 한국의 지방자치단체는 부처인사기관의 경우에서와 같이 통합형 인사기관의 설치가 효과적일 것으로 생각된다. 또한 인사위원회의 의장이 되는 부단체장을 지방의회의 동의를 얻어 임명하도록 함으로써 인사행정의 공정성을 확보하는 방안이 요구된다. 그리고 기초자치단체의 경우는 공무원의 숫자도 적고 인사업무의 다양성과 복잡성이 적으므로 일반행정가형으로 구조화하는 것이 더욱 바람직할 것이다.

지방자치단체는 임용권자별로 7~9명으로 구성된 인사위원회를 설치하도록 되어 있고, 광역자치단체의 경우 복수의 인사위원회 설치가 가능하다(지방공무원법 제7조 제1항, 제2항). 인사위원은 국가 및 지방공무원을 포함한 학식 있는 외부 인사 중 단체장이 임명 또는 위촉하되 외부 위원을 1/2 이상 위촉하도록 되어 있다(동법 제7조 제2항). 그러나 정당원이나 지방위원은 위촉될 수 없다(동법 제7조 제4항). 인사위원의 임기는 3년으로 하되 1차 연임할 수 있다. 부단체장은 인사위원회의 당연직 위원장이 된다(동법 제7조 제5항). 제2인사위원회 위원장은 부시장, 부지사(특정지역 사무를 관장하는) 혹은 인사를 담당하는 국장이 될 수 있다.

2. 인사위원회의 기능

인사위원회는 i) 공무원 충원계획의 사전심의 및 각종 임용시험의 실시, ii) 보직관리의 기준 및 승진·전보와 임용기준의 사전심의, iii) 승진임용의 사전심의, iv) 임용권자의 요구에 의한 공무원의 징계의결, v) 지방자치단체장이 지방의회에 제출하는 공무원의 인사와 관련된 조례안 및 규칙안의 사전심의 등의 기능을 수행한다(동법 제8조 제1항).

그리고 인사위원회의 과중한 업무 부담을 줄여 인사위원회의 운영을 활성화하기 위하여 인사위원회를 복수로 둘 수 있게 하고 있다. 제1인사위원회는 부단체장이 당연직 위원장이 되고(동법 제9조 제1항), 제2인사위원회의 위원장은 인사담당 국장이 된다(동법 제9조 제2항). 인사위원회의 의결은 재적위원 3분의 2 이상의 출석과 출석위원 과반수 찬성으로 의결하도록 되어 있다(동법 제10조 제2항).

한편 지방공무원의 징계 기타 그 의사에 반하는 불이익처분에 대한 소청을 심사·결정하기 위하여 시·도에 임용권자별로 지방공무원 소청심사위원회를 두고 있다(동법 제13조). 소청심사위원회는 자치단체장이 임명 또는 위촉하는 7인의 위원으로 구성된다(동법 제14조 제1항). 소청심사위원은 법관 · 검사 · 변호사와 법률학을 전공하는 대학 부교수 이상의 사람 중에서 자치단체장이 4인 이상을 위촉하여야 하며 소속 국장급 이상의 공무원 3인을 임명하여야 한다(동법 제14조 제2항). 그리고 소청심사위원회의 위원장은 소속 공무원이 아닌 위원 중에서 호선하며 임기는 2년으로 하고 연임할 수 있다(동법 제15조). 소청심사위원회의 공정성을 보장하기 위하여 인사위원회 위원과 정당법에 의한 지방의회의원은 위원이 될 수 없다(동법 제15조).

인사위원회와는 달리 지방소청심사위원회는 위원의 임기가 보장되고 당해 위원회의 결정은 처분행정청을 기속하므로 어느 정도의 독립성을 갖는다.

3. 인사위원회의 문제점과 개선방안

인사위원회를 이와 같이 운영할 경우 예상되는 문제점과 개선방안을 제시하면 다음과 같다(하태권, 1995: 1072~1073 / 강성철 외, 2001: 134~135).

첫째, 인사위원회의 위원은 자치단체장에 의하여 임명 또는 위촉되고 부단체장이나 인사담당국장이 당연직 위원장을 맡음으로써 독립성이 결여되어 있으며 이로 인한 인사의 공정성이 훼손 될 우려가 있다. 인사의 공정성 확보를 위해서는 위원장을 위원 중에서 호선하며 위원임기를 단체장 임기인 4년과 같거나 길게 하는 것이 바람직하다.

둘째, 보직관리 및 승진 등에 대한 인사위원회의 사전심의 기능을 인정하고 있으나 심의 결과가 기속력(羈束力)이 없기 때문에 단체장이 심의 결과를 무시할 경우에 대비한 효과적인 제재수단이 없다. 따라서 인사위원회에 준입법적 기능을 부여하여 주요사항에 관한 인사규칙을 제정할 수 있도록 하여야 한다.

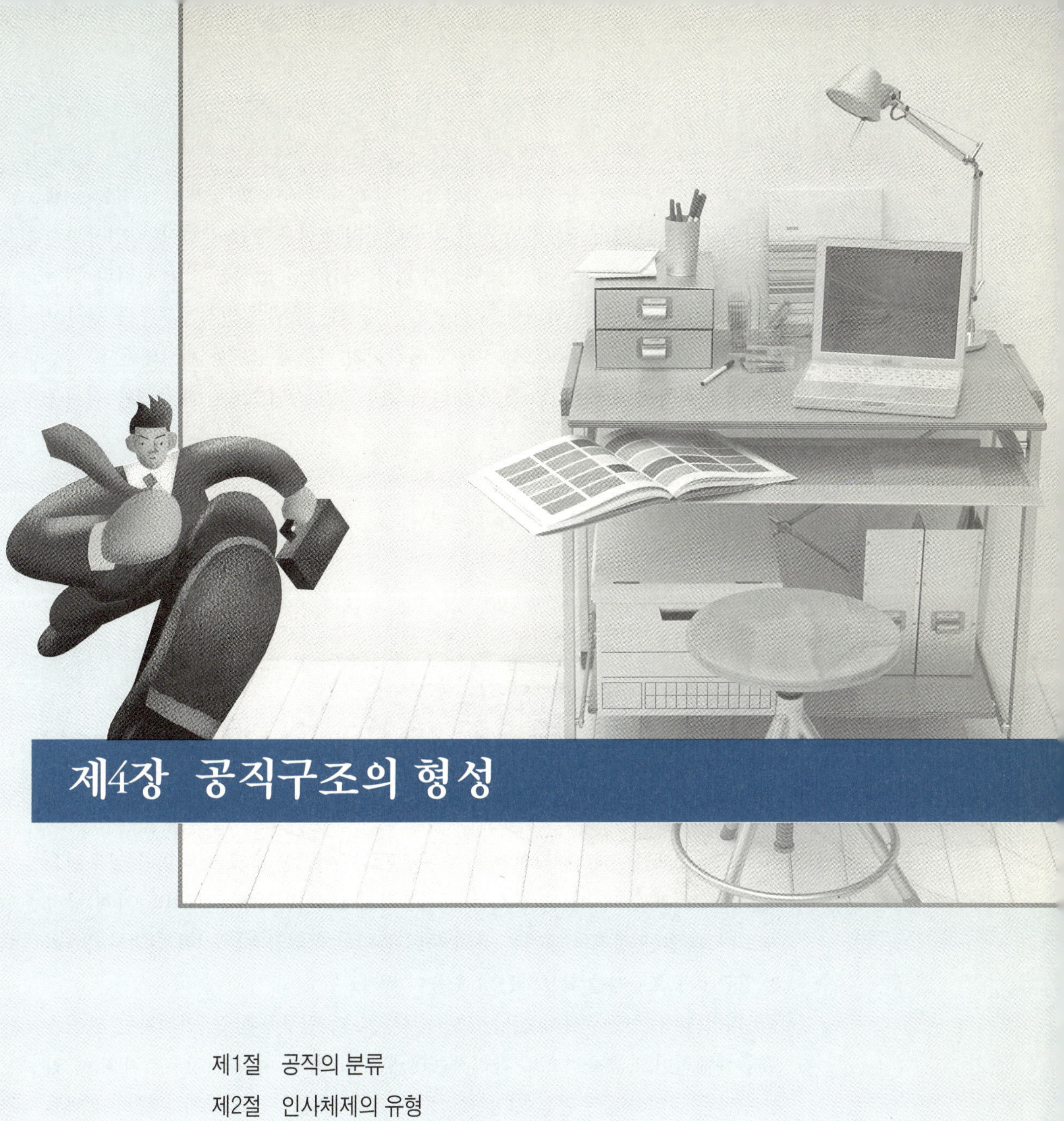

제4장 공직구조의 형성

조직설계의 기본적인 틀 속에서 사람들이 맡아 수행해야 할 구체적인 일들을 체계적으로 분류하여 구조화하는 것은 인사행정의 초석을 놓는 작업이다. 인사행정에서 공직구조의 형성은 각 공무원들이 맡을 직위들을 일정한 기준에 따라 질서있게 배열하는 것이다. 이러한 공직구조의 형성은 정부의 인적자원을 동원하고 배분하는 인사관리의 토대로서 정부 인사관리의 기준과 방향을 제시해준다.

직위를 분류하여 공직구조를 형성하는 전통적인 방법으로는 계급제와 직위분류제가 있다.

여기에서는 이 두 가지 방법의 논의와 함께 공직구조의 형성을 이해하는데 필요한 인사체계의 유형을 설명하고자 한다.

제1절 공직의 분류

정부조직 내에는 수많은 직위와 공무원이 있다. 이러한 수많은 직위와 공무원을 개별적으로 관리하는 것은 사실상 불가능하고 또한 인사행정상 여러 가지 낭비가 크다. 동일한 성격의 공직은 한데 묶어 동일하게 취급하는 것이 인적자원관리의 일관성과 효율성을 확보하는데 도움이 된다.

공직의 분류는 공무원의 선발, 교육훈련, 보수, 업무부과 등 인적자원 관리를 보다 체계적이고 효율적으로 관리하는데 도움이 된다. 따라서 정부조직 내에 있는 수많은 직위와 공무원을 일정한 기준과 원칙에 따라 질서 있게 분류하고 배열하는 것은 인사행정에서 가장 기본적이고 필수적인 요소이다.

이와 같이 수많은 직위와 공무원을 일정한 기준과 원칙에 따라 질서 있게 분류하고 배열하는 것을 공직의 분류라고 한다.

공직구조를 형성하는 방법은 일반적으로 직위분류제와 계급제로 나누어 볼 수 있다. 이러한 공직구조의 형성은 인사행정의 성공 여부를 결정짓는 중요한 관건이 되고, 인사행정 전반의 특성을 파악하여 인사행정의 관리수단을 강구하는데 중요한 수단이 된다.

1. 직위분류제

1) 직위분류제의 의의

직위분류제(position classification)는 조직 내의 수많은 직위를 직무의 종류와 수준에 따라 분류하여 관리하는 제도이다. 직위분류제는 계급제와 달리 직무의 특성이나 차이를 중심으로 공직구조를 형성하는 직무지향적 제도이다(Stahl, 1983: 183~184). 직위분류제는 일과 책임의 단위인 직위를 기초로 하여 그 직위에 내포된 직무의 특성이나 차이를 기준으로 하여 유사한 직무를 수평적으로 분류하고, 직무의 곤란성이나 책임성이 유사한 직무를 수직적으로 분류하여 공직을 체계화하는 것이다. 따라서 직위분류제는 시험이나 임용, 보수, 기타 인사관리의 합리화를 위한 수단으로 활용되고 있다(강성철 외, 2001: 155).

직위분류제는 직위가 지니고 있는 직무를 분석하고 평가하여 거기에 적합한 지식과 기술, 능력과 경험을 가진 인물을 임용하고 근무하게 하는 제도이기 때문에 노동의 분화에 따른 전문화와 동일 노무에 대한 동일 보수를 지급하는 보수체계의 형평성을 확보할 수 있다. 또한 직위분류제는 외부인사의 임용이 자유로운 개방형에 속한다. 직위분류제를 택하고 있는 나라는 미국, 캐나다, 파나마, 필리핀, 호주, 뉴질랜드 등이다.

2) 직위분류제의 발전과 특징

직위분류제는 미국에서 발달하기 시작하였으며, 1912년 시카고 시정부에서 최초로 채택하였다. 연방정부에서는 1923년 분류법이 제정되어 워싱턴 특별구(D.C)에만 한정되어 실시되기 시작하였다. 오늘날과 같은 직위분류제의 발전을 가져온 것은 1949년 제정된 새로운 분류법(Clssification Act of 1949)에 의해서이다(Lee, 1993: 50~51).

미국에서 직위분류제가 발전하게 된 이유는 다음과 같다(Stahl, 1983: 185~186 / Lee, 1993: 50~51).

첫째, 사기업에서 과학적 관리법의 영향으로 작업능률의 향상과 보수의 형평성을 위한 직무분석과 직무평가 방법이 발달하였으며, 이것이 정부 개혁운동에 영향을 미쳐 정부인사관리 기술의 발달을 촉진하였다.

둘째, 엽관제에 의한 보수의 불평등이 직위분류제를 발전시켰다. 시카고 시 정부에서 직위분류제를 채택한 주된 이유는 보수의 불평등을 제거하기 위한 것이었으며, 연방정부에서도 보수의 불평등으로 인하여 공무원의 사기가 저하되고 이직이 심화되어 보수의 불평등을 제거할 인사관리 수단을 모색하였다.

셋째, 직위분류제는 1910년대에서 1920년대까지 전개된 절약과 능률을 위한 대대적인 정부 개혁운동의 일환으로 발달하였다.

넷째, 미국은 역사적으로 계급사회의 전통이 없었으며, 실적주의의 발달로 각 직책에서 요구되는 지식과 기술을 가진 사람의 채용을 강조하였다.

이러한 과정을 거쳐 발달된 이유 이외에도 정치적 이유로서는 직위분류제가 기존 엽관제의 개방적 요소를 지니면서 직무수행에 필요한 지식과 기술에 의한 임용이라는 실적제적 요소를 충족시킬 수 있다는 장점 때문에 공무원제도 개혁을 위한 미국 정치체제의 협상과 타협의 대상이 되었다.

이러한 과정을 거쳐 발달된 직위분류제는 다음과 같은 특징을 가지고 있다(이상윤, 1994: 75~76).

첫째, 개인의 담당직무에 대한 업무수행 능력과 지식 및 기술을 중시한다.

둘째, 모든 계층에서 외부인사를 임용하는 개방형 인사제도이다.

셋째, 전문화의 분류체계이기 때문에 일반행정가보다 행정전문가를 선호한다.

넷째, 직무의 정확한 평가에 따라 그에 적합한 인물을 임용하게 함으로 인사행정의 능률성과 합리화를 도모할 수 있다.

다섯째, 직위분류제에서 직급이나 등급은 직무의 책임도나 곤란도에 의하여 구분된 것이기 때문에 계급제에 비하여 상 · 하위직 공무원 간의 계급의식이나 위화감이 크지 않다.

3) 직위분류제의 수립절차

(1) 기본 개념의 정의

① 직위(position)

직위는 한 사람의 공무원에게 부여할 수 있는 직무와 책임을 말한다. 직위는 분류의 기초가 되는 일의 단위로서 이것은 한 사람의 직원이 맡아 수행할 것을 전제로 한다. 따라서 직원의 수가 직위의 수가 된다.

그림 4-1 직위분류 관련용어의 도식적 이해

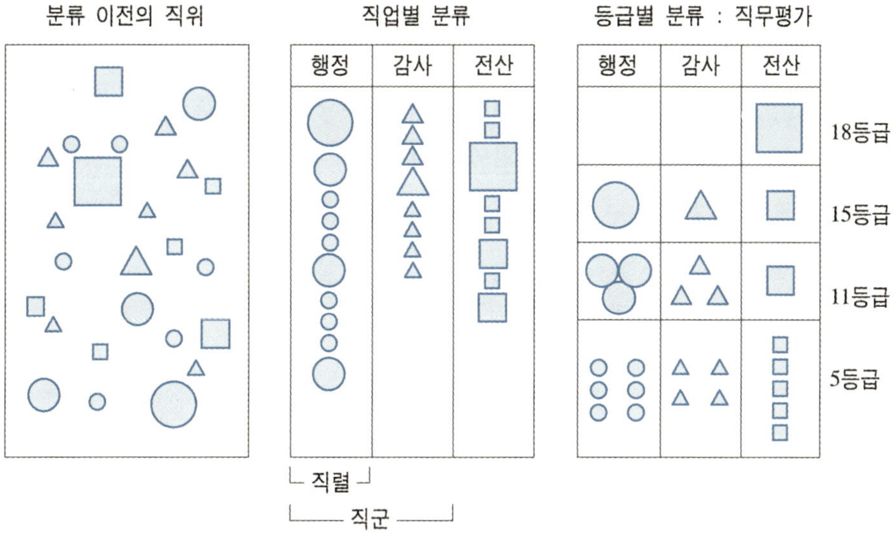

자료 : U.S. Civil Service Commission, *Basic Training Course*, Washington, D.C.: Government Printing Office, 1961, part 1:10-17; J.D. Williams, *Public Administration, The Peoples's Business*, Boston: Little, Brown Company, 1980, p. 425. 재구성.

② 직급(class)

직급은 직무의 종류, 곤란성과 책임도가 상당히 유사한 직위의 군(群)으로서 동일한 직급에 속하는 직위에 대하여서는 임용자격, 시험, 보수, 기타 인사행정에서 동일한 취급을 할 수 있다. 직급의 수는 직위의 수보다 적다.

③ 직군(occupational group)

직군은 직무의 종류가 광범위하게 유사한 직렬의 군을 말한다. 직군은 비슷한 성격을 가진 직렬들을 모아 놓은 직위분류의 대단위이다.

④ 직렬(series of classes)

직렬은 직무의 종류는 유사하나 그 곤란성의 정도가 상이한 직급의 군을 말한다. 즉, 직무는 같은 종류에 해당되지만 의무와 책임의 수준이나 곤란성이 서로 다른 직급들을 모아 직렬이라 한다.

⑤ 직류(sub-series)

직류는 동일한 직렬 내에서 담당분야가 동일한 직무의 군을 말한다. 직렬을 다시 세분화한 것이 직류이다.

⑥ 등급(grade)

등급은 직무의 종류는 다르지만 직무수행의 책임도와 자격요건이 상당히 유사하여 동일한 보수를 지급할 수 있는 직위의 횡적군을 말한다. 예컨대, 행정직렬의 인사담당자와 식물검역직렬의 검역 담당자의 업무성격과 내용이 다르지만, 만일 그 책임수준과 곤란성의 정도가 비슷하다면 같은 등급에 배정되어 동일한 보수를 받는다.

(2) 직위분류제의 수립절차

직위분류제의 수립단계는 i) 준비작업 단계, ii) 직무조사 단계, iii) 직무분석과 평가 단계, iv) 직급명세서 작성 단계, v) 정급 단계, vi) 유지관리 단계로 구분해 볼 수 있다(오석홍, 2000: 72).

① 준비작업

직위분류제를 수립하기 위한 준비작업은 분류작업을 위한 법적 근거를 마련하고, 직위분류 담당기관을 결정하며, 분류대상 직위를 결정하고, 분류기술자를 확보하며, 직위분류에 대한 홍보활동을 하는 단계이다.

직위분류제를 수립하기 위해서는 우선 그 법적 근거를 마련해야 한다. 직위분류를 위한 법이 제정되면, 직위분류작업을 담당할 주관기관을 결정하는 것이 필요하다. 일반적으로 직위분류제를 실시하고 있는 나라들은 중앙인사기관이 분류작업을 주관하는 것이 보통이다(이상윤, 1994: 78). 직위분류기관이 결정되면, 어느 직위를 분류대상 직위로 할 것인가에 관한 분류대상 직위를 결정해야 한다. 즉, 일부 부처 혹은 모든 부처의 공무원을 대상으로 할 것인지를 결정해야 한다.

다음으로는 분류를 위한 전문요원을 확보해야 한다. 직위분류는 매우 복잡한 단계를 거쳐 이루어진다. 직위분류를 위한 자료의 수집 · 분석 · 평가 등을 위한 많은 전문요원이 필요하다. 이러한 단계들이 끝나면, 직위분류에 대한 홍보활동이 필요하고 분류대상 공무원(점직자)들을 대상으로 한 설득작업이 필요하다. 기존의 공무원들에게 직위분류는 조직개편의 의미로 받아들여지게 되고, 이에 대한 불안과 저항이 있을 수 있기 때문이다.

또한 분석단계에서 대상직위에 대한 자료를 수집해야 하는데 이 때 점직자들의 협조는 절대적이다. 얼마나 정확한 자료를 획득하느냐에 따라 분류결과의 공정성이 결정되기 때문이다.

② 직무조사(collecting of information)

직무조사는 분류 될 직위의 직무에 대한 객관적 정보를 수집하고 기록하는 작업이다. 직무조사에서는 직무의 내용, 책임도, 곤란성, 자격요건 등에 관한 모든 자료를 수집하여야 한다(Dresang, 1991: 110). 직무조사 다음 단계인 직무분석과 직무평가를 정확히 하기 위해서는 직무조사가 정확하게 이루어지지 않으면 안 된다. 그래서 공무원을 통해 얻은 직무에 관한 정보 이외에 법령, 규칙, 조직도표, 업무보고서, 예산서, 보수지급표, 사무용구와 비품 등에 관한 정보도 직무조사의 보조적 자료로 이용된다.

③ 직무분석과 직무평가(job analysis & job evaluation)

직무조사에서 얻은 직무정보를 분석하고 평가하여 각 직위의 직무를 종류별 및 수준별로 분류하여야 한다. 직무의 종류별 분류를 직무분석이라 하고, 직무의 수준별 분류를 직무평가라고 한다. 이 과정은 직위분류 작업에서 가장 중요한 핵심적 단계이다.

직무분석은 직무조사에서 얻은 직무에 관한 정보를 토대로 직무를 종류별로 구분하는 작업을 말한다. 즉 직무의 종류가 같거나 유사한 직위들을 묶어 직류와 직렬을 형성하고, 다시 동일하거나 유사한 직렬들을 묶어 직군을 형성하는 작업이다. 직무평가는 직무의 종류별로 직무의 곤란도, 책임도, 자격요건 등에 따라 상하로 분류하는 작업이다.

④ 직급명세서(class specification)의 작성

직무분석과 직무평가를 통하여 직위의 수직적 · 수평적 분류구조가 형성되면 각 직급의 특성에 관한 정의 내지 설명이 있어야 인사관리의 기초자료로 이용할 수 있다. 직급명세서란 각 직위의 직급별 특성을 설명한 것을 말한다. 직급명세서란 원래 직급들을 명확히 구별하고 규정함으로써 각 직위를 직급에 배치하는 즉, 정급의 지표를 제시하기 위한 것이나 모집, 선발, 훈련, 근무성적평정 등 인사관리의 기준을 제시해 주는 문서로도 활용한다. 직급명세서는 각 직급별로 직급명칭, 직무개요, 직무수행의 예시, 자격요건 등을 명시하여야 한다.

⑤ 정급(allocation)

직급명세서의 작성이 끝나면 분류대상 직위들을 해당 직급에 배치하여야 한다. 이와 같이 분류대상 직위를 해당 직급에 배치하는 작업을 정급(定級)이라고 한다. 정급이 끝나면 정급표를 기관별로 작성하여 각 기관에 배포한다. 정급표에는

해당 기관 공무원의 성명, 그 직위가 속하는 직급이나 등급이 기록된다. 이러한 기관별 정급표는 각 기관의 공무원들이 알 수 있도록 하여야 한다.

⑥ 유지 및 관리

직위분류제의 수립이 끝나면 이를 유지하고 관리하는 활동이 남게된다. 직위분류제를 수립하면 일이 끝나는 것이 아니라 이것을 실행하는 과정에서 문제점이 발견되면 이를 해결하고, 변동하는 상황에 따라 분류를 계속 적응시키며 개선해 나가야 한다. 직위분류제의 유지 · 관리를 위한 계속적인 노력은 직위분류제를 유용성 있게 하는 데 필수적이다. 그리고 직위분류제가 성공하기 위해서는 운영기관과 인사기관의 긴밀한 협조가 있어야 한다. 이와 더불어 직위분류제에서 가장 중요한 것 중의 하나는 직위분류제의 성공여부가 모든 조직 구성원의 참여와 자발적 협조에 있다는 것을 구성원들에게 주지시켜 이들을 하나의 조직체로 통합하는 일이다.

4) 직위분류제의 장 · 단점

직위분류제는 계급제에 비하여 비교적 체계적이고 과학적 방법에 의하여 형성된 공직구조이지만 여러 가지 문제점도 가지고 있다.

직위분류제가 가지고 있는 장점은 다음과 같다(Lee, 1993: 50~51 / Nigro & Nigro, 1986: 202~208 / 이상윤, 1994: 92~93 / 오석홍, 2000: 76~77 / 강성철 외, 2001: 184~185).

첫째, 동일한 직무에 대한 동일한 보수의 원칙에 입각한 직무급 체계를 확립하게 해준다.

둘째, 직위가 요구하는 직무의 내용, 성격, 자격요건에 따라 채용시험, 교육훈련, 전보, 승진 등을 시행함으로써 인사행정의 합리적 기준을 제공한다.

셋째, 개인이 가지고 있는 능력, 경험, 자격요건 등을 직무와 연결시켜주므로 직무중심의 인사행정을 수행할 수 있게 된다.

넷째, 직무의 특성이나 성격 및 내용을 구체적으로 나타내주므로 근무성적평정을 객관적으로 할 수 있는 기준을 확립할 수 있고, 점직자의 교육훈련 수요를 파악하는데 용이하다.

다섯째, 직무의 내용과 수준이 명확하게 나타나게 되므로 직위간의 권한과 책임의 한계를 명확히 해준다.

여섯째, 직무분석과 평가를 통하여 일의 종류와 수준, 업무량을 명확히 해주므로 효율적인 정원관리를 할 수 있다.

일곱째, 동일 직렬에 장기간 근무하는 것을 원칙으로 함으로 행정의 전문화에 이바지한다.

그러나 직위분류제는 다음과 같은 단점이 있다.

첫째, 전문성을 강조함으로 공무원의 안목을 편협하게 하고, 일반적 관리능력을 가진 행정가의 확보나 양성을 어렵게 한다.

둘째, 조직의 변화나 직무의 변화 등 상황 변화에 신속히 대응하지 못한다.

셋째, 업무의 전문화를 추구함으로 상위직급에서 업무의 통합이 어렵다.

넷째, 다른 직렬로의 이동이 어렵기 때문에 인적자원관리의 탄력성과 신축성이 결여된다.

다섯째, 운영절차가 번잡하고 인적자원활용의 경직성이 높다. 인적자원의 변전성이 높은 경우에 대응하지 못한다.

여섯째, 공무원의 신분이 특정 직위나 직무와 관련되어 있기 때문에 조직개편이나 직무의 변화가 있을 때, 공무원의 신분보장이 위협을 받는다.

일곱째, 직무수행자와 상관없이 분류되므로 조직원의 자발적 헌신이나 단결심을 조장하기 어렵다.

여덟째, 정부의 직무는 종류나 양, 그 수준이 엄격히 구분되는 것이 아니므로 직위분류가 대단히 주관적이라 할 수 있다. 특히 상위직에 있어서는 더욱 그러한데 이는 직위분류제의 결함으로 지적될 수 있다.

2. 계급제

1) 계급제의 의의

계급제(rank-in person 혹은 rank-in corps)는 공무원이 가지는 개인적 특성 즉, 학력 · 경력 · 자격을 기준으로 유사한 개인적 특성을 가진 공무원을 하나의 범주나 집단으로 구분하여 계급을 형성하는 제도이다. 직위분류제를 직무중심적 제도(job-oriented system)라고 하는데 반해, 계급제는 직위가 내포하고 있는 직무가 아니라 공무원의 개인적 특성에 따라 공직을 종적으로 구분하여 계층을 만들고 여기에 행정업무를 수준별로 구분하여 담당하게 하는 인간중심적 제도(person-oriented system)이다. 따라서 계급제는 공무원 개인의 신분상의 지위나 자격에 중점을 두고 계급구조를 형성하므로 특정 직위를 중심으로 임용되는 직위분류제와는 달리 특정 계급을 중심으로 공무원을 임용한다.

오랜 군주국가의 전통과 관료제 전통을 가진 영국, 프랑스, 서독, 이탈리아 등의 국가와 한국, 중국, 일본 등 아시아 각국들에서 강한 계급제적 전통을 발견할 수 있다.

2) 계급제의 특징

계급제는 직위분류제에 비하여 다음과 같은 특성을 가진다(박동서, 2001: 147~150 / 유민봉 · 임도빈, 2003: 93~97).

(1) 4대 계급

계급제를 채택하고 있는 대부분의 국가들은 대개 계급을 네 개의 계층으로 구분하고 있다. 이러한 계급 안에서 다시 세부계급이 구분된다. 이와 같이 네 개의 계급구조를 채택하는 이유는 행정의 복잡성 및 중요성과 관련되지만, 교육제도의 계층인 중학교 · 고등학교 · 전문대학 · 대학 등의 구분과 밀접한 관련을 가지고 있다. 그리하여 최하위 계급에는 학력이 제일 낮은 사람이 임명되며 최고 학력자는 최고의 계급에 임명된다. 물론 학력만이 유일한 임용조건은 아니며 개인의 자격과 경력 등도 계급제의 계층과 관련된다. 즉, 자격이 낮고 경력이 짧은 사람, 그리고 하위계급의 시험에 합격한 사람은 하위 계급에 임용된다.

(2) 계급 간의 큰 차등

계급제를 채택하고 있는 국가는 각 계급에 따라 학력이나 경력 · 출신성분 등에 큰 차이가 있고, 또 각 계급에 따라 사회적 평가나 보수 등의 차이가 크다. 그리고 계급 간의 승진도 극히 어려운 것이 일반적이다.

그러나 한국 일반직 공무원의 경우는 계급 간의 차별이 계급제를 전통으로 하는 다른 국가들보다 적다. 즉, 상 · 하위 공무원의 보수격차가 크지 않고, 전체 공무원 중 고위 공무원의 비율이 높으며, 각 계급에 대한 내부승진의 기회가 많다.

그리고 신규임용이나 내부승진시 학력을 요건으로 하지 않으므로 계급 간의 학력의 차이가 크게 나지 않는다.

(3) 고급공무원의 엘리트화

계급간의 차이가 심한 국가에서는 고급공무원의 수는 적게 하면서 이들에 대해서는 높은 학력을 요구하고, 보수 등의 인사 면에서 높은 대우를 해주며, 사회적으로도 높은 평가를 받게 한다. 예컨대, 종래 영국의 행정 계급(administrative class)에 속하는 공무원은 대부분 옥스포드나 케임브리지 등의 명문대학 졸업생들이다. 영국에서는 이들에게 보수나 교육면에서 우대해 주며 국가의 주요정책을 결정하게 하였다. 이것은 계급 간의 차별이 크다는 것을 나타내며, 고급공무원을 엘리트(elite)화 시키는 것을 의미하기도 한다(lee, 1993: 176).

(4) 폐쇄형 인사제도

계급제를 채택하고 있는 국가들은 대개 폐쇄형의 공무원제도를 유지한다. 이러한 경우에 있어서 계급제는 개방형 임용제도를 택하고 있는 직위분류제와 대조적이다.

그러나 계급제를 채택하고 있다고 해서 전적으로 폐쇄형을 채택한다는 것은 아니다. 한국의 경우도 최하위계급인 9급 공무원뿐만 아니라 7급과 5급 공무원의 경우도 공개경쟁시험을 통하여 공무원을 신규채용하고 있으며, 3급 이상 고위 공무원의 경우도 부분적이기는 하나 개방형 직위제도를 도입하고 있다. 그리고 연구분야나 기술분야 등 특정분야에 외부인사를 계약직 공무원으로 임용하고 있다.

(5) 일반행정가 지향성

계급제는 전문행정가보다 일반행정가를 지향한다. 계급제는 신규채용의 시험과목으로 전문지식보다는 장래 발전가능성을 평가할 수 있는 일반 소양과목을 중시한다. 그리고 계급제는 순환보직의 폭이 넓어서 상위직에 올라가면서 더욱 폭 넓은 안목을 갖추게 된다. 따라서 계급제는 업무에 대한 기술적 전문성을 중시하는 직위분류제보다 폭 넓은 이해력과 조정능력을 갖춘 일반행정가를 선호한다.

3) 주요 국가의 계급구분

오늘날 순수한 이념형으로서의 계급제를 그대로 유지하는 국가는 없다. 대개 계급제에 직위분류제적 요소를 가미하거나 그 반대의 형태를 취하고 있다. 그러나 여기에서는 종래의 전통적인 계급제의 골격만을 소개하고자 한다(총무처, 1986: 94~108 / 강성철 외, 2001: 190).

(1) 영국

19세기 중엽까지 영국 공무원제도는 일정한 원칙 없이 정실주의의 지배를 받아왔다. 그러나 1920년 왕립 재조직 위원회(Reorganization Committee)의 권고에 의해 영국 공무원 종류는 행정계급과 서기 계급으로 구분되었으며, 1921년 다시 4개의 계급으로 세분화되었다. 즉, 서기보 계급(clerical assistant class), 서기 계급(clerical class), 집행 계급(executive class), 행정 계급(administrative class)이 그것이다.

이후 영국의 공무원제도는 4대 계급을 중심으로 발전되어 왔다. 2차 세계대전 이후 급속한 사회변화로 인하여 행정의 전문성을 강화하기 위하여 여러 차례 공무원제도 개혁이 추진되었다.

이러한 결과로 1996년 4월 공무원 상호간은 물론, 정부 전체의 연계성, 통합성 및 전문성을 제고하기 위하여 모든 공무원은 고위공무원단(Senior Civil Service: SCS)과 비고위공무원으로 단순하게 분리되었다.

이렇게 분리된 체제 안에서, 비고위공무원에 대해서는 각 개별 부처 및 책임운영기관별로 별도의 분류체계를 수립할 수 있도록 권한이 부여됨에 따라 기존의 계급구조를 유지하는 부처가 있는가 하면, 계급구조를 폐지하고 직무 내용에 상응한 직명(job title)만 사용하는 부처도 있다(강성철 외, 2001: 190 / 박천오 외, 2001: 113).

(2) 프랑스

앙시앙레짐(구체제)에서 공직은 왕의 자의에 의하여 임명되었다. 실제로 공직은 귀족가문의 소유물과 같아서 독점적이고 영속적이었다.

그러나 1909년 공직제도 개혁을 위한 공무원노동조합의 파업 등으로 프랑스 공직사회는 새로운 전기를 맞는다. 즉, 공직은 법에 의하여 보호되고, 공무원의 신분보장이 이루어진 것이다.

이렇게 정치변화로부터 공직 안정성을 지키는 가운데, 공무원조직 내부에는 능력을 기초로 하는 엄격한 계급제가 정착되게 된다. 프랑스 계급제는 원래 공무원의 계급을 학력 조건에 따라 구분하였고, 이들 간의 이동은 시험 등 일정한 절차에 의해서만 하도록 제한되었다. 프랑스도 4대 계급을 근간으로 하여 왔으나, 1990년대에는 국민교육수준의 향상과 행정업무의 변화로 종전의 D계급이 폐지됨으로써 3계급제의 근간을 유지하였다(유민봉 · 임도빈, 2003: 119). 즉, 고급공무원인 자유임명직이 있고, 그 아래에 임용자격 수준에 따라 A(학사), B(고졸), C(중졸)의 3계급이 있다. A계급(행정관 계급)은 자유임명직이 결정한 일반정책을 행정업무화하는 등 주로 기획업무를 담당한다. B계급(행정관보 계급)은 법률과 명령을 해석하고 적용하는 성격을 띤 정책집행업무를 담당하며, C계급(서기계급)은 단순사무 및 기능업무를 수행하는 공무원 등이 속한다(중앙인사위원회, 2003: 69).[1] 현재는 공무원 집단별로 한 개 내지 수 개의 계급으로 구성되어 있다(강성철 외, 2001: 190).

(3) 독일

독일도 4계급으로 되어 있다. 독일의 모든 공무원은 동일한 전문분야, 자격조건, 임용조건 등을 지니는 라우프반(Laufbahn: 관직군)에 소속되며, 각각의 관직군은 몇 개의 계급으로 구성된다.

독일의 4대 계급은 고급직, 상급직, 중급직, 단순노무직으로 구분되며, 각 계급은 그 안에서 몇 개의 계급으로 나누어진다.

(4) 일본

일본은 제2차대전 전까지 4대 계급을 유지해왔으나, 그 후 직위분류제를 크게 받아들여 계급제가 수정되었다. 2차대전 전까지의 4대 계급은 친임관(정무직), 칙임관(국장급), 주임관(과장급), 판임관으로 구분되었으며(강재호, 1997: 102),

1) 교육공무원을 제외한 국가공무원 중 A계급은 17%, B계급은 23%, C계급은 60%이다(중앙인사위원회, 「인사행정」, 2003: 69 여름호).

그 밑에 이원(吏員), 촉탁(囑託), 용원(傭員) 등의 보조인력이 있었다. 그러나 현재는 보수표상의 직급으로 일반직 공무원의 직급은 1급에서 11급까지 구분되어 있다.

4) 계급제의 장 · 단점

(1) 장점

계급제의 장점은 다음과 같다(Lee, 1993: 176~177 / 이상윤, 1994: 95~96 / 오석홍, 2000: 76 / 강성철 외, 2001: 191).

첫째, 장래의 발전가능성과 잠재력을 지닌 사람을 채용하게 되므로 장기적으로 보면 유능한 인재를 공직에 흡수할 수 있게 된다.

둘째, 전직과 전보가 용이하므로 인사관리의 탄력성이 크고, 공무원이 폭넓은 이해력을 갖게 되어 공무원의 능력발전에 유리하다.

셋째, 공무원의 근무와 근무경력을 특정한 직위에 국한하지 않을 뿐만 아니라 폐쇄체제로 운영되므로 공무원의 신분보장과 장기적인 경력발전에 기여한다.

넷째, 폭넓은 안목과 이해력을 가진 일반행정가의 양성에 유리하다.

다섯째, 장기근무를 유도하고 조직 전체에 대한 폭넓은 시각과 이해력을 갖도록 함으로 공무원들로 하여금 직업적 단체정신과 조직에 대한 충성심을 확보하는데 유리하다.

여섯째, 직위분류제보다 업무가 덜 복잡하고 노력이 적게 들어 인적자원관리가 용이하다.

일곱째, 직위분류제에 비하여 분류구조와 보수체계가 단순하고 융통성이 있으므로 인적자원활용의 융통성과 효율성을 높여준다.

(2) 단점

계급제의 단점은 다음과 같다(Lee, 1993: 176~177 / 이상윤, 1994: 95~96 / 오석홍, 2000: 76 / 강성철 외, 2001. 191).

첫째, 동일 계급에 동일 보수가 지급되므로 동일 직무에 동일 보수라는 직무급 체계를 확립하기 어렵다.

둘째, 여러 직책을 옮겨 다니기 때문에 행정의 전문화에 부응하지 못한다.

셋째, 직급간의 차별이 심하고 이로 인한 상위계급 공무원이 엘리트의식에 빠지기 쉬워서 의사결정의 독단성을 가져와 의사결정의 적실성을 확보하기 어렵다.

넷째, 채용시험이나 임용 등이 직무내용에 따라 이루어지지 않기 때문에 직위에 맞는 적임자를 채용·배치하지 못하여 행정의 능률성이 저하된다.

다섯째, 직무경계가 명확하지 않기 때문에 갈등이 생길 가능성이 있고, 업무를 다른 사람에게 미루어 행정업무의 지연이나 민원인에게 불편을 줄 가능성이 있다.

여섯째, 공무원의 신분보장이 강하므로 관료들이 무사안일에 빠지거나 특권집단화할 가능성이 있다.

일곱째, 행정의 전문화에 부응하지 못한다. 일반능력자주의적 경력계통을 밟은 행정가들이 계서적 권력의 핵심을 차지하며 전문가들을 소외시킨다.

여덟째, 엄격한 계급구분의 내적 경직성은 직무와 직무담당자의 능력을 파괴시키고 직무지향적 동기유발을 좌절시킨다.

3. 직위분류제와 계급제의 조화

직위분류제와 계급제는 상호 보완적으로 활용될 수 있음은 앞에서 이미 지적하였다. 계급제를 채택한 국가에서는 사회 분화에 따른 행정의 기술화와 전문화를 촉진시켜야하므로 직위분류제적 요소를 도입하고, 직위분류제를 채택한 국가에서는 지나친 직무의 분화로 인한 행정의 통합과 신축성의 결여 때문에 계급제적 요소를 도입하고 있다.

계급제와 직위분류제의 적합성 내지 상대적 우월성은 상황에 따라 다른 것이다. 상황적 조건에 따라 각 모형의 장점이 부각되기도 하고, 단점이 더 부각되기도 한다. 그러므로 인사행정의 실제에서 어떤 하나의 모형을 선택하거나 양자를 절충할 때에는 구체적인 상황의 지표와 그에 대한 평가기준을 신중하게 설정하여 고려해야 한다.

따라서 계급제 또는 직위분류제의 선택이나 혼합을 결정할 때 고려해야 할 요인들을 검토해 보는 것은 의미 있는 일이다(오석홍, 2000: 78~81).

1) 모형선택과 상황적 조건

(1) 대내적 지표와 기준

① 관리체제의 일반적 성격

관리전략이 인적자원관리의 전문화를 지향하고 관리층이 전문가주의와 직무중심주의를 지향할 때, 그리고 공무원들이 직무중심적 행태를 보일 때에는 직위분류제 채택이 유리하다.

반면 관리전략이 인적자원관리와 조직관리의 융통성을 선호하고 관리층이 일반능력주의를 지지할 때, 그리고 공무원들의 계서적 지위의식이 강할 때에는 계급제의 채택이 유리하다.

② 조직의 규모와 복잡성

조직의 규모가 방대하고 전문화된 직업의 종류가 많아 구조가 복잡할 때, 그리고 사용하는 기술의 전문화 수준이 높을 때에는 직위분류제가 유용하다. 반면 조직의 규모가 작고 전문화된 직업의 종류가 적을 때, 그리고 사용하는 기술이 단순할 때에는 계급제를 채택하는 것이 적합할 것이다.

③ 개방성 · 교류성의 허용정도

인사체제의 폐쇄성과 비교류형을 고수하고 있는 곳에서는 직위분류제를 채택하기 어렵다.

④ 보수의 수준

보수의 수준이 생계비수준을 넘고 그 위에서 직무급의 형평성을 구현할 수 있을 때에는 직위분류제의 효용을 높일 수 있다. 그러나 보수액이 적정한 수준을 훨씬 밑도는 경우, 몇 개의 계급만 구분하는 계급제에 따를 수밖에 없을 것이다.

⑤ 분류기술과 비용

직위분류제를 운영하는 일은 매우 숙련된 분류기술자와 많은 비용이 든다. 정부 내외에 분류기술자가 부족하고 육성이 어려운 상태에서는 직위분류제를 도입하는데 어려움이 있다.

(2) 환경적 지표와 기준

① 직업구조의 분화

정부조직의 직업구조 분화와 사회 전체의 직업구조 분화는 서로 영향을 주고 받는다. 직업분화의 수준이 낮은 사회에서는 계급제를 기본으로 삼을 수밖에 없으며, 직업분화가 고도화되고 전문성을 강조하는 직업관이 발전된 사회에서는 직위분류제를 기본으로 삼아야 할 것이다.

② 사회적 계층의 성격

귀속적 신분을 중시하는 사회적 전통이 강하고, 계급적 지위와 신분을 존중하는 사회에서는 계급제를 받아들이기 쉬울 것이다. 반면 전통적인 귀속적 신분이 인정되지 않고 실적을 사회계층구분의 기준으로 삼는 민주적 사회에서는 직위분류제에 치중하는 것이 바람직할 것이다.

③ 교육제도와 인적자원의 공급

공직의 계층과 교육제도의 계층이 긴밀한 연관관계 속에서 성장한 전통이 있는 곳에서, 같은 수준의 교육과 동질적인 배경을 가진 사람들이 공직의 같은 계층에 들어가 그들 사이에 일체감이 형성될 수 있다면 계급제가 무난할 것이다. 더구나 교육제도가 일반 소양인을 공급하고 정부가 그에 부합하는 모집구조를 가지고 있다면 직위분류제를 실시하기 어렵다.

교육제도와 정부의 모집구조 사이에 직접적인 관계가 고정되어 있지 않고, 정부에서 교육요건 뿐만 아니라 전문적 지식과 기술을 기준으로 공무원을 채용하는 제도하에서는 직위분류제가 적합하다.

공직분류의 접근방법을 채택할 때에는 노동시장이 직업적으로 분화된 인적 자원을 충분히 공급할 수 있는지도 고려해야 한다. 전문분야별 인적자원의 공급이 없거나 현저히 부족한 곳에서는 계급제를 바탕으로 하는 공직분류의 접근방법을 채택해야 할 것이다.

한국도 계급제를 근간으로 하면서 직위분류제를 도입 · 적용하고 있다. 여기에서는 두 제도를 절충하고 있는 대표적 국가로서 미국과 영국의 경우를 살펴보고자 한다.

2) 미국과 영국의 교훈

(1) 미국

미국은 직위분류제에 계급제적 요소를 가미한 대표적 국가이다. 엽관제의 폐해를 경험한 미국은 이를 시정하기 위하여 직위분류제를 수립하게 되었다. 실적주의, 보수의 형평성, 능률성 추구의 과학적 관리를 추구해 온 미국 정부는 직위분류제가 공직을 체계화하는데 최선책이라고 판단하였다(Shafritz, 1992: 35~36). 강력한 엽관주의로부터 행정의 전문성과 합리성을 강화하기 위하여 1912년 시카고시를 필두로 하여 직위분류제를 시행하여 연방정부 차원에서도 검토하기에 이른다. 1919년 연방의회 차원에서 "보수등급 재분류를 위한 의회합동위원회"(the Congressional Joint Commission on Reclassification of Salaries: CJCRS)를 구성하였다. 이 위원회는 그간의 공직분류가 보수정책과 직책배분에 있어서 객관적이고 공정한 기준을 제시하지 못했다는 것을 자인하면서 공직사회에 활기를 불어 넣고, 불공정성과 비효율을 제거하기 위해 전면적인 직위분류제를 도입하기로 하고 1923년 분류법(the Classification Act of 1923)을 제정하였다.

그 후 1923년 분류법과 1940년 램스펙(Ramspeck)법, 1949년 분류법에 의하여 오늘날 직위분류제가 정착 · 발전하게 되었다.

이러한 직위분류제는 앞에서 지적한 것처럼 실적주의 원칙과 엽관주의에 의한 공직취임의 기회균등 사상이 부합하면서 사회의 구조분화에 의한 행정의 전문화 · 기술화의 요청을 충족시킬 수 있었다(Nigro & Nigro, 1986: 99~100).

그러나 미국의 직위분류제는 다음과 같은 문제점들이 지적되고 있다(Lee, 1993: 57~60 / Nigro & Nigro, 1986: 206 / 유민봉 · 임도빈, 2003: 116).

첫째, 일선에서 직무수행의 내용이 달라지고 자격요건도 달라지고 있는데 이것이 적시에 반영되지 못한다.

둘째, 직급조정이 이루어질 때 대부분의 직급이 상향조정되는 경향이 있다. 이는 보수인상으로 이어져 재정적자를 발생시켰다.

셋째, 직급명세서의 임무가 한정적으로 기술되어 있기 때문에 그 이외의 일을 적극적으로 찾아 하지 않는다. 이는 무사안일의 빌미를 제공하기 쉽다.

넷째, 직위 이동이 힘들기 때문에 개인의 능력발전 기회가 희박하다.

다섯째, 특히 고위관리들의 신분보장이 미약하기 때문에 기관장에 의한 정치적 남용과 부당한 처우가 발생하기 쉽다. 더구나 정치적 임명의 확대는 행정의 지속성과 엘리트 공무원의 양성에 큰 장애가 된다.

또한 행정의 기능이 확대되고 국가의 장기적인 계획 수립과 집행이 요청됨에 따라 전문화로 인한 세분화된 직업구조는 여러 가지 문제점을 노정하였다.

이와 같은 직위분류제의 현실적 한계 때문에 미국에서는 계급제적 직업공무원제의 도입 필요성이 여러 차례 제기되었다(Nigro & Nigro, 1986: 97~106).

1978년 공무원제도 개혁법이 통과되면서 계급제적 직업공무원제라고 할 수 있는 고위공무원단(Senior Executive Service: SES)이 창설되었다. 고위공무원단을 설치한 목적은 계급적 요소를 강화하여 고위직 공무원의 정책결정기능을 보강하기 위해 전문성과 행정관리에 대한 폭넓은 시야를 갖고 국가전체를 위한 행정의 통합과 프로그램의 관리를 위한 관리전문가(일반행정가)를 제도적으로 확보하고자 하는 것이었다.

미국의 공직구조는 수직적으로 볼 때 크게 고위직과 일반직으로 나눌 수 있다. 고위직이라고 할 수 있는 정무직(Executive Level Schedule: EX) Ⅰ등급은 각부 장관, Ⅱ등급은 부장관(deputy secretary), 육 · 해 · 공군 장관, 주요 독립기관의 장, Ⅲ등급은 각부 차관(undersecretary)과 위원회 위원장, Ⅳ등급은 차관보(assistant secretary), Ⅴ등급은 부차관보(deputy assistant secretary)로서 그들은 고위직 보수표(Executive Schedule: ES)의 적용을 받는다. 그러나 이들은 대부분 대통령에 의하여 임용되는 정치적 임용자들로 직위분류제의 적용을 받지 않는다.

그리고 일반직 공무원(GS)이라고 부를 수 있는 분류직 공무원은 전문직(Professional Work), 행정직(Administrative Work), 기술직(Technical Work), 사서직(Clerical Work), 그리고 기타직(Others) 등 5개 직종을 포함하고 있다. 이들은 일반직 보수표(General Schedule: GS)에 의하여 18등급에서 1등급까지 분류되어 있다. GS 18등급에서 GS 16등급은 국장급이며, GS 15등급에서 GS 13등급은 과장급, 그리고 GS 12등급에서 GS 9등급은 계장급이며, 그 이하는 일반직원이다(총무처, 1986: 94~95). 물론 이러한 구분은 계급에 의한 구분이라기보다는 등급에 의한 구분이고 보수표에 의한 구분이다. 고위공무원단은 행정부 내의 일반직 보수표(GS)의 적용을 받는 GS 16, 17, 18등급에 해당하는 공무원과 고위관리직 보수표(ES)의 적용을 받는 ES Ⅳ, Ⅴ등급에 해당하는 고위직위를 모아 만든 등급체계를 말한다.

고위공무원단은 위에서 말한 자격을 가진 공무원 중에서, 고위공무원단의 구성원이 되기를 원하며 인사관리처(OPM)의 심사에 합격한 공무원으로 그 수는 약 7,000~8,000여명이다. 이들 5개 등급의 구성원은 등급의 변동 없이 직위를 자유로이 이동할 수 있다. 그러므로 기관장은 신축성 있는 인사배치를 할 수 있다. 그러나 이들 고위공무원들은 영구직이 아니다. 그들 중 경력직 공무원[2)]은 1년의 수습기간 중 언제라도 고위공무원단에서 해임될 수 있으며, 근무성적평정의 결과가 좋지 못하거나[3)] 능력이 현저히 부족할 경우에는 고위공무원단 이외의 직위에 임용되나 지위는 유지된다. 그들의 보수는 매년 근무성적평가의 결과를 기초로 6개 등급(ES 1～6)에 따라 결정되며 등급별로 동일한 기본급이 지급되고, 연간 보수의 5～20%가 실적급의 형태로 지급되고 전체 고위공무원단의 1% 범위 내에서 탁월한 관리자로 기본급의 35%, 5% 내에서 우수관리자로 기본급의 20%에 해당하는 부상이 수여되는 대통령 표창제도도 있다(김일재, 2003: 127～129; 강성철 외, 2011: 220).

고위공무원단에 속해있는 공무원은 특정 직무의 직위에 한정되지 않고 횡적 이동이 자유롭기 때문에 기관장의 인사관리의 신축성과 탄력성을 확보해 준다. 그리고 고위공무원의 다양한 경험과 지식의 축적은 일방행정가의 양성에 기여한다.

한편 일반직 보수표에 의한 GS1등급에서 GS15등급까지의 공무원은 주로 경쟁직(competitive service)이며 이들에게는 직위분류제가 적용된다. 일반 보수표에 의한 공무원은 22개의 광범위한 직군과 많은 직렬로 구성되며, 이들 직렬은 다음 다섯 가지의 범주로 분류된다.

ⅰ) GS5등급에서 시작하여 GS15등급까지 승진이 가능한 전문직렬(professional occupational series), ⅱ) GS5등급에서 시작하여 GS14등급까지 승진이 가능한 행정직렬(administrative occupational series), ⅲ) GS2등급에서 시작하여 GS9등급까지 승진이 가능한 기술직렬(technical occupational series), ⅳ) GS1등급에서 시작하여 GS7등급까지 승진이 가능한 서기직렬(clerical occupational series), ⅴ) 일반 보수표상에 존재하는 직무 중 한 그룹에 명확하게 분류될 수 없는 기타 직렬로 구분된다. 그리고 일반 보수표에 의한 공무원은 각 등급마다 10호봉까지 두고 있다(김중량, 2008: 89～90; 하태권 외, 1999: 87～88).

2) 고위공무원단에 속해 있는 공무원은 4가지 유형으로 구분된다. ① 경력직 공무원은 실적주의를 바탕으로 임명되며 인사관리처의 관리능력 심사에 통과되어야 하고 1년간의 수습을 거쳐야 한다. ② 기한부 공무원은 직무가 3년 이내에 종료될 예정인 사람이다. ③ 긴급임명 공무원은 긴급사태에 대비한 18개월 이내의 기간만 근무한다. ④ 위의 세 가지 이외의 공무원으로 비경력직 공무원이 있다. 경력직 공무원을 제외한 ②, ③, ④항에 해당하는 공무원은 실적주의 심사를 거치지 않으며, 임명권자가 임의로 임명할 수 있다. 대통령은 경력직 공무원을 제외한 고급관리자를 고급공무원단의 10%까지 정치적으로 임명할 수 있다(Siegel & Myrtle, 1985: 31).

3) 근무성적평정 결과가 불가(不可)로 판정받을 경우에는 고위공무원단 내에서 이동되거나 탈락된다. 5년 동안 계속 두 번의 불가 판정을 받을 경우에는 고위공무원단에서 탈락되며, 3년 연속 '양호'에 이르지 못한 판정을 두 번 받은 사람도 고위공무원단에서 탈락된다(Nigro & Nigro, 1981: 135).

이러한 직위분류제는 1990년 연방공무원 보수균등법(Federal Employee Pay Comparability Act)에 의하여 좀 더 탄력적으로 운용되도록 개편되었다. 즉 동일한 직군 내에서 두 개 이상의 직렬이나 등급을 하나로 묶어 직위분류제를 탄력적으로 활용하는 탄력적 직위분류제는 수많은 보수등급(GS의 경우 15개 보수등급) 대신 몇 개 이하의 통합적인 보수범위 내에서 인사관리가 행해지기 때문에 인사관리자의 재량범위가 넓어지고, 직원으로 하여금 다양한 능력을 발휘하고 적극적인 업무수행을 가능하게 하는 장점을 가진다.

이와 같이 미국의 공무원제는 1978년 이전에는 일반직 보수표와 고위직 보수표에 의해 공무원을 2계층으로 구분하던 것을 지금은 상위계층을 더욱 세분화하여 계급제적 요소를 강화하였다. 또한 각 계층의 계급제적 운영을 지양하기 위하여 개인의 능력과 성과에 따라 보수체계를 탄력적으로 운영함으로써 인사행정의 신축성과 행정을 전문성을 동시에 확보하려 한다(강성철 외, 2011: 220~221).

(2) 영국

영국의 공무원제도는 미국과는 대조적으로 계급제에 직위분류제적 요소를 도입하였다. 19세기 중엽까지 영국 공무원제도는 일정한 원칙 없이 정실주의의 지배를 받아 왔다. 그러나 1853년 발표된 노스코트 트리벨리언 보고서(The Northcote-Trevelyan Report)는 공개경쟁시험에 의한 공무원 채용, 실적에 의한 승진, 계급(class)에 의한 공무원 종류 구분 등의 원칙을 제시하면서 현대적 인사행정 체제를 갖추기 시작하였다.

1920년 왕립 재조직 위원회(Reorganization Committee)의 권고에 의해 영국 공무원의 종류는 행정 계급과 서기 계급으로 구분되었으며, 1921년 다시 4개의 계급으로 세분화되었다. 즉, 서기보 계급(clerical assistant class), 서기 계급(clerical class), 집행 계급(executive class), 행정 계급(administrative class)이 그것이다.

이후 영국의 공무원제도는 4대 계급을 중심으로 발전되어 왔다. 그러나 2차 세계대전 이후 급속한 사회변화로 인하여 행정의 전문성을 강화하기 위하여 공무원제도 개혁이 추진되었다.

1968년 풀턴(Fulton) 보고서는 전통적인 4대 계급의 공무원제도가 환경변화에 탄력적으로 대응하지 못하고 공무원들이 전문성을 발휘하지 못한다고 비판하면서 다양한 제도개혁안을 발표하였다. 이 보고서의 주요 비판 내용은 ⅰ) 직무와 관계없이 만능행정인(all-rounder)을 주장하지만, 잦은 보직변경으로 직무수행이 비효율적이다. ⅱ) 상하계급별 · 직종별로 구조화된 공직구조 내에서 모든 공무원은 승진과 이동이 해당계급군과 직종에 한정된다. 이는 개인의 능력을 발휘할 기회를 차단한다. iii) 과학자, 기술자, 기타 전문가들은 전문지식과 기술만 활용할 수 있다. 그들은 관리능력과 정책결정능력을 발휘할 기회가 차단된다. iv) 외부와의 충분한 접촉이 없다. 그로 인한 고립성이 공익실현에 장애가 된다(Fulton Report, 1968 / 유민봉 · 임도빈, 2003: 114).

이 권고로 1971년 영국은 공무원 종류 구분을 일반직(general category), 과학직(science category), 전문 · 기술직(professional & technology), 교육훈련직(training category) 공무원 등으로 세분하고, 일반직 공무원을 다시 행정직군(administrative group), 경제직군(economic group), 정보직군(informational group), 통계직군(statistician group)으로 구분하였다. 이때 행정 · 집행 · 서기 · 서기보 계층은 하나의 단일한 행정직군으로 통합하는 개혁을 단행하였다. 행정직군은 10개의 등급으로 세분되었다가 1987년 다시 7개의 등급으로 구분되었다. 이러한 변화는 영국의 공무원제도가 과거의 행정계급에 의하여 지배되던 것을 과학직이나 전문 · 기술직 및 교육훈련직, 그리고 경제직군, 정보직군, 통계직군 공무원을 행정직군이 지배할 수 없게 만든 것이다. 비행정직군들도 행정직군과 똑같이 고위직에 진출할 수 있는 기회를 제도적으로 확보할 수 있게 되었다. 그리고 행정계급군에 포함되어 있던 최고위 3계급(사무차관, 부차관, 차관보)을 분리시켜 새로운 통합 계급구조인 개방구조(open structure)를 설치하여 개방구조로 하여금 모든 직군을 통할하게 하였다. 이 개방구조(혹은 관리직군)는 다시 직업공무원의 최고 직위인 사무차관(permanent secretary)을 비롯한 7개의 등급으로 구분하였다[4]. 이러한 공직구조의 개편에 따라 개방구조 내의 모든 직위는 교육적 배경과 관계없이 직무에 적합한 사람을 임명하였으며, 행정직군 및 다른 직군에도 내부 승진보다 외부채용이 많아지고 있다(Drewry & Butcher, 1988: 68～71 / 강성철 외, 2001: 202).

그러나 이러한 제도의 개혁에도 불구하고 전문인보다는 일반행정인의 개방구조에 속한 계급으로의 승진이 유리하고 각 부처에서 이들의 지배적 위치는 크게

4) Grade 1(Permanent Secretary)과 Grade 1A(Second Permanent Secretary)는 모두 사무차관을 말한다. Grade 2는 Deputy Secretary라고 하며, 우리 나라의 1급 공무원에 해당하며, Grade 3은 Under Secretary라고 하며, 우리 나라의 국장급에 해당하고, Grade 4(Executive Directing Bands)와 Grade 5(Assistant Secretary)는 둘 다 과장급에 해당한다. Grade 6(Senior Principal)과 Grade 7(Principal)은 우리 나라의 계장급에 해당된다. 그리고 이러한 개방구조 위에 국회의원들로 구성되는 정책결정 집단인 장관 그룹은 4그룹으로 Secretary of State(1명; 장관), Minister of State(1-3명; 부장관), 그리고 Parliamentary Under-Secretary of State와 Private Parliamentary Secretary(각각 장관보라고 볼 수 있음)가 있다.

변하지 않았다고 한다(Greenwood and Wilson, 1989: 110~113).

나아가 1996년 4월 공무원 상호간은 물론, 정부 전체의 연계성, 통합성 및 전문성을 제고하기 위하여 이전의 고위직 개방구조(Senior Open Structure: SOS)를 확대하여 7개 계급 중 5등급 이상의 공무원(약 3000명)의 계급을 폐지하고 하나의 관리계층 집단으로 관리하는 고위공무원단(Senior Civil Service: SCS)제도를 출범시켰다(박천오 외, 2001: 113). 즉, 모든 공무원은 고위공무원(SCS)과 비고위공무원으로 단순하게 분리되었다. SCS에 속하지 않은 공무원은 각 개별 부처 및 책임운영기관별로 별도의 분류체계를 수립하여 운용하도록 함으로써, 이제 영국의 공무원제도에서는 직종, 직군, 계급이라는 용어에 의한 구분은 더 이상 존재하지 않는다.

다만 보수범위(salary band)와 책임도 수준(responsibility level)에 의하여 공무원을 구분할 수 있는데, 보수범위는 17개 구간으로 구분되며, 책임도는 8개의 수준(level)으로 구분되어 있어 이를 통하여 공무원의 직위나 등급을 어느 정도 구분할 수 있다.

그러나 각 부처에 위임된 SCS 이외의 공무원은, 1996년 이전의 계급체계를 일부 가진 부처와 직무 내용에 상응한 직명(job title)만을 사용하는 부처도 있기 때문에 다양한 분류체계와 보수체계를 갖게 되어 공무원을 종적 · 횡적으로 비교하기는 어렵다(하태권 외, 1999: 93~109).

이러한 공무원제도의 변화는 어쩌면 미국의 직위분류제보다 신축적이고 융통성 있는 공직분류체계를 형성함으로써 공무원의 능력에 따라 직무를 부여하고 이를 통하여 조직의 성과와 연계하는 공직분류체계를 형성하려 한다고 볼 수 있다(강성철 외, 2011: 223).

4. 한국의 공직구조

1) 공직구조 변천

한국 정부의 공직구조는 계급제의 전통 위에 직위분류제적 요소가 가미된 절충형의 형태를 띠고 있다.

한국에서 근대 인사제도가 확립된 시기는 조선시대 초기 왕의 집권적 통치체제가 완성된 때부터라고 할 수 있다(김창준, 1996). 조선시대 관직은 사회적 신분을 나타내는 상징이었고, 이것은 계급제적 전통으로 이어져 현재의 한국 행정문화를 형성하는데 큰 영향을 미쳤다.

정부 수립과 함께 미군정기에는 직위분류제를 채택한 바 있으나 이를 폐지하고 계급제를 공식적 공직구조로 채택하였다.

1949년 8월에 제정된 국가공무원법은 공무원을 일반직과 별정직으로 구분하고 일반직을 다시 수직적으로 1급에서 5급까지 5개 계급으로 구분하였다. 그리고 수평적으로 사무계와 기술계로 구분하였다. 그 후 3급과 4급을 갑류와 을류로 나누어 계급 수를 7개로 하였다가 1950년 말에 4급의 갑류와 을류를 폐지하고 6개의 계급으로 하였다.

이 때 각 계급에는 직위분류제의 요소인 직종(職種)의 구분이 있었다. 1급에는 21종, 2급에는 26종, 3급 갑류에는 34종, 3급 을류에는 33종, 4급에는 20종, 5급에는 14종이 있었으며, 지방공무원은 1급부터 4급으로 분류하고 1급에는 3종, 2급에 3종, 3급에 3종, 4급에 5종의 직종을 두었다. 이러한 직종은 직위분류제에서 말하는 직종과 달랐다. 그리고 공무원은 그들에게 주어진 계급에 따라 어떤 직위에도 이동할 수 있었으며, 승진의 계통도 아무런 제한을 받지 않았다. 단지 사무계와 기술계 간의 전직에는 전형이라는 형식적 시험을 거치게 하였다.

1961년 4월 공무원임용령 개정에 의해 1급을 제외한 모든 계급을 갑류와 을류로 나누어 6개 계급에서 9개 계급으로 구분하였다. 이러한 구분은 계급제에 직위분류제적 요소를 가미하는 노력의 일환이었으며, 1963년 11월에 전면 개정된 국가공무원법은 직위분류법을 제정하여 1967년 직위분류제를 시행하도록 하였다. 그러나 이러한 계획은 그 실시를 보지 못한 채 1973년 직위분류법을 폐지함으로써 무산되고 말았다.

한국에서 직위분류제 도입이 실패하게 된 주요 이유는 다음과 같은 것들을 들 수 있다. ⅰ) 직위분류 대상을 일반직 전원으로 하였으며, ⅱ) 직무조사에서 공무원들의 인식 부족으로 철저한 직무조사가 이루어지지 못하였고, ⅲ) 강한 계급제적 전통의식으로 공무원들의 저항이 강하였으며(김중양, 1994: 59), ⅳ) 직위분류제를 수립할 수 있는 분류작업의 기술 수준이 취약하였으며, ⅴ)공무원의 보수 수준을 직위분류제 수립에 따른 직무급 수준으로 지불할 국가의 재정능력이 부족하였다는 점 등 이다.

1973년 직위분류법은 폐지되었지만, 일반직의 각 계급에 직군 및 직렬을 형성하는 등 정부는 꾸준히 직위분류제를 확대 · 적용하여 왔다.

1981년 4월 국가공무원법은 대대적인 개정이 이루어졌다. 공무원의 구분을 경력직 공무원과 특수경력직 공무원으로 구분하고, 이 두 가지 범주에 속하는 공무원의 종류를 다시 세분하고 있다.

경력직 공무원 중 일반직 공무원을 직군 · 직렬 · 직류별로 구분하고, 일반직 공무원의 계급을 9개 계급으로 하였다. 그러나 특수경력직 공무원은 계급구분을 하지 않았고, 일반직 공무원 중 연구직과 지도직은 2개 계급으로 하였다. 한편 기능직 공무원은 직군 · 직렬 · 직류별로 구분하고 그 계층을 10개 등급으로 하였다. 그리고 1999년 1월 1일 개정된 공무원임용령은 기능직 공무원의 등급을 계급으로 바꾸었다.

1999년 5월 24일 국가공무원법을 개정하여 중앙행정기관의 실 · 국장급 직위 중 업무의 성질상 고도의 전문성이 요구되거나 효율적인 정책수립이 요구되는 직위를 개방형으로 지정할 수 있도록 하고, 이들을 계약직으로 임용할 수 있도록 하였다. 개방형직위는 중앙행정기관별로 1~3급 전체 직위의 20%를 개방형 임용제도로 지정하였다. 그 후 2002년 중앙인사위원회 예규로 '직무분석 실시지침'을 제정하여 2003년부터 2004년까지 중앙정부 모든 부처의 1~3급에 해당하는 실 · 국장급 직위를 대상으로 직무분석이 행해지면서 계급과 연공서열 중심의 인사관리에서 직무와 성과 중심의 인사관리로 전환하였다.

2005년 말 국가공무원법에 고위공무원단 도입의 근거를 마련하여 2006년 7월부터 중앙행정기관 실 · 국장급인 1-3급 공무원의 계급을 폐지하고 고위공무원단을 가-마 등급의 5등급으로 구분하는 직무등급제를 도입함으로써 우리나라 공무원제도 역사상 직무의 상대적 가치에 따른 등급구분이 이루어졌다. 또한 2006년에는 공무원임용령을 개정하여 10개의 직군으로 구분되었던 것을 2007년부터 행정직군과 기술직군의 두 직군으로 통합하고 감사직렬을 제외하고 모든 직렬이 동일 직군 내에서 수평적 이동이 가능하게 하였다. 이는 기술직렬의 승진 적체를 해결하기 위한 조치이나 4급 이상 공무원의 인사관리를 계급제적으로 운영할 수 있어 행정의 전문성을 저해할 수 있다(강성철 외, 2008: 241).

지방공무원에 대한 직위분류제의 적용도 국가공무원과 그 맥을 같이하고 있다. 2000년에 지방공무원에게도 개방형 임용제가 도입되고, 2007년에는 국가공무원처럼 직군을 행정직군과 기술직군의 두 개로 통합하여 4급은 이들 직군내에서 직렬과 관계없이 수평적 이동이 가능하게 하고, 3급 이상은 직렬, 직군간 이동도 가능하게 하여 4급 이상 지방공무원의 인사관리를 계급제적으로 운영할 수 있게 되었다.

2) 공무원의 종류

공무원의 종류는 각 국가와 시대에 따라 다양하게 분류된다. 일반적으로 공무원은 실적을 토대로 하는 경력직 공무원과 그렇지 않은 공무원으로 구분하고, 또한 중앙정부 공무원과 지방정부 공무원으로 구분한다.

미국은 임용형태에 따라 경쟁직 공무원(competitive service)과 제외직 공무원(excepted service)으로 분류하고, 영국은 실적의 적용과 신분보장의 여부에 따라 경력직 공무원(established service)과 비경력직 공무원(non-established service)으로 분류하며, 일본도 실적의 적용과 신분보장의 여부에 따라 일반직과 특별직으로 분류한다(강성철 외, 2001: 140).

한국의 공무원은 임용주체에 의하여 국가공무원과 지방공무원으로 분류하고, 다시 실적의 적용과 신분보장의 여부에 따라 경력직 공무원과 특수경력직 공무원으로 분류한다.

다음에서는 한국 공무원의 분류를 구체적으로 살펴보기로 한다.

(1) 경력직 공무원과 특수경력직 공무원

가. 경력직 공무원

경력직 공무원(經歷職 公務員)은 실적과 자격에 의하여 임용되고 그 신분이 보장되며 평생 공무원으로 근무할 것이 예상되는 공무원을 말한다. 따라서 경력직 공무원은 실적제와 직업공무원제의 적용을 받는 공무원으로 그 종류는 일반직 공무원, 특정직 공무원, 기능직 공무원으로 나눈다.

① 일반직 공무원

일반직 공무원(一般職 公務員)은 기술 · 연구 · 일반행정의 업무를 담당하며, 직군 · 직렬 · 직류별로 분류된다. 그 계급은 1급에서 9급으로 분류되며(고위공무원단 제외), 연구직이나 지도직 공무원은 연구관과 연구사, 지도관과 지도사의 2계급으로 구분된다.

② 특정직 공무원

특정직 공무원(特定職 公務員)은 법관 · 검사, 외무공무원, 경찰공무원, 소방공무원, 교육공무원, 군인, 군무원, 헌법재판소 헌법연구관, 국가정보원 직원과 기타 특수분야의 업무를 담당하는 공무원을 말한다. 이들은 실적과 자격에 의하여 임명되고 신분이 보장되나 국가공무원법이 아니라 개별적 법률의 적용을 받는다.

i) 법관은 대법원장, 대법관, 판사로 구분되며, 고등법원 · 지방법원 · 가정법원에는 판사를 두도록 되어 있다.

ii) 검사는 검찰총장 · 고등검사장 · 검사장 · 검사로 구분한다.

iii) 외무공무원 중 외교직 공무원은 14등급에서 1등급까지 구분되며, 외무행정직 및 외신직은 1급에서 9급(고위공무원단 제외)으로 구분된다.

iv) 경찰공무원은 치안총감 · 치안정감 · 치안감 · 경무관 · 총경 · 경정 · 경감 · 경위 · 경사 · 경장 · 순경으로 구분된다.

v) 소방공무원의 계급은 소방총감 · 소방정감 · 소방감 · 소방정 · 소방령 · 소방경 · 소방위 · 소방장 · 소방교 · 소방사로 구분된다.

vi) 교육공무원 중 교육전문직의 경우는 교육감 · 교육장 · 장학관 및 장학사로 구분되며, 교육기관, 교육행정기관 또는 교육연구기관에는 교육연구관 · 교육연구사가 있으며, 교원인 공무원은 유치원의 경우는 원장 · 원감 · 교사로 구분되고, 초 · 중 · 고교의 경우 교장 · 교감 · 교사로, 그리고 대학의 경우는 총 · 학장, 교수 · 부교수 · 조교수 · 전임강사 · 조교로 구분되고 있다.

vii) 군인의 경우 장교는 장관(將官) · 영관(領官) · 위관(尉官)으로 구분하고, 장관은 원수 · 대장 · 중장 · 소장 · 준장으로, 영관은 대령 · 중령 · 소령으로, 위관은 대위 · 중위 · 소위로 구분하고 있다. 그리고 준사관은 준위로 하고, 하사관은 원사 · 상사 · 중사 · 하사로 하며, 병은 병장 · 상등병 · 일등병 · 이등병으로 구분하고 있다.

viii) 군무원 및 국가정보원 직원은 1급에서 9급까지 구분하고 있다.

③ 기능직 공무원

기능직 공무원(機能職 公務員)은 철도현업, 체신현업, 토목건축, 전신, 기계, 화공, 선박, 농림, 보건위생, 사무보조, 방호업무 등의 기능적인 업무에 종사하는 공무원을 말한다.

기능직 국가공무원은 현재 1급에서 9급으로 분류되어 있다(국가공무원법 제4조).

나. 특수경력직 공무원

특수경력직 공무원(特殊經歷職 公務員)은 경력직 이외의 공무원으로 실적주의나 직업공무원제의 적용을 받지 않는 공무원을 말한다. 따라서 이들은 신분이 보장되지 않으며 정치적이거나 특수한 직무를 수행하기 위하여 임용되는 공무원이다.

① 정무직 공무원

정무직 공무원(政務職 公務員)은 담당업무의 성격이 정치적 판단이나 정책결정을 주로 하는 공무원들이 여기에 속한다.

정무직 공무원은 일반적으로 차관급 이상의 대우를 받는 공무원을 말하는데, 별개의 계급구분 체계를 가지고 있지 않다.

ㄱ) 선거에 의해 취임되거나 임용시 국회나 지방의회의 동의를 요하는 공무원.

ㄴ) 고도의 정책결정 업무를 담당하거나 이러한 업무를 보조하는 공무원으로서 법령 또는 조례가 정무직으로 지적하는 공무원.

정무직공무원의 종류는 다음과 같다.

i) 감사원장, 감사위원 및 사무총장, 국회사무총장, 차장, 의정연수원장 및 도서관장, 헌법재판소의 재판관 및 사무처장, 선거관리위원회 상임위원 · 사무총장 및 차장.

ii) 국무총리, 국무위원, 처의 처장, 각 부처의 차관. 청장(검찰총장과 경찰청장 및 해양경찰청장은 개별법에 의하여 특정직공무원으로 분류). 국무조정실장, 차관급 이상의 보수를 받는 비서관.

iii) 국가정보원의 원장 및 차장, 국가과학기술 자문회의 위원장.

iv) 서울특별시 행정부시장과 정무부시장.

② 별정직 공무원

별정직 공무원(別定職 公務員)은 특정업무를 담당하기 위하여 일반직 공무원과는 다른 절차와 방법에 의하여 임용되고, 일반직 공무원의 계급에 상당하는 보수를 받는 공무원으로서 다른 법령이나 조례에 별정직으로 지정하는 공무원을 말한다.

별정직 공무원은 계급구분이 없다. 다만 보수지급 기준은 일반직 공무원의 계급에 담당하는 보수를 받는다.

별정직공무원의 종류는 다음과 같다.

i) 국회 수석전문위원.

ii) 감사원 사무차장, 서울특별시 · 광역시 · 도 선거관리위원회의 상임위원.

iii) 국가정보원 기획조정실장, 각급 노동위원회 상임위원. 해양안전심판원의 원장 및 심판관.

iv) 비서관, 비서.

v) 중앙행정기관의 차관보와 담당관 및 실 · 국장과 부장, 그리고 광역시 · 도의 정무부단체장.[5)]

③ 계약직 공무원

계약직 공무원(契約職 公務員)은 국가와 채용계약에 의하여 일정한 기간 동안 전문지식 · 기술이 요구되거나 임용에 있어서 신축성 등이 요구되는 업무에 종사하는 공무원을 말한다(국가공무원법 제2조 3항). 계약직 공무원제도는 국가나 지방자치단체가 전문적인 지식과 능력 및 경험을 가진 사람을 채용하여, 특정한 직위에 일정 기간 동안 계약을 통하여 근무하게 함으로써 공직에서의 경쟁력과 행정의 전문성을 제고하기 위한 제도이다.

계약직 공무원은 일반계약직 공무원과 전문계약직 공무원 및 시간제 계약직 공무원으로 구분한다. 일반계약직 공무원은 직제 등 법령에 규정된 경력직 또는 별정직 공무원의 정원에 해당하는 직위와 책임운영기관장의 직위에 채용되는 계약직 공무원을 말하고, 전문계약직 공무원은 특수분야에 대한 전문적 기술이나 지식 등이 요구되는 직위의 업무를 수행하기 위하여 채용되는 계약직 공무원을 말하며, 시간제 계약직 공무원은 통상적인 근무시간보다 짧게 근무하는 공무원으로 채용되는 일반계약직 공무원 또는 전문계약직 공무원을 말한다(계약직 공무원규정 제2조 제2,3,4항).

그리고 전문계약직 공무원은 계급구분은 없으나 채용자격 구분은 가급에서 마급까지 5개 종류로 구별하여 각각 설정한 자격기준을 적용한다(계약직 공무원규정 제6조). 계약직 공무원의 채용기간은 5년의 범위안에서 당해 사업의 수행에 필요한 기간으로 한다. 단 계약기간의 연장이 필요한 경우에는 총 채용기간이 5년이 넘지 않는 범위 안에서 채용기간을 연장할 수 있다(동법 제6조 제1, 2항).

계약직 공무원은 고도의 전문성을 띤 사업이나 사무, 그리고 지속성이 짧은 사업이나 사무에 이들을 채용함으로써 행정비용이 절감되고 행정인으로서는 불가능한 사무나 사업을 해결할 수 있으며, 사경제를 침식하지 않으면서 전문가 단체의 지지를 얻을 수 있다는 유용성이 있다(박동서, 1993: 140).

---

5) 정부조직법 제2조 6항에 의하여 별정직 공무원으로 임명될 수 있는 공무원으로는 중앙행정기관의 차관보, 담당관, 실 · 국장과 부장 및 지방자치법 제101조 제2항 및 시행령 제39조 제3항 단서에 의한 시 · 도의 정무부시장(정무부지사)은 별정직 1급 상당의 지방공무원이나 시 · 도의 행정부시장(행정부지사)은 고위공무원단(일반직)에 속한다. 그리고 광역시 정무부시장과 도의 정무부지사 등이다.

④ 고용직 공무원

고용직 공무원(雇傭職 公務員)은 단순 노무에 종사하는 공무원을 말한다. 고용직 공무원의 신규채용 연령은 14세에서 20세까지이며 근무 상한 연령이 43세(지방직의 경우 지방자치단체의 조례에 따라 58세도 있음)로 되어 있다.

고용직 공무원의 임용권자는 5급 이상의 공무원, 연구관 또는 지도관을 장으로 하는 기관의 장이며, 중앙행정기관의 장이 정하는 업무수행 능력과 기타 적격성을 검증해야 한다. 고용직 공무원은 본인이 원하는 경우 일주일에 15시간~35시간 이하의 범위에서 시간제근무 공무원으로 근무할 수 있다.

고용직 공무원은 계급구분은 없고, 국가고용직 공무원은 1종과 2종[6]으로 구분된다. 고용직 공무원은 국가직과 지방직이 동일하지 않으나 보선원, 건축보조원, 통신보조원, 정비원, 화공보조원, 조리원, 경비원, 건널목 안내원 등을 들 수 있다.

(2) 국가공무원과 지방공무원

자유민주주의 정치체제를 채택하고 있는 대부분의 국가에서는 국가공무원과 지방공무원을 두고 있다. 그러나 국가공무원과 지방공무원을 명확하게 구분하는 기준은 없다. 대개의 경우 임용주체에 의하여 중앙정부(국가)가 임용하는 공무원을 국가공무원이라고 하고, 지방자치단체에 의하여 임용되는 공무원을 지방공무원이라고 한다. 그리고 행정주체를 기준으로 하여 중앙정부의 국가사무를 담당하는 공무원을 국가공무원, 지방자치단체의 자치사무를 담당하는 공무원을 지방공무원으로 구분하기도 한다. 또한 보수, 기타 경비의 부담 주체를 기준으로 하여 국가에서 경비를 부담하는 공무원을 국가공무원, 지방자치단체가 경비를 부담하는 공무원을 지방공무원으로 구분하기도 한다(김중양, 1994: 43).

한국는 국가공무원과 지방공무원에게 적용하는 법체계를 달리하고 있다. 그러나 현재 지방자치단체의 행정기관에는 지방공무원뿐만 아니라 국가공무원이 함께 있으며, 사무도 국가사무와 자치사무를 엄격하게 구분하여 담당하지 않고 있다. 그리고 동일한 직급의 지방공무원을 국가공무원으로 또는 국가공무원을 지방공무원으로 임용하고자 하는 경우에는 특별임용시험을 면제하여 특별채용

6) 고용직 1종은 보선원, 건축보조원, 목공원, 통신보조원, 교환원, 전기보조원, 난방원, 기계보조원, 인쇄원, 경비원, 도장원, 담배제조원, 홍삼제조원, 영사원, 선박원, 감식원 등이고, 고용직 2종은 토석원, 배관원, 건축보조원, 기계보조원, 화공보조원, 영림원, 원예원, 보건보조원, 간호보조원, 보조원, 경비원, 제품원, 역무원, 사역원, 건널목안내원, 조발원, 전달원, 조치원, 소방원 등이다(고용직공무원 규정).

할 수 있게 함으로서 지방공무원과 국가공무원을 상호 교류할 수 있게 하고 있다.

(3) 고위공무원단

2006년 7월부터 1~3급 실 · 국장급 국가공무원의 계급을 폐지하여 직무중심으로 인적자원을 관리하는 고위공무원단제도가 시행되었다.

고위공무원단제도는 신분적 계급제를 근간으로 하는 한국 공무원 인사제도의 근본 틀을 직무와 성과 중심으로 대폭 개편하는 제도로써, 정부의 주요정책의 결정 및 관리에서 핵심적 역할을 담당하는 실 · 국장급 고위공무원을 범정부적 차원에서 적재적소에 활용하고 공직사회에 개방과 경쟁을 촉진함으로써 경쟁력 있는 정부를 구현하는데 목적을 두고 있다. 각 부처 장관은 고위공무원단 소속 공무원에 대해서는 부처 소속에 상관없이 해당 직위의 적임자를 뽑아 임용제청할 수 있다. 고위공무원단 편입대상은 중앙행정기관의 실 · 국장급(일반직 · 별정직 · 계약직)이지만 외무직과 같은 일부 특정직과 부시장 · 부지사 · 부교육감 등 지방자치단체 · 지방교육청에 근무하는 국가직 고위공무원과 법령에 의하여 교육 또는 직무 파견되는 고위 공무원도 포함된다.

고위공무원단의 임용은 개방형 직위 20%, 공모직위 30%(소속 장관별로 15%내외 가능), 그리고 각 기관별로 자율적으로 운영되는 기관 자율직위 50%(또는 65%)로 운영된다. 고위공무원단으로의 신규진입은 후보자교육 이수와 역량평가[7] 및 인사심사를 통하여 이루어진다. 고위공무원단은 "고위공무원단 소속 공무원"으로 하나의 풀(pool)로 관리된다. 고위공무원단 소속 공무원은 1~3급의 계급구분을 폐지하고, 담당 직위의 곤란성과 책임도에 따라 부여되는 가~마급의 직무등급을 기준으로 인사관리 한다. 고위공무원단 소속 공무원은 1년 단위로 직무성과계약을 체결하며, 목표달성도를 매년 5개 등급(매우우수, 우수, 보통, 미흡, 매우미흡)으로 구분하여 평가받는다. 고위공무원단 소속 공무원에 대한 평가등급별 인원분포는 소속 장관이 정하되 최상위 등급은 평가대상 공무원의 20% 이하의 비율로, 하위 2개 등급은 평가대상 공무원의 10% 이상의 비율로 분포되도록 하여 평가의 관대화 경향을 방지하고 있다(공무원 성과평가 등에 관한 지침). 보수는 직무등급에 따라 책정되며, 성과에 따라 보상을 차등 지급하게 된다. 고위공무원에 대한 정년 및 신분보장제도는 현행대로 유지하되, 매 5년마다 정기 적격심

---

7) 역량평가는 고위공무원에게 요구되는 핵심역량으로 수평적 관계 역량(의사소통, 고객지향), 수직적 관계 역량(비전제시, 조정 · 통합), 업무수행 역량(결과 지향, 혁신 주도, 전문가 의식), 사고 역량(문제 인식 · 이해, 전략적 사고) 등 4개 역량군 9개 역량으로 구성된다.

사를 받으며, 필요한 경우에는 수시 적격심사를 받을 수도 있다. 수시 적격심사는 최하위 등급을 연속 2년간 받거나 정당한 사유 없이 보직을 총 2년간 부여받지 못하는 경우 심사 대상에 포함시키고 있다. 고위공무원임용심사위원회의 심사결과 부적격 결정이 나면 직권면직을 시킬 수 있다.

고위공무원제도는 이미 미국 등에서 시행하고 있는 제도로써, 인적자원 활용의 융통성과 성과주의 인사행정의 발전에 긍정적인 기능을 할 수 있을 것으로 기대된다. 그러나 한국에서는 이 제도의 시행 역사가 짧고 연공주의를 중시하는 우리의 행정문화 등으로 이 제도가 자리 잡기 위해서는 많은 노력과 시간이 필요할 것으로 생각된다.

3) 한국 공직구조의 문제점 및 개선방안

한국 정부의 공직구조에는 실질적으로 계급제 요소가 깊이 배어 있으며 직위분류제의 요소가 부분적으로 가미되어 있다고 말할 수 있다. 한국 사회의 행정적 여건 변화는 직위분류제적 요소와 계급제적 요소의 배합관계를 재정립하도록 압력을 형성하고 있다. 그러한 압력은 한편에서는 직위분류제의 직무지향성을 강화하도록 요구하고 다른 한편에서는 계급제적 융통성의 확대를 요구한다.

이런 점에서 한국 공직구조의 문제점과 개선방안을 살펴보고자 한다(오석홍, 2000: 93; 박천오 외, 2001: 122 128; 강성철 외, 2008: 232~248).

(1) 공무원의 종류 구분의 문제점 및 개선방안

한국의 공무원은 경력직 공무원과 특수경력직 공무원으로 구분되어 있다. 이러한 공무원 구분은 실적주의와 신분보장 여부를 기준으로 한 것으로 지식정보사회의 인적자원관리의 다양성과 탄력성 및 행정의 전문화 요구에 부응하지 못한다는 문제점을 지니고 있다. 즉 시간제 임용, 한시적 임용 등 다양한 고용형태를 반영할 수 없고, 경력직 공무원의 경우 폐쇄적 임용체제로 외부의 전문인력을 다양하고 적극적으로 활용할 수 없게 한다.

특히 일반직의 경우(고위공무원단 제외) 계급을 기준으로 인적자원관리가 행하여지므로 공직의 경쟁력 제고에 장애요인으로 작용하고 있다.

따라서 한국 공무원의 구성은 직무의 성격, 신분보장, 실적주의 적용 여부, 근무형태 등 다양한 기준을 통하여 인적자원관리의 다양성과 탄력성, 개방성의 요청에 부합하도록 재편되어야 할 것이다. 현재 공무원 구분 기준으로 제시되고 있는 것은 직무의 성격, 실적주의 적용 여부, 고용형태, 신분보장 여부, 현업근무 여부 등이다.

이러한 기준에 따라 현재의 공무원을 직무의 성격에 의하여 정무직과 특정직 및 연구개발직, 사무직과 기술직, 기능직으로 분류하고, 실적주의 적용 여부에 따라 경력직과 비경력직 및 한시직(계약직)으로 구분하고, 고용형태에 따라 상근직과 비상근직으로 구분하는 방안(하태권 외, 1999: 134~144)과, 신분보장과 실적주의 적용 여부에 따라 경력직과 비경력직으로 구분하고, 고용형태에 따라 전임직과 비전임직으로 구분하며, 현업근무 여부에 따라 사무직과 현업직으로 구분하는 방안(하미승, 2006: 11~14) 등이 제시되고 있다.

(2) 직군 · 직렬 · 직류 구분의 문제점 및 개선방안

한국의 일반직 공무원과 기능직 공무원은 직군, 직렬, 직류로 구분하여 운영하고 있다. 그러나 이것은 과학적 직무분석을 통하여 직무의 특성과 요청을 정확하게 반영한 것이 아니기 때문에 직렬간의 형평성 문제가 제기되고 있다. 행정직렬이 다른 직렬에 비하여 상대적으로 비대하고 행정직렬 공무원이 직제규칙상 상위직위를 점하고 있고 기술직계나 연구분야와 같이 더 분화되어야 할 영역에는 분화가 정체되어 있다. 이러한 행정직렬 지배적 성향은 행정직렬 내부의 전문화 요청에도 역행할 뿐만 아니라 기술직렬의 사기를 저하시키고 정부 인적자원 전체의 균형 있는 발전과 활용에도 지장을 주고 있다.

따라서 직렬의 폭을 유통성 있게 조정하고, 직렬별 직급배치에 나타난 불균형을 시정하고, 새로이 확장되거나 전문화의 수준이 높아져가고 있는 기술계 및 연구계 직업을 흡수할 수 있는 직렬을 적시성 있게 만들어 나가야 한다(오석홍, 2000: 96)는 요구가 있었다.

그리하여 2006년 공무원임용령을 개정하여 이러한 문제를 해결하기 위하여 직렬간의 구분이 많고 승진적체가 많은 기술직 직렬을 통합하여 동일직군 내에서 인사이동이 가능하도록 하였다. 또한 국가공무원은 4급(감사직력 제외), 지방공무원 3급 이상 직렬간의 구분이 없어지고 동일 직군 내에서 수평적 이동이 가능하게 되었다. 그러나 이것은 계급제적으로 운영될 소지가 많아 행정의 전문화에 역행할 수 있다.

그리고 중앙행정기관의 경우 1~3급 고위공무원은 계급을 폐지하고 5개 직무등급으로 구분하여 직위분류제에 입각한 분류체계를 형성하려 하였다. 그러나 체계적인 직무분석이 이루어지지 않아서 각 직무등급을 계급처럼 운영하게 되면 실제 운영상으로는 계급제와 같게 될 수 있다.

따라서 한국의 수평적 공직분류체계는 고위직 공무원(3급 이상)은 직군만 남기고 직렬은 통합하여 적격자가 임용될 수 있게 하고, 중간직 공무원(4~7급)은 직렬과 직류별 구분을 세분화하여 행정의 전문화 추세에 부응하도록 하여야 한다. 그리고 하위직 공무원(8~9급)은 실무업무 수행이라는 측면에서 직류를 통합하여 직렬별로 관리하는 것이 타당할 것이다. 최근 행정수요가 급증하는 새로운 전문분야는 새로운 직렬과 직류체계를 갖추어 나가야 할 것이다.(강성철 외, 2008: 247).

(3) 직급 구분의 문제점 및 개선방안

한국 공무원은 고위공무원단을 제외하고는 모두 계급제를 토대로 하고 있다.

그런데 계급제는 개인의 능력이나 역량과 관계없이 승진이나 순환조직이 이루어져 공직의 경쟁력 제고에 장애 요인으로 작용하고 있고, 승진적체를 가져와 조직의 활력을 저하시킨다. 그리고 계급제의 폐쇄적 임용은 행정의 다양성을 반영하기 어려우며, 상위계급에서 직렬의 통합적 운영은 일반행정가를 양성하여 행정의 전문성을 제고하기 어렵게 한다.

현행 한국 공무원 직급체계는 직무의 성격과 책임도 및 난이도에 따라 구분되고 관리되는 것이 아니기 때문에 인력관리 및 보수관리에 객관성과 공정성이 떨어진다. 또한 계급의 세분이 조직운영이나 직무수행에 별 도움을 주지 못하는 직렬에도 동일한 계급을 획일적으로 적용하고 있다(오석홍, 2000: 93).

따라서 한국의 공직분류는 직위분류제를 확대해 나가되 직위분류제가 가능한 직무부터 시행하고 계급이 아닌 등급으로 구분할 필요가 있다. 그리고 등급은 지금의 3급 이상 5개 직무등급은 그대로 두고, 4급 이하 9급까지는 계급을 공무원의 승진 동기와 직무수준에 따른 보수차이를 실현하기 위하여 10개의 등급으로 구분하는 방안을 생각해 볼 수 있다(강성철 외, 2008: 245). 또한 직무의 성격과 직무의 복잡성, 곤란성, 책임성 등에 따라 이렇게 구분한 15개의 계층을 정책계층, 관리계층, 집행계층의 3개 계층으로 구분하여 관리하는 방안을 생각해 볼 수 있다(하태권 외, 1999: 151~154). 이렇게 될 경우 개인의 능력과 역량에 따른 직무중심의 인적자원관리가 행하여지고, 승진적체로 인한 공무원의 사기 저하를 막아 행정의 효율성에 기여할 것이다.

제2절 인사체제의 유형

인사체제의 유형이란 공무원제도의 기초가 되는 공직 분류체계의 관념적 틀을 말한다. 공직 분류체계는 공무원의 신규채용이나 임용과 관련하여 구별할 수 있다. 공직 분류체계는 공직구조의 모든 계층에서 신규채용이 허용되느냐에 따라 개방형(open career system)과 폐쇄형(closed career system)으로 나누고, 공무원의 내부 임용이 어느 한 기관적 단위에 국한하여 이루어지느냐의 여부에 따라 비교류형(organization career system)과 교류형(program career system)으로 구분된다(Stahl, 1983: 174～176).

1. 개방형과 폐쇄형

1) 개방형

개방형(開放型)은 공직의 모든 계급이나 직위에 신규채용이 허용되는 인사체제이다. 물론 신규채용자는 각 계급이나 직위가 요구하는 자격을 지니고 있어야 한다. 일반적으로 공직의 개방에 따라 외부 전문가나 경력자에게 공직의 문호를 개방하여 새로운 지식과 기술, 그리고 새로운 아이디어를 받아들임으로서 공직의 침체를 막고 공직을 새로운 기풍으로 진작시켜 행정의 효율성을 높이려는 것이다. 따라서 개방형의 인사체제는 직위분류제를 채택하고 있는 국가에서 그 필요성이 크다. 그러나 이러한 개방형의 인사체제는 승진의 기회가 상대적으로 크지 않고, 공무원이 한평생 근무할 수 있는 유인도 적다. 또한 직위나 직무가 없어지면 그 업무를 맡아보던 공무원도 대개 퇴직하게 된다.

2) 폐쇄형

폐쇄형(閉鎖型)은 공직에의 신규채용이 최하위 계층에서만 허용되며 내부승진을 통하여 그들이 상위계층까지 올라갈 수 있는 인사체제이다. 따라서 최하위 계층에서의 신규채용은 대개 젊은 사람에게만 허용되고, 그들의 경력발전과 근속 근무가 장려되는 체제이다.

폐쇄형은 개방형에 비하여 내부승진의 기회가 많고 공무원의 지위향상이나 경력발전을 위한 정책적 관심을 갖는다. 또한 계급제를 토대로 하기 때문에 전문가보다는 일반행정가 중심의 인사체제를 이루며, 업무수행 경로가 넓고 공무원의 장기근무가 장려된다. 폐쇄형 인사체제는 직무가 없어지더라도 공무원의 배치전환을 통하여 공무원의 근무가 계속된다.

이러한 폐쇄형은 신분보장과 승진기회가 상대적으로 높아 공무원의 사기를 높이고 공무원의 장기근무를 장려하므로 행정의 일체성과 일관성 및 안정성을 가져오는데 유리하다. 그러나 공무원의 장기근무로 인하여 무사안일에 빠질 수 있게 하여 공직의 침체를 가져오고, 관료가 국민의 요구에 민감하게 대응하지 못하며 특권 집단화할 수 있다.

3) 개방형과 폐쇄형의 조화

개방형과 폐쇄형은 각 국가의 정치적 여건이나 시대적 상황에 따라 형성된 체제이기 때문에 어느 것이 좋고 어느 것이 나쁘다고 말할 수 없다. 그리고 현재 순수한 개방형이나 폐쇄형을 고수하고 있는 국가도 없으며 대개 양자를 절충하여 운영하고 있다. 우리 나라는 폐쇄형에 가까운 인사체제를 운영하고 있다. 왜냐하면 상위직의 대부분이 내부 승진에 의하여 이루어지고 있고, 5급과 7급에서의 임용이 신규채용보다 내부 승진이 많으며, 5급과 7급의 공개경쟁시험 합격자보다 9급의 공개경쟁시험 합격자가 월등히 많기 때문이다.

그러나 최근 중앙행정기관(1~3급)이나 지방자치단체(1~4급)의 직위 중에 업무의 성질상 고도의 전문성이 요구되거나 효율적인 정책수립이 필요하다고 인정되는 직위를 개방형직위로 지정하여 운영할 수 있도록 하였으며(국가공무원법 제28조 제4항, 지방공무원법 제29조 제4항), 이들을 계약직 공무원으로 임용할 수 있도록 하였다. 따라서 한국의 공직분류체계는 폐쇄형에 개방형을 가미하고 있다.

2. 교류형과 비교류형

1) 교류형

교류형(交流型)은 담당업무의 성격이 같은 범위 내에서 기관 간의 이동이 자유로운 인사체제를 말한다. 기관 간의 이동은 중앙부처간의 이동뿐만 아니라 중앙정부와 지방정부간의 이동도 포함한다. 그리고 공무원을 하나의 기관적 단위에 머물게 하는 인력 활용의 고립주의를 탈피하고 인력을 융통성 있게 활용할 수 있을 뿐만 아니라 공무원의 시야를 넓히고 기관 간의 배타성과 파벌성을 극복함으로써 기관간의 협조와 조정을 용이하게 한다. 또한 개인의 경력발전 기회를 제공하여 사기를 높여 준다.

그러나 교류형은 업무의 전문화를 어렵게 하고 공무원의 이동에 따른 연금권(年金權)의 이전이라든가 근무성적평정의 적용 등 여러 가지 복잡한 인사관리 문제를 초래한다. 그리고 공통적 보수체계와 계급구조 내지 직위분류제가 수립되어 있어야 한다는 것도 문제로 제기될 수 있다. 또한 다른 기관 직원의 임용을 싫어하는 인사권자와 공무원들의 배타적 · 고립주의적 행태도 문제이다. 그러나 이러한 인사교류는 협조와 조정 · 통합이 요구되는 현대행정의 요청에 부응할 뿐만 아니라 공무원 개인의 경력발전 기회를 제공하고 공무원의 사기를 높여 행정의 효율성을 제고시킬 수 있다.

2) 비교류형

비교류형(非交流型)은 공무원의 근무와 경력발전 계통이 하나의 기관에 국한되는 인사체제를 말한다. 따라서 비교류형은 연금이나 보수 등 인사관리가 용이하다. 그러나 극단적인 부처주의에 입각한 비교류형의 인사체제는 기관별 인력의 질적 불균형을 낳고 정부 전체의 통합적 행정활동을 제약할 뿐만 아니라 인력활용의 융통성도 기대하기 어렵다.

또한 비교류형은 공무원의 승진기회가 기관 간에 다를 경우, 승진기회의 형평성을 확보하지 못해 공무원 개인의 사기저하는 물론 경력발전의 기회도 제약된다.

3) 교류형과 비교류형의 조화

현재 대부분의 국가는 기관 단위에서의 인사이동만 허용하는 비교류형이 지배적이다. 그러나 현대에 와서 인사교류가 확대되고 그 필요성도 증가하고 있다. 모든 정부에 있어 기관간 공통으로 존재하는 직무가 많으며, 공무원의 적성과 교육 그리고 경험 등이 변화되는 경우가 많기 때문에 인사교류의 폭과 범위는 더욱 넓어져야 한다.

그러나 앞에서 언급한 것과 같이 교류형을 확대 · 적용하는 경우의 문제점 또한 적지 않다. 그러므로 교류형과 비교류형을 인사행정 여건에 비추어 적절하게 절충하는 형태가 바람직할 것이다.

한국은 국가공무원법과 지방공무원법에 인사교류의 조항을 두고 있으나, 비교류형에 가까운 인사체제를 지니고 있다. 그러나 인사교류를 확대하려는 노력에도 불구하고 인사권자의 의식적인 노력 부족과 관련 공무원의 이해 부족, 그리고 비교류형에 젖어 온 할거주의적 인사관행 등의 이유로 인사교류는 활발하지 않다.

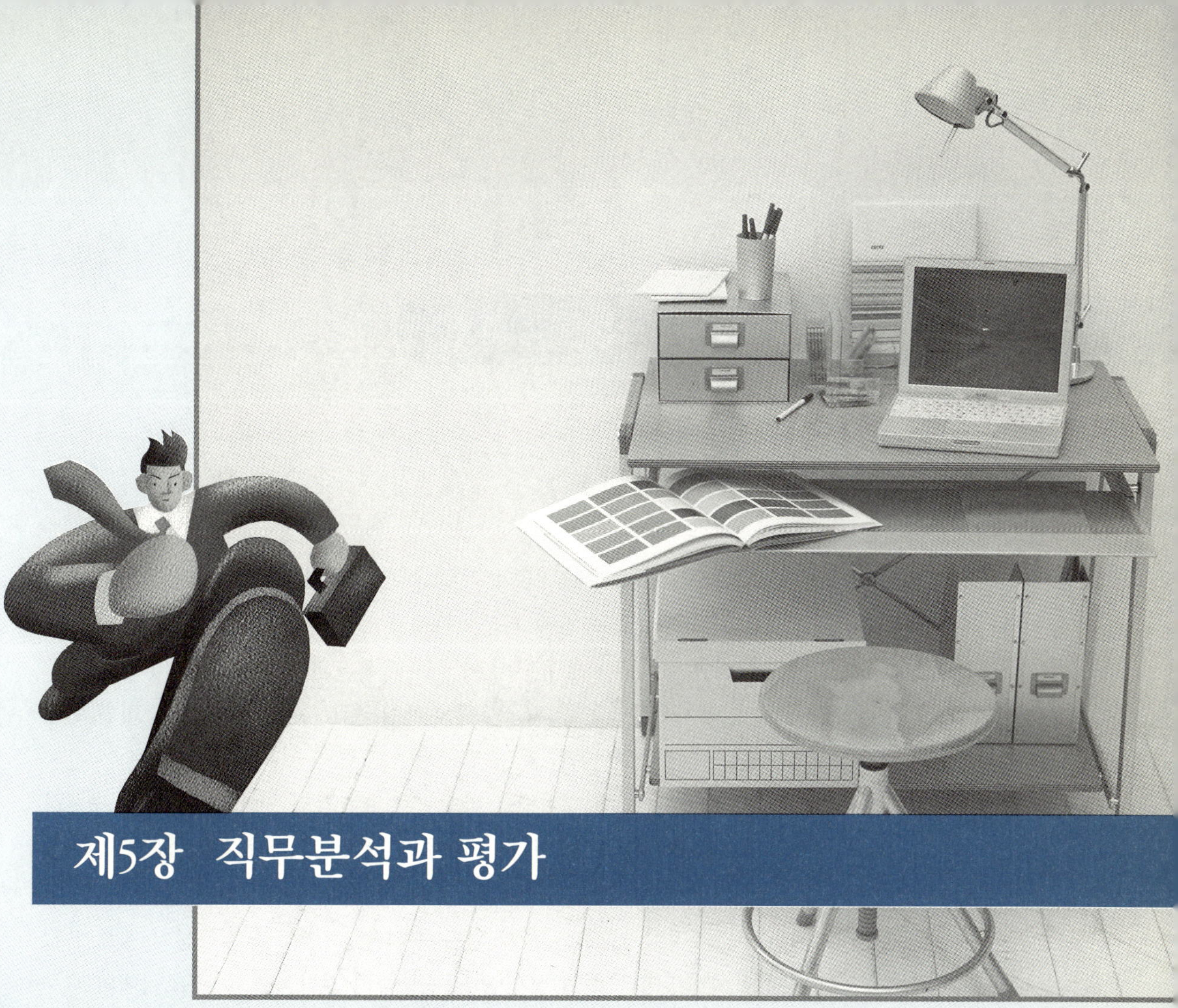

제5장 직무분석과 평가

제1절 직무분석

1. 직무분석의 의의

직무분석(job analysis)은 조직 내의 직무 혹은 직위의 내용을 한정짓는 요인에 관한 정보를 체계적으로 수집하고 분석하여 문서화하는 과정이다. 이를 통하여 조직 내에 어떠한 종류의 노동유형이 어느 정도 필요한가를 밝힐 수 있다.

합리적인 인적자원관리는 조직구성원에게 할당된 직무에 관한 심층적인 이해가 없이는 불가능하다.

직무분석은 이러한 직무의 이해를 바탕으로 효과적인 인적자원관리를 수행하기 위한 기초자료를 준비하는 과정이다. 특히 조직 내외가 큰 변동을 겪을 때 직무분석의 필요성은 더욱 커진다.

예컨대, 구조조정이나 조직감축과 같은 계획을 추진할 때 직무분석 정보가 없으면 타당한 의사결정을 하기 어렵다. 직무분석의 일반적 목적은 조직내의 직무들을 정확하게 파악하여 임용, 교육훈련, 근무성적평정, 보수 등 다양한 인적자원관리에 활용하려는 것이다.

2. 직무분석의 절차

직무분석의 구체적 목표와 용도 그리고 수집하는 정보의 종류가 다르기 때문에 그 절차도 경우에 따라 달라질 수 있으나, 직무분석의 공통적인 기본단계는 ⅰ) 직무분석의 목표설정, ⅱ) 분석될 직무의 결정, ⅲ) 직원의 이해와 참여 유도, ⅳ) 직무조사, ⅴ) 직무조사 정보의 처리, ⅳ) 직무분석 보고서 산출이다(DeCenzo and Robbins, 1999: 140~141 / 오석홍, 2000: 98).

기본적 단계들을 진행시키기 위해서는 준비작업이 필요하다. 준비단계의 활동은 제 4장 1절에서 언급한 바와 같이 기본 계획의 수립, 절차입안, 담당기구의 설치, 직무분석 요원의 확보와 훈련 등을 들 수 있다.

1) 직무분석의 목표설정

먼저 직무분석의 목표가 무엇인지를 결정하고 이를 명확히 해야 한다. 즉, 직무분석의 용도가 무엇인가를 결정하는 것이다. 직무평가, 임용, 교육훈련, 근무성적평정, 보수 등 인사행정의 모든 활동에서 그 용도를 찾아볼 수 있다. 일반적으로 직무분석의 용도가 단일 목표를 위한 것일 때 가장 바람직한 것으로 알려지고 있다.

2) 분석대상 직무의 결정

다음 단계는 분석의 대상이 될 직무들을 결정하는 단계이다. 직무분석을 처음 실시할 때에는 조직 내의 모든 직무를 대상으로 하여야 할 것이다. 그러나 조직에서 수시로 생겨나는 분석수요는 일부의 직무에 한정하는 것이 일반적이다. 변동의 영향을 받은 기존의 직무, 신설된 직무, 이직률이 지나치게 높은 경우와 같은 문제 징후가 나타난 직무 등이 분석대상으로 선정될 수 있다.

3) 직원의 이해와 참여유도

직무분석을 주관하는 사람들은 분석대상 직무를 담당하는 사람들과 관리자들에게 분석계획을 설명하고 의사소통의 통로를 열어 놓아야 한다. 직원들이 직무분석에 대하여 불안감을 가지고 이를 불신하게 되면 정확한 분석정보를 내놓으려 하지 않을 것이다. 관련 직원들에게 직무분석의 취지를 이해시키고 그들의 협력과 참여를 유도하는 것은 직무분석의 중요한 활동 국면이다.

따라서 직무분석의 필요성, 방법, 그리고 그 결과 등에 대하여 충분히 이해할 수 있도록 알릴 필요가 있다. 특히 일반 직원에게는 직무분석이 근무평정이나 정원조정, 배치전환 등으로 오해하지 않도록 하는 것이 필요하다.

4) 직무조사

직무조사는 직무에 관한 정보를 수집하는 활동이다. 직무분석에 필요한 자료를 수집하기 위해서는 우선 핵심적인 조사항목을 준비하여야 한다. 정보를 수집할 수 있도록 만든 양식을 직무분석 설문지 혹은 직무분석 양식이라고 한다. 직무분석 설문지의 양식은 직무분석의 목표, 내용, 정보수집대상에 따라 차이가 있지만 대개 직무의 내용과 책임의 정도, 직무수행의 난이도, 직무수행의 기준, 점직자의 자격요건, 근무조건 등이 포함된다.

다음에는 정보수집의 출처를 결정해야 한다. 정보출처의 예로 점직자와 그 감독자, 직무수행의 사례, 관련법령과 규칙, 조직도표, 업무보고서, 예산서, 보수표 등을 들 수 있다.

끝으로 직무조사의 방법을 결정하는 것도 조사시행의 선결과제이다. 관찰, 질문서, 면접 등 여러 가지 방법이 쓰일 수 있다.

이렇게 분석방법, 정보수집 대상과 출처, 그리고 정보수집 방법이 결정되면 분석정보의 수집에 착수할 수 있다.

5) 직무조사 정보의 처리

수집된 정보는 선별, 편집, 정리되는 처리과정을 거친다. 이러한 처리작업에서는 표준화된 서식을 사용하는 것이 원칙이다.

6) 직무분석 보고서 산출

직무분석 보고서란 직무조사 정보를 체계적으로 정리한 보고서를 말한다. 이 보고서는 여러 가지로 만들 수 있지만 기본적인 유형은 i) 직무 기술서, ii) 자격명세서, iii) 직무수행 기준서를 말한다.

직무 기술서(job descriptions)는 특정한 직무의 책임과 근무조건 등을 설명하는 문서이다. 여기에 기록되는 주요항목은 직무명칭, 직무의 요약, 그리고 근무조건 등이다. 자격 명세서(job specifications)는 점직자에게 요구되는 일이 무엇이며 점직자의 자격요건은 무엇인가에 대해 규명하는 문서이다. 직무수행 기준서(job performance standards)는 직무성취의 기준을 규명한 문서이다. 여기에서 정한 기준은 점직자의 직무수행 목표가 되고 직무성취도를 평가하는 기준이 된다(Werther, Jr. and Keith Davis, 1993: 153～142 / 오석홍, 2000: 100).

3. 직무조사의 방법

직무분석의 핵심은 직무에 관한 정보의 수집이다. 정부부문의 직무분석에서 가장 많이 쓰이는 방법은 조사표에 의한 정보수집이지만 그 밖에도 많은 방법이 있다. 관찰법, 면접법, 업무일지 등이 그 예이다.

1) 최초분석법

최초분석법은 직무분석 대상인 조직에 대한 참고문헌이나 자료가 부족하고, 또한 그 분야에 대해 벤치마킹(bench marking)할 수 있는 조직체도 드물어 직접 현장을 방문하여 자료를 수집하는 방법들을 의미한다.

(1) 설문지법

표준화된 질문지를 사용하여 직무분석대상 조직의 구성원들에게 작성하게 하는 방법으로 체크리스트법과 서술식이 있다.

설문지를 사용할 때는 설문지를 정교하게 만드는 것이 중요하고, 필요에 따라서 응답자의 이해를 돕기 위해 설문작성 지침을 제공하는 것이 바람직하다. 이 방법은 신속하게 많은 인원을 조사할 수 있으나 질문지를 만드는 것이 쉽지 않다. 또한 응답의 타당성과 무응답에 대하여 추가로 보완자료를 획득해야 하는 문제가 있다.

(2) 면접법

조직 구성원 및 관리자들과의 면접을 통해서 직무에 관한 정보를 조사하는 방법이다. 면접법은 질문에 대한 정확한 정보를 얻을 수 있으나 많은 시간, 노력, 비용이 든다. 면접의 결과를 표준화하거나 서로 비교하기 어렵다는 약점도 있다. 점직자를 면접한 후 감독자의 면접을 통해서 부족한 정보를 보충할 수도 있고 점직자의 응답에 대한 진실성도 확인할 수 있다.

(3) 관찰법

이 방법은 직무분석자가 대상자의 직무수행 과정을 직접 관찰함으로써 직무에 관한 정보를 수집하는 것이다. 이 방법은 외적으로 측정 가능한 요소를 지닌 직무, 즉 직무가 시간적으로 작업순환 과정이 짧고, 표준화되어 있으며, 반복되는 경우에 유용하며, 생산직과 같은 업무에 적합하다. 그러나 외적 가시성이 낮은 직무의 조사에는 한계가 있다. 관찰의 경우에 유의할 점은 점직자가 관찰을 의식하여 직무수행을 평소와 다르게 왜곡할 수 있다는 것이다.

(4) 체험법

직무분석 담당자가 직접 직무활동을 체험하여 직무에 대한 정보를 수집하는 방법으로, 이 방법은 직무분석자가 체험직무에 대하여 어느 정도 숙련이 필요하다. 직무에 대한 정확한 정보를 얻을 수 있지만 실제로 직무담당자의 행태적이고 심리적인 정보를 얻을 수는 없다.

(5) 대상자 기록법(업무일지)

직무분석 대상자가 업무일지에 2주에서 4주간의 업무를 매일 기입하는 기법으로 1시간 단위로 업무를 기술하여야 한다. 이 방법은 전문화된 직무에 대한 정보수집에 유용하다. 또한 직무의 전반적인 흐름을 파악할 수 있으며, 같은 직무를 여러 사람이 담당할 경우 성실하지 못한 대답에 대한 문제점을 밝혀낼 수 있다. 그러나 이 방법은 점직자들의 시간 소모가 많은 방법이다. 또한 대상자가 성실히 기술하지 않거나 과장하는 경향의 문제점이 있다.

2) 비교확인법

이 방법은 지금까지 개발된 각종 자료를 참고하여 현재의 직무상태를 확인하는 방법이다. 일반적으로 많이 사용되는 참고문헌으로는 직무기술과 직무명세가 수록되어 있는 각 국의 직업사전이다.

참고자료를 통해 대강의 직무내용을 파악한 후 현장에 나가 대상직무에 대한 정보를 수집하여 기존의 자료를 수정 보완한다. 이 방법만으로는 특정직무분석을 완전하게 해낼 수 없으며 다른 방법과 상호 보완해야 한다.

3) 그룹토의 기법

그룹토의 기법의 대표적인 예로는 데이컴 법이 있다. 이 기법의 실시를 위해서는 소규모 그룹(8~14명)이 편성되어야 하며, 1~3일 정도의 기간이 필요하다. 토의 참가자는 그 직업분야에 대한 지식, 열린 마음, 현장경험 등을 고려하여 전문가로 엄선된다. 모든 직무는 기록자에 의해 목록카드에 기록되고 게시된다. 직무내용은 토의를 거쳐 재배열된다.

이 방법은 신속하게 타당성 높은 직무분석을 할 수 있으나 사회자가 미숙할 경우 소정의 성과를 달성할 수 없고, 전문가를 3일씩 초청하기 어렵다는 문제가 있다(박천오 외, 2001: 137).

4. 직무의 종류별 분류

직무분석자료를 활용하여 직업구조를 형성하려면 두 가지 분류작업이 필요하다. 직무의 종류별 분류(수평적 분류)와 직무의 수준별 분류(수직적 분류)가 그것이다.

직무의 종류별 분류는 직무의 종류에 따라 유사한 것들끼리 집단화하여 수평적 분류구조를 평성하기 위한 작업이다. 직무의 종류별 집단화는 직렬과 직군을 의미한다.

이러한 직무분류는 근무조건이나 직무수행에 필요한 지식이 유사하여 채용·인사이동·교육훈련 등의 인적자원관리에 있어서 하나의 집단으로 관리할 수 있는 직무의 집합체라 할 수 있다(김현식, 1995: 77).

가장 쉽게 직무를 분류하는 방법은 직무 기술서의 직무명을 보고 유사성을 결정하는 것이다. 그러나 정밀성을 확보하기 위해서는 직무 기술서에 기재되어 있는 임무와 책임 등의 정보를 면밀히 검토하여 결정하여야 한다(Dresang, 1991: 115).

1) 분류절차

직무의 종류별 분류는 근본적으로 논리적인 사고의 과정을 통해서 이루어진다.

복잡한 대상을 면밀히 검토하고 논리적 판단에 따라 분류해 나가야 한다. 분류 과정상 거쳐야 하는 단계는 다음과 같다(오석홍, 2009: 103～104).

첫째, 분류의 대상인 직무내용을 확인한다. 분류과정에서 제일 먼저 해야 할 일은 직무에 관하여 알아 낸 사실을 취사선택하는 것이다. 직무조사에서 알아낸 정보 중에서 경미한 것들을 제외하고, 분류 목적상 중요한 직무를 확인해 두면 이후의 분류작업이 용이해 진다. 중요직무란 당해 직위의 존재이유가 되어 있는 것으로서 점직자가 대부분의 시간을 사용하는 직무를 말한다.

둘째, 직무의 구성요소를 세분하여 분류요소의 목록을 만든다. 직무들 간의 포괄적 비교보다는 그 구성요소별로 비교하면 정확성을 기할 수 있다. 즉 직무의 구성요소를 직위가 요구하는 지식, 감독 통제, 재량성 내지 자율성, 복잡성, 활동의 범위와 결과, 개인적 접촉, 접촉의 목적, 신체적 요건, 작업환경[1](Lee, 1993: 53; Dresang, 1991: 109; 강성철, 2005: 174) 등으로 나눈다. 그러한 다음에 이러한 요소들을 다시 세분한 표를 만들고 그에 비추어 직무 간의 유사성을 판단한다.

셋째, 분류대상 직무의 수가 많으면 기준직무를 선정하여 분석하고 분류요소의 목록에 맞추어 분류요소표를 만든다.

넷째, 분류될 직무들의 분류요소를 기준직무의 분류요소표에 비추어 분석하여 유사한 직무들을 가려낸다.

2) 직무집단의 크기(직렬의 폭)

유사한 종류의 직무들을 묶어 직렬을 만들어야 하는데, 어느 직무까지를 유사하다고 볼 것인가의 판단은 매우 어려운 일이다. 직무분석에서 가장 쟁점이 되는 것은 직렬의 폭을 결정하는 문제이다.

직렬의 폭을 결정할 때는 직무의 공통성을 정확히 판단해야 하는 것은 물론, 다음과 같은 사항도 고려하여야 한다(오석홍, 2000: 105).

첫째, 각 직렬에 분포될 직무 수의 분포를 고려하여야 한다.

둘째, 기관별로 각 직렬에 포함될 직무수의 분포와 전직 · 승진의 계통을 고려하여야 한다.

---

1) 이들 구성요소는 미국연방정부와 약 ⅓에 해당하는 주정부에서 사용하는 직무분석의 요소들이다.

2) 혼합직은 직무의 종류가 다른 직무를 포함하는 직위를 '직종 혼합직'이라 하고, 직무의 수준이 다른 직무를 포함하는 직위를 '등급 혼합직'이라고 한다.

셋째, 직업분화에 따른 직무의 전문성을 고려하여야 한다.

넷째, 혼합직[2)]은 될 수 있는대로 줄여야 한다.

직렬의 폭이 너무 넓으면 직무분류의 본래 의도를 살릴 수 없게 된다. 직렬구분이 보수결정이나 채용 및 인사교류의 합리적 기준을 제공하지 못하게 되는 것이다.

반면 직렬의 폭이 너무 좁으면 직렬 내 등급의 수도 적을 수밖에 없다. 결국 직렬 내의 최고직위에 짧은 기간 내에 도달하게 되고 그 후 승진이 막히게 된다.

이와 같이 직렬의 폭이 너무 좁으면 능력발전과 성취감을 맛볼 수 있는 기회가 제한되고 만다(Lee, 1993: 54). 즉 인사운영의 불편과 낭비를 초래하게 된다.

5. 직무분석의 한계

직무분석은 과학적이고 공정한 인사관리를 위해서 직무의 성격을 분석하고, 직무를 성공적으로 수행할 수 있는 요인들을 밝혀내기 위해 사용되고 있다. 직무분석에 의해 수집된 자료는 조직의 목표달성을 위해 필요한 인재를 충원하고, 공정한 인사를 위한 정보로 활용된다.

그러나 직무분석이 인사관리의 모든 문제를 해결할 것이라고 믿는 것은 다음과 같은 직무분석의 한계로 인하여 오히려 새로운 문제를 일으킬 수 있다(Tompkins, 1995: 77~80).

첫째, 급변하는 사회환경에 따라 직무의 성격이 수시로 변화하는 것을 직무분석이 쉽게 따라가지 못한다.

둘째, 직무분석에 의한 인사관리가 조직을 고착시키게 된다.

셋째, 직무분석에 의한 직무기술서는 대개 조직 내 개인들에게 직무가 가지는 업무만을 상기시켜줄 뿐, 직무와 조직의 목표와의 관계를 알려주지 않는다. 따라서 각 개인들은 미시적 업무에만 집착하게 된다.

넷째, 직무분석은 인식되어지는 것만큼 과학적으로 타당성이 높지 않다. 직무분석에 사용되는 요인과 기준들은 대부분 직무분석 담당자들의 주관적 판단에 의해 결정된다. 또한 직무분석 기술서의 내용들은 직무분석 설문지에 답한 직무 담당자들의 주관을 반영한다.

제2절 직무평가

1. 직무평가의 의의

직무평가(job evaluation)는 직무들을 상대적 가치에 따라 계층화시키는 작업을 말한다. 직무 가치는 직무가 조직의 목표달성에 얼마나 기여하는지를 말한다. 그러나 이것을 측정할 만한 직접적인 방법이 없다. 따라서 기여도를 가장 근사하게 측정할 수 있는 요소를 생각하게 하는데, 여기에는 직무기술, 노력도, 책임감, 직무조건을 가장 일반적으로 고려한다(유민봉 · 임도빈, 2003: 170). 이러한 요소의 정도가 높으면 높을수록, 조직의 목적달성에 공헌도가 큰것으로 평가되며, 직무의 수준 또는 등급은 이러한 요인들을 기초로 하여 결정하게 된다. 직무평가는 직업구조의 수직적 분류구조를 형성하는 절차이고, 보수체계를 확립하며, 나아가 인적자원관리의 합리화를 기하는데 목적이 있다.

그러나 직무평가의 주요 목적은 직무가치에 따른 보상에 있으며, 이를 통해서 직무에 적합한 인재를 충원할 수 있고, 그들의 능력발휘를 기대할 수 있다.

2. 직무평가 방법

직무평가의 방법은 매우 다양한데, 크게 종합적 직무라는 개념에 기초하는 방법과 직무를 구성하는 요소들에 기초하는 방법으로 구분할 수 있다. 종합적 직무 개념에 기초한 방법(非計量的方法)은 직무수행의 난이도를 기준으로 포괄적인 판단에 의하여 직무의 가치를 상대적으로 평가하는 방법으로서, 서열법과 분류법이 있다. 그리고 직무의 구성요소를 기초로 하는 방법(計量的方法)은 직무를 구성하는 요소들을 계량적으로 평가하는 방법으로서, 점수법과 요소비교법이 있다.

이러한 평가방법들은 각각 그 장점과 단점을 지니고 있어서 조직의 특성을 고려하여 평가방법을 결정해야 한다.

1) 서열법

서열법(序列法)은 각 직위의 직무를 종합적으로 평가하여 직무의 서열을 결정하는 방법이다. 즉, 직무전체 중요도의 상대가치를 비교하여 서열을 결정하는 방법이다. 서열법을 사용하여 직무평가를 할 때 평가담당자들에게 제공되는 직무자료는 각 직무의 간단한 직무기술서 정도가 전부이다. 따라서 평가담당자들은 분류될 직무에 대하여 잘 아는 사람이어야 한다. 경우에 따라서는 직무평가의 전문가와 대상조직의 관리자들로 구성된 위원회를 구성하기도 한다.

서열법에 의한 직무평가방법은 다음과 같은 세 가지 대표적인 방법으로 나뉘어진다(박천오 외, 2001: 145).

첫째, 최상위 직무와 최하위 직무를 선정하여 나머지 직무의 서열을 상대적으로 정하는 기법이다.

둘째, 각 직무를 두 개씩 다른 직무와 비교하여 서열을 결정하는 쌍쌍비교방법이다.

셋째, 위원회를 설치하여 서열을 결정하는 방법이다.

서열법은 직무의 수가 적은 소규모 조직에 사용하기 적합하고, 시간과 비용이 적게 들며, 신속하고 간편한 방법이다. 그러나 직무가 복잡하고 그 수가 방대한 조직에서는 사용하기 불가능하고, 평가대상 직무를 잘 아는 직무평가 담당자가 필요한데 그러한 사람을 구하기도 쉽지 않다. 또한 직무의 가치에 대한 통일된 지침이 없기 때문에 주관적이거나 감정적 요인이 크게 작용할 가능성이 있다. 그리고 직무 간의 서열만 정하므로 각 등급 간의 간격문제가 남는다. 그러므로 서열을 기초로 보수를 결정하는 경우 그 타당성이 부족하다. 따라서 서열법에 의한 직무평가시에는 서열을 정하는데 있어서 공통된 요소를 사전에 정하는 것이 서열법의 결점을 보완하는데 도움이 된다.

2) 분류법

분류법(分類法)은 서열법보다 약간 체계화된 방법이라고 할 수 있다. 분류법은 사전에 정해 놓은 등급기준표에 따라 등급을 결정하는 방법이다. 등급기준표는 등급과 등급정의로 구성된 일종의 척도이다. 등급정의는 각 직무에 요구되는 기술, 책임, 노력, 직무조건 등의 직무구성요소를 중심으로 가장 보편적인 직무특성을 개괄적으로 기술한 것이다.

등급기준표를 작성하는 방법은 ⅰ) 직무 기술서를 검토하여 각 직무에 등급을 매겨서 동일한 등급으로 분류된 직무들의 특성을 바탕으로 등급을 정하는 방법과, ⅱ) 평가직무에 대한 전문적 지식을 가진 위원회를 구성하여 등급을 정할 수 있다(SBC전략기업 컨설팅, 1994: 13～18). 등급기준표가 만들어지면 직무 기술서를 검토한 후 그와 가장 유사한 등급정의를 찾아 그 등급을 부여하면 된다. 이때 같은 등급에 속하는 모든 직무에 대해서는 동일한 기본급을 정하게 된다.

분류법은 계량적 방법들보다 비교적 간단하고 이해가 쉽다. 정부와 같은 거대조직의 많은 직무들을 평가하는 방법으로 적합하다. 그러나 등급기준표를 만드는 작업을 해야 하고, 등급기준에 대한 정의가 모호할 경우 그 해석에 있어서 논란이 있게 된다. 개괄적인 판단에 의하므로 평가의 정확성이 떨어지고, 평가대상 직무를 잘 아는 평가자를 구하기가 어렵다는 단점을 가지고 있다.

표 5-1 등급기준표의 예

등급	등급의 정의
1급	사환 또는 이에 유사한 업무
2급	간단한 정규적 업무 1. 경험이 불필요한 간단한 사무, 혹은 경험은 필요 없지만 약간의 훈련을 필요로 하는 기계를 사용하는 작업. 2. 단순하나 완벽한 업무 수행에는 약간의 경험을 필요로 하는 사무. 3. 타이프라이터 등의 단순한 기계에 대해서 훈련을 필요로 하는 작업.
3급	상당한 사무적 재능을 요하는 업무 1. 상당한 사무적 재능은 필요로 하지만 업무의 성질상 완전한 책임을 부담하지 않는 업무. 2. 약간 복잡한 기계에 관하여 훈련을 필요로 하는 작업. 3. 2급에 속하는 것으로서 약간의 책임을 부담하는 업무.
4급	깊은 지식을 요하는 업무 1. 어떤 한정된 분야에 대하여 완전하고도 깊은 지식을 요하는 업무. 2. 업무에 대한 약간의 감독, 책임을 부담하는 업무.
5급	관리지식을 요하는 업무 1. 해당 조직에서의 경험이 상당히 필요한 업무 2. 좀 더 전문적으로서 어려운 업무(단, 해당 조직에서의 경험이 없어도 좋음). 3. 5급 1의 업무 중 감독과 책임을 부담하는 업무. 4. 5급 2 정도의 업무로서 당해 조직에서 오랜 경험이 필요한 업무, 또는 4급 정도의 업무로서 결과를 감독관의 검열을 받는 업무.
6급	고도의 전문적 판단을 요하는 업무 1. 고도의 전문적이며 비밀을 요하는 업무. 2. 조직 전반에 대한 책임이 따르는 관리자적인 업무.

자료 : 서울대학교 경영연구소 편(1966 : 627); 강성철 외(2008: 194) 재인용.

3) 점수법

점수법(點數法)은 직무평가 방법들 중에서 가장 많이 사용되는 방법이다. 점수법은 각 직무를 하위 구성요소로 나누고 각 요소별로 가치를 점수화하여 측정한다. 요소별 평점을 합계하거나 평균한 것이 직무의 상대적 가치를 나타낸다. 점수법에 의한 평가절차는 i) 등급기준표를 만드는 단계와 ii) 분류될 직무를 등급기준표에 비추어 평가하는 단계이다.

먼저, 등급기준표를 만들려면 다음과 같은 절차가 요구된다.

첫째, 평가요소를 선정하고 정의해야 한다. 평가요소란 점직자가 맡을 직무의 구성요소를 말한다. 평가요소는 기술, 노력, 책임, 직무조건의 네 범주로 크게 나누는 것이 일반적이다〈표 5-2 참조〉. 평가요소의 수는 조직에 따라 다른데, 대개 3~25개 정도가 선정된다. 이 평가요소들은 각 직무에 공통적으로 존재하는 요소로서, 의미상 중복되지 않는 것이어야 한다.

표 5-2 점수법의 평가요소와 비중(배점)의 예

직무	평가요소	세부 요소	하위 요소	배점 (비중)
직무	난이도 (400점)	기술 (250점 : 50%)	교육	70 (14)
			경험	110 (22)
			지식	70 (14)
		노력 (75점 : 15%)	육체적 노력	50 (10)
			정신적 노력	25 (5)
		직무조건 (75점 : 15%)	작업조건	50 (10)
			위험성	25 (5)
	책임성 (100점 : 20%)		장비 · 작업과정	25 (5)
			생산자재 · 제품	25 (5)
			타인의 안전	25 (5)
			타인의 직무수행	25 (5)
			평가치(총점)	500 (100%)

자료 : 유민봉, 「인사행정론」 (박영사, 2010), p. 151.

둘째, 각 평가요소의 비중(배점비율)을 결정한다. 평가요소의 직무가치가 다르기 때문에 그 중요도를 반영시킨 비중을 부여하여야 한다. 비중설정의 일반적 조건으로서는 ⅰ)전반적인 조직관리의 관점에서 본 비중과, ⅱ)직무상의 평가요소가 나타내는 비중으로 구분하여 생각할 수 있다. 이러한 비중은 백분비로 표시되는 것이 보통이다. 비중은 각 평가요소의 중요도를 나타내는 것이다. 비중의 결정은 조직의 종류에 따라 다르기 때문에 그 조직의 사정에 맞도록 적절히 조정되어야 한다. 따라서 평가요소의 선정과 비중의 결정은 그 직무에 정통한 전문가의 객관적인 평가에 의존하여야 한다. 평가요소의 비중이 정해지면, 이에 준하여 하위요소의 비중이 결정되며, 하위평가요소의 최상급 비중의 합이 평가요소의 비중과 일치한다.

셋째, 직무평가 기준표를 만들어야 한다. 각 평가요소별로 등급단계를 구분하여 몇 개의 등급으로 나누고 거기에 비중으로 부여된 점수를 배정한 다음, 각 등급별로 평가기준을 설정한다〈표 5－3〉. 이 때 등급의 간격은 평가의 간편성을 고려하여 모든 평가요소에 동일간격으로 척도를 구성하게 된다. 그리고 평가기준으로는 교육의 경우, 1등급(14점)은 무학자 가능, 5등급(70점)은 대졸 이상 전문지식 등의 방법으로 기준을 선정한다.

넷째, 분류대상 직위를 평가한다. 직무평가 기준표가 작성되면 분류하고자 하

표 5-3 직무평가기준표

평가요소		등급				
		1	2	3	4	5
기술 :	교육	14	28	42	56	70
(250점)	경험	22	44	66	88	110
	지식	14	28	42	56	70
노력 :	육체적 노력	10	20	30	40	50
(75점)	정신적 노력	5	10	15	20	25
직무조건 :	작업조건	10	20	30	40	50
(75점)	위험성	5	10	15	20	25
책임 :	장비 · 작업과정	5	10	15	20	25
(100점)	생산자재 · 제품	5	10	15	20	25
	타인의 안전	5	10	15	20	25
	타인의직무수행	5	10	15	20	25
	점수합계	100	200	300	400	500

자료 : Richard Henderson, *Compensation Management: Rewarding Performance* 5th ed., 1989, p. 204.

표 5-4 등급 기준표

등급	1	2	3	4	5	6	7	8	9	10	11	12
총점	100 - 139	140 - 179	180 - 219	220 - 239	240 - 259	260 - 279	280 - 299	300 - 329	330 - 359	360 - 399	400 - 449	450 - 500

자료 : 유민봉 · 임도빈, 「인사행정론」(박영사, 2003), p. 176.

는 직위의 직무에 대하여 직무평가 기준표에 따라 각 평가요소별로 점수를 배정하고, 이것을 합하여 각 직위의 총점을 도출한다. 이 때 모든 요소에 대한 점수의 집계가 직무평가의 점수가 된다.

다섯째, 등급기준표에 의한 각 직무의 등급을 정한다. 〈표 5-3〉에 있는 평가요소별 점수합계를 몇 등급으로 나누어 등급기준표〈표 5-4〉를 만든다. 이러한 등급기준표에 분류대상 직위의 총점이 몇 등급에 해당하는지 결정하면 된다. 분류대상 직위의 점수를 요소별 배점총계가 〈표 5-3〉과 같고, 등급기준표의 등급이 〈표 5-4〉와 같다고 가정할 경우, A라는 직무에 대한 평점총계가 450점이라면 직무 A는 12등급으로 분류된다.

점수법은 비계량적 방법에 비하여 과학적이고 객관적인 직무가치를 평가할 수 있고, 직무간 차이를 숫자로 표시하기 때문에 등급결정이 쉽다. 그러나 점수법은 복잡하고 이를 개발하여 사용하는데 많은 시간과 비용이 든다. 점수화 작업이 주관적 판단에 의하기 때문에 각 요소에 대한 평가점수의 결정이 합리적인지를 입증하기 곤란하다.

4) 요소비교법

요소비교법(要素比較法)은 직무를 몇 개의 중요한 평가요소로 나누어 이들을 수량적으로 평가한다. 그러나 직무를 어떤 기준표와 비교하는 것이 아니라 조직 내의 대표가 될 만한 직무를 기준직무로 선정하여 기준직무의 평가요소들과 평가하고자 하는 직무의 평가요소들을 상호 비교하여 상대적 가치를 계량분석적으로 판단하는 방법이다. 이 방법은 다음과 같은 단계에 의해 수행된다.

첫째, 평가요소를 선정한다. 이 단계는 분류될 직무에 공통되는 평가요소를 결정하는 것이다. 평가요소의 선정방법은 각 직무에 공통적으로 존재하는 요소이며, 의미상 중복되지 않는 것이어야 한다. 평가요소로서는 책임, 기술, 정신적 노력, 육체적 노력, 직무조건 등 다섯 가지가 보통이다(유민봉 · 임도빈, 2003:

176). 이 외에도 직위가 필요로 하는 지식, 직무의 복잡성, 대인관계, 감독의 통제 등의 기준을 추가하기도 한다.

둘째, 기준직무의 선정이다. 분류될 직무들의 평가에 기준이 될 만한 대표성이 있는 기준직무들을 선정한다. 기준직무는 ⅰ)선정된 평가요소들이 명확히 나타나 있어야 하고, ⅱ)조직내의 최저급의 직무부터 최고급의 직무에 이르기까지 분산되어 있어야 하며, ⅲ)현재의 임금률이 조직구성원들에게 타당성이 있다고 인정되는 직무이어야 한다(노동부 국립중앙연구소, 1983: 89).

셋째, 기준직무들의 서열결정 및 총점수를 배정한다. 기준직무가 선정되면 기준직무의 평가요소별 서열을 정한다. 기준직무의 평가요소별 서열을 결정할 때 주의해야 할 것은 기준직무별로 평가요소의 서열을 결정하는 것이 아니라, 각 평가요소별 서열을 결정하는 것이다. 기준직무의 평가요소별 서열결정이 끝나면 각 기준직무의 총점수(보수액)를 평가요소별로 배분하여야 한다〈표 5-5 참조〉.

넷째, 기준직무의 평가요소별 점수와 분류대상직무를 비교 평가한다. 기준직무의 평가요소별 점수배분이 끝나면, 분류대상 직무의 평가요소별 서열을 정하고, 기준직무의 평가요소별 서열 및 점수표〈표 5-5〉를 근거로 하여 분류대상 직무의 평가요소별 점수를 결정한다. 이렇게 하여 각 직무별로 평가요소에 따른 점수

표 5-5 기준직무의 평가 요소별 서열 및 점수 배분

기준직무	평가요소 / 월평균보수	정신적 노력	육체적 노력	기술	책임	직무조건
A	120점(만원)	1 (40)	4 (5)	2 (25)	1 (40)	3 (10)
B	75	3 (15)	2 (15)	4 (10)	3 (20)	2 (15)
C	100	2 (35)	3 (10)	3 (20)	2 (30)	4 (5)
D	90	4 (10)	1 (20)	1 (30)	4 (10)	1 (20)

자료 : 유민봉 · 임도빈, 「인사행정론」(박영사, 2003), p. 177. 재구성.

표 5-6 분류대상직무의 서열 및 점수

분류직무	평가요소 / 보수액	정신적 노력	육체적 노력	기술	책임	직무조건
갑	3 95점(만원)	2 (35)	4 (5)	2 (25)	3 (20)	3 (10)
을	1 105	4 (10)	3 (10)	1 (30)	1 (40)	2 (15)
병	2 100	3 (15)	2 (15)	3 (20)	2 (30)	1 (20)
정	4 85	1 (40)	1 (20)	4 (10)	4 (10)	4 (5)

를 합계하면 이것이 분류대상직무의 총점수(보수액)가 되는 것이며, 각 점수 차이에 의하여 직무의 등급이 결정된다. 즉, 〈표 5-6〉에 의하면 직무의 상대적 가치는 을, 병, 갑, 정의 순이 된다.

요소비교법은 기준직무가 직무평가를 할 때마다 새로 선정되기 때문에 비교기준으로서의 타당성이 높다. 직무의 상대적 가치를 결정함에 있어서 기준직무와 유사직무들을 비교하기 때문에 평가의 정확성을 높일 수 있다. 그러나 기준직무의 선정과 평가의 정확성이 결여되면, 전체직무의 평가에 영향을 미치는 단점이 있다. 또한 평가절차가 복잡하여 일이 많고 시간이 많이 걸리며, 평가척도의 구성이 복잡하여 직원들이 이해하기 어렵다는 문제점도 지적되고 있다.

3. 직무평가의 한계

직무평가의 한계는 직무분석상의 한계와 유사점도 있다. 직무평가의 한계는 다음과 같은 것을 지적할 수 있다(박천오 외, 2001: 153).

첫째, 직무는 조직의 환경에 따라 변화하는데, 직무분석 기술서에 기초한 직무평가는 이러한 변화에 융통성 있게 대처하지 못함으로써 조직의 환경적응에 장애가 될 수 있다.

둘째, 전통적인 직무평가에 의한 보상체계는 같은 등급의 직무를 수행하는 개인들 중에서 특히 공헌도가 높은 사람들에게 특별보상을 하기 어렵다는 것이다.

셋째, 직무평가에 사용되는 요소들이 완벽하지 못하기 때문에 직무담당자들은 직무평가의 요소가 아닌 다른 필요한 능력에 대한 발휘를 하지 못하게 된다.

Memo

제6장 외부임용(신규채용)

제1절 외부임용의 의의와 유형

1. 임용의 의의

조직의 관리활동에서 가장 중요한 것은 인사에 관한 문제라고 할 수 있고 그 중에서도 유능한 인적자원의 확보는 무엇보다도 중요하다. 특히 우리 나라와 같이 천연자원이 부족한 국가에서 인적자원의 중요성은 더욱 크다고 할 수 있다. 한 국가의 정부조직의 구조와 제도가 아무리 잘 갖추어져 있다고 하더라도 조직구성원의 능력이 떨어진다면 조직의 효율성을 기대할 수 없기 때문이다. 따라서 조직운영의 효율성은 유능한 인력자원의 확보와 활용에 달려 있다고 말할 수 있다. 이와 같이 정부조직에서 일할 유능한 사람을 확보하고 활용하는 활동을 임용이라고 한다. 즉, 임용이란 "정부조직의 결원보충 활동"으로 정의하고 있다(오석홍, 2000: 126 / 유종해 외, 1984: 600).

정부조직의 결원을 보충하는 방법으로는 정부조직 외부로부터 충원하는 방법과 승진이나 전보 · 전직과 같이 정부조직 내부에서 사람을 움직여 활용하는 방법이 있다. 이 경우 임용은 외부충원과 내부충원만을 의미하는 협의로 해석될 수 있다. 그러나 넓은 의미의 임용 속에는 외부로부터의 충원과 내부로부터의 충원은 물론 파면, 해임 등 공무원 신분을 소멸시키는 해직조치까지 포함시켜 사용하고 있다. 한국의 공무원임용령 제2조 제1항에서도 "임용이라 함은 신규채용 · 승진임용 · 전직 · 전보 · 겸임 · 파견 · 강임 · 휴직 · 직위해제 · 정직 · 복직 · 면직 · 해임 및 파면을 말한다"고 규정하고 있다.

2. 임용의 유형

임용에는 정부조직 밖에서 사람을 선발하여 쓰는 외부임용(신규채용)과 정부조직 안에서 사람을 움직여 활용하는 내부임용이 있다.

그림 6-1 임용의 유형

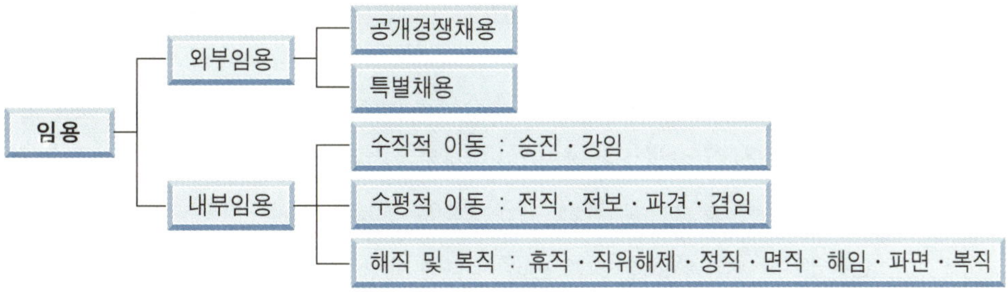

외부임용 방법으로는 공개경쟁채용에 의한 방법과 특별채용에 의한 방법이 있다. 내부임용 방법으로는 수직적 이동, 수평적 이동, 그리고 해직 및 복직 등의 방법으로 나누어 볼 수 있다. 즉 수직적 이동으로는 승진 · 강임 방법이 있고, 수평적 이동으로는 전직 · 전보 · 파견 · 겸임 방법이 있다. 그리고 해직 및 복직으로는 휴직 · 직위해제 · 정직 · 면직 · 해임 · 파면과 복직 등의 방법이 있다. 이를 요약하면 〈그림 6－1〉과 같다. 이 책에서는 이러한 분류에 따라 외부임용과 내부임용을 나누어 설명하고자 한다.

3. 공개경쟁채용과 특별채용

1) 공개경쟁채용

공개경쟁채용은 자격 있는 모든 사람들에게 지원기회를 평등하게 부여하고 시험을 통해 임용후보자를 선발하는 방법이다. 공개경쟁 채용제도는 공무원채용에 있어서 평등한 기회보장과 이를 통하여 보다 우수한 공무원의 채용을 목표로 한다. 이러한 목표를 달성하기 위해서는 공개경쟁을 보장할 수 있는 엄격한 요건들이 전제되어야 한다.

미국 연방정부의 옛 인사위원회는 공개경쟁의 요건을 규정하고 해설한 바 있다 (U.S. Civil Service Commission, 1973)[1]. 공개경쟁을 보장하는 요건은 ⅰ) 적절

1) 미연방정부의 인사위원회는 1979년 인사개혁에 의하여 폐기되고, 중앙인사기관을 인사관리처(Office of Personnel Management)와 실적제 보호위원회(Merit Systems Protection Board)로 이원화된 바 있다. 여기서 말하는 인사위원회는 1979년 이전의 제도를 말한다.

한 공고, ii) 지원기회의 개방, iii) 현실적 선발기준, iv) 차별금지, v) 능력기준의 선발, vi) 결과의 공개 등과 같은 요건들이다(Stahl, 1983: 36 / 오석홍, 2000: 128~129).

이러한 요소들이 적극적으로 해석 · 적용되어야 실질적인 고용기회의 평등화를 도모할 수 있고 정부관료제에 대한 실적주의의 요청에 양립할 수 있을 것이다. 그리고 이러한 요건들과 함께 공개경쟁을 통하여 우수한 공무원을 채용하는데 필요한 또 하나의 중요한 요소는 구체적인 채용절차 속에 담긴 내용들이다.

오늘날 실적주의 인사행정에서는 공개경쟁채용의 절차를 표준화하고 있다. 즉 신규채용의 기본 절차는 모집, 시험, 채용후보자 명부작성, 임용추천, 시보임용, 임명 및 보직 등이다. 이와 같은 공개경쟁의 요건과 절차가 합리성을 확보할 때 공개경쟁 채용제도의 목표를 보장할 수 있을 것이다. 이러한 공개경쟁채용의 각 활동단계에 대한 자세한 설명은 뒤에서 설명하기로 한다.

2) 특별채용

특별채용은 경쟁을 제한하는 별도의 선발절차를 거쳐 공무원을 신규로 채용하는 것을 말한다. 오늘날 실적주의를 채택하고 있는 인사제도 하에서는 공무원의 신규채용을 공개경쟁 채용제도에 의하는 것이 원칙이다.

그러나 현대정부의 인적자원 수요는 매우 복잡한 것이며, 그에 대응하는 인적자원 공급의 양태 또한 다양하고 고르지 못하기 때문에 공개경쟁채용의 예외가 인정되지 않을 수 없다. 즉, 공개경쟁시험이 부적절하거나 불필요할 때 특별채용에 의해서 공무원을 선발하게 된다. 그렇다고 특별채용의 취지가 실적주의와 상치되는 것도 아니다. 특별채용은 공개경쟁 채용제도를 보완하고 필요한 인적자원의 확보를 용이하게 한다는 점에서 유용하다. 적절히 활용할 수 있다면, 경우에 따라서 특별채용이 능률적일 수 있다. 그러나 이를 남용하면 실적주의를 침해할 수 있다. 따라서 특별채용에 의하여 공무원을 충원할 경우는 그 요건과 절차를 엄격히 규정할 필요가 있다. 한국 국가공무원법(제28조 제2항)은 특별채용이 가능한 경우를 퇴직자의 재임용, 관련자격증 소지자, 외국어 능통자, 특수목적 학교의 졸업자, 임용예정직급에 상응하는 근무실적 또는 연구실적이 3년 이상인 자, 특수직무분야 또는 도서 · 벽지 등 특수지역에 근무할 자, 1급 공무원 또는 이에 상당하는 고위공무원단에 속하는 일반직공무원을 임용하는 경우 등으로 제한하고 있다.

제2절 인적자원계획

1. 인적자원계획의 의의

인적자원계획(human resources planning)이란 사회나 조직이 추구하는 목표를 효율적으로 달성하는데 도움을 줄 수 있는 방향으로 인적자원의 수급을 질적 · 양적으로 조정하는 것을 말한다(Bowey, 1974: 1). 정부에 의한 인적자원계획은 국가체제 전반의 인적자원계획과 정부조직에서 필요로 하는 인적자원계획으로 구분할 수 있는데, 인사행정에서 의미하는 인적자원계획은 후자에 해당한다. 즉, 인사행정에서 의미하는 인적자원계획이란 정부의 목표를 좀 더 효율적으로 달성하는데 도움을 줄 수 있는 방향으로 정부조직의 인적자원에 대한 수요를 예측하고 인적자원의 공급방안을 결정하는 과정이다(오석홍, 2000: 133). 이러한 인적자원계획은 오늘날 인적자원의 획득(신규채용)뿐만 아니라 인적자원의 유지 · 발전 및 활용(배치전환 · 승진 · 훈련)과 관련되고 아울러 퇴직관리와도 직접 관련된다(강성철 외, 2001: 222).

2. 인적자원계획의 중요성

어떤 조직이든 조직의 자원 가운데 가장 중요한 것은 인적자원이다. 조직의 성패에 영향을 주는 요인은 여러 가지가 있겠지만 조직이 어떠한 인적자원을 확보하고 있으며 이들을 어떻게 관리하느냐에 따라 그 조직의 경쟁력이 결정된다. 특히 현대 사회는 급속한 기술발달로 인하여 기술의 유효기간이 짧아지면서 인적자원도 급속하게 노폐화하는 양상을 나타내고 있다. 또한 급속한 사회변화는 수시로 조직규모의 확대와 축소가 일어나게 한다. 따라서 조직에 필요한 적절한 인력을 적시에 공급하기가 어려운 실정이다. 그리고 사람들의 가치관과 직업관이 과거와 많이 달라지고 있다. 이러한 상황에서 장래에 발생하는 인적자원의 수요를 예측하여 공급계획을 수립하는 인적자원계획의 중요성은 더욱 크다.

민간조직에 비하여 특히 정부의 인적자원계획은 더욱 중요하다. 정부는 거대한 조직으로 중요한 업무를 수행하며, 거의 모든 분야에 걸친 복잡한 인적자원집단을 형성하고 있기 때문이다. 따라서 정부가 인적자원을 효율적으로 활용하기 위해서 정부는 유능한 인적자원을 동원하고 활용할 수 있는 인적자원계획을 반드시 세워야 한다.

앞으로 행정기술의 발달과 이에 따른 전문 행정인의 수요가 높아지고 인적자원 획득에서 민간조직들과의 경쟁이 심화되면 인적자원계획의 중요성이 더욱 커지게 될 것이다.

3. 인적자원계획의 과정

인적자원계획이 이루어지는 상황과 접근방법에 따라 계획과정에 포함되는 구체적인 활동단계와 행동수단은 다를 수 있다. 그러나 여러 학자들이 제시하는 기본적 활동단계는 ⅰ) 인적자원수요 예측단계, ⅱ) 인적자원공급대안 결정단계, ⅲ) 시행단계, ⅳ) 평가단계로 나뉜다(Odiorne, 1971: 140～143 / Klingner, 1980: 61～68 / 오석홍, 2000: 138～141 / 강성철 외, 2001: 224～228).

1) 인적자원수요 예측단계

인적자원수요의 예측은 조직목표의 달성을 위해 장래 필요한 직무와 인적자원의 수를 미리 결정하는 과정을 말한다. 조직의 장래 인적자원수요를 예측하는 단계는 다음과 같다.

첫째, 인적자원총수요 예측단계이다. 장래에 공급될 인적자원을 예측하려면 우선 조직의 목표를 확인하고 인적자원수요에 영향을 미칠 요인들을 탐색하여 일정한 기간 후에 필요하게 될 조직의 인적자원의 총수요를 예측해야 한다.

둘째, 기존인적자원공급 예측단계이다. 장래 인적자원수요를 예측하려면 기존의 인력정책에 따라 공급될 수 있는 인적자원을 예측해야 한다.

셋째, 인적자원순수요 예측단계이다. 인적자원총수요와 기존인적자원 공급 예측을 대비시켜 새로운 인적자원의 수요, 즉 인적자원의 순수요를 예측해야 한다.

인적자원수요의 예측은 인적자원계획의 핵심과정으로서 가장 어려운 과정이기도 하다.

(1) 인적자원총수요 예측

장래의 인적자원총수요를 예측하려면 현재의 인적자원수요(직위 수)를 조사하고, 그것을 기초로 하여 장래의 인적자원수요 변동을 예측해야 한다. 총수요 예측 작업의 핵심은 수요의 예상되는 변동치를 알아내는 것이다.

인적자원 총수요를 예측하는 방법은 다음과 같은 것들이 있다(Srivastava, 1964: 62~64 / 송하중, 1993: 8~12 / 오석홍, 2000: 145~147 / 강성철 외, 2001: 224~225).

① 외부의 한도기준

이 방법은 외부에서 설정한 인적자원의 한도기준을 수동적으로 받아들이는 것이다. 예컨대 법정 정원의 한도를 인적자원총수요로 받아들이는 방법이다. 엄격히 따지면 인적자원총수요예측의 기법이라고 말하기 어렵다.

② 점증적 방법

이 방법은 총예산 가운데 인건비의 비율이 일정하다는 전제하에 예산 총액의 증감에 따라 인적자원총수요를 예측하는 것이다. 즉, 이 방법은 예산 총액의 증감비율에 정비례하여 직위 수와 인건비가 변화한다고 가정하고 있다. 그런데 예산의 증감이 진정한 인적자원의 수요를 언제나 반영한다고 보기 어렵다.

③ 계량적 예측방법

이 방법은 각종 통계학적 기술을 이용해서 총인적자원수요를 예측하는 방법이다. 계량적 기법의 예로는 추세분석 및 시계열분석과 회귀분석 등이 있다[2].

---

2) 이 밖에도 다음과 같은 기법들이 있다.

컴퓨터 시뮬레이션(computer simulation)은 인적자원수요를 예측하기 위한 기법으로 수리적 모형을 적용하여 컴퓨터를 통한 시뮬레이션을 실시하는 방법이다. 즉, "… 한다면 어떻게 될 것인가(작업이 2교대에서 3교대로 바뀐다면 어떻게 될 것인가)" 에 초점을 두고 미래를 예측하는 것이다. 이러한 시뮬레이션은 단일변수를 사용하는 것보다 가급적 많은 변수를 인적자원수요와 연결시켜 더 정확한 수요를 예측할 수 있다.

카데고리 예측(categorical forecasting)은 인사와 경리 등 직군 · 직렬별로 인적자원수요를 예측하는 방법이다. 군집 예측방법(cluster forecasting)은 대규모 조직의 직군들을 한데 묶어 인적자원수요를 예측하는 방법이다. 예를 들면, 일반공무원과 인사담당 공무원의 비율이 1000 : 1이라면, 일반공무원이 1000명 늘어날 때마다 인사공무원이 1명씩 증원하는 방법이다(박연호, 1995: 180).

추세분석(trend analysis)은 시계열분석의 일종으로서, 과거의 인적자원수준으로부터 미래의 인적자원수준을 투사하는 분석방법이다. 추세분석은 인적자원의 수요와 밀접한 관계를 가진 변수 중 하나를 선정하여 이 변수와 인적자원수요 간의 관계가 과거에 어떠한 추세로 전개되었는가를 살펴봄으로써 미래의 인적자원 수요를 예측하는 방법이다. 추세분석의 구체적 기법으로는 외삽법(extrapolation)과 지수화방법(indexation) 등이 있다(박천오 외, 2001: 173)[3]. 시계열분석이란 시간의 흐름에 따른 사건의 변화 상을 시점마다 관찰 · 표시해 놓은 통계를 의미한다. 시계열 분석은 보통 분기별, 월별, 주별 통계자료를 이용한다. 시계열을 유형별로 보면 추세변동, 계절적 변동, 순환변동, 불규칙변동 등의 유형이 있다.

회귀분석(regression analysis)은 인적자원수요에 영향을 미치는 특정의 변수들에 관한 정보에 기초하여 인적자원수요를 예측하는 수학적 모형이다. 회귀분석은 추세분석 기법과는 달리 인적자원의 수요에 영향을 미치는 다양한 변수들을 고려할 수 있다(박내회, 1997: 118).

그러나 인적자원계획의 변수 가운데에는 계량화할 수 없는 것들이 많기 때문에 계량적 기법을 적용할 수 있는 영역은 한계가 있다.

④ 질적 예측방법

이 방법은 전문가들의 전문지식이나 판단에 의해 예측하는 기법이다. 대표적인 예측방법으로는 델파이 기법(Delphi techniques)과 브레인스토밍(brain storming) 등이 있다.

델파이 기법은 어떤 문제나 쟁점에 관하여 전문가 집단의 도움을 받아 미래를 예측하는 방법이다. 즉, 어떤 문제에 대하여 설문이라는 매개체를 통해서 익명의 토론자 간의 의견교환이 간접적으로 이루어지고 이러한 과정이 반복되면서 전문가간의 의견일치가 유도되는 것이다.

브레인스토밍이란 여러 사람이 모여 다양한 아이디어를 제시하고, 그러한 아이디어들을 취합 · 수정 · 보완하여 새로운 아이디어를 얻는 방법을 말한다. 즉, 인적자원예측과 관련하여 전문가들의 의견을 모아서 인적자원공급을 예측하는 방

---

3) 외삽법은 과거의 인적자원수요 변화추세를 미래로 확장시키는 방법이다. 예를 들어, 과거 2년간 생산직 인적자원수요가 매달 5%씩 증가해 왔다면 다음 해의 생산직 근로자 수는 60% 증가할 것으로 추정하는 것이다. 지수화 방법은 미래의 인적자원수요와 밀접한 관계를 갖는 변수를 하나 선택하여 그러한 변수를 지수로 삼아 예측하는 것이다. 즉, 매출액이 1억원 증가할 때마다 인적자원이 5%씩 증가했다면, 해당 연도의 매출액이 10억원 증가할 것으로 예측된다면 인적자원수요가 50명 증가할 것으로 예측하는 방법이다(박내회, 1997: 117).

법이다.

그러나 인적자원총수요 예측을 이 방법에만 의존할 수 없다. 이 방법에 의하여 종합된 의견과 객관적 자료를 함께 고려해야 할 것이다.

(2) 기존 인적자원공급 예측

기존의 인적자원정책에 의한 장래의 인적자원공급을 예측하려면 먼저 기존 시점의 현존 인적자원 상태를 파악하고, 그것을 기초로 인적자원변동을 예측해야 한다.

기존 인적자원공급 예측은 인적자원총수요 예측에 비하여 보다 많은 객관적 자료를 활용할 수 있다. 이 과정은 결근율이나 인적자원의 내부이동, 승진, 노동시간과 같은 근무조건의 변동 등을 고려한 현재 이용 가능한 인적자원의 양을 예측한다거나, 조직 외부로부터 공급받을 수 있는 인적자원에 대한 예측을 포함한다(박천오 외, 2001: 174).

① 기존 인적자원분석

기존 인적자원분석에서는 인사카드에 기재된 인사정보를 바탕으로 기존 인적자원의 종류와 수를 분석한다. 즉 구성원의 학력, 경력, 근무경력, 보수 등에 관한 자료를 조직단위별로 조사하여 기존 인적자원의 상태를 파악하는 작업이다. 인적자원공급 예측기법으로는 기능목록, 관리자목록, 그리고 대체도 등을 들 수 있다.

기능목록(skill inventory)이란 기능인을 대상으로 각 개인의 기술, 능력, 지식과 경험에 관한 조직화된 정보파일을 의미한다. 일반적으로 기능목록에는 인적자료, 기능, 특별자격, 급료 및 직무전력, 조직자료, 개인의 능력, 개인의 특별한 선호 등이 포함된다(Pattern Jr., 1971: 243). 기능목록을 사용할 경우 직위에 결원이 발생하였을 경우 적격자를 능률적으로 확보할 수 있으며, 장래 조직원의 훈련과 관리자의 개발을 계획하는데에도 도움이 된다(신유근, 1996: 120).

관리자목록(management inventory)은 관리자를 대상으로 관리능력을 포함하여 그들에 관한 모든 정보를 입력시켜 승진, 전직 등에 활용하는 정보자료를 말한다. 여기에는 직무경력, 교육경력, 장점과 약점, 승진 가능성, 경력목표, 인적사항 등이 포함되어 있다. 관리자들에 대한 이러한 정보는 개인의 승진 가능성을 파악할 수 있게 함으로써 본질적으로 관리자 대체도와 같은 성격을 가지고 있다(양창삼, 1994: 103).

대체도(replacement chart)는 장래 결원이 생길 가능성이 있는 직위, 그 직위를 충원시킬 수 있는 내부 후보자와 그 후보자의 직위를 기록해 놓은 차트를 말한다. 기능목록과는 달리 대체도는 연령, 현재의 성과수준, 잠재적 승진 가능성 등의 요소에 관심을 기울인 가시적인 표시도구의 일종이다(신유근, 1996: 120). 정교하게 설계된 대체도는 관리자에게 조직이 보유한 인적자원의 현재 상태에 대한 간결한 시각적 정보를 제공해준다(Hellriegel & Slocum, 1997: 376 / 박천오 외, 2001: 175~176).

② 인적자원변동 예측

인적자원변동 예측은 단순히 인적자원의 공급과 수요의 상태를 나타내는데 그치지 않고 인적자원의 공급과 수요의 관계를 변화시키는 요인, 즉 퇴직, 조정, 채용에 관련된 인적자원변동을 예측하여 그 결과를 종합한다(오석홍, 2000: 148).

퇴직예측은 퇴직으로 인한 인적자원 감소의 영향을 예측하는 것이다. 퇴직예측에 가장 많이 사용되는 방법은 각종 추세분석 기법이다.

조정예측은 직원의 배치전환, 기술변화, 계급변화 등으로 인해 야기되는 인적자원 변화의 영향을 예측하는 것이다. 조정예측 방법에는 마코프 기법(Markov chains)이 주로 사용된다[4].

채용예측은 기존의 일상적인 채용활동과 특별한 임용정책의 영향을 예측하는 것이다. 이러한 채용예측은 퇴직예측을 기초로 하여 이루어진다.

2) 인적자원공급 대안결정단계

이 단계는 장래에 발생할 인적자원수요에 대응하여 인적자원을 공급할 방안을 마련하는 단계이다. 인적자원공급 방법의 선택은 인적자원수요 예측을 기반으로 이루어진다. 인적자원공급의 방법은 매우 다양하다. 조직에서 사용하고 있는 인적자원 공급방안 내지 인적자원수요 대응방안은 대략 다음과 같은 세 가지 전략으로 나누어 설명할 수 있다(Siegel & Myrtle, 1985: 137~138 / 오석홍, 2000: 139~140).

---

4) 마코프 기법은 어떤 시스템의 미래 형태를 예측하기 위하여 현재의 형태를 분석하는 절차를 말한다. 즉, 이 방법은 현재의 확률정보에 입각하여 미래를 예측하는 방법이다. 다시 말하면, 과거 5~10년 동안의 직급별 인적자원 수와 승진자 수 및 퇴직자 수를 파악하여 직급별 인적자원의 수와 승진률, 퇴직률, 잔존률 등을 구하고, 이를 기초로 예측하고자 하는 연도에 내부적으로 공급될 인적자원을 예측한다(박내회, 1997: 125~126 / 박천오 외, 2001: 176~177).

(1) 인적자원확보 전략

인적자원확보 전략은 조직에서 가장 많이 사용하는 전략으로써 외부임용, 내부임용, 그리고 교육훈련을 통해 재직자들의 능력을 개발하여 장래의 인적자원수요를 충족시키는 방법이다. 한편 조직활동이 위축될 때는 인적자원을 축소시키는 감축전략도 있다.

(2) 구조적 전략

직무설계의 변경, 기술의 변경, 업무의 외부위탁 등 과업수행 방법의 변경, 그리고 경우에 따라서 과업목표 자체의 변경 등 구조적 요인들을 변화시킴으로써 인적자원수요에 대응하는 방법이다.

(3) 정책관리 전략

조직활동의 주요정책 변경을 통해서 인적자원수요를 해소시키는 전략이다. 이것은 생산활동과 같은 조직목표의 수정을 통하여 인적자원의 수요를 수정하거나 해소하는 방법이라고 할 수 있다.

실제의 인적자원계획에서는 많은 조직들이 위의 전략들을 혼합하여 사용하고 있으며, 조합의 형태는 조직이 처한 상황에 따라 다를 수 있다. 그러나 일반적으로 핵심의사결정자의 가치기준이 개입하는 경우가 많다.

3) 시행단계

시행단계는 선택된 인적자원 공급방안들을 실제로 집행하는 단계이다. 여기서는 어떻게 하면 인적자원 공급방안들이 효율적으로 집행될 수 있는가에 대한 연구가 중요하다.

효율적인 집행이 보장되려면 계획의 수립단계에서부터 i) 책임자들의 적극적인 참여를 보장하고, ii) 필요한 자원의 적절한 배정, 그리고 iii) 집행의 단계별 목표와 성취시한을 명시해 두어야 한다. 즉, 집행과정의 진척상황을 관리하고 보고하며, 통제 · 평가할 체제도 마련되어 있어야 한다.

집행단계에서는 인적자원 공급방안과 연계된 다양한 인사관리활동을 보완할 수 있는 조치가 추진되어야 한다. 따라서 이 단계에서는 채용, 승진, 보수 등의 여러 인사행정활동이 인적자원의 원활한 공급을 뒷받침할 수 있도록 상호 연계되고 조정되어야 한다(오석홍, 2000: 141 / 강성철 외, 2001: 227).

인적자원 공급방안의 시행단계에서는 변화에 대한 불확실성을 융통성 있고 적응성 있게 집행할 수 있도록 하는 것이 중요하다.

4) 평가단계

평가단계에서는 인적자원수요 예측 및 인적자원공급대안결정 단계에서 작용하는 수많은 요인들뿐만 아니라 인적자원계획 집행의 성과를 분석 · 평가하는 단계이다. 평가결과 인적자원계획 과정이 조직목표달성에 부적합한 것으로 판명되면 집행과정의 조정이 요구되고 조직목표 자체의 수정도 뒤따르게 된다.

제3절 외부임용 절차

1. 모집

1) 모집의 의의

모집(募集)은 공무원이 되고자 하는 유능한 잠재적 인적자원을 찾아내서 공무원 채용시험에 지원하도록 유도하는 활동을 말한다. 모집은 공직희망자에게 채용 및 공직에 대한 정보를 제공함으로써 지원하게 하는 과정이다. 모집의 의미는 공직희망자에게 단순히 시험기회를 부여하는데 있는 것이 아니라, 공무원으로 적격한 유능한 인재들이 공직에의 응시에 관심을 갖게 하는데 있다.

모집의 효과성은 기본적으로 노동시장의 인적자원수급 상황과 모집의 방법에 달려있다. 효과적인 모집은 기본적으로 노동시장의 인적자원의 질적 수준과 공급수준에 의하여 결정된다고 할 수 있다. 그러나 주어진 조건 속에서는 모집방법에 따라서 그 효과성이 큰 차이를 보일 수 있다. 효과적인 모집을 위해서는 민간 기업과의 인재유치경쟁에서 뒤떨어지지 않으며, 유능한 인재들이 공직에 많은 관심을 갖고 채용시험에 지원하도록 하는 적극적 모집방법이 필요하다.

모집과정에서 직무수행능력을 갖춘 인적자원을 유도해 내는데 실패한다면 다른 인사활동에 큰 부담으로 작용하게 된다. 극단적으로는 선발인원을 확보하지 못할 수도 있고, 후보자가 적절한 직무수행 능력을 갖추지 못해 채용 후에도 교육훈련이나 감독 등의 추가적인 비용을 부담해야 할 수도 있다(Heneman III, 1983: 216). 이러한 요인들이 적극적 모집을 필요로 하게 하는 이유이다.

2) 적극적 모집

적극적 모집은 유능한 인재들이 공직에 많이 지원하도록 유도하기 위한 여러 가지 요인을 제공하는 것을 말한다. 소극적 모집은 채용계획을 일반 공중에게 공개하고 지원자를 기다리는 자세이다. 반면에 적극적 모집은 유능한 젊은 인재들이 공직에 대한 매력을 느끼고 지원하도록 유도하기 위한 여러 가지 요인을 제공하는 것을 말한다. 즉, 공직이 민간기업에 비해 여러 가지 상대적 우위를 지키도록 관리하는 활동을 포함한다.

지금까지 한국은 공직의 사회적 평가가 높을 뿐만 아니라 민간경제 부문의 취업기회가 좁아 적극적 방법이 아니라도 충분한 지원자를 확보할 수 있었다. 그러나 현재는 민간기업체의 노동시장 점유율이 확대되고 있을 뿐만 아니라 공무원의 보수가 민간기업에 비하여 낮고, 공직에 대한 사회적 평가도 상대적으로 떨어져서 적극적 모집방법의 필요성이 부각되고 있다. 특히 앞으로는 행정의 전문성이 요구되고 있어서 분야별로 전문직 자격자를 확보해야 하는데, 이러한 자격자의 확보가 종래의 소극적 방법으로는 실효를 거두기 어려워지고 있다. 이러한 상황들은 적극적 모집방법을 요구하고 있는 것이다.

적극적 모집을 위해서는 다음과 같은 방안을 고려해 볼 수 있을 것이다(오석홍, 2000: 152~154 / 박동서, 2001: 163 / 강성철 외, 2001: 239~240 / 유민봉 · 임도빈, 2003: 217~221).

첫째, 공직에 대한 사회적 신망 제고 및 고용조건의 개선이다. 공직에 대한 사회적 신망은 적극적 모집의 전제가 된다. 따라서 정부는 유능한 인재를 유치할 수 있도록 공직에 대한 사회적 신망을 높이고 공무원의 보수를 현실화하는 등 고용조건을 개선해야 한다.

둘째, 장 · 단기 인적자원계획의 수립 및 시험의 정기적 실시이다. 유능한 인재를 확보하기 위해서는 장기적인 시각에서 공무원 수급에 관한 인적자원계획을 수립하고 시험을 정기적으로 실시하여 응시자들이 체계적인 준비를 할 수 있게 하여야 한다.

셋째, 모집공고 방법의 개선이다. 적극적 모집방법은 단순히 모집을 알리는 활동만을 의미하는 것이 아니라 공직에 대한 긍정적인 면을 정확히 알려 공직의 이미지를 개선할 뿐만 아니라 모집의 경제적 효과성까지도 고려해야 한다. 무분별한 지원자의 수를 늘리는 것보다 자격과 능력을 갖춘 지원자의 수를 늘리는 것이 중요하다. 이를 위하여 정확한 공직 희망자 집단을 겨냥한 광고매체의 선정과 과거의 신문 공고에서 더 나아가 방송매체, 인터넷 및 PC통신, 공직설명회나 취업박람회 등 다양한 방법을 이용할 필요가 있다.

넷째, 수험부담 경감 및 응시절차의 간소화이다. 시험을 준비해서 합격하는 데에는 많은 시간과 노력이 소요되므로 수험생들은 불합격으로 인한 위험부담을 느끼지 않을 수 없다. 따라서 이러한 부담을 줄여줌으로써 지망생이 처음부터 수험준비를 포기하는 일이 없도록 해야한다. 가장 바람직한 접근은 학교공부를 충실히 한 학생이 합격할 수 있도록 하는 것이다. 이를 위하여 공통 필수과목을 축소시키고 각 학과의 전공 교과목 위주로 시험치게 하고, 행정인으로서 필요한 공통과목은 합격 후 교육훈련을 통해서 습득하게 하는 것이다. 또한 지원절차상의 부담도 줄이도록 노력하여야 한다. 제출서류를 줄이고 일부 서류를 합격 후에 내게 하거나 재시자(再試者)에게 동일한 서류를 반복 제출하지 않도록 하는 것이다.

다섯째, 인적자원양성기관과의 연계 강화이다. 모집의 적극화를 위해서는 교육기관과 정부의 연계를 강화하고 장학금 제도를 활용하는 등 노동시장의 육성에도 관심을 가져야 한다. 즉, 관련학과에 정부가 보유하고 있는 교육자료를 제공하고 공무원 지망생에게 방학 중에 실무수습(internship)의 기회를 제공하는 것도 생각할 수 있다. 더 나아가 공직에 필요한 인적자원을 직접 형성하는 것까지도 고려할 수 있다. 예로써 경찰대학, 세무대학, 철도대학 등을 들 수 있다.

3) 모집대상의 자격요건

모집은 선발기능을 수행하여야 한다. 따라서 일정한 기준에 의하여 모집대상의 범위를 한정하게 된다. 공직 후보자의 일반적인 자격요건으로는 국적, 학력, 경력, 연령, 거주지, 성별 등에 대한 일반적 기준을 정하여 지원자격을 제한하고 있다. 이와 같이 자격요건을 제한하는 이유는 모집이 양보다는 질의 문제이기 때문이다. 시험에 통과할 수 없는 응시자를 사전에 배제하는 것이 합리적이고 경제적이라는 것이다. 그러나 현대 민주국가 이념인 공직취임의 기회균등 사상에 위배된다는 반론도 있다.

(1) 국적

국적은 모집대상의 자격요건 가운데 기본적인 요소이다. 대부분의 국가에서 공개경쟁채용의 경우 외국인을 제외한다. 공무원은 국가와 국민에게 충성하고, 그 이익을 증진시킬 책임을 지며, 흔히 국민대표적 역할을 맡아야 하고, 외국인에게 노출시킬 수 없는 비밀업무를 취급할 때도 많기 때문이다. 그러나 전문기술분야에서는 외국인을 활용하는 경우가 있다. 한국에서도 2002년부터 연구 · 기술 · 교육 등 특정한 분야에 외국인을 공무원으로 임용할 수 있도록 하고 있다(국가공무원법 제26조 제3항 참조). 싱가포르 는 특수한 전문분야(국제통상분야 등)에 한해 외국인을 채용하고 있으며, 프랑스도 국가의 주권과 공권력의 행사와 관련이 없는 직위에 한해 유럽연합 회원국의 국적을 보유한자에게 공직문호를 개방하고 있다(중앙인사위원회, 2003: 70).

(2) 학력 · 경력

공 · 사조직을 막론하고 학력과 경력은 모집대상의 중요한 자격요건 가운데 하나이다. 공직취임의 학력요건은 나라에 따라 차이가 있다. 계급제의 전통을 가진 국가들(영국 · 프랑스 · 독일 등)에서는 학력요건을 강하게 요구하고 있다. 반면, 직위분류제를 채택해 온 국가들(미국 · 호주 등)에서는 학력제한을 획일적으로 적용하지 않고 있다.

학력제한을 강조하는 근거는 다음과 같다(오석홍, 2000: 158).

첫째, 행정의 전문화에 따른 고등교육을 받은 인적자원이 필요하다.

둘째, 학교교육이 일반소양의 확대와 가치관 및 태도의 변화를 추구함으로써 공무원에게 요구되는 자질, 넓은 시야, 높은 판단력, 원만한 인격 등의 학습을 가능하게 한다.

셋째, 학력제한에 의하여 부적격자를 미리 배제함으로써 선발과정이 단순화되어 비용을 절약할 수 있다.

그러나 학력제한을 폐지해야 한다는 근거는 다음과 같다(오석홍, 2000: 157).

첫째, 학력제한의 철폐가 공직취임의 기회균등이라는 민주적 요청에 부합된다.

둘째, 높은 학력이 능력과 훌륭한 가치관을 보장하지 못한다.

셋째, 타당한 학력기준의 설정이 사실상 곤란하다.

넷째, 모집체제의 융통성을 확보한다.

다섯째, 고학력자의 경우 높은 직무불만과 이직률로 인하여 자원손실을 가져올 수 있다.

이와 같이 학력제한에 대한 논쟁점이 다양함으로 행정의 환경에 따라 구체적으로 결정되어야 할 것이다. 다만 최근 과학기술의 발달로 전문지식을 요구하는 직위가 증가하고 있으며, 따라서 이에 적합한 고등교육을 받은 인력의 필요성이 증대되고 있음을 고려할 필요가 있다.

한국은 현재 공무원 취임에 학력을 제한하고 있지 않으나, 연구직이나 지도직의 경우와 같이, 다른 법령으로 특별한 규정이 있는 경우 학력에 제한을 둘 수 있다(공무원임용 및 시험 시행규칙 제4조). 경력은 일정한 실무경험을 필요로 하는 직위에서 필수적인 자격요건이 된다.

(3) 연령

오늘날 대부분의 나라에서 연령은 공무원 지원자격의 요건 가운데 하나이다. 연령제한은 직업공무원제 확립에 유리하고, 사회적 인적자원의 낭비를 막을 수 있다는 이점이 있다. 반면에 연령제한을 하지 않는 경우는 공직에 대한 기회균등의 원칙을 실현시킬 수 있고, 공직의 폐쇄성을 극복함으로써 조직의 활성화를 가져올 수 있다는 이점이 있다.

연령제한을 하지 않는 보다 근본적인 이유는 평등사상에 있다고 할 수 있다. 한국은 2008년 10월 14일 '공무원임용시험령' 개정으로 인하여 2009년부터 국가공무원 채용시험 응시연령 상한 제한을 폐지하였다. 그러나 공무원들에게 일정한 판단력이 요구되는 최소응시연령 기준은 그대로 두고 있다. 즉 5급 및 연구관·지도관, 6·7급은 20세, 8·9급은 18세로 제한하고 있다. 특별채용의 경우에도 응시 상한 연령을 제한하지 아니한다. 미국 연방공무원의 경우에는 항공관제사, 사법경찰관, 소방공무원 등 극히 일부 공무원을 제외하고는 채용 자격요건으로 연령상한을 설정하지 않고 있다(총무처, 1994b: 80).

연령조건에 관한 제도를 입안할 때는 국민전체의 연령구조, 노동시장의 상태,

직업구조의 분화, 교육제도의 성격, 인사제도의 유형 등 관련요인들을 고려해야 한다(오석홍, 2000: 160).

(4) 거주지

공무원의 자격요건 가운데 거주지 제한은 지방자치제와 관련이 있다. 즉, 거주지 제한은 자치단체의 납세자로서 애향심이 높고, 지역에 대한 많은 정보를 가지고 있다는 점에서 장점이 된다. 그러나 지나친 거주지 제한은 실적주의 및 기회균등 원칙을 위배하게 된다.

한국의 경우 지방고등고시는 시험시행계획 공고일 현재 주민등록상 당해 응시지역(시 · 도)에 합산하여 1년 이상 거주한 사실이 있거나, 본인 또는 부모의 본적 및 본인의 출신학교 소재지가 응시지역(시 · 도)인 자에 한하여 응시할 수 있다. 또한 9급 공무원 시험 중 지역별로 구분 모집하는 시험은 시험 시행계획 공고일 현재 당해 지역에 주민등록이 되어 있어야 응시가 가능하다.

(5) 성별

오늘날 선진국들에서는 법적 제도에 의한 성적차별은 거의 없다. 그러므로 공무원 자격요건으로서의 성별기준은 공식적 기준으로서는 의미가 없다. 그러나 비공식적이며 습관적 차별이 관행화 되어 있다. 사회 관념과 문화에 기초를 둔 차별이기 때문에 겉으로 잘 드러나지도 않으며, 인사행정상의 처방만으로는 해결하기도 힘든 것이다. 이러한 차별은 모집대상을 사실상 제한하는 영향을 미친다.

(6) 우대조건 · 결격사유

일반적으로 공 · 사조직의 신규채용시 우대조건과 결격사유가 제시된다. 특히 특별채용의 경우 해당분야의 자격증 소지자 및 학위소지자를 우대한다.

대부분의 국가에서는 공무원 채용시 국가유공자 및 제대군인을 우대하는 제도를 도입하고 있다.

한국의 경우 제대군인에게 신규 채용시 가산점을 주던 우대제도는 공무부담에 대한 평등권을 침해한다는 이유로 1999년 헌법재판소의 헌법불합치 결정에 의하여 폐지되었다.

국가유공자의 공무원 채용시험에서의 우대는 국가에 대한 봉사의 대가로 나온

제도이다. 이 제도에 대하여는 국가에 대한 봉사의 대가로 당연히 우대해야 한다는 주장과, 이들에 대한 보상은 물질적 혜택에 그쳐야 한다는 주장이 대립되고 있다. 특히 후자의 입장은 국가유공자 우대제도가 기회균등의 원칙에 어긋나며 능률성의 원칙에도 위배된다는 주장이다.

한국의 경우 공무원 채용시험에서 국가유공자에 대해서는 만점의 10%, 그 가족 또는 유족에 대해서는 5%의 가산점을 주고 있다. 채용시험의 가점대상직급은 6급 이하의 국가 및 지방공무원, 그리고 기능직공무원의 모든 직급이다.

한국은 1999년부터 시행하던 여성채용목표제를 개정하여 2003년부터 양성평등채용목표제[5]를 실시하고 있다. 이 제도는 30% 미만의 합격자를 낸 성 집단은 그 합격자가 30%에 이르도록 추가합격의 혜택을 받는 제도이다. 그리고 '지방인재채용목표제' 와 '지역 · 기능인재추천채용제' 를 시행하고 있다. '지방인재채용목표제' 는 인재의 고른 등용과 지역간 균형발전을 도모하기 위하여 행정고시와 외무고시 중 선발인원이 10명 이상인 시험의 합격자 중에 지방대학 출신이 20%에 미달할 경우 미달하는 비율만큼 지방대학출신자를 추가합격 시키는 제도이다. '지역 · 기능인재추천채용제' 는 지방의 우수 인재를 공직에 유치하기 위하여 고등학교 이상 졸업자나 졸업예정자를 추천 선발하여 3년 범위 내에서 견습한 후 근무성적 및 자질이 우수한 자를 일반직 6급 이하 또는 기능직 공무원으로 임용하는 제도이다(국가공무원법 제26조의4).

이 외에도 장애인고용촉진을 위하여 2009년부터 국가 및 지방자치단체의 장애인 의무고용비율을 3% 이상으로 하고, 장애인 공무원 수가 3% 미만인 경우는 6% 이상 채용하도록 하고 있다(장애인고용촉진 및 직업재활법 제27조). 또한 2008년부터 중증장애인 특별채용제도를 도입하였다. 그리고 행정안전부는 2012년부터 9급 국가 및 지방공무원 공개경쟁채용시험에서 저소득층 채용비율을 1%에서 2%로 확대하는 내용을 입법예고하였다(중앙일보, 2012. 1. 26).

공무원 임용의 결격사유는 대부분의 나라에서 엄격하게 규정하고 있다. 한국은 ⅰ) 형사상 금고이상의 처벌을 받고 일정기간이 경과하지 않은 자, ⅱ) 공무원법상의 파면 또는 해임의 징계처분을 받고 일정기간이 경과하지 않은 자, ⅲ) 민사상 능력이 제한된 금치산자(禁治産者) 및 한정치산자(限定治産者), 파산자(破産者) 등은 공직에 취임할 수 없도록 하고 있다.

5) 양성평등채용목표제는 선발 예정인원 5명 이상인 9급, 7급, 5급 공개경쟁채용시험 및 5등급 외무공무원 공개경쟁채용시험 등을 대상으로 실시하고 있다(행정안전부 예규 제388호).

2. 채용시험

1) 시험의 의의

시험은 많은 지원자들 가운데 적격자를 선발하는 수단이다. 오늘날 공무원 채용시험은 실적주의에 입각하여 공개경쟁시험에 의하고 있다. 공개경쟁시험은 공직취임의 기회균등 보장과 유능한 인재의 채용을 통한 직무의 능률성을 향상시켜 주는 수단이 된다. 적격자를 선발하는 시험의 방법은 다양하지만 시험은 지원자들의 상대적 우열을 가려줄 수 있어야 할 뿐만 아니라 지원자가 현재 담당할 직무수행 능력을 가지고 있는지를 판단할 수 있어야 하고, 또한 장래의 발전가능성도 예측해 줄 수 있어야 한다. 오늘날의 시험은 과거와 달리 직무수행 능력보다는 장래 발전가능성에 중점을 둔다.

시험의 목적은 지원자의 능력과 업적을 측정하는데 있다. 즉 시험은 수험자의 i) 일반능력, ii) 특수한 능력 또는 적성, iii) 업적, iv) 건강과 체력, v) 성격 및 정서 등의 능력과 특성을 파악하는데 있다(Stahl, 1976: 140~145 / 강성철 외, 2005: 261).

일반적인 채용시험에서는 일반능력 및 적성과 업적을 측정하는 경우는 필기시험에 의하고 있으며, 성격과 자질을 측정하는 경우는 면접시험 등에 의존하고 있다.

2) 시험의 효용성

채용시험은 지원자들의 적격성과 장래 발전가능성을 알아내기 위한 것이므로 그러한 목적에 비추어 지원자들의 우열을 판별해 주는 것이라야 한다. 시험이 올바른 역할을 수행하기 위해서는 먼저 어떤 능력을 가진 사람을 뽑을 것인가 하는 시험의 목표가 설정되고, 그러한 목표에 적합한 시험의 방법이 동원되어야 한다. 그러나 시험의 이러한 절차나 방법이 좋은 시험을 보증하지는 못한다. 시험은 궁극적으로 실적주의의 취지에 적합한 것이라야 한다. 즉 시험이 그 역할을 다하기 위해서는 다음과 같은 조건을 확립하여야 한다(박연호, 1999: 201~202 / 박동서, 2001: 175).

첫째, 동일자격의 모든 응시자에게 동일한 기회를 부여하여야 한다.

둘째, 지원자들의 우열을 판별할 수 있어야 한다.

셋째, 합격 후의 행동과 성과를 측정할 수 있어야 한다.

넷째, 잠재적 근무능력의 발전성을 예측할 수 있어야 한다.

그러나 지금까지 개발된 시험이 이러한 조건을 확립하였는가에 대해서는 다음과 같은 비판이 있다(Yoder, 1958: 197～198 / 박동서, 2001: 175～176).

첫째, 시험은 인간의 능력에 대한 판단을 보충하는 것이므로 절대적인 정확성을 기할 수 없다.

둘째, 창의성과 같은 중요한 능력은 전통적인 시험방법으로는 측정하기 어렵다.

셋째, 시험은 장래 발전가능성보다는 실패할 가능성이 있는 공무원만을 보다 효과적으로 식별할 수 있게 한다.

넷째, 시험은 응시자의 장래 발전 잠재력보다는 현재의 직무수행 능력을 알려줄 수 있을 뿐이다.

이러한 비판은 근본적으로 지금까지 개발된 시험기술의 한계를 지적하는 것이다. 따라서 우리는 이러한 시험의 한계를 인식하여 그 효용성을 향상시키기 위한 꾸준한 노력을 해야 한다는 것이다. 이와 함께 이러한 시험의 문제점을 보완하기 위하여 필기시험과 함께 서류전형, 면접시험 등 다양한 방법을 이용할 필요가 있다.

효용성이 높은 시험은 그 목적하는 바를 효율적으로 성취할 수 있는 시험이다. 효용성이 있는 시험이 되기 위해서는 타당성, 신뢰성, 난이도, 객관성, 실용성 등의 조건을 갖추어야 한다.

(1) 타당성

타당성(妥當性 validity)이란 시험이 측정하려고 하는 것을 실제로 측정할 수 있는 정도를 나타내는 기준이다. 시험이 측정하고자 하는 것을 실제로 정확히 측정할 수 있는 시험은 타당성이 높은 시험이다. 시험이 측정하고자 하는 바를 얼마나 정확하게 측정했는가를 알려면 측정결과를 비교할 수 있는 기준이 있어야 한다. 나이그로(Nigro)는 타당성의 유형(또는 평가방법)을 ⅰ) 기준 타당성, ⅱ) 내용 타당성, ⅲ) 구성 타당성으로 나누어 설명하고 있다(Felix A. Nigro & Lloyd G. Nigro, 1986: 246).

① 기준 타당성

기준 타당성(基準妥當性 criterion validity))은 시험성적이 직무수행에 필요한 능력을 얼마나 정확히 측정하느냐에 관한 기준이다. 즉 기준타당성은 응시자들이 보여줄 장래의 업무실적을 예측하는 문제에 관련한 것이다. 응시자의 시험성적과 채용 후의 근무성적을 비교해 보면 사후적으로 채용시험의 타당성을 알 수 있다. 즉, 양자의 관련성이 높으면 채용시험의 타당성은 높은 것이다. 기준 타당성 검증 방법은 자료수집의 시차에 따라 동시적 타당성 검증과 예측적 타당성 검증의 두 종류로 구분한다(오석홍, 2000: 167～169 / 유민봉 · 임도빈, 2003: 241～243).

동시적 타당성 검증은 시험성적과 근무실적에 대한 자료를 동시에 수집하여 상관 관계를 검토하는 것이다. 즉, 재직자에게 시험을 실시하고 이를 근무실적과 비교하여 시험성적이 높은 사람이 근무실적도 좋다면 그 시험은 기준 타당성을 갖추었다고 할 수 있다. 그런데 재직자들이 자기들과 관계가 없는 시험에 성실히 임해줄 것인가 또는 업무성적이 나쁜 사람은 시험에 합격하지 못했거나 공직에서 도태되고 우수한 사람들만 남아 있을 수 있어 표본의 대표성이 문제가 된다. 그리고 재직 중의 경험이 시험성적에 어느 정도 영향을 미쳤는지 확인하기 어렵다는 것 등의 검증상의 애로가 있다.

예측적 타당성 검증은 시험성적과 근무실적을 시험에 합격하여 재직하는 자를 대상으로 시차를 두고 수집하여 비교하는 것이다. 상관정도는 선발시험이 얼마나 근무실적을 잘 예측하는지를 알 수 있게 해준다. 그러나 재직자로부터 얻은 시험성적과 근무실적의 관계를 비교하기 위해서는 상당한 시간을 기다려야 한다는 단점이 있다.

그런데 기준 타당성 검증의 가장 큰 애로는 비교의 기준이 되는 재직자의 업무실적기준을 타당하게 결정하기가 어렵다는 것이다.

② 내용 타당성

내용 타당성(內容妥當性 content validity)은 특정한 직위의 직무를 수행하는데 필요한 요소들(지식, 기술 등)을 시험이 어느 정도까지 측정할 수 있느냐에 관한 기준이다. 내용 타당성 검증은 직무수행에 필요한 지식 · 기술 등 능력요소와 시험의 내용을 분석 · 검토하여 시험이 능력요소를 담고 있는지를 확인하려는 것이다. 즉 직무수행과 관련된 "측정된" 능력요소를 시험이 측정하는 정도를 알아보려는 것이다(오석홍, 2000: 172). 내용 타당성의 검증은 직무에 정통한 전문가 집단이 시험의 구체적 내용과 항목이 직무의 성공적 수행에 필요한 능력요소가 얼마나 적합한 것인지를 판단하여 검증하게 된다. 예를 들어, 타자수 시험에 타자능력이나 그가 다루어야 할 서류양식을 문제로 출제하는 경우 내용 타당성이 확보된다. 기자의 경우 기사작성을 시험문제로 출제하는 경우 내용 타당성을 가지게 된다. 내용 타당성 검증은 시험의 타당성을 시험실시 전에 판단해 볼 수 있기 때문에 시험의 시행착오를 줄일 수 있다. 그러나 내용 타당성 검증은 시험에 합격한 사람이 직무수행상 실제로 성공하리라는 것을 직접 검증하지는 못한다(오석홍, 2000: 171).

③ 구성 타당성

구성 타당성(構成妥當性 construct validity)은 시험이 이론적으로 구성(추정)된 능력요소를 얼마나 정확하게 측정할 수 있느냐에 관한 기준이다. 구성 타당성이 의미가 있으려면 추정하여 만들어 낸 능력요소가 직무수행의 성공에 상관되어 있다는 것이 전제되어야 한다. 그러므로 직무수행 능력을 정확히 반영하는 요소의 구성이 있고, 그것을 시험이 제대로 측정할 수 있을 때 구성 타당성이 있다고 할 수 있다. 여기서 "구성된" 능력요소라는 것은 경험적으로 포착하기 어려운 일반적 능력들(지능, 적성, 동기 등)을 인간행동에 관한 심리학적 이론에 입각하여 가정한 것들이다. 구성 타당성 검증은 논리적으로 "구성된" 능력요소를 시험이 측정하는 정도를 알아보려는 것이다(오석홍, 2000: 172). 예를 들어, 리더십에는 직무에 관한 요인과 부하를 배려하는 요인이 있는데 리더십의 측정을 위한 문제에는 이 두 가지 요인이 모두 포함되어 있는가 하는 것이다. 또한 법률업무담당 직위의 채용시험의 경우, 법률기록의 복잡성과 동일한 수준의 복잡성을 지닌 것으로 추정한 기록을 읽고 해석하는 능력을 정확하게 측정했으면 구성 타당성이 높은 것이다.

(2) 신뢰성

신뢰성(信賴性 reliability)은 시험이 측정도구로써 측정대상의 능력을 일관성 있게 측정하는 정도를 말한다. 신뢰성이 높은 시험은 우연적 요소의 영향을 가장 덜 받는 시험이다(Tyler 1963: 32～35).

신뢰성의 검증 방법으로는 재시험법, 복수양식법, 반분법 등이 있다.

재시험법은 동일한 시험을 동일한 대상 집단에게 시간 간격(1～2주)을 두고 2회 실시하여 그 성적을 비교하는 방법이다. 복수양식법은 동일한 내용의 시험을 양식을 달리하여 동일 집단에 실시한 뒤 그 성적을 비교하는 방법이다. 반분법은 시험을 한 번 실시하되 각 문항을 반으로 나누어 성적 간의 상관 관계를 살펴보는 방법이다. 신뢰성이 높은 시험이라면, 이러한 방법들에서 수험자들의 일관성 있는 성적이 나올 것이다.

시험의 신뢰성이 있어야 타당성도 있을 수 있다. 신뢰성 없는 시험은 타당성을 지닐 수 없는 것이다. 그러나 신뢰성이 높다고 해서 반드시 타당성이 높은 시험이라고는 할 수 없다.

(3) 난이도

난이도(難易度 difficulty)는 시험이 어느 정도 어려운가에 관한 기준이다. 시험은 응시자의 능력 차이를 식별해 줄 수 있을 만큼 적당히 어려워야 한다. 너무 쉽거나 어려우면 응시자의 능력 차이를 구별하지 못한다.

(4) 객관성

객관성(客觀性 objectivity)은 시험결과가 채점자의 주관적 편견이나 시험 외적 요인에 의해 차이를 나타내지 않는 정도를 말한다. 채점의 객관성을 확보하는 가장 좋은 방법은 채점자의 주관적 판단이 개입되지 않도록 하는 것이다. 대표적인 예가 객관식 시험이다. 또한 주관식 시험, 면접시험, 실기시험 등의 경우에는 여러 명이 채점(평가)을 함으로써 객관성을 확보할 수 있다. 시험의 객관성이 없으면 신뢰성도 없기 때문에 객관성은 신뢰성의 전제조건이라고 할 수 있다.

(5) 실용성

실용성(實用性 practicability)은 경제적 측면에서 비용이 적게 들어야 하며, 시험관리의 측면에서 시험의 실시 및 채점이 용이해야 하는 것을 말한다. 적절한 내용을 담고 있는 시험일지라도 실용성이 없으면 공무원시험과 같이 많은 사람을 평가해야 하는 시험에 활용하기 어렵다.

3) 시험의 종류

채용 과정에서 사용할 수 있는 시험의 종류는 매우 다양하다. 이러한 시험들을 범주화하여 분류하는 기준으로는 시험의 형식을 기준으로 한 것과 시험의 내용을 기준으로 한 것으로 나누어 볼 수 있다. 이러한 시험방법들은 각각 그 장 · 단점이 있다. 그러므로 채용 과정에서는 복수의 시험들을 상호 보완적으로 사용하는 것이 보통이다.

(1) 형식을 기준으로 한 분류

시험의 형식(방법)으로는 필기시험, 면접시험, 실기시험, 서류심사 등이 있다.

① 서류심사

서류심사(서류전형)는 응시자가 제출한 서류를 바탕으로 적격성을 가려내는 방법이다. 여기에서 말하는 서류는 지원서, 졸업증명서, 성적증명서, 이력서, 자격증, 추천서, 업적증명서, 자기소개서 등이다. 이러한 서류들의 심사는 평가의 첫 번째 관문이 된다. 서류심사에 의한 시험방법의 장점은 비용이 덜 들고, 지원자들에게 편리하며, 다른 시험방법에서 알아낼 수 없는 응시자의 상세한 정보를 얻어 평가할 수 있다는 것이다.

그러나 서류심사 방법은 평가자의 편견이 개입될 우려가 있고, 지원자들의 교육과 경험의 질적 수준을 평가하기 어렵다. 또한 심사 과정에서 위조서류의 식별에 어려움이 있다는 단점도 있다.

② 필기시험

필기시험은 공무원 시험에서 가장 널리 쓰이는 방법이다. 필기시험은 표준화가 용이하여 객관성이 높으며, 한번에 많은 응시자를 처리할 수 있어 시험관리가 용이하고 비용이 적게 든다. 이러한 필기시험은 주관식과 객관식으로 구분된다.

주관식 시험의 장점으로는 광범위한 지식을 평가하고 창의력 · 판단력 · 논리적 사고력 등 복합적 능력을 판단하는데 효과적이며 출제가 간편하다. 반면에 주관식 시험의 단점으로는 채점이 어렵고 평가자의 편견에 의해 객관성과 공정성을 잃을 우려가 있다. 그리고 문제수가 적어 관련분야에 관한 지식을 고루 평가하기 어렵다.

객관식 시험의 장점으로는 채점이 쉽고 객관성이 높으며 시간과 비용이 적게 든다. 많은 문제를 낼 수 있으므로 측정요소를 균형 있게 평가할 수 있다. 반면에 객관식 시험의 단점으로는 출제에 고도의 능력이 요구되며, 창의력 · 추리력 등 고도의 지적능력을 측정하는데 어려움이 있다.

객관식 시험의 방법으로는 선다형, 정오형, 연결형, 정정형, 배열형 등이 있다.

③ 면접시험

면접시험은 응시자가 말로 표현한 것을 기초로 능력을 평가하는 방법이다. 면접시험의 용도는 다른 시험에서 알아낼 수 없는 응시자의 성격과 행태 등을 알아내는데 유용하다. 면접시험의 장점은 다른 시험으로 측정하기 곤란한 가치관과 성격, 근무 의욕, 지도력, 순발력, 협조성 등을 측정하는데 유용하다. 그리고 응시자도 자기의견을 표현할 기회를 얻을 수 있다. 이러한 점에서 면접시험은 고위직에 더 적합한 선발도구가 될 수 있다. 반면에 면접시험의 단점은 평가자의 편견이 개입될 가능성이 있다. 그리고 응시자가 아주 많을 경우에는 실시하기가 어렵다.

한국의 공무원 임용시험의 면접시험 기준은 ⅰ) 공무원으로서의 정신자세, ⅱ) 전문지식과 그 응용능력, ⅲ) 의사발표의 정확성과 논리성, ⅳ) 용모, 예의 및 성실성, ⅴ) 창의력, 의지력, 기타 발전 가능성 등의 다섯 가지 요소이다(공무원임용시험령 제5조). 그리고 평정결과 평정위원의 과반수가 평정요소 5개 항목 중 2개 이상을 하(미흡)로 평정하였거나, 위원의 과반수가 하나의 동일한 평정요소를 하(미흡)로 평정하였을 때에는 불합격으로 한다(동령 제23조).

면접시험의 종류는 매우 다양하나 형식을 기준으로 분류해 볼 수도 있고 내용(방법)을 기준으로 분류해 볼 수도 있다. 형식을 기준으로 한 면접시험은 크게 개인 면접시험과 집단 면접시험으로 나눌 수 있다. 개인 면접시험은 한 사람의 응시자를 여러 명의 면접시험관들이 평가하는 것을 말하며 집단 면접시험은 집단토론 과정을 통하여 수험자들의 사고와 행동의 특성을 평가하는 시험이다.

개인 면접시험에 비하여 집단 면접시험이 갖는 장점으로는 집단 내에서의 행태를 관찰 할 수 있다는 것과 시간이 절약된다는 것 등이다. 반면에 단점으로는 시험관이 응시자에게 질문할 수 없다는 것과 집단 간의 균질성이 없을 때 평가의 신뢰성이 떨어진다는 것 등이다(오석홍, 2000: 181).

한편 면접시험은 그 내용(방법)을 기준으로 하여 다음과 같이 구분해 볼 수 있다.

㉠ 비구조적 면접 : 면접자가 자유로운 분위기에서 다양한 질문을 던지고 그에 대한 응시자의 반응을 토대로 평가하는 면접방법이다.

㉡ 구조적 면접 : 면접자가 미리 정해진 질문양식에 따라 모든 응시자에게 동일한 질문을 하고 그에 대한 반응을 기초로 평가하는 면접방법이다.

㉢ 혼합형 면접 : 구조적 면접과 비구조적 면접을 혼합한 면접방법이다. 즉 구조화된 면접은 응시자들의 비교에 사용되고, 비구조화된 면접은 자유로운 분위기 속에서의 질문을 통해 응시자들의 독특한 차이점을 찾아내는데 사용된다.

㉣ 상황적 면접 : 직무와 관련된 지식을 얻는데는 다른 면접방법과 같으나 여기에

추가적으로 응시자들에게 직무와 관련된 가상적 상황을 제시하고 그 해결책을 물어 그를 기초로 평가하는 방법이다.

⑪ 스트레스 면접 : 응시자가 지원한 직무가 스트레스 요인이 많은 직무인 경우에 사용되는 면접법이다. 이 방법은 면접자가 응시자에게 공격적인 질문을 연속적으로 던지고 고통스럽게 대하여 응시자가 그러한 상황에 어떻게 대처하고 답변하는가를 토대로 평가하는 방법이다.

④ 실기시험

실기시험은 직무수행에 필요한 실제적인 기술과 능력을 평가하는 시험이다. 실기시험의 장점은 타당도가 높으며, 기계적 기술을 요하는 직위를 위한 시험에 유용하다. 반면에 실기시험의 단점은 비용과 시간이 많이 들며, 장래 발전가능성을 평가하기가 어렵다.

(2) 내용을 기준으로 한 분류

시험은 그것이 측정하려고 하는 대상요소에 따라 분류해 볼 수 있다. 즉, 시험대상의 속성에 따라 분류하는 것이다. 인간속성의 국면은 대단히 많다. 그러나 중요한 인간의 속성으로서 흔히 열거되는 것들은 육체적 특성, 지식 · 기술에 관한 인식능력, 일반지능, 적성, 성격, 흥미와 관심 등이다(오석홍, 2000: 185). 이러한 인간속성 요소에 따라 시험을 분류하는 것이다.

① 지능검사

지능검사는 인간의 일반적인 지능 또는 정신적 능력을 측정하는 심리검사의 하나로 일반능력검사라고도 한다. 지능검사에서 대상으로 삼는 지능은 여러 가지 능력요소를 포괄하는 개념이다. 지능의 구성요소는 일반적으로 언어능력, 수리능력, 공간파악, 추리력, 기억력 등으로 본다. 그러나 지능의 구성요소가 무엇인지에 대한 의견이 일치하고 있지는 않다. 그런데 일반지능과 직업적 성공 간의 상관관계는 높은 것으로 알려져 있어서 시험으로써의 유용성은 크다고 할 것이다.

② 적성검사

적성검사는 특수분야의 직무를 잘 수행할 수 있는 소질 또는 잠재적 능력을 평가하는 시험이다. 이 검사는 직무의 성질에 따라 그에 필요한 적성이 따로 있다는 것을 전제한다. 적성의 영역으로는 기계적 능력, 수리능력, 기억력, 언어능력, 서기적 소질, 손재주 등으로 나누어 볼 수 있다. 적성검사는 응시자에 대한 직업상의 성공을 단기적으로 예측하는 데는 유용하나 장기적인 성공여부를 예측하기 어렵다고 한다. 시간에 따라 사람들의 담당 업무도 달라지기 때문이다.

③ 업적검사

업적검사는 응시자의 후천적인 학습 및 경험에 의해 습득된 능력을 평가하는 시험이다. 업적검사는 일반적 지식을 묻는 학력시험, 회계 · 건축 · 서기직 등 특수한 직업분야의 전문지식을 묻는 전문직업시험, 그리고 실기시험 등이 포함된다. 이 시험은 기능공, 서기직 등 하급공무원 선발에 유용하다.

④ 성격검사

성격검사는 응시자의 기질적 · 정서적 특성을 측정하는 시험이다. 사람의 성격은 직업적 성공과 밀접한 관계가 있는 것으로 인식되어 왔다. 직업별 성격형과 응시자의 성격형을 비교하여 응시자의 직업별 적격성을 판단한다. 일반적으로 성격검사는 응시자의 정서적 안정성, 자신감, 협동성, 사교성, 활동성, 관용성 등을 측정한다(Tylor, 1963: 465). 응시자의 성격측정 방법 중 가장 중요한 것들은 질문서식 방법, 투사법, 실기시험 방법(혹은 행태관찰법) 등이다(Tylor, 1963: 75 / 오석홍, 2000: 191)[6]. 이 외에도 면접, 관찰, 서류심사, 전력조회, 생리학 검사 등이 성격검사에 쓰일 수 있다.

⑤ 흥미검사

흥미검사는 사람의 흥미 또는 관심의 유형을 알아내어 어떤 직무와의 적합도를 확인하려는 것이다(Flippo, 1971: 161~162 / 오석홍, 2000: 190). 흥미검사는 어떤 일에 흥미를 느끼는 사람이 그렇지 않은 사람보다 일을 잘 할 것이라는 전제하에 개발된 것이다. 흥미검사는 학과목, 직업, 오락, 사람의 특이한 성격, 특별한 활동 등에 관한 여러 가지 예를 제시하고 응시자의 생각을 묻는 것이 보통이다.

⑥ 신체검사

신체검사는 응시자가 해당분야의 업무를 수행할 수 있는 체력과 건강을 지녔는지를 측정하는 시험이다. 군인, 경찰, 소방공무원 등 특수한 업무를 수행하는 공무원의 채용에 매우 중요한 선발수단이 된다.

6) 질문서식 방법은 응시자로 하여금 자기의 행동에 관한 질문 또는 사물 · 상황 · 인간 등에 대한 생각을 묻는 질문에 응답하게 한다. 투사법은 내용이 모호한 그림, 사진, 잉크자국 등 자극물을 제시하고, 응시자가 그에 대하여 생각하는 바를 말하는 과정에서 성격을 노출하도록 하는 방법이다. 실기시험 방법은 응시자로 하여금 일정한 조건하에서 작업을 하게 하고, 작업의 과정과 결과에서 성격 경향을 예측하려는 행태측정 방법이다.

한국의 공무원시험은 위에서 언급한 여러 가지 시험방법들을 혼용하고 있다. 한국에서는 공개채용시험의 단계를 1 · 2차 및 3차로 구분하고, 시험방법으로는 필기시험 · 면접시험 · 실기시험 · 서류심사(전형), 그리고 신체검사 등을 채택하고 있다. 공개경쟁시험의 경우 1차와 2차는 필기시험이며 3차는 면접시험이다. 7급 및 9급 공개경쟁채용의 경우는 1 · 2차 모두 객관식 시험이다. 그리고 외무고시 등 국가고시 1차 시험에서 2004년부터 공직적격성 테스트(PSAT : public service aptitude test) 방식을 도입하여 시행하고 있다. 즉 암기와 단편적 지식 측정 위주의 기존의 시험을 언어 · 논리능력, 통계 및 자료 해석능력, 상황판단능력, 상식 등 기본적 소양과 자질을 종합적으로 평가하는 방식으로 전환하였다.

3. 채용후보자 명부 작성

합격자가 결정되면 시험 실시기관은 이들의 등록을 받아 채용후보자 명부(eligible lists)를 작성한다. 공개채용시험 합격자는 시험 실시기관의 장이 정하는 바에 따라 채용후보자 등록을 하여야 하며, 등록을 하지 아니하는 경우에는 임용될 의사가 없는 것으로 본다. 채용후보자명부는 직급별로 시험 성적순에 의하여 작성하되 훈련성적, 전공분야 및 기타 사항을 기재하도록 되어 있다.

채용후보자명부의 유효기간을 결정하는 것도 중요한 문제이다. 유효기간이 너무 짧으면 시험에 따른 경비가 더 소요되고 적시의 결원보충이 어렵다. 그러나 유효기간이 너무 길면 자진사퇴가 많아 낭비요인이 된다. 따라서 채용후보자 명부의 적절한 유효기간이 필요하며 사정에 따라 연장하는 것이 바람직할 것이다. 한국의 경우는 유효기간이 5급은 5년, 6급 이하 및 기능직은 2년이다. 단 특별채용시험 합격의 유효기간은 6개월, 제한경쟁특별채용시험 합격의 유효기간은 1년이다(공무원임용령 제21조). 시험기관의 장이 필요하다고 생각하면 위의 유효기간을 1년 범위 내에서 연장할 수 있다. 단, 군복무기간은 유효기간에 산입(算入)하지 아니한다.

4. 임용추천

채용후보자명부에 등재된 채용후보자를 시험성적, 훈련성적, 전공분야, 경력, 적성 등을 참작하여 시험실시기관장은 임용권자나 임용제청권자가 후보자 추천을 요구하면 추천하여야 한다. 추천 받은 임용권자는 면접 및 서류심사를 거쳐 임용여부를 결정하게 된다.

추천방법으로는 다음과 같은 것들이 있다(Stahl, 1983: 130~132 / Siegel & Myrtle, 1985: 174~177 / Nigro & Nigro, 1986: 259~260 / 강성철 외, 201: 254~255).

㉠ 단수추천제 : 단수추천은 성적순에 따라 결원 숫자만큼 추천하는 방법이다. 이 방법은 임용권자의 재량권을 배제하게 된다.

㉡ 배수추천제 : 배수추천은 결원된 직위의 정해진 배수(3~7배수)만큼 추천하는 방법이다. 이 방법은 임용권자가 어느 정도 재량권을 행사할 수 있다.

㉢ 집단추천제 : 집단추천은 채용후보자를 성적순으로 몇 개의 집단으로 나눈 뒤, 우수집단부터 차례로 추천하는 방법이다. 즉, 수, 우, 미, 양 등 몇 개의 집단으로 나눈 뒤 한꺼번에 각 집단에 소속된 사람을 추천한다.

㉣ 특별추천제 : 특별추천(선택 추천, 지정 추천)은 임용권자가 특정한 자격 등을 가진 후보자를 추천해 줄 것을 요구하는 경우 채용후보자명부에 등재된 성적에 관계없이 추천하는 방법이다. 한국은 특별 추천할 수 있는 경우를 i) 임용예정기관에 근무하고 있거나 6개월 이상 근무경력이 있는 자, ii) 임용예정지역이 특수지역인 경우, iii) 임용예정기관의 장이 학력, 경력, 특수자격요건을 정하여 추천을 요구하는 경우이다(공무원임용령 제13조).

㉤ 전체추천제 : 전체추천(합동추천제)은 채용후보자 전원을 추천하여 임용권자가 자유롭게 선발하도록 하는 방법이다.

한국은 단수추천제와 특별추천제를 택하고 있다. 추천을 받은 채용후보자가 임용제청에 불응하거나 교육훈련에 불응할 때는 채용후보자 자격을 상실한다. 행정자치부 장관은 채용후보자를 일방적으로 추천할 수 있을 뿐만 아니라 다른 기관의 임용권 또는 임용제청권의 행사를 대행할 수 있다. 즉, 공개경쟁 채용시험 합격자의 우선임용을 위하여 필요한 경우에는 국무총리의 명을 받아 행정자치부장관이 근무할 기관을 지정하여 채용후보자를 임용 또는 임용제청할 수 있다(국가공무원법 제39조, 공무원임용령 제3조).

5. 시보임용

임용권자는 임용후보자 가운데 적격자를 선발하여 일정기간 시보공무원(試補公務員)으로 임명한다. 시보 기간이 끝난 뒤 정식공무원으로 임명된다.

시보의 목적은 선발된 후보가 공무원으로서의 적격성을 가지고 있는지를 확인하고, 기초적 실무를 습득하며, 나아가 선발수단을 보완하는데 있다. 시보 기간중 부적격자로 판정 받으면 임용되지 못한다. 시보공무원은 신분보장이 되지 않아 임명권자가 해임하더라도 소청 등의 구제수단이 없다.

한국에서는 신규채용되는 5급 이하 공무원과 기능직 공무원에 대해서만 시보제도를 적용한다. 시보 기간은 직급에 따라 다르며 5급은 1년, 6급 이하 및 기능직은 6개월로 규정하고 있다.

6. 임명과 보직

시보공무원은 시보 기간이 끝난 뒤 정규공무원으로 임명되고 초임보직을 부여받는다. 임명은 공무원 신분을 부여받는 것을 말하며, 보직은 공무원을 일정한 직위에 배치하는 행정행위이다. 보직은 중요한 인적자원 운용수단의 하나이며 공무원의 만족과 발전, 그리고 능력활용에 많은 영향을 미친다. 보직은 일과 사람을 조화시키는 행위이다. 그러므로 보직할 때는 공무원의 전공분야 · 훈련 · 근무경력 · 전문성 및 적성 등을 고려하여 적격한 직위에 임용해야 한다(국가공무원법 제32조 제2항).

그러나 보직관리의 실제에 있어서는 이러한 원리들이 지켜지지 않는 경우가 많다. 그러한 요인들로는 정치적 요인, 정실적 요인, 그리고 초임자를 한직(閑職)에 배치하는 등 조직문화로 타성화되어 있는 요인들이다.

공무원 임용권자는 직급에 따라 달리하고 있다. 대통령은 5급 이상 공무원 및 고위공무원단에 속하는 공무원을 임용할 수 있다(국가공무원법 제32조). 단 대통령은 소속 장관에게 3급부터 5급까지의 공무원에 대한 임용권을 위임할 수 있다(공무원임용령 제5조 제1항). 대통령의 임면(任免) 절차는 소속 장관이 제청하여 행정안전부 장관과 협의하여 국무총리를 경유하여 이루어진다. 소속 장관은 대통령이 임면하는 경우 이외의 소속 공무원에 대한 일체의 임용권을 가진다.

7. 한국 채용관리의 문제점과 개선방안

한국의 공무원 채용관리체제는 전반적으로 많은 문제점이 지적되고 있다. 이러한 문제점은 결국 인적자원 활용에 많은 제약을 가져오게 한다. 이와 관련하여 앞으로 채용기능의 개선을 위해 많은 투자가 요구된다. 우리 나라 공무원채용 관리의 문제점과 개선방향은 다음과 같이 요약해 볼 수 있다.

1) 문제점

국가의 경쟁력은 크게 보아 사회의 인적자원 양성과 활용에 달려있다고 할 수 있다. 그런 의미에서 국가는 사회 전체의 장기적인 인적자원계획을 세우고 이에 따라 인적자원을 양성하고 이를 정부와 사회가 나누어 활용할 수 있어야 한다. 그러나 한국은 이러한 체제의 미비가 근본적인 문제라고 생각된다. 이와 관련하여 시험의 방법 및 내용, 보직 등 몇 가지 문제점들이 지적되고 있다(오석홍, 2000: 201~203).

첫째, 정부의 채용구조와 사회의 인적자원 양성구조 사이의 괴리가 크다. 정부가 고용주로서의 역할과 교육자로서의 역할을 일관성 있게 유지하지 못하였다. 정부가 종합적인 인적자원계획 속에서 필요한 인적자원을 양성하지 못했다고 할 수 있다. 또한 각종 공무원시험제도와 대학교육 간의 괴리는 대학교육을 혼란하게 하고 있다.

둘째, 시험관리가 낙후되어 있다. 인적 · 물적 자원의 부족으로 시험의 연구를 제대로 못하고 있다. 이러한 이유는 시험의 타당성과 신뢰성을 전반적으로 의심받게 한다. 외무고시 등 국가고시의 공직적격성 테스트 방식을 제외하고, 채용시험이 필기시험에 의한 지식평가에 편중된 암기능력을 요구하고 있으며 시험의 채용분야별 시험과목의 적합성에 대한 과학적 논증도 없다.

셋째, 단수 추천 위주로 인하여 임용권자의 재량권이 제약되고 있다. 이는 기관장의 정책구상을 추진하는데 어렵게 하는 요인이 될 수도 있다.

넷째, 시보제도는 채용과정의 일부로써의 적격자를 선택하는 기능을 수행하지 못하고 있다. 부수적 기능인 적응훈련만 실시하는 데 그치고 있다.

다섯째, 초임보직이 비과학적이다. 보직에서 사람과 직무의 조화를 위한 기준을 제대로 고려하지 않고 있다.

여섯째, 특별채용제도가 남용되는 일이 적지 않다. 즉, 이 제도의 존치 목적에 잘 부합되지 않고 정부조직의 상황적 요청에도 잘 부합되지 않는 특별채용이 문제이다.

2) 개선방안

채용관리의 개선은 정부가 국가의 인력자원계획과 양성을 장기적으로 추진하는 데서 출발해야 한다. 또한 잘못된 공무원 채용체제는 인력양성기관의 교육내용을 왜곡시킬 수도 있음을 고려해야 한다. 이와 같은 전제하에 채용은 적격자의 선발과 적재적소의 배치라는 기본 목적에 충실해야 한다. 이러한 논리에 따라 채용관리의 개선방향을 제시하면 다음과 같다(오석홍, 2000: 203~205).

첫째, 채용체제와 인적자원 양성구조의 조화를 이루어 나가야 한다. 정부의 채용체제와 대학 등 인적자원 양성구조 사이의 조화를 이루게 하려면, 과학적인 시험의 연구에 기초하여 채용시험의 내용과 관리절차가 학교교육의 충실화에 기여할 수 있도록 하여야 한다. 또한 학교의 추천내용 · 성적 등이 선발과정에서 더 많은 비중을 갖게 되어야 한다.

둘째, 채용구조의 개방화이다. 사회변동에 따라 채용구조를 개방형에 더욱 접근시켜야 한다. 격동하는 환경, 행정의 전문화, 직업 유동성 등을 감안할 때 개방화 수준을 높여가야 한다.[7)]

셋째, 시험의 효용성 제고이다. 좋은 시험이 유능한 공무원을 채용할 수 있게 한다는 점을 인식하여 우선 시험관리의 개선을 위해 보다 많은 투자를 해야 한다. 시험방법과 시험과목의 배합, 그리고 시험내용의 구성에 대한 과학적 연구와 타당성 검증을 촉진해야 한다.

직무분야별 적격자를 선발하기 위하여 선발대상 직역별 시험종류 및 내용을 점진적으로 분화시켜 나가야 한다. 또한 암기위주의 시험을 배제해야 하고 창의성이나 잠재력을 측정할 수 있는 문제의 개발에 노력하고, 성격검사 등 인성검사와 적성검사의 활용을 촉진하는 등 새로운 기법들의 도입을 모색해 나가야 한다.

---

7) 국가공무원의 경우 개방형 직위제도 도입 당시(1999년) 38개 부처 129개 직위에서 2012년 1월 현재 38개 부처 246개 직위로 확대 · 운영되고 있다(세정신문, 2012. 1 16).

넷째, 추천제도의 개선이다. 추천제도가 선발기구로써 역할을 제대로 할 수 있도록 개선해야 한다. 임용기관과 채용후보자들에게 선택의 폭을 넓혀주는 제도개혁을 해 나가야 할 것이다. 후보자들은 그들의 적성과 선호를 최대한 배려할 수 있고, 아울러 임용기관장은 그의 선택권을 확대해 줄 수 있는 추천방법을 모색하여야 한다.

다섯째, 시보제도의 기능 강화이다. 시보제도는 그 본래 기능인 선발기능을 강화하고, 효율적인 적응훈련이 되도록 하여야 할 것이다.

여섯째, 초임보직의 개선이다. 초임보직을 과학적으로 심사하여 일과 사람을 적응시키도록 힘써야 할 것이다. 이를 위해서 배치면담을 제도화 할 필요가 있다.

일곱째, 특별채용의 적절한 활용과 함께 남용을 방지하기 위한 감시와 규제가 필요하다. 이와 관련하여 정부는 최근(2003. 1. 1)에 특별채용시험 공고를 통하여 '제한경쟁 특별채용시험' 을 의무화하는 등의 노력을 하고 있다[8](행정자치백서, 2003: 104).

8) 제한경쟁 특별채용시험 의무화는 자격증(2호), 특수직무(6호), 외국어능통자(8호), 실업계 학교 졸업자(9호), 학위소지자(10호), 연고지 및 거주자 특채(12호)에 우선 적용된다(행정자치부, 행정자치백서, 2003: 105).

Memo

제7장 내부임용과 퇴직관리

제1절 내부임용

1. 내부임용의 의의 및 유형

내부임용은 정부조직 안에서 재직자를 움직여 쓰는 활동을 말한다. 적절한 내부임용은 조직이나 개인에 있어서 효용성을 크게 한다. 조직의 시각에서 볼 때 내부임용은 조직의 통합성을 높이고 인적자원 활용의 효율성을 높일 수 있다. 내부임용의 적절한 관리를 통해 사람과 조직의 적응도를 높이면 조직의 통합성을 높이게 된다. 승진과 배치전환 등 적절한 내부임용은 재직자들 뿐만 아니라 공직희망자들에게도 유인을 제공하여 신규채용의 효율성을 돕게 된다. 한편 개인에게 있어서 적절한 내부임용은 공무원에게 자기발전의 기회를 제공한다. 즉, 적절한 내부임용은 직무의 부적응 문제를 해소할 수 있고 개인의 경력발전 기회를 제공하여 주는 것이다.

이러한 내부임용의 관리는 근래에 격동하는 행정환경 변화로 인하여 조직의 대응성에 대한 요구가 높아지면서 인사행정에서 그 중요성이 커지고 있다.

내부임용의 방법으로는 계급을 달리하여 움직이는 수직적 이동, 동일계급 내에서 움직이는 수평적 이동, 그리고 해직 및 복직 등으로 유형화 할 수 있다. 수직적 이동으로는 승진과 강임 등이 있고, 수평적 이동으로는 전보 · 전직 · 파견 · 전입 · 겸임 등이 있다. 해직 및 복직으로는 휴직 · 직위해제 · 정직 · 직권면직 · 해임 · 파면, 그리고 복직 등이 있다.

2. 수직적 이동

1) 승 진

(1) 승진의 의의

승진(昇進)이란 하위직급에서 상위직급 또는 상위계급으로 이동하는 것을 말한다. 일반적으로 승진은 개인에게 직무의 난이도와 책임의 증대를 의미하며 신분 상승과 함께 보수의 증액을 가져다 준다. 또한 승진을 통하여 공무원은 심리적으로 성공감 내지 성취감을 느낄 수 있으며 다른 사람들로부터 능력을 인정받게 되는 계기가 된다. 이러한 이유들로 인하여 승진은 구성원의 직무동기를 유발시키는 수단이 된다.

승진제도는 조직차원에서도 여러 가지 중요한 의미가 있다. 승진은 결원보충의 중요한 수단으로서 조직 내에 연쇄적 인사이동을 발생하게 하므로 조직에 생동감을 줄 수 있다. 또한 조직 구성원들에게 경력발전과 자기성장의 확인을 통하여 직업에 대한 보람을 찾게 한다. 그리고 승진은 다른 동료나 부하직원들에게는 하나의 자극요인으로 작용하게 한다. 그러므로 승진의 적격성을 높이면 공무원들의 질적 수준을 높일 수 있다.

한편, 승진이 불공평하게 이루어진 경우에는 조직원 다수의 불만을 야기하기도 한다. 또한 승진적체가 심하면 불만이 고조되고 근무의욕이 상실되는가 하면 이직을 조장할 수 있다(Cotton and Tuttle, 1986: 57).

(2) 승진제도상의 고려사항

승진관리를 잘하려면 각 직위마다 능력과 잠재력이 정확히 측정될 수 있도록 자격요건이 명확하게 구비되어 있어야 한다. 또한 공무원들이 승진을 대비하여 능력을 향상시킬 수 있는 교육훈련계획이 잘 구비되어 있어야 한다. 그리고 승진의 계통과 기관적 범위에 대한 지나친 제약이 없어야 한다(Stahl, 1983: 142 / 오석홍, 2000: 224).

승진관리정책이 적정하게 이루어지려면 i) 승진과 신규채용과의 비율 문제, ii) 승진경쟁의 부처간 개방범위의 문제, iii) 승진기준의 설정 문제, iv) 승진한계에 관한 문제 등이 신중히 고려되어야 한다(김중량, 1996: 101~105 / 오석홍, 2000: 224~237).

① 승진과 신규채용과의 비율

행정조직에 결원이 발생하였을 경우 결원보충 방법으로 승진과 신규채용의 비율을 어떻게 할 것인가 하는 문제이다. 양자의 비율결정에 있어서는 획일적인 답이 있을 수 없다. 결원보충 비율결정에는 i) 재직공무원의 사기문제, ii) 재직공무원의 능력과 자질의 정도, iii) 인적자원시장의 공급적 측면, iv) 정부의 인사정책 및 직업공무원제의 발전정도 등의 요인들이 작용하게 된다(김중량, 1996: 101).

신규채용의 비율을 높게 하는 경우에는 조직체의 신진대사를 촉진하고 유능한 인재등용으로 행정능률을 높일 수 있으며, 장기간 재직자를 교육훈련시켜 승진시키는 것보다 경제적이다. 그러나 재직자의 사기가 저하되고 지나칠 경우 행정조직의 안정성을 해칠 수 있다. 그리고 채용과 적응훈련에 비용이 많이 든다.

한편, 승진임용의 비율을 높이는 경우는 임용비용이 적게 들고 재직자의 사기는 높아지며 행정조직의 안정성이 유지된다. 그리고 재직자의 자기발전 노력을 높일 수 있으며 하급직에서의 경험을 승진 후 활용할 수 있다. 그러나 공무원의 질이 떨어질 가능성이 있고 공직사회의 침체와 관료주의화를 초래할 수 있다. 또한 승진경쟁 과열과 승진탈락자의 사기가 저하될 수 있다.

따라서 우수한 인재의 등용과 공무원의 사기를 제고하기 위해서는 양자의 이점을 고려하여 비율을 적절히 조화시킬 필요가 있다. 오늘날 인사행정 환경은 공직의 임용체제 개방을 요구하고 있다.

② 승진경쟁의 부처간 개방범위

승진제도에 있어서 또다른 쟁점은 재직자 간의 승진경쟁의 범위를 동일부처에 한정할 것인가 또는 부처 간 개방하여 경쟁시킬 것인가에 관한 것이다. 대부분의 국가들에서는 승진경쟁의 범위를 동일부처 내로 한정하고 있다. 그 이유는 다음과 같다(김중량, 1996: 103 / 오석홍, 2000: 227).

승진결정에서 감독자의 재량권을 확보하고 타 부처 공무원의 승진임용에 따른 저항 및 사기저하를 줄일 수 있다. 그리고 동일직렬일지라도 각 부처 간의 업무차이에 의한 부적응 문제와 행정능률의 저하를 가져올 수 있다는 것이다.

반면에 승진을 동일 부처 내로 한정할 경우는 다음과 같은 문제가 발생할 수 있다. 부처 간 공무원의 질적 불균형을 낳고 유능한 인재를 임용하는데 한계가 있다. 그리고 승진기회가 적은 기관에 근무하는 공무원은 상대적으로 사기가 저하된다. 또한 공무원들의 다양한 경험축적의 기회가 적어 시야가 좁아지게 되고 넓은 안목을 갖춘 관리자의 육성에도 불리하다(Stahl, 1983: 144~145). 따라서 부처 간의 협조와 조정이 어렵게 된다는 것이다.

한국은 경쟁의 범위를 제한하는 일반승진을 원칙으로 하고 있다. 5급 공무원에의 승진에 한하여 공개경쟁승진을 허용하지만 그것은 예외적인 것이다.

③ 승진의 기준

승진의 기준으로는 일반적으로 경력을 중심으로 하는 연공주의와 실적을 중심으로 하는 능력주의가 있다. 연공주위와 능력주의의 주요 승진기준의 내용을 보면 다음과 같다(이종학, 1998: 369~374 / 유봉민 · 임도빈, 2003: 306~308).

연공주의는 승진결정에서 근무연수를 가장 중요한 기준으로 삼는다. 연공주의는 조직 구성원의 근무연수와 조직에 대한 공헌도 간에 정(正)의 관계를 전제로 하고 있다. 공정성의 관점에서 볼 때, 연공주의는 근무연수라는 기준에 의하여 승진이 결정되므로 가장 객관적이고 간단한 방법이다. 연공주의 승진기준은 조직의 질서와 안정이 유지되고 상의하달식(上意下達式) 명령체계가 확립되어 단순 집행 업무수행의 경우에 능률성을 확보할 수 있다(Hays and Kearney, 1995: 510). 물론 모든 분야와 시간을 초월하여 경력과 능력이 비례하는 것은 아니다.

반면에 능력 있는 사람에게는 근무의욕을 상실하게 하고 조직의 관료주의화를 촉진할 우려가 있다. 연공서열 기준은 노동조합이 결성되어 있는 경우에 인사권자가 비노조원에 비해 노조원을 차별할 것을 우려하여 노동조합 측에서 강력히 선호하기도 한다(Kearney, 1992: 236~237 / 유민봉 · 임도빈, 2003: 307).

능력주의는 승진결정에서 능력과 실적을 중요시한다. 능력주의는 조직의 효율성이라는 관점에서 가장 합리적이고, 공정성 관점에서도 가장 합당하다고 할 수 있다. 능력주의는 능력에 근거하여 승진하기 때문에 동기부여의 효과가 있고 결국 조직의 생산성 향상에 기여하게 된다(Hays and Kearney, 1995: 511). 능력주의는 직무성과를 중요시하므로 성과에 작용하는 개인의 특성을 명료화할 수 있고, 이러한 특성을 어느 정도 정확하게 측정할 수 있다는 것을 전제로 한다(이종학, 1998: 370). 그러나 성과를 높일 수 있는 능력 자체와 그 능력의 보유 여부에 관하여는 조직 구성원의 주관적 견해에 따라 많은 차이가 있을 수 있다. 그리하여 조직 구성원들은 승진에 대하여 불공정하게 지각할 수도 있다. 이러한 경우에는 승진 누락자는 물론 조직 구성원들에게 승진제도에 대한 불신을 안겨주게 되어 부정적 영향을 미치게 된다.

또한 능력기준 승진은 공동체의식이나 협동정신을 바탕으로 조직이 움직이는 문화에서는 집단의 결속을 해칠 수도 있다(유민봉 · 임도빈, 2003: 308). 하위직에서의 근무실적 혹은 승진시험성적이 상위직에 대한 적격성과 발전가능성을 입증하지 못하며, 시험성적만을 승진 기준으로 할 경우 시험준비로 인한 근무 소홀이 문제가 될 수 있다.

연공주의와 능력주의의 적용상의 실익은 주어진 사회문화와 조직체의 여건에 따라 다르다. 일반적으로 대부분의 조직체는 단일 기준보다는 양자를 조합하여 이를 승진 기준에 반영하고 있다. 양자의 조합은 조직의 생산성, 안정성 그리고 재직자의 사기 등을 고려하여야 하며, 상대적 지위가 달라짐에 따라서도 양자의 조합을 달리할 필요가 있다(오석홍, 2000: 235～236).

④ 승진의 한계

승진에 있어서는 그 한계를 고려해야 한다. 승진 가능한 직급이 높으면 공무원의 사기가 높아지고, 행정능률과 기술이 향상되며, 직업공무원제의 확립에 기여한다는 이점이 있다. 반면에 공무원 집단이 관료주의화 할 우려가 있다. 한국의 공무원 승진제도는 승진의 상한선이 없다.

(3) 한국의 공무원 승진제도

한국의 공무원 승진제도는 일반승진, 공개경쟁승진, 특별승진, 근속승진 등이 있다.

① 일반승진

일반승진은 임용권자가 승진후보자명부의 순위에 의하여 적격자를 승진임용 하는 방법이다. 승진후보자의 자격은 승진소요최저연수를 채우고 징계처분으로 인한 승진제한 규정에 저촉되지 않으면 승진후보자가 될 수 있다〈표 7－1 참조〉[1]. 이러한 후보자들 가운데 소속장관(임용제청권자)은 임용하고자 하는 결원 수에 대하여 당해 기관의 승진후보자명부의 순위에 따라 해당하는 범위 안에 있는 후보자 중에서 임용제청하도록 되어 있다.

1급～3급 공무원으로의 승진임용 및 고위공무원단 직위로의 승진임용의 경우에는 능력과 경력 등을 고려하여 임용한다(국가공무원법 제40조).

1) 실제 공무원 평균 승진소요연수는 1998년의 경우 1급은 동결, 2급 3.77년, 3급 7.35, 4급 9.26, 5급 10.15, 6급 7.66, 7급 6.91, 8급 3.84년이 소요되었다(조선일보, 1999. 9. 28).

그림 7-1 단계별 승진기준

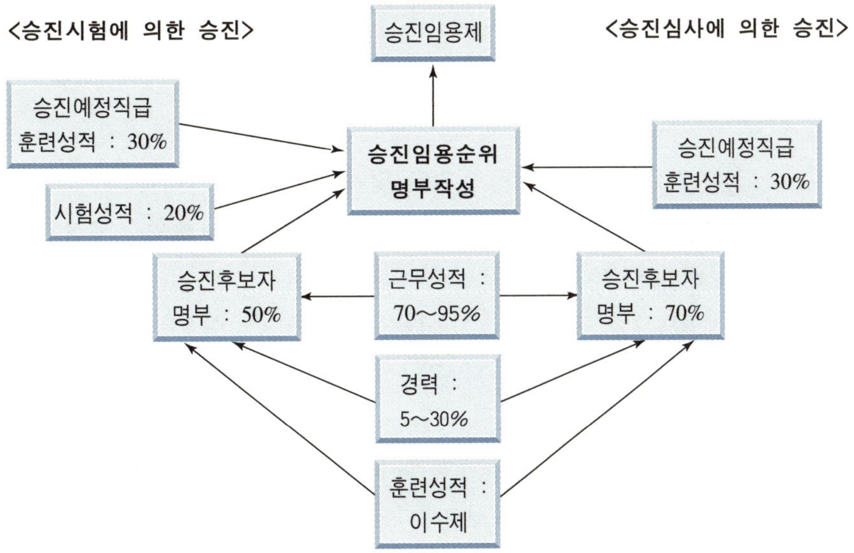

4급 공무원을 3급으로 승진임용하려는 때에는 소속 장관이 당해 기관의 승진후보자 중에서 근무성적, 능력, 전공분야, 인품 및 적성 등을 고려하여 보통승진심사위원회의 승진심사를 거쳐 결원 범위 안에 해당하는 인원을 선정하여 임용한다(공무원임용령 제35조).

5급 공무원을 4급 공무원으로 승진임용하려 할 때에는 근무성적, 경력, 훈련성적 및 상훈기록 등을 기준으로 작성한 승진후보자명부상의 우선순위에 따라 결원의 2배수 내지 7배수 후보자를 선발하고 보통승진심사위원회의 심사를 거쳐 임용 또는 임용제청한다.

6급 공무원을 5급 공무원으로 승진임용할 때에는 부처의 특성에 따라 승진심사 또는 승진시험을 거쳐서 행한다. 승진심사는 승진후보자명부 우선순위 별표5에 해당하는 사람 가운데 보통승진심사위원회의 심사를 거쳐 행한다(공무원임용령 제34조). 반면에 일반승진시험은 승진후보자명부의 고순위자 순으로 결원의 2배수 내지 5배수 인원의 범위 내의 사람에 대해서 실시하며, 합격여부는 시험성적 및 근무성적 평정점수를 합산하여 결정한다(국가공무원법 제41조). 구체적으로 말하면, 승진시험에 의한 경우에는 승진시험 요구시의 승진후보자명부상의 성적 50%, 제2차 시험성적 20% 및 승진임용예정직급에 상응하는 기본교육훈련과정의 훈련성적 30%의 비율로 승진임용순위를 결정한다. 승진심사에 의한 경우에

표 7-1 일반직 공무원의 승진소요최저연수

계 급	4 · 5급	6급	7 · 8급	9급
소요연수	5년 이상	4년 이상	3년 이상	2년 이상

자료 : 공무원임용령 제31조.

는 승진후보자명부상의 성적 70% 및 승진임용예정직급에 상응하는 기본교육훈련과정의 훈련성적 30%의 비율로 합산하여 승진임용순위를 결정하게 된다(공무원임용령 제34조 제6항).

승진후보자명부를 작성하기 위한 평정점은 근무성적평가점수와 경력평정점을 합한 100점을 만점으로 한다. 임용권자는 근무성적평가점수의 반영비율을 70%~95%까지, 경력평정점 반영비율을 5%~30%까지 반영할 수 있다. 여기에 각종 가점 해당자에 대하여 5%의 범위 내에서 그 가점을 합산한 점수를 명부의 총평정점으로 산정한다(공무원성과평가 등에 관한 규정 제30조 1 · 2항).

승진후보자명부에 반영하는 근무성적평가 점수는 승진후보자명부 작성기준일부터 5급 공무원은 최근 3년 이상, 6급 · 7급 공무원 · 연구사 · 지도사 및 기능 7급 이상 기능직공무원은 최근 2년 이상, 8급 이하 공무원 및 기능 8급 이하 기능직공무원은 최근 1년 이상의 기간 중 소속장관이 정하는 기간동안 당해 계급에서 평가한 근무성적 평가점수를 대상으로 하여 산정한다(동규정 제30조).

승진후보자명부의 평정점이 동일한 경우는 근무성적 평정점 및 실적가점의 합산점수가 우수한 후보자가 우선 승진하게 되어 있다.

승진후보자명부의 작성기준일은 1월 31일과 7월 31일을 기준으로 연 2회이다. 정기평가 또는 정기평정을 생략하는 경우에는 7월 31일을 기준으로 하는 승진후보자명부의 작성을 생략할 수 있다(동규정 제29조 1항). 승진후보자 명부는 그 작성기준일 다음 날부터 효력을 발생한다.

6급 이하 공무원으로의 승진임용은 근무성적, 경력평정, 기타 능력의 실증에 의한다. 즉, 임용권자는 임용하고자 하는 결원 수에 대하여 당해 기관의 승진후보자 명부의 순위에 따라 임용한다.

한편, 다음과 같은 경우는 승진임용이 제한된다. 즉, i) 징계의결요구 및 징계처분이 있는 경우, ii) 직위해제, 휴직, 시보임용기간 중에 있는 경우, iii) 징계처분 종료 후 일정 기간 미경과자 등이다.

② 공개경쟁승진

공개경쟁시험은 5급 공무원으로 승진할 때 적용되며, 부처 구분 없이 승진자격을 갖춘(승진소요 최저연수 4년을 초과한) 6급 공무원을 대상으로 공개경쟁 승진시험의 성적에 의하여 결정한다. 부처간 승진기회의 균형유지 등을 위해 필요한 경우에 실시하며, 합격자는 행정고등고시와 마찬가지로 다른 결원보충방법에 우선하여 임용하여야 한다.

③ 특별승진

특별승진은 청백리 포상을 받은 공무원이나, 소속 장관에 의해 특별한 공적이 있다고 인정받거나, 행정발전에 지대한 공헌이 있다고 인정받은 직무수행 능력 탁월자, 창안등급 동상 이상 받은 제안채택자, 20년 이상 근속자로서 명예퇴직자, 그리고 공무사망자(追敍) 등에 대해 승진소요 최저연수의 단축 또는 승진시험 우선 응시권한을 부여하거나 승진후보자명부의 순위에 관계없이 승진임용하는 방법을 말한다.

④ 근속승진

동일직급에서 일정기간 근무한 경우 직급별 정원에 관계없이 승진을 허용한다. 예를 들면, 9급으로 7년 이상, 8급으로 8년 이상 재직한 공무원은 각각 8급과 7급으로 근속승진할 수 있다.

2) 승 급

승급(昇給)은 같은 계급 또는 등급 내에서 호봉이 높아지는 것을 말한다. 승급은 계급이나 직책의 변동을 수반하지 않기 때문에 승진과 구분되며, 엄밀한 의미에서 임용방법으로 볼 수 없다. 승급은 근무연한이 길어짐에 따라 직무수행 능력이 향상되는데 따른 보상의 의미가 있으며, 근무의욕을 고취시킨다는 의미가 있다.

3) 강 임

강임(降任)이란 하위계급 또는 하위직급의 직위로 이동하는 것을 말한다. 전직을 수반할 때도 있고 그렇지 않을 때도 있다. 강임은 직제나 정원이 변경되거나 예산의 감축 등으로 인하여 직위가 없어지거나(廢職) 또는 인원이 남게 되었을 때(過員) 본인이 동의하는 경우에 해당공무원을 면직시키지 않고, 바로 하위직급에 임용하는 강임제도를 인정하는 것이다. 이러한 사유로 인하여 강임된 공무원은 상위직에 결원이 생긴 경우 승진의 일반적 원칙에 관계없이 우선적으로 승진임용하도록 되어 있다(국가공무원법 제3조, 공무원임용령 제50조). 강임된 경우에도 강임 전의 봉급이 지급된다.

3. 수평적 이동

1) 전직과 전보

(1) 전직과 전보의 의의

전직(轉職)과 전보(轉補)는 동일계급 또는 동일직급 간의 수평적 이동이라는 점에서는 동일하다. 그러나 전직이 상이한 직렬의 동일한 직급으로 이동을 하는데 비하여, 전보는 동일한 직렬 내에서의 동일직급으로 이동한다는 점에서 다르다. 이와 같이 동일계급(등급)으로 이동하는 것을 배치전환(配置轉環)이라고도 한다. 일반적으로 전직과 전보를 구별하여 전직의 경우에는 시험을 요건으로 한다.

(2) 전직과 전보의 용도

전직과 전보는 인적자원의 효율적 활용수단으로 사용되어야 한다. 그러나 흔히 징계수단, 해고의 방편, 부패방지의 수단 그리고 정실인사의 수단으로 이용되기도 한다. 전직과 전보는 본래의 목적에 따라 활용되어야 하며 그 합리적 용도는 다음과 같다(오석홍, 2000: 214~218 / 강성철 외, 2001: 262~263 / 박동서, 2001: 287~288).

① 적재적소의 배치와 직무의 부적응 해소

전직과 전보는 공무원을 적재적소에 배치하기 위한 하나의 수단으로 활용될 수 있다. 또한 공무원이 그들의 능력과 적성이 맞지 않아서 직무에 적응하지 못하는 경우 전직과 전보는 이를 해결하는 좋은 수단이 될 수 있다. 한편 전직과 전보는 이동을 희망하는 공무원의 요구를 충족시켜줄 수 있는 인사관리의 한 수단으로 활용될 수 있다.

② 행정조직 및 관리상의 변동에 대한 적응

행정조직이 개편되거나 업무수행 방법, 업무량 및 기술의 변동에 따른 인적자원의 배치가 필요한 경우 전직과 전보는 하나의 대처수단이 된다. 특히 인적자원의 변동과 충원이 요구될 때 신규채용으로 충원하는 것보다 전직과 전보를 병용하는 것이 충원에 따라 발생할지도 모르는 혼란과 낭비를 효과적으로 방지할 수 있다.

③ 능력발전과 교육훈련 수단

공무원의 능력발전을 위해서는 다양한 직무를 경험하는 것이 필요하다. 전직과 전보는 순환보직을 통한 교육훈련 방법으로써 유용하게 활용될 수 있다.

④ 승진기회의 제공 수단

기관 간에 승진기회가 균등하지 않은 경우 이러한 불균형을 시정하기 위한 수단으로 전직과 전보를 활용할 수도 있다. 즉, 승진기회가 적은 기관에서 근무하는 승진후보자를 승진기회가 많은 곳으로 이동시킴으로써 승진기회를 균등하게 부여할 수 있다.

⑤ 공직의 침체 및 권태방지 수단

사람이 동일한 직위에 장기간 근무하면 권태감이 생기게 되고, 이로 인하여 사기와 능률이 저하되는 경우가 많다. 따라서 적절한 전직과 전보는 능력의 정체현상이나 사기저하 현상을 방지하고 나아가 공직의 근무의욕을 자극하는 수단으로 활용될 수 있다.

⑥ 할거주의 타파와 부처간 협력의 조성

전직과 전보는 타 조직이나 동일부처의 다른 부서로 이동함으로써 부처 간의 할거주의(割據主義)를 타파하고 부처 간 이해와 협력을 증진하는 수단으로 활용될 수 있다.

(3) 전직과 전보의 제한

전직과 전보가 본래의 목적에 충실하게 사용되지 않고 남용되는 경우가 적지 않다. 이를 방지하기 위해서 전직과 전보에는 일정한 제한 규정을 두고 있다. 전직과 전보를 위해서는 일정한 재임기간을 채워야 하고, 전직을 위해서는 일부 예외규정을 제외하고는 전직시험을 거쳐야 한다. 전직의 경우 특수지역 근무자로 특별채용자는 5년간, 특수목적고 졸업자에 의한 특별채용자는 3년간 다른 직렬로 전직할 수 없으며, 5년간 4급 이하 행정직렬의 공무원으로 전직 임용될 수 없다(공무원임용령 제29조).

전보의 경우에도 제한 규정이 있다. 일부의 경우 예외는 있으나, 일반공무원은

2년 이내에 다른 직위로 전보될 수 없다. 다만, 중앙행정기관의 실장 · 국장 밑에 두는 보조기관 또는 이에 상당하는 보좌기관인 직위에 보직된 3급 또는 4급 공무원은 1년 6월 이내에, 고위공무원단 공무원은 1년 이내에 다른 직위로 전보할 수 없다(공무원임용령 제45조). 특별채용된 공무원은 소속장관을 달리하는 기간으로 4년간, 동일기관 내에서는 3년간 다른 직위로 전보할 수 없다. 근무예정지역 또는 근무예정기관을 미리 정해놓은 공개채용자는 3년 내에 다른 기관으로 전보할 수 없다. 그리고 직류별로 공개채용한 5급 공무원은 최초 임용된 후 다른 직류에 속하는 타기관으로는 4년간, 동일 직류에 속하는 타기관으로는 2년간 전보를 금지하고 있다. 다만 직제 또는 정원의 변경이 있을 경우는 이 제한 규정의 적용을 받지 아니한다(공무원임용령 제45조). 별정직 공무원은 원칙적으로 전보가 불가능하다. 전문직위(전문직위제도에 의함)에 임용된 공무원은 특별한 사유가 없는 한 임용 후 3년간 직무수행 요건이 동일하지 않은 다른 직위에 전보할 수 없다.

(4) 전직과 전보의 문제점과 고려사항

가. 전직과 전보의 문제점

전직과 전보의 운영상의 문제점으로는 다음과 같은 점들을 들 수 있다(박동서, 2001: 285～286).

① 징계수단
징계사유에 해당하는 공무원을 정식적인 징계절차에 의하지 않고 지방이나 한직으로 전직 또는 전보시키는 경우가 많다. 이러한 형태의 징계는 공직기강의 확립을 저해하거나 행정능률을 저하시키는 결과를 초래한다.

② 부패방지의 수단
공무원이 한자리에 오래 근무하게 되면 시민과의 관계에서 부정행위를 초래할 위험이 높기 때문에 이를 방지하기 위하여 전직 또는 전보를 이용하는 경우가 있다. 이는 행정의 전문화에 역행하는 것이라고 할 수 있다.

③ 개인적 혜택의 제공
특정 공무원을 좋은 자리에 배치하기 위한 방법으로 전직과 전보를 이용하는 경우가 있다. 이러한 현상은 공직풍토를 흐리게 하고 행정의 부패를 조장하는 결과를 초래한다.

④ 기관장의 소극적 자세

기관장이 유능한 직원이나 사적 심복(心腹)들의 타기관 전출을 꺼리고 있다. 이는 적재적소의 인사와 공무원의 능력발전에 장애가 된다.

나. 전직과 전보의 고려사항

전직과 전보를 유용하게 활용하기 위해서는 다음과 같은 사항을 고려하여야 한다(박연호, 1998: 316).

① 전직과 전보에 대한 저항의 극복

조직 내에서 전직과 전보의 효용성에도 불구하고 이에 저항하는 사람이 있다. 개인적으로는 변화를 싫어하는 인간의 속성이나 좋은 자리 유지에 지장이 있다고 생각하는 등 인사상 불이익의 초래를 염려하여 일어나는 현상이다. 다른 한편으로는 기관장이 유능한 직원의 타부처 전출을 꺼려서 전직과 전보에 소극적인 경향도 있다. 그러나 장기적인 안목에서 능력발전을 도모하고 기관 간의 균형과 조정을 확보하기 위해서는 적절한 전직과 전보가 필요함을 인식하고 그와 같은 편협한 생각에서 벗어나야 할 것이다.

② 적정한 빈도의 유지

전직과 전보의 효용성을 확보하기 위해서는 적정한 빈도수준에서 이루어져야 한다. 빈번한 전직과 전보는 업무수행의 중단으로 인한 전문성 및 능률성이 저하되고 공무원의 새로운 환경에 대한 적응의 문제와 심리적 불안정성을 초래할 수 있다.

③ 전직과 전보의 원칙과 기준 설정

전직과 전보의 남용을 방지하고, 적정한 활용을 위해서는 전직과 전보에 대한 일반적인 원칙과 기준을 설정하여 규제할 필요가 있다.

2) 파견 · 전입 · 겸임

(1) 파견

파견(派遣)은 공무원의 소속을 바꾸지 않고 일정기간 동안 다른 기관으로 이동시켜 근무하게 하는 것을 말한다. 보수도 원래 소속 부서에서 받는다. 파견은 국가적 사업의 수행 등과 관련하여 인적자원을 지원할 필요가 있을 경우나, 국내외 교육연구기관 및 국제기구 등에서 공무원의 연수 또는 능력개발을 위해서 활용된다. 파견은 인력수요에 신속히 대응할 수 있는 내부임용 방법이다.

파견기간은 일반적으로 2년 내외이나, 업무의 공동수행 또는 공무원이 교관요원으로 파견될 경우에는 1년 범위 내에서 행해진다.

(2) 전입

전입(轉入)은 인사관할을 달리하는 입법부 · 사법부 · 행정부 상호 간에 다른 기관 소속 공무원을 이동시켜 받아들이는 것을 말한다. 한국의 경우 전입을 위해서는 전입시험을 거쳐 임용한다. 이 경우 임용 자격요건 및 시험과목이 동일할 때에는 시험의 일부 또는 전부를 면제할 수 있다.

(3) 겸임

겸임(兼任)은 직위 및 직무내용이 유사하고 담당 직무수행에 지장이 없다고 인정되는 경우에 한 사람의 공무원에게 둘 이상의 직위를 부여하는 것을 말한다. 겸임은 필요한 인적자원을 확보할 준비가 안 된 경우나 업무수행능력의 배양, 그리고 교육훈련기관의 교관요원을 임용하는 경우 등에 활용되는 잠정적 임용방법이다.

겸임기간은 2년 내외로 하되 필요한 경우 2년의 범위 내에서 연장할 수 있다(공무원임용령 제40조 제3항).

4. 해직과 복직

1) 휴직 · 직위해제 · 정직 · 복직

(1) 휴직

휴직(休職)은 일시적 사정으로 공무원이 일정기간 동안 직무를 떠나 있는 것을 말한다. 그러나 공무원으로서의 신분은 보유한다. 본인이 원할 때 휴직이 가능한 경우는 국제기구 또는 외국기관에 임시로 고용되거나, 국내외 교육기관 및 연구기관에서 연수 · 유학하게 된 때로 한정되어 있다. 그리고 신체 · 정신상의 장해로 장기요양이 필요하거나 병역복무 등에는 임용권자가 본인의 의사와 관계없이 휴직을 명할 수 있다.

휴직기간은 병역복무나 외국기관 고용을 제외하고는 대개 3개월에서 2년으로 규정되어 있다.

(2) 직위해제

직위해제(職位解除)는 공무원의 직위를 계속 유지시킬 수 없다고 인정되는 사유가 있을 경우 공무원 신분은 보존시키되 직위를 부여하지 않는 것을 말한다.

임용권자는 특정 공무원의 직무수행 능력이 부족하거나, 근무성적이 극히 불량한 자, 그리고 징계의결 요구중이거나 형사사건 기소자 등에 대하여 직위를 부여해서는 아니된다.

(3) 정직

정직(停職)은 직무수행을 일시적으로 정지시키는 중징계 처분의 한 종류이다. 정직처분을 받은 공무원은 공무원의 신분을 보유하지만 직무에 종사하지는 못한다. 정직기간은 1개월 이상 3개월 이하이다.

(4) 복직

복직(復職)은 휴직 또는 직위해제 중인 공무원을 직위에 복귀시키는 것을 말한다. 휴직기간이 끝난 공무원은 30일 이내에 복직신고를 하여야 하고, 임용권자는 지체없이 복직을 명하여야 한다. 직위해제 중인 공무원은 직위해제 사유가 소멸되면 곧 복직시켜야 한다.

2) 직권면직 · 해임 · 파면

(1) 직권면직 · 권고사직

직권면직(職權免職)은 직제 · 정원의 개폐, 예산의 감소 등에 의하여 폐직(廢職) 또는 과원(過員)이 될 경우 등에 본인의 의사와 관계없이 임용권자가 공무원신분을 박탈하여 공직으로부터 배제하는 제도이다.

권고사직(勸告辭職)은 국가공무원법 상의 제도는 아니다. 권고사직은 의원면직의 형태를 취하나 인사권자의 자의에 의하여 이루어지는 사실 상의 강제퇴직이다.

(2) 파면 · 해임

파면(罷免)과 해임(解任)은 공무원을 강제로 퇴직시키는 중징계 처분의 하나이다.

파면이나 해임 등 국가공무원법 상의 징계와 권고사직 및 직권면직 등 징계와 유사하게 쓰이는 인사 처분에 대하여는 뒤에 징계부분을 다루는 장에서 좀더 자세히 논하고자 한다.

5. 한국 내부임용의 문제점과 개선방안

1) 내부임용의 문제점

한국의 내부임용의 문제는 급변하는 시대적 상황에 적응하기 어려운 경직성과 관련된 것이라고 할 수 있다. 이를 구체적으로 지적하면 다음과 같은 것들이 있다(오석홍, 2000: 248~249 / 임도빈 · 유민봉, 2003: 318~321).

첫째, 내부임용체제의 성격이 비교류형에 치우쳐 있다. 비교류적 성격과 인적자원 유동의 제약은 적재적소 배치를 어렵게 하고 개인의 경력발전에 지장을 준다. 또한 기관 및 직위 간 업무의 균형배분을 어렵게 하고, 부처 간의 할거주의 타파도 어렵게 하고 있다.

둘째, 배치전환이 본래적 목적에 충실하지 못하다. 배치전환은 공무원의 능력발전과 직무만족을 가져올 수 있다. 그러나 특정직위에 대한 지원자가 많을 경우 경쟁이 있게 되고 이에 따른 전근운동의 부작용이 발생한다. 또한 원치 않는 보직을 받는 공무원의 근무의욕을 상실시킨다.

한국의 경우 배치전환의 남용이 많다. 배치전환에 단순한 조직의 편의나 정실이 작용하고, 징계에 가름하거나 사임을 강요하는 수단으로 쓰여졌는가 하면, 불신의 결과로 빚어지는 배치전환도 있다. 최근에는 지방자치단체장의 선거와 관련하여 편가르기식 배치전환도 나타나고 있다.

한편, 고위 공무원의 경우 잦은 보직 이동으로 인한 전문성 결여가 문제가 되고 있다[2]. 잦은 보직이동으로 전문성이 확보되지 못하고 인수 · 인계시에 전임자의 지식이 후임자에게 전달되지 못할 뿐만 아니라, 결과적으로 정책의 단절과 비효율을 낳아 정책실패로 나타나는 것이다. 다행히 한국은 중앙부처별로 전문성이 요구되는 핵심직책을 선정, 일정기간 전보를 제한하여 장기 근무하도록 하는 핵심분야 전문직위제를 시행하고 있다[3].

셋째, 장기적인 경력관리정책이 결여되어 왔다. 앞에서 지적한 문제점들과 함께 공무원들의 승진적체로 인한 과열된 승진경쟁, 조기승진과 조기은퇴로 인한 인적자원 손실, 위인설관(爲人設官), 주기적인 대량숙정 등이 계속되어 왔다.

지난 수십 년간의 인사정책 실패는 공무원들의 승진욕구를 부채질하고, 다른 한편으로는 상대적인 승진적체 및 적체의식을 심화시켰다. 시대적 변화는 주기적인 감축관리의 필요성을 낳고 승진기회를 위축시키는 조건들이 늘어나게 하고 있다. 승진기회는 줄어드는데 대안의 탐색은 부진하다.

넷째, 승진심사의 공정성에 의문이 있다. 특히 3급 이상의 공무원 승진은 당해 부처장관의 판단이 절대적 영향을 미치게 되어 있어 우리의 실정에서 청탁과 정실이 일어날 가능성이 크다. 평정은 그 신뢰성과 타당성이 온전치 않다. 5급 이하의 공무원에게 적용되는 근무성적평정은 평가요소가 추상적이고 주관적 판단의 여지가 많다.

2) 내부임용의 개선방안

첫째, 내부임용관리 개선을 위한 기본적 원리를 명확히 할 필요가 있다. 내부임용의 기능은 공무원과 직무의 적응도를 높이고 공무원의 자기실현과 성장을 촉진할 수 있도록 개선되어야 하는 것이다.

이를 위하여 과도한 통제를 지양하고 중앙인사기관장은 내부임용의 원칙만 정하고 세부상황은 인사운영기관에서 정할 수 있도록 하여야 한다(총무처 직무분석기획단, 1998: 80~81).

---

2) 1997년 1월부터 2000년 12월말까지 1~3급 전체인원 1,840명을 조사한 바에 의하면, 일반직의 경우 실 · 국장급은 평균 11개월 18일, 과장급은 1년 2개월 14일로 나타났다(www.csc.go.kr.2002. 1. 25).

3) 전문직위제도는 전문성이 높은 직위를 전문직위로 지정하고, 거기에 전문능력을 갖춘 공무원을 배치하며, 전보제한을 강화하는 제도이다. 전문직위에 임용된 공무원은 특별한 사유가 없는 한 임용된 날로부터 3년간 직무요건이 동일하지 않은 다른 직위에 전보할 수 없다.

둘째, 인사교류를 확대할 필요가 있다. 복잡하고 변동이 심한 상황에서 내부임용체제는 교류형에 관심을 두어 운영하여야 한다. 이를 위하여 중앙정부와 지방정부 간, 그리고 지방정부 간 적정수준의 인적자원 유동이 이루어질 수 있도록 제도를 정비해야 한다. 민간부문과의 교류도 촉진해야 한다. 이러한 노력들은 공무원들의 좁은 시야와 할거주의의 방지에 도움이 될 것이다.

셋째, 배치전환을 개선해 나가야 한다. 배치전환의 남용을 막고 정당한 목적에만 활용되도록 하여야 한다 배치전환은 인적자원의 적절한 활용을 통한 조직의 효율성 향상과 개인의 직무만족 및 자기발전이라는 용도에 맞게 활용해야 한다. 이를 위하여 배치전환은 점차 융통성을 높여 나가되, 지나치게 잦은 이동은 조절되어야 한다. 하나의 대안으로써 핵심분야 전문직위제를 확대해 나갈 필요가 있다.

넷째, 승진심사의 공정성을 높여야 한다. 승진의 기준으로 사용되는 공무원 평정의 신뢰성과 타당성을 높이고 실적기준의 비중도 높여 나가야 한다. 각 기관에서 실시하고 있는 5급 이하의 공무원 근무성적평정 방법에는 논문심사제도(통계청), 동료평정제(철도청), 자격증 필수제(대전시) 등이 있는데 이는 승진의 객관성을 향상시킬 수 있는 사례들이라고 할 수 있다.

다섯째, 승진적체 문제에 대한 대책이 필요하다. 승진문제에 대하여 지속적인 근본대책을 세워야 한다. 합리적인 경력관리 및 퇴직관리의 계획을 세워 공무원들의 상향적 이동을 관리하고, 지위중심적 행정문화를 바꿔나가야 한다. 앞으로 작은 정부의 요청, 지방자치의 활성화에 따른 지방자치단체로의 인사권이동, 임용체제의 개방화 촉진 등의 변화는 승진기회의 감소요인으로 작용하게 되어 승진적체 문제를 가중시키게 될 것이다.

한국에서 승진적체에 관한 문제는 계서적 관료제구조와 지위중심적 행정문화의 근본적인 변화가 있기 전까지는 완전히 해결되기 어려울 것이다. 계급 및 지위지향성 문화를 임무 및 능력 지향성 문화로 바꿔나가기 위한 지속적인 노력이 필요하다. 계급에 의하여 신망 받는 사회적 가치에서 일과 봉사에 의하여 존경받는 풍토조성을 위해 노력해야 할 것이다.

한편, 채용체제의 개방화에 맞추어 사회전체의 인적자원 유동성이 높아지게 하고, 이를 통하여 공무원들의 사기업 진출이 다양화 될 수 있도록 노력해 나가야 한다. 이렇게 될 경우 퇴직관리를 통하여 승진적체를 완화하는데 용이하고, 공무원의 계급정년제를 실행할 수도 있을 것이다.

제2절 경력발전

1. 경력발전의 개념

경력발전(career development)이란 경력을 축으로 하여 개인의 성장욕구와 조직의 인사관리 목표 간에 조화를 이루어 내기 위한 인사활동이라고 할 수 있다. 즉, 경력발전은 조직이 구성원의 자율적인 자기경력개발을 도와 장래 조직에 필요한 인재를 육성하려는 인사관리체계이다. 이러한 경력발전 제도를 통하여 조직 구성원은 담당(관심)분야의 전문성에 대한 자기계획을 세우고 조직은 이에 대해 적극적으로 지원하는 체계를 구축하게 된다. 그러므로 경력발전에서는 개인의 경력발전 노력과 조직의 지원이 중요하다. 즉, 경력발전은 개인이 주된 역할을 해야하는 경력계획과 조직이 주된 책임을 져야 하는 경력관리 간의 밀접한 상호작용을 통해 달성될 수 있다(T. Gutteridge and F. Ott, 1983: 22~26 / 유민봉 · 임도빈, 2003: 322).

경력계획은 개인이 경력 상의 목표와 추진단계 및 성취수단을 결정하는 활동이고, 경력관리는 경력을 축으로 해서 개인의 성장욕구와 조직의 목표를 통합시켜 나가는 활동이라고 할 수 있다.

이상과 같은 경력발전은 i) 경력목표, ii) 경력계획, iii) 행동계획의 추진이라는 세 가지 주요한 요소로 이루어진다(Jr. W. B. Werther, K. Davis, 1982: 207).

첫째, 경력목표는 개인이 경력상 도달하고 싶은 미래의 지위(position)를 말한다.

둘째, 경력계획은 경력목표를 달성하기 위한 경력경로를 구체적으로 선택하는 과정을 의미한다. 여기서 경력경로란 개인이 조직 내에서 경력을 쌓아 가는 동안 일련의 직무이동을 나타내는 것으로써 개인의 직무역사를 구성한다.

셋째, 행동계획의 추진은 개인적인 경력계획을 달성하기 위하여 개인 또는 조직이 실제적으로 참여하는 활동으로써 조직 구성원의 경력경로를 체계적으로 계획 조정하는 인사관리과정을 말한다.

이와 같은 경력발전 제도는 개인의 삶의 질 향상과 조직의 생산성 향상을 목적으로 하고 있다(김성수, 1998: 267~268). 즉, 경력발전 제도는 개인과 조직의 잠재력을 극대화하여 인력자원의 효율적인 관리를 가능하게 한다.

2. 경력발전 과정

경력발전의 과정은 크게 경력계획 단계, 경력개발 단계, 평가 및 피드백 단계로 구분할 수 있으나, 이를 보다 자세하게 나누어 설명할 수도 있다(권인호 외, 1998: 295~298).

이를 도표화하면 〈그림 7-2〉와 같이 요약할 수 있다.

1) 조직의 인적자원 자료수집

조직 구성원의 일반적인 인적사항으로부터 학력, 경험, 기술, 적성과 능력에 관한 평가, 인사평정 자료 등 모든 인적자원 자료를 수집하여 정리한다. 구성원도 자신의 능력, 흥미, 가치관 그리고 적합한 경력 등에 관한 자기평가를 통해 자신의 강점과 약점에 대한 인식도를 높인다.

그림 7-2 경력발전 과정

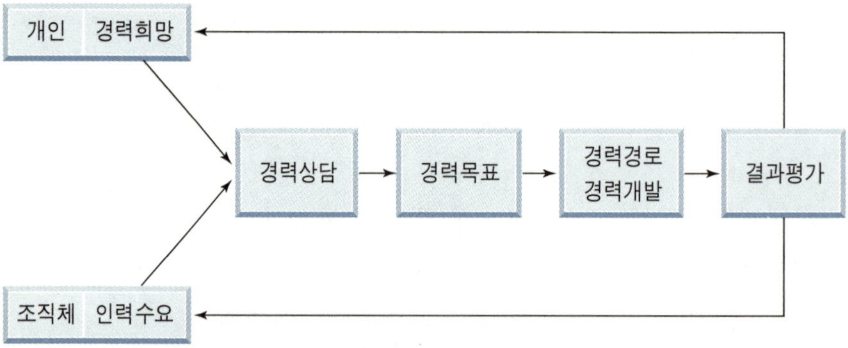

자료 : T. H. Stone, *Understanding Personnel Management*, Dryden press, 1982, p. 324.

2) 직무분석과 인적자원계획

직무분석을 통하여 각 직무의 내용은 물론, 자격조건을 명확하게 하고 직무 간의 연결관계, 승진경로, 그리고 승진기회를 분명하게 한다. 한편 인적자원계획을 통하여 조직의 장 · 단기적 인적자원 수요를 분석한다.

3) 경력기회에 대한 커뮤니케이션

조직체의 인적자원 수요를 중심으로 경력기회와 선택사항들(options)을 조직 구성원에게 알린다. 이를 위해서 새로운 직무 또는 공석을 게시하거나, 인사평정 상담을 통하여 새로운 경력기회도 논의함으로써 구성원으로 하여금 조직체 내의 경력기회를 의식할 수 있도록 한다.

4) 경력목표설정

조직 구성원들이 실무관리자나 전문경력 상담자(career counsellor)와 상담을 거쳐서 자기의 경력목표(career goal)를 설정하는 것이다. 그런데 구성원의 경력목표 설정에 있어서 중요한 것은 직무에서 요구되는 능력수준과 조직 구성원이 현재 갖추고 있는 능력을 비교하여 필요한 능력개발을 바탕으로 한 현실적인 경력목표를 설정하는 것이다. 이 과정에서는 구성원과 경력기회에 대해 잘 알고 있는 실무 관리자의 역할이 매우 중요하다.

5) 경력경로의 설정

경력목표가 현실화될 수 있도록 경력진행의 노선을 설정하는 것이다. 구성원의 경력목표를 달성하기 위하여 구성원이 거쳐 나가야 할 직무와 그 동안에 수행해야 할 교육프로그램 등과 같은 경력경로(career path)를 설정한다. 이 단계에서는 조직이 제공하는 기회와 협조에 의존하는 바가 크다. 따라서 조직과 관리자의 협력이 반드시 필요하다.

경력경로는 일반적으로 네 가지 모형이 있다(오석홍, 2000: 245~246).

첫째, 전통적 경력경로이다. 이것은 직원이 직위의 계층을 따라 수직적으로 상향이동해 가는 경로이다. 한 계층의 직무수행에서 배우고 준비하는 것이 그보다 높은 다음 계층의 직무를 맡는데 필수적인 조건이라는 것을 전제로 하는 경로이다.

둘째, 네트워크형 경력경로이다. 이것은 어떤 계층의 여러 직위에서 쌓은 경험의 호환성(互換性)을 인정하고 승진하기 전에 현재의 계층에서 횡적으로 이동하면서 여러 경험을 쌓도록 요구한다.

셋째, 이원적 경력경로이다. 이것은 관리계통과 기술계통을 분리한 경력경로이다. 이것은 기술분야의 전문가들이 관리자가 되지 않고 계속 조직에 기여할 수 있게 하고, 그들이 관리자와 동등한 대우를 받게 한다.

넷째, 임무중심적 경력경로이다. 이것은 고용 관계와 담당 업무의 잠정성 · 유동성을 전제로 하는 경로로써 조직의 비계서적 · 잠정적 구조에 대응하는 경력통로이다. 이것은 조직의 고정적인 계층과 지위체제에 결부되지 않는다. 임무중심적 경력경로를 따라가는 개인은 자신의 인적 전문화를 위해 꾸준히 노력하며 조직의 필요에 따라 유인 · 기여의 약정을 맺고 근무한다. 그에 대해 조직은 내 · 외재적 보상을 제공한다. 조직 내에서의 경력통로는 상하좌우로 개방되어 있다. 그 속에서 개인의 지위나 권한은 잠정적인 것이다.

6) 결과분석 및 경력개발 계획의 조정

위와 같은 과정을 거쳐 작성된 경력개발 계획은 구성원의 직무수행과 능력개발에 기본 지침으로 활용된다. 그러나 구성원의 실제 성과와 그의 경력목표상의 변경, 그리고 조직체의 상황변화에 따라서 구성원의 경력개발 계획은 주기적인 결과평가와 경력상담을 거쳐서 적절히 수정되어 나간다.

이상의 6가지 경력발전 과정 중 1), 2), 3)은 경력계획 단계, 4), 5)는 경력개발 단계, 그리고 6)은 평가 및 피드백 단계에 속한다고 볼 수 있다.

3. 경력발전 관리의 원칙

조직 구성원의 경력발전 관리의 기본 원칙으로는 적재적소 배치의 원칙, 승진(보직)경로의 원칙 및 인재육성의 원칙 등을 들고 있다(최종태, 1985: 141 / 박천오 외, 2001: 260).

1) 적재적소 배치의 원칙

경력관리는 인재를 적재적소에 배치하는 것을 원칙으로 하고 있다. 따라서 구성원 개인의 적성, 지식, 경험 및 기타 능력과 조직의 목표달성에 필요한 직무가 잘 조화될 수 있도록 하여야 한다.

2) 승진경로의 원칙

경력관리는 명확한 승진 및 보직경로의 확립을 그 원칙으로 한다. 이 원칙은 조직 내 모든 직위는 계층적인 승진(보직)경로로 형성되고 평가되어야 함을 의미한다. 즉, 체계적인 직제를 형성하고 그에 따른 승진(보직)경로에 따라 승진관리가 이루어져야 한다. 이를 위해서는 직무분석에 기초한 인적자원 계획이 필수적이다.

3) 인재육성의 원칙

경력관리는 조직 내부의 인재육성을 원칙으로 한다. 즉, 경력관리는 인재확보에 있어 외부보다는 내부에서 자체적으로 육성하는 것을 원칙으로 한다. 이는 조직 구성원에게 동기를 부여할 뿐만 아니라 외부 충원자들이 조직과 직무에 적응하는 데 필요한 시간과 비용을 절약할 수 있다.

4. 경력발전 활성화 제도

경력발전 제도를 효율적으로 운영하기 위한 제도 또는 기법으로는 자기신고제, 직능자격 제도, 순환보직 제도, 기능목록 제도, 경력상담 제도, 경력발전 워크숍, 전문보직 경로제 등이 있다. 이를 구체적으로 살펴보면 다음과 같다(김성수, 1998: 278~281 / 박천오 외, 2001: 263~265).

1) 자기신고 제도

자기신고 제도(self-reporting system)는 구성원에게 자신의 직무내용, 담당 직무에서의 능력활용의 정도, 능력개발에의 희망, 적성 여부, 전직 희망 등을 기술하여 부서장을 통하여 정기적으로 신고하게 하는 제도를 말한다. 자기신고서를 통하여 조직 구성원의 알려지지 않은 개성 · 특기와 능력개발의 필요성을 파악할 수 있으며 인사이동, 교육훈련, 근무성적평정 등 인사관리의 기초 자료로 활용할 수 있다. 또한 자기신고제는 상사와의 의사소통의 수단이 되기도 한다.

2) 직능자격 제도

직능자격 제도(job qualification system)는 직무수행 능력의 발휘도 또는 신장도 등을 단계적으로 구분하여 등급과 직능을 설정하고, 그 내용과 정도를 규정한 자격제도를 의미한다. 직능자격기준은 인사이동, 배치 및 교육훈련의 지표가 되며, 직무수행 능력 향상의 평가결과를 승진이나 보수에 반영할 수도 있다.

3) 순환보직 제도

순환보직 제도(job rotation system)는 각자의 담당직무(보직)를 순차적으로 이동함으로써 조직의 직무전반을 이해하고 지식 · 기술 및 경험을 풍부하게 하는 제도를 말한다.

4) 기능목록 제도

기능목록 제도(skills inventory system)는 조직 구성원의 직무수행 능력을 평가하는데 필요한 정보를 담은 기초 자료를 만드는 것을 말하며, 이는 경력개발 제도의 중요한 자료가 된다. 조직 구성원 개인별로 인사기록, 경력, 자격, 교육훈련, 근무성적평정 기록, 전문적 기능 등의 내용을 쉽게 찾아볼 수 있도록 작성하여 데이터 베이스에 저장한다. 조직 내에 결원이 생겼을 경우 기능목록에서 적격한 후보자를 선발하여 승진이나 배치를 결정할 수 있다.

5) 경력상담과 경력계획 워크숍

경력상담(career counseling)은 주로 개인이 경력계획을 세우고 그에 따른 직위를 거치면서 계획을 수정할 때, 혹은 경력발전 기회가 박탈되었을 때 고충을 해결하는데 중요한 역할을 담당하게 된다.

이에 반하여 경력계획 워크숍(career planning workshop)은 2~3일 간의 워크숍을 통하여 구성원들이 자신과 조직에 대한 진단을 하고, 이를 기초로 현재보다 더 나은 경력경로 목표를 세우고 구체적인 능력발전 방안을 찾을 수 있는 기회를 가지게 하는 것이다(Hay & Kearney, 1995: 519~520 / 유민봉 · 임도빈, 2003: 327).

6) 전문보직경로 제도

전문보직경로 제도는 전문화된 일반관리자를 양성하기 위한 인사관리체계를 말한다. 개인의 목표 및 적성, 능력, 희망에 대한 분석과 조직의 목표와 직무분석을 통해 인력을 적재적소에 배치하고, 한 분야 및 관련분야에서의 승진, 보직이동, 교육훈련이 이루어져 전문성이 극대화되도록 하는 것이다(최병태 외, 1999: 84).

제3절 퇴직관리

1. 퇴직관리의 의의

조직에서 퇴직은 자연스러운 현상이다. 그러나 훌륭한 인적자원이 중도에 계속 퇴직하고 이에 따른 적정 인적자원을 확보하지 못한다면 조직의 손실은 그만큼 클 수밖에 없다. 적정수준의 퇴직은 인적자원관리에 순환적 기능을 한다. 퇴직이 없으면 조직의 인적자원관리에 있어서 활력소가 없어지고, 노동력의 유연성이 없어져 경쟁력이 약화될 수도 있다. 그러나 과도한 퇴직이나 무능한 구성원이 남고 유능한 구성원이 조직을 떠나서는 안 된다. 이러한 점에서 퇴직에 대한 관리가 필요하다. 퇴직관리란 조직 내 인적자원의 퇴직상황을 분석 · 예측하여 적정수준의 인적자원을 확보하기 위한 활동을 말한다. 그러므로 조직에서 퇴직관리는 불가피한 일이며 퇴직관리를 어떻게 하느냐에 따라 조직의 효율성에 미치는 영향은 매우 크다. 따라서 퇴직관리는 인사행정에서 임용만큼이나 중요하다고 할 수 있다. 성공적인 퇴직관리는 정부조직의 건강과 훌륭한 인재를 확보하는데 임용 못지 않은 영향을 미치는 것이다. 정부와 공무원들 간의 신뢰를 위해서, 또한 정부조직에 남아 있는 잔류자들의 사기관리를 위해서도 퇴직관리에 많은 노력을 기울여야한다.

퇴직관리는 조직의 효율성 확보와 퇴직자의 권익보호라는 측면을 고려하여 이루어져야 한다.

조직의 효율성 확보를 위해서는 우선 조직의 적정 인적자원의 보존을 통한 안정성의 유지와 조직침체를 방지하기 위한 신축성의 조화가 중요하다. 그리고 퇴직이 불가피할 경우는 퇴직자의 권익을 최대한으로 존중하여 처리 해야 한다(오석홍, 2000: 255). 사기업들에서는 막대한 비용이 들고 후유증도 심각한 대규모 구조조정을 반복하지 않기 위해서 평소에 부진한 인적자원을 상시 퇴출시킬 수 있는 제도를 적극 활용하고 있다.[4] 또한 퇴직자들을 위하여 재취업교육이나 창업지원센터의 운영 등을 통하여 실업 없는 직장이동을 적극 지원하고 있다. 이러한 노력들은 정부조직에 있어서도 필요한 조치일 것이다.

결론적으로 말하면, 퇴직관리는 인사행정에 있어서 채용관리만큼 중요하게 다루어져야 하고, 퇴직관리가 정부조직의 효율성 향상을 위해서 무엇보다 중요함을 인식해야 한다. 앞으로 이에 대한 많은 관심과 노력이 필요하다.

2. 퇴직의 유형

퇴직의 유형은 기준에 따라 여러 가지로 분류할 수 있다. 넓은 의미로 볼 경우 퇴직은 임의퇴직과 강제퇴직으로 나누어 볼 수 있다.

임의퇴직은 공무원의 자발적인 의지에 의하여 이루어지는 퇴직을 말한다. 임의퇴직 속에는 의원면직(依願免職)과 명예퇴직(名譽退職)을 포함시킬 수 있다. 의

---

4) S상사의 관리직은 정년을 58세에서 55세로 낮추고, 부장직 최저 재직년수를 3년으로 설정하여 52세까지 부장이 못되면 승진대상에서 제외하고 있다.

그림 7-3 퇴직의 유형

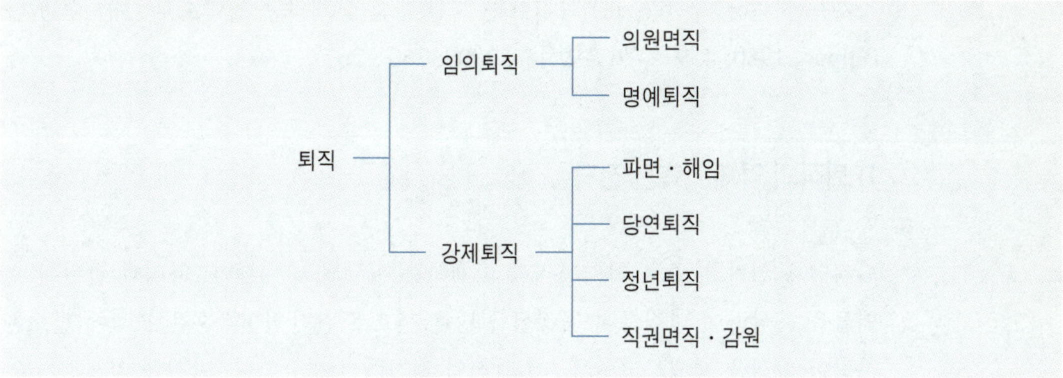

원면직은 자발적 퇴직을 의미하며, 명예퇴직은 20년 이상 근속한 공무원이 정년퇴직일전 1년 이상 10년 이내에 자진하여 퇴직하는 경우를 말하며, 이 때 정부는 예산의 범위 안에서 명예퇴직 수당을 지급할 수 있다. 명예퇴직은 정년퇴직의 한 변형형태라는 점에서 임의퇴직과 강제퇴직의 중간형태라고 할 수 있다(오석홍, 2000: 267).

강제퇴직은 공무원의 의사와 관계없이 정부조직이 정한 기준에 따라 발생하는 비자발적 퇴직이다. 강제퇴직 속에는 징계에 의한 파면 · 해임, 당연퇴직, 정년퇴직, 그리고 직권면직 및 감원에 의한 퇴직 등을 포함시킬 수 있다.

강제퇴직 가운데 파면, 해임, 직권면직은 앞 절에서 설명한 바 있다. 감원은 정부조직의 인원감축의 필요 때문에 공무원을 퇴직시키는 것을 말하며, 정년퇴직은 공무원이 법률에 규정된 계급별, 직무 종류별 정년에 도달하여 자동적으로 퇴직하는 것을 말한다. 당연퇴직은 공무원이 금치산자, 한정치산자가 되거나 파산자로서 복권되지 아니한 경우, 또는 금고 이상의 형을 받고 집행이 종료되지 않았거나 집행유예 및 선고 유예 중인 경우 등에 당연히 퇴직하는 것을 말한다. 이를 요약하면 〈그림 7−3〉과 같다.

3. 퇴직관리 전략

퇴직의 유형에 따라 그 내용과 성격이 다르므로 관리전략도 다르다. 현대조직에서 활용하는 퇴직관리 전략들은 i) 퇴직을 억제 또는 촉진하는 전략, ii) 퇴직예정자를 지원하는 전략, iii) 퇴직자를 지원 또는 통제하는 전략으로 나눌 수 있다(Flippo, 1980: 459~476 / 오석홍, 2000: 260~267).

1) 퇴직의 억제 · 촉진 전략

퇴직억제 전략은 주로 임의퇴직을 억제하는 활동과 관련된다. 퇴직과 관련된 요인들을 분석하여 퇴직률이 적정선을 넘을 것으로 판단될 때, 혹은 조직에 필요한 사람이 퇴직을 계획하고 있을 때 퇴직억제 전략이 필요하다. 퇴직을 억제하기 위해서는 직무만족도 향상, 경력발전기회의 확대, 보수 등 근무조건의 개선, 그리고 정년을 연장하는 방안 등을 활용할 수 있다.

퇴직촉진 전략은 인적자원의 신진대사가 필요하거나, 조직활동을 감축할 필요가 있을 때 퇴직을 유도 · 촉진하는 전략이다. 퇴직을 촉진할 때는 징계 · 감원 · 정년퇴직 등 강제퇴직 전략을 우선 동원할 수 있다. 명예퇴직이나 권고사직 등의 비공식적 임의퇴직을 촉진하는 방법도 쓰일 수 있다.

이 밖에도 조직 간의 인사교류가 용이하도록 여건을 변화시키거나 민간기업의 취업알선 등 적극적인 유인책을 써서 유출시킬 수도 있다.

2) 퇴직예정자의 지원 전략

퇴직예정 공무원들이 퇴직을 대비하고 퇴직생활에 적응할 수 있도록 지원해 주는 것은 퇴직관리의 중요한 과제이다. 이에 대한 전략은 다양하다.

첫째, 경력과 생애에 대한 계획수립이다. 조직 구성원들이 재직기간 동안에 조직 내에서 경력발전에 대한 계획과 퇴직 후의 생애를 설계하고 실천할 수 있도록 지원해 주는 것이다.

둘째, 상담과 교육훈련이다. 퇴직자를 위한 교육훈련 프로그램을 마련하여 퇴직생활에 도움이 되는 정보나 직업전환에 필요한 정보를 제공할 수 있다. 또한 상담을 통하여 퇴직예정자의 장래 불안을 완화하고, 퇴직자의 보다 나은 준비와 사회참여를 촉진할 수 있다.

셋째, 근무감축과 단계적 퇴직이다. 퇴직예정자들의 근무시간 또는 근무일수를 줄여주는 것은 퇴직 후 충격을 완화하기 위한 것이다. 근무감축 방법으로는 시간제근무, 비정규직으로의 전환, 안식년제, 그리고 하위직으로 이동시키는 책임축소제 등을 활용할 수 있다. 책임축소제를 하려면 보수조정 및 이에 따른 연금조정에 관한 조치가 먼저 있어야 한다.

넷째, 순환보직과 창업교육훈련이다. 순환보직은 퇴직예정자들의 일반관리능력을 높이고 업무환경변화에 적응할 수 있는 능력을 키워준다. 따라서 직업전환의 충격을 줄일 수 있다. 사기업부문에서 개발한 사내 창업교육훈련(社內 創業教育訓練)은 직원에게 그의 창의성을 기르고 위험이 따르는 창업적 상황에 대응할 수 있는 능력을 길러준다. 사내 창업교육훈련 방법은 공무원의 경우에 이를 준용할 수 있다.

다섯째, 직업알선이다. 퇴직자의 재취업을 돕는 활동이다. 노동력이 있는 퇴직자들에게 재취업을 위한 정보제공 및 추천 등을 통해 재취업에 조력하고, 재취업을 위해 훈련이 필요한 경우 그 기회를 얻도록 경비부담 등의 지원을 하여야 한다.

3) 퇴직자의 지원 · 통제 전략

퇴직한자를 위한 관리전략의 주축은 그들을 지원하는 전략이지만 경우에 따라서는 재취업금지 등 통제적 전략도 있다.

지원 전략은 세 가지 범주로 나누어 생각해 볼 수 있다. 우선 경제안정을 도모하는 전략으로써 퇴직금과 연금의 지급, 재산형성 지원, 자격증취득 지원, 직업알선 등이 있다. 다음으로는 정신적 · 육체적 건강을 보호하려는 전략으로써 취미생활 지원, 자원봉사 등의 사회참여 촉진과 의료보호의 제공 등이다. 그리고 퇴직생애의 단계적 이행을 지원하는 대책으로써 정년퇴직자들이 노년생애의 각 단계에 적응하는 생활설계를 할 수 있도록 도와주는 활동, 각 단계별 생활의 필요를 충족시켜 주는 데 협조하는 활동이 포함된다.

통제 전략은 정부부문에 국한되는 전략으로 공직부패를 막기 위한 고위공직자의 사기업 취업제한과 징계에 의한 퇴직자의 일정기간 복직금지의 방법이 있다.

4. 임의 퇴직관리

임의 퇴직관리에서는 필요한 사람의 퇴직을 억제하는 것이 중요한 것이지만 퇴직을 권장하는 경우도 있다. 임의 퇴직관리는 여러 단계의 과정을 거쳐서 이루어지게 된다.

퇴직통제를 위한 임의퇴직관리 과정은 i) 퇴직률 측정, ii) 퇴직률 평가 iii) 퇴직의 비용편익 분석, iv) 퇴직원인 분석, 그리고 v) 퇴직통제방안의 결정과 실시의 단계를 포함한다. 여기에 환류작용이 따르는 것은 물론이다(Pigors and Myers, 1977: 198 / Milkovich and Boudreau, 1994: 399~403 / 오석홍, 2000: 267~275). 이러한 퇴직관리 과정은 퇴직의 최적수준과 양태를 발견하기 위해 필요한 것이다.

1) 퇴직률의 측정

퇴직상태를 분석하고 평가하기 위해서는 여러 가지 유형의 퇴직률을 산출해야 한다.

첫째, 총퇴직률이다. 일반적으로 퇴직률이라고 할 때는 일정기간의 총퇴직률을 말한다. 총퇴직률상의 퇴직자에는 모든 종류의 퇴직자들이 포함된다.

둘째, 인적자원 대체율이다. 인적자원 대체율은 채용률에서 퇴직률을 빼서 산출한다. 인적자원 대체율은 조직의 전체적인 인적자원의 증감을 알아보는데 유용하다.

셋째, 퇴직종류별 퇴직률이다. 조직 내의 퇴직상황은 사망률, 정년퇴직률, 임의퇴직률 등 퇴직의 종류별로 퇴직률을 계산해 보면 보다 정확하게 알 수 있다.

넷째, 임의퇴직률이다. 임의퇴직률의 분석에 필요하다면 다시 여러 가지 기준으로 나누어 보아야 한다. 그 기준이란 조직단위, 퇴직자의 근속기간과 연금액, 학력 · 경력 · 성별 · 결혼여부와 같은 퇴직자의 특성, 직무분야 등을 말한다. 임의퇴직률의 분석에 있어서는 재직자 및 퇴직하는 사람들의 가치를 따져보아야 한다. 이는 조직에 누가 남느냐가 중요하기 때문이다.

2) 퇴직률의 평가

퇴직률이 파악되면 그것이 조직을 위해 양적 · 질적으로 적정퇴직률인지를 평가해야 한다. 퇴직률의 평가에서는 퇴직률의 과거와의 비교 및 다른 조직들과 비교하여 적정수준을 판단해야 한다.

총퇴직률과 임의퇴직률의 평가에 일반적으로 적용될 수 있는 기준은 인사체제의 정체성을 막을 만큼 높아야 하고, 혼란과 불안을 막을 만큼 낮아야 한다. 물론 그 적정수준은 경우에 따라 다양할 수 있다.

3) 퇴직의 비용편익 분석

퇴직의 통제여부에 관한 의사결정을 하려면 퇴직의 비용편익을 계산해 보아야 한다.

첫째, 퇴직의 비용분석이 필요하다. 퇴직의 비용계산에는 경제적 손실뿐만 아니라 사회적 비용을 고려해야 하며, 퇴직자체의 비용뿐만 아니라 채용 등 그로 인해 발생되는 대체비용도 고려해야 한다.

퇴직자체비용과 대체비용의 계산에 포함되는 비용항목들은 사기저하와 생산저하, 숙련기술의 손실, 퇴직연금 비용, 퇴직 및 채용상의 행정비용, 교육훈련 비용 등 다양하다(Pigors and Myers, 1977: 198∼201 / Plippo, 1980: 125).

둘째, 퇴직의 편익분석이 필요하다. 임의퇴직이 정부조직과 국가사회에 주는 경제적 · 사회적 이익도 계산해 보아야 한다. 그러한 이익의 예로는 인재채용으로 얻어지는 생산성 향상과 기술이전 효과, 승진 등에 의한 사기앙양 효과, 관리자 양성효과, 취업기회 확대가 주는 사회적 영향 등을 들 수 있다(오석홍, 2000: 270∼271).

4) 퇴직 및 근속원인의 분석

임의퇴직의 통제책을 마련하려면 퇴직률이나 비용편익 분석자료뿐만 아니라 퇴직원인에 대한 판단자료도 가지고 있어야 한다. 퇴직원인을 정확히 분석하기 위해서는 누가(who), 왜(why), 어디서(where), 언제(when), 어떻게(how) 퇴직하는가를 분석하여야 한다. 누가 퇴직하는가에 대해서는 학벌, 지역별, 연령별, 성별, 경력별로 분석하여야 한다. 왜 퇴직하는가에 대해서는 어떤 욕구, 즉 승진, 보수, 직무, 근무조건 등 퇴직동기를 분석하여야 한다. 어디에서 퇴직하는가는 퇴직기관 및 부서를 분석하고, 언제 퇴직을 많이 하는가는 임용 후 언제, 1년 중 어느 달, 승진 혹은 상여금 지급 후 등의 사기체계를 분석하여야 한다. 그리고 어떻게 퇴직하는가는 자기혼자 혹은 동료와 함께 퇴직하는가를 분석하여야 한다. 이 중에서도 가장 중요한 것은 무엇 때문에(why) 유능한 인재(who)가 퇴직하는가를 분석하는 것이다. 자발적 퇴직은 직종에 따라 차이가 있지만, 대부분의 경우 입사 후 6개월 미만과 입사 후 3년 내지 5년 사이에 임의 퇴직률이 가장 높다고 본다(최종태, 2000: 540~541). 전자는 직무부적응, 후자는 자기발전과 관련된다. 그런데 퇴직의 원인은 개인 · 조직 · 노동시장 등 많은 요인들이 작용하여 다양하게 나타난다.

예를 들면, 잘못된 채용, 직무부적응, 발전기회의 결여, 감독자에 대한 불만, 보수 불만, 개인적 신상문제, 그리고 노동시장의 조건 등 매우 다양하다(Caruth and Handlogten, 1997: 283~285).

임의퇴직을 관리하는데 있어서는 퇴직원인 뿐만 아니라 근속원인 분석도 필요하다. 근속원인이 구직난인지 직장의 여러 가지 혜택인지, 또는 직무만족인지를 분석함으로써 퇴직 및 근속원인에 따른 합리적인 퇴직관리가 가능하기 때문이다. 조직 구성원이 근속하는 이유를 직장에 대한 만족과 환경의 압력으로 파악할 때, 다음과 같은 4가지 유형으로 분류할 수 있다(최종태, 2000: 545).

Ⅰ형은 직장 자체에 불만이 있으며, 그 직장에 계속 머물러 있어야 하는 환경적 압력도 거의 없는 경우이다. 이는 기회가 있는 대로 이직하는 경우이다.

Ⅱ형은 직장 자체에 대해서 불만이 있지만, 환경적 이유(자녀취학) 때문에 어쩔 수 없이 근속하는 경우이다.

Ⅲ형은 거의 직장 자체와 연관된 이유만으로 머무는 경우이다. 즉 직장 자체에 대해서 만족하고 있기 때문에 머무는 것이다. 이 경우 직장에 대한 만족감을 줄 수 있는 대책이 계속되지 않고는 근속을 유지시킬 수 없다.

Ⅳ형은 직장에 대한 만족감과 환경적 이유가 합쳐진 경우이다. 즉 직장에도 만족하고 환경적 압력도 없는 경우이다. 이 경우는 임의퇴직을 하지 않는 것이 보통이다. 조직구성원이 근속하는 이유에 대한 사례를 보면, 하위직에서는 물질적 혜택, 가족부양책임, 구직난, 인간관계 등 외부환경에 얽매여 있고, 상위 전문직에서는 외부환경 보다는 직장 자체에 관계되는 내부적 이유가 많다(최종태 2000: 547). 이러한 원인들을 분석하여 퇴직대책을 세워야 한다.

퇴직 및 근속원인을 조사 · 분석하는 방법에는 다음과 같은 것들이 있다(최종태, 2000: 541 / 오석홍, 2000: 271).

첫째, 퇴직자의 면담이다. 이 방법은 사직의 진정한 이유를 알기 위해 감독자나 인사담당자가 퇴직예정자와 면담하는 것이다. 면담과정에서는 부수적으로 인사행정의 실책 등을 발견할 수도 있다(Stahl, 1975: 393~394).

둘째, 퇴직 후의 면담이다. 퇴직자 면담에서는 퇴직자가 퇴직 당시에는 그 이유를 솔직히 말하지 않을 수도 있다. 따라서 이러한 장애를 부분적으로 극복하기 위한 방법으로 사직 후 일정한 기간이 지난 뒤에 면담을 하면 보다 솔직한 답변을 할 가능성이 크다.

셋째, 근무관계기록 조사이다. 사직자의 인사기록을 검토하는 것도 퇴직원인을 추정하는 자료조사이다. 이 밖에 사직이 자주 일어나는 조직단위와 직무분야 및 계층을 확인하고 그에 관한 근무조건을 확인하는 것, 재직자의 근태기록 · 생산기록 · 사고기록 등을 검토하는 것, 근속률을 분석하는 것 등도 사직 이유의 추정에 도움을 줄 수 있다.

넷째, 재직자의 태도조사이다. 재직자의 태도조사도 사직이유 추정 내지 분석에 중요한 자료를 제공할 수 있다. 재직자의 직업생활에 대한 기대와 동기, 불만요인, 재직이유 등을 주기적으로 조사하여 사직발생 가능성을 예측하고 대비하는 데 자료로 삼을 수 있다.

5) 퇴직통제 방안의 결정

임의퇴직의 관리는 퇴직의 원인과 근속의 원인을 파악하여 그에 대한 적절한 대책을 세우는 방법이라고 할 수 있다. 즉 임의퇴직을 통제한다는 것은 바람직하지 못한 퇴직을 감소시키는 방안을 마련하여 시행한다는 뜻이다. 퇴직의 원인 분석과 그 비용편익을 분석하여 손실이 클 경우는 퇴직의 억제책을 마련하여야 한다. 그리고 근속원인을 분석하여 바람직하지 못한 원인은 개선하고 바람직한 원인은 유지 · 발전시켜나가야 한다. 퇴직억제 및 근속유지 방안으로는 다음과 같은 것들을 들 수 있다.

첫째, 직무부적응의 해소이다. 퇴직을 억제하려면 직무요인과 인적조건을 적응시키고 사람이 직무에서 보람을 찾을 수 있게 만들어주어야 한다. 예를 들면, 직무적격자의 채용, 배치전환에 의한 부적응 문제의 예방 및 해소, 직무확장 또는 직무풍요화 등의 방법으로 직무설계를 바꿔야 한다.

둘째, 근무조건의 개선이다. 근무조건에 대한 불만을 해소하기 위해서는 보수와 편익, 근무시간과 휴가, 작업환경, 감독방법 등을 개선해야 한다.

셋째, 직무만족 및 경력발전 기회의 확대이다. 구성원의 직무만족을 위하여 성취감이나 인센티브 등을 이용한 동기유발 방법이 동원될 수 있고, 승진, 교육훈련, 직무풍요화 등 경력발전 기회를 확대해 주기 위한 여러 가지 수단이 동원될 수 있다.

5. 강제 퇴직관리

강제퇴직은 대체로 불가피한 퇴직이라고 규정된다. 그러나 강제퇴직의 사유를 예방하거나 해소할 수 있는 여지는 있다. 앞에서 언급한 바와 같이 강제퇴직에는 여러 종류가 있으나 중요한 것은 징계퇴직, 정년퇴직 그리고 감원이다. 징계퇴직은 앞에서 언급한 바 있으므로 여기서는 정년퇴직과 감원에 대하여 살펴보고자 한다.

1) 정년퇴직

(1) 정년제도의 의미

정년제도는 공무원이 재직 중 발전 없이 장기간 근속하거나 노령이 되어 유용성이 감소한 경우 법으로 정한 시기에 자동적으로 퇴직하게 하는 제도이다. 이 제도는 법적 연한에 따라 공직에서 물러나게 함으로써 정부업무의 능률적인 수행을 보장하고, 인적자원의 신진대사를 원활하게 하며, 공무원들의 사기를 높이는 기능을 한다. 반면에 개인의 신체적 건강을 고려하지 않고 일률적으로 법적 연령에 의한 퇴직은 유용한 인적자원을 낭비할 수도 있다.

(2) 정년제도의 유형

정년제도는 세 가지로 대별할 수 있다.

첫째, 연령정년제도(年齢停年制度)이다. 가장 널리 채택되고 있는 제도이다. 이 제도는 공무원이 너무 늙으면 직무수행 능력이 저하되고, 구성원들을 지휘하는데도 지장이 있다는 것이 주된 이유이다(桐木逸朗, 1977: 7~9 / Milkovich and Boudreau, 1994: 408~411 / 오석홍, 2000: 279). 연령정년제도의 변형된 제도는 다음과 같은 것들이 있다.

i) 선택정년제(選擇停年制)는 미리 정한 정년에 도달했을 때 해당 직원이 독자적으로 퇴직을 결정하게 하는 제도이다. 일할 능력이 있으면 계속 근무할 수 있다.

ii) 선별정년제(選別停年制)는 정년연령에 도달했을 때 퇴직여부를 고용주가 선별할 권리를 갖게 되는 제도이다.

iii) 선택단축정년제(選擇短縮停年制)는 정년연령에 도달하기 전에 퇴직하면 퇴직연금 이외의 퇴직수당을 추가로 지급하여 퇴직을 촉진하는 제도이다.

둘째, 근속정년제도(勤續停年制度)이다. 조직에 들어간 후 일정한 기간이 지나면 자동적으로 퇴직하는 제도이다. 이 제도는 공직의 유동성을 높인다는 것 이외에는 정당성의 근거가 약하다. 계약제는 계약기간이 끝나면 고용관계가 해지되므로 근속정년제의 한 변형이라고 볼 수 있다. 재임용제(再任用制)는 근속정년제에 실적기준을 도입한 제도라고 할 수 있다(배득종, 1997 / 오석홍, 2000: 280).

셋째, 계급정년제도(階級停年制度)이다. 공무원이 일정기간 동안 승진하지 못하면 그 기간이 만료될 때 자동적으로 퇴직하는 제도이다. 우리 나라는 경찰과 군인의 경우에 계급정년제가 있다.

(3) 정년제도의 대책

정년에 따르는 해당자의 실직과 수입감소, 생계 대책에 대한 문제점을 해결하기 위하여 다음과 같은 몇 가지 대안을 마련해야 한다(최해진, 1999: 313~314).

첫째, 정년연장 방법이다. 현행 정년제도는 평균수명의 연장에 비추어 시대적으로 뒤떨어진 제도이다. 영양 및 건강상태가 좋아지고 평균수명이 길어지면서 노동가능 연령이 크게 높아졌다. 여기에 출산율의 급격한 저하와 사회의 노령화는 정년연장의 필요성을 말해주고 있다.

둘째, 보수와 퇴직금 제도의 조정이다. 정년연장은 보수와 퇴직금의 누진적 증가에 따른 재정적 부담을 가중시킬 수 있다. 이 문제를 해결하기 위해서 임금피크제와 일정 시점 이후의 근무년수는 퇴직금 산정에서 제외하는 조정 방법을 고려할 수 있다. 이것은 정년을 연장시켜 주면서 동시에 재정적 부담을 줄이는 효과를 얻을 수 있다.

셋째, 재고용제 혹은 근무연장제의 도입이다. 재고용제는 근무를 연장시키는 제도로써 촉탁제도(囑託制度)라고도 하며, 정년대상자에게 퇴직 후 재취업형태로 근무하게 하는 방법이다. 이 방법은 퇴직자의 풍부한 경험을 활용할 수 있는 이점도 있다. 이 경우에는 신분, 보수, 복지후생에 대한 대우가 당연히 달라지게 된다.

넷째, 퇴직준비 프로그램의 제공이다. 공무원의 퇴직에 따른 심리적, 경제적 충격을 완화하기 위한 방법에는 퇴직생활의 설계, 창업교육훈련 등 다양한 프로그램이 있다. 이에 대한 언급은 앞의 '퇴직관리 전략' 부분에서 언급한 바 있다.

2) 감 원

(1) 감원의 의미

감원이란 정부조직의 축소로 인하여 남는 공무원을 퇴직시키는 것을 말한다. 감원의 종류는 크게 부분적 감원과 일반적 감원으로 나누어 볼 수 있다. 이는 다시 복직을 전제로 한 일시적 감원과 그렇지 않은 항구적 감원으로 구분해 볼 수 있다(오석홍, 2000: 289). 부분적 감원은 일부의 조직단위나 직무분야에 대해서만 감원의 필요가 생겨 해당 공무원을 퇴직시키는 것을 말한다. 일반적 감원은 정부전반에 걸쳐 일정한 수의 공무원을 줄이는 것을 말한다.

대규모 정부조직을 운영하다 보면 감원이 불가피할 때가 있다. 한국도 이를 인정하고 있다. 국가공무원법 제70조는 '직제와 정원의 개폐 또는 예산의 감소 등에 의하여 폐직 또는 과원(過員)이 되었을 때' 에는 임용권자가 공무원을 직권으로 면직시킬 수 있다고 규정하고 있다. 그러나 감원은 직접적인 퇴출비용 뿐만 아니라 잔류자의 신분불안 및 사기저하, 충성심의 와해, 유능한 구성원의 이직 등의 간접비용으로 인하여 조직의 경쟁력을 약화시킬 수 있으므로 신중하게 이루어져야 한다.

(2) 감원의 기준

정부의 감원의 필요성은 언제나 있게 마련이나 그 빈도와 규모는 상황에 따라 다르다. 오늘날 정부축소와 감축관리를 요구하는 이유로는 거대 정부조직의 비능률성과 재정낭비, 그리고 정부의 자원획득능력 제약 등 다양한 요인들이 있다. 이러한 변화는 전보다 감원의 필요성을 크게 하고 있다. 이러한 이유로 인원감축이 불가피한 경우에도 채용동결, 직원의 재교육훈련과 재배치, 민간에 대한 파견근무, 임시직원 해임, 자발적 퇴직 유도 등의 방법을 써서 정규직의 감원을 피할 수 있는 여지가 있다(Anthony, 1996: 647~651 / 오석홍, 2000: 290). 이와 같은 비감원대책을 쓸 수 없거나 또는 비감원대책을 실천했음에도 불구하고 인력자원이 남을 때 감원은 불가피하게 된다.

감원을 해야할 때에는 조직의 효율성, 공무원의 권익, 그리고 형평성을 모두 고려하여 적정한 감원계획을 수립하여 시행하여야 한다. 불가피하게 감원을 하는 경우에는 불공평한 일을 막고 해당 공무원의 희생을 줄일 수 있는 모든 노력을 기울여야 한다.

감원의 공평성을 유지하기 위해서는 감원의 기준을 설정하여 불공평한 감원이 없도록 하여야 한다. 감원의 과제는 감원대상자의 기준을 설정하는 문제이다. 감원순위 결정기준은 흔히 근무기간과 실적을 기준으로 하고 있다.

근무기간을 기준으로 하는 경우에는 채용순위 혹은 역순위(逆順位)로 감원하게 된다. 근무기간을 기준으로 할 때는 객관적이고 간단하다는 이점이 있다. 채용의 역순위로 감원하는 경우에는 장기근속자의 보호라는 사용자의 윤리적 입장을 살릴 수 있다. 이런 의미에서 사용자(정부)와 노동조합 간의 협상에도 도움이 될 수 있다.

그러나 근무기간만을 기준으로 할 경우 우수한 사람이 퇴직하는 결과가 나올 수 있다. 반면에 실적만을 기준으로 할 경우는 실적평정에 정실이 개입될 가능성이 있다.

오늘날의 처방적 이론들은 실적기준의 적용을 선호한다(오석홍, 2000: 292). 민간기업에서는 일반적으로 감원대상자 선정기준을 ⅰ) 성과부진자, ⅱ) 성과나 행동에서 문제를 지적 받거나 징계 경험이 있는 자, ⅲ) 미숙련자 또는 근속연수가 짧은 자, ⅳ) 불필요한 기능 부문이나 잉여인력 등의 순서로 한다.

(3) 감원의 대책

급변하는 환경에 대응하기 위해서는 정부도 구조조정을 수행하지 않을 수 없다. 구조조정은 감원을 수반할 수 있고, 이에 따른 부작용을 최소화하기 위해서는 효율적인 감원관리체계를 구축하기 위한 노력이 필요하다.

감원관리의 대책은 감원대상자와 잔류자 모두에게 필요하다. 감원대상자 대책으로는 감원대상자를 합리적으로 선발하고, 이들을 대상으로 인생의 설계를 위한 프로그램이나 전직을 위한 교육훈련 또는 창업에 도움이 되는 창업교육 과정을 체계적으로 관리하여 원활한 감원이 이루어질 수 있게 하고, 나아가 조직의 경쟁력에도 도움이 되게 하는 것이다. 감원대상자 대책은 퇴출자의 소송 등 감원으로 인한 비용을 줄일 뿐만 아니라 그들이 일자리 찾기에 몰두하게 하고, 자신감을 잃지 않게 도와주며, 자신의 장단점을 파악하여 취업에 필요한 교육훈련을 받아 새로운 직업을 갖게 하는데 있다. 이에 대한 구체적 프로그램은 앞의 '퇴직관리 전략' 부분에서 언급한 바 있다.

감원대책은 몇 가지 단계를 거쳐 이루어지게 된다.

첫째, 충격완화 단계로 해고통보로 인해 겪게 되는 감원대상자의 충격상태를 안정시킬 수 있도록 지원하는 단계이다. 즉, 면담이 필요한 단계이다.

둘째, 개인에 대한 종합적인 평가 단계로 표준화된 테스트나 면담을 통해 개인에 대한 장단점을 알게 해 주는 것이다.

셋째, 교육훈련 단계로 직원이 새로운 일자리를 찾는데 도움이 되는 정보 및 교육훈련 등 각종 지원단계이다.

넷째, 추가지원 단계로 미취업 직원에게 개별적으로 직업탐색을 지속적으로 지원하는 단계이다. 이러한 방안 가운데 하나는 감원된 공무원의 우선적인 복직(復職)이다.

감원된 공무원의 복직 방법에는 여러 가지가 있다(DeCenzo and Robbins, 1999: 344 / 오석홍, 2000: 291). 한국은 특별채용절차에 의하여 재임용 될 수 있는 길을 열어두고 있다. 즉 퇴직한 날로부터 3년 이내에 퇴직시의 직급으로 재임용하는 경우에는 특별채용시험에 의할 수 있다.

이러한 감원대책을 위한 노력들은 생산성 감소를 막고, 사고율 저하, 자발적 퇴직의 경감 등 여러 가지 이점이 있을 것이다(최종태, 2000: 619~620).

잔류자를 대상으로 하는 대책은 각각 새로운 경력관리를 위하여 지도와 교육훈련 및 기타 지원을 하는 정책이다. 감원의 부작용을 최소화하기 위해서는 잔류자에 대해서도 신분보장에 대한 불안감을 해소하기 위한 노력과 더불어 다음과 같은 조치가 취해져야 한다. 즉 잔류자의 신분불안 심리와 사기저하, 생산성 감소 등 감원 후유증을 치유하는 노력이 적극적으로 이루어져야 한다.

첫째, 구성원의 인식행위에 대한 대응노력이다. 감원에는 구성원의 많은 오해와 불신이 있기 마련이다. 따라서 이들에 대한 인식과정에 적극적으로 개입해서 감원의 공평성을 심어주어야 한다. 여기에는 감원된 공무원에 대한 지원책과 더불어 충실한 정보와 의사소통이 핵심적인 역할이다.

둘째, 구성원의 반작용에 대한 대응노력이다. 감원은 잔류자의 분노, 소송 등의 반발을 야기한다. 이에 대한 상담 및 체계적인 대응조치가 확립되어야 한다.

셋째, 구성원의 연대행위 방지를 위한 대응노력이다. 노동조합의 집단적 반발은 감원에 따른 손실을 더욱 크게 할 수 있으므로 이에 대한 대비가 필요하다.

넷째, 노사간의 미래지향적인 관계구축과 더불어 공무원의 체계적인 경력관리를 추진시키는 노력이 있어야 한다(최종태, 2000: 621~623).

결론적으로 감원의 부작용을 최소화하기 위해서는 감원대상자뿐만 아니라 잔류자에 대한 신분보장과 능력개발에 대한 정부의 총체적인 노력 및 제도가 뒷받침되어야 한다.

(4) 한국의 감원 관행

한국의 공식적인 감원 방침은 실적기준의 적용을 강조하는 것이다. 국가공무원법은 감원의 사유로 인한 직권면직을 결정할 때는 임용형태 · 업무실적 · 직무수행능력 · 징계처분 사실 등을 기준으로 고려하도록 규정하고 있다.

그리고 면직결정은 임용권자 또는 임용제청권자별로 심사위원회를 구성하여 그 심사위원회의 심의 · 의결을 거치도록 하고 있다. 이는 면직의 공정성을 높이기 위한 조치이다. 그러나 그동안 한국의 감원형태는 감원의 원칙이나 기준이 잘 지켜지지 않았고 감원의 책임을 회피하려는 행동이 많았다. 시간이 오래 걸리는 정원동결방법이나 과원인정(過員認定)과 같은 편법을 쓰는 것이 그 예이다. 과원인정이란 임의퇴직 등에 의해 인원이 줄어들 때까지 초과정원을 인정하는 조치이다. 그런가 하면 이와 반대로 일제숙정과 같은 극단적이고 초법적인 방법으로 감원하기도 하였다.

일반적 감원에서 하위직이이나 힘없는 기관이 더 많은 희생을 당했다는 비판은 오래된 것이다. 이러한 비판과 더불어 잘못된 인사정책 때문에 감원과 증원을 되풀이하여 정부에 큰 손실을 입혔던 일은 반성해야 한다(오석홍, 2000: 293).

퇴직관리는 사람을 퇴직시키는 과정이 아닌 훌륭한 인적자원을 확보하는 수단으로 활용되어야 한다. 퇴직예정자에 대한 존중과 관련 프로그램을 제도화하여 정부조직에는 경쟁력 강화를 위한 도구로, 공무원 개인에게는 퇴직 후의 인생을 설계하는 도구가 될 수 있게 하여야 한다. 이를 위하여 임용에서 퇴직 순간까지 정부가 관심과 정성을 보이는 문화를 정착시켜야 한다.

Memo

제8장 공무원 교육훈련

제1절 공무원 교육훈련의 의의

제2절 공무원 교육훈련의 종류

제3절 공무원 교육훈련 업무의 편성과 운영

제4절 한국의 공무원 교육훈련

제1절 공무원 교육훈련의 의의

1. 교육훈련의 정의

조직의 발전은 조직 구성원의 능력수준과 그 효과적인 활용에 크게 의존한다. 따라서 조직은 구성원의 잠재력을 충분히 계발(啓發)하고 이것이 조직체의 목표달성 과정에서 충분히 발휘될 수 있도록 많은 노력을 기울여야 한다.

인사행정에서 말하는 교육훈련은 공무원의 능력을 향상시키려는 활동이다. 본래 교육훈련이란 용어는 교육과 훈련의 합성어이지만 이를 구분하지 않고 사용하는 것이 일반적이다. 그러나 이를 구분하여 설명하면, 교육이란 개인의 잠재력을 종합적으로 계발하는 것을 뜻하며, 훈련이란 공무원이 맡은 바 직책을 수행하는데 필요한 지식과 기술을 연마하고 바람직한 태도를 가지도록 하는 것을 의미한다. 따라서 교육훈련이란 공무원이 직무수행에 필요한 지식과 기술을 연마하고 바람직한 태도를 가지도록 하는 것은 물론 잠재적인 능력을 종합적으로 계발하는 활동을 의미한다.

한국의 공무원 교육훈련법 제1조에도 "이 법은 교육훈련을 통하여 국가 공무원에게 국민 전체에 대한 봉사자로서 갖추어야 할 정신적 자세를 확립하게 하고 직무를 효과적으로 수행할 수 있는 기술과 능력을 향상하게 함을 목적으로 한다" 고 규정하고 있다.

2. 교육훈련의 필요성

조직이 생존해 나가기 위해서는 새로운 지식과 기술의 습득은 물론 환경의 변화에 적절히 대응해야 한다. 오늘날의 정보화 사회에서는 급속한 사회변화가 이루어지고 있고, 시민들은 양질의 행정 서비스를 요구하고 있는가 하면, 공무원들의 자기발전에 대한 욕망은 커지고 있다. 이러한 환경변화에 조직이 대응하기 위해서는 신축적인 조직구조의 설계뿐만 아니라 구성원의 지식습득과 행태변화가 요구된다. 따라서 조직은 환경변화에 적응할 수 있는 지식과 기술, 그리고 의식, 태도, 가치관 및 행동의 변화를 이끌어 내기 위한 교육 프로그램을 개발·운영하지 않으면 안 된다. 특히 급속한 환경변화에 대응하기 위해서는 공무원의 교육훈련을 평생교육이라는 관점에서 접근할 필요가 있다.

이러한 의미에서 공무원의 교육훈련은 누구에게나 필요하다고 할 수 있는데, 그 필요성을 요약하면 다음과 같다(한국행정연구원, 1992a: 6).

첫째, 변동하는 사회상황에 대처할 수 있는 완벽한 능력을 갖춘 사람은 드물다.

둘째, 공무원의 능력은 의식적인 노력을 통하여 개발될 수 있다.

셋째, 공무원 개인의 능력발전은 개인과 조직에 바람직하다.

3. 교육훈련의 목적과 효용

교육훈련의 일반적인 목적은 공무원으로 하여금 정부의 목표달성에 기여할 수 있는 능력을 향상시켜 조직의 성과를 높이는 것뿐만 아니라 개인에게도 발전의 기회를 제공하려는 것이다. 이를 보다 구체적인 하위목표로 나누어 살펴보면 다음과 같다(오석홍, 2000: 301~303 / 유민봉·임도빈, 2003: 265).

① 능률성 향상

교육훈련은 직무수행에 필요한 지식·기술의 습득과 태도·인식의 변화 등을 통해 행정 능률과 서비스의 질을 향상시킨다.

② 원활한 인적자원관리

교육훈련은 장래 조직의 인적자원수요와 요구를 충족시키는데 기여할 뿐만 아니라 내부인적자원의 신축적 활용을 가능하게 하여 원활한 인적자원관리에 도움이 된다.

③ 통제 필요성 감소

교육훈련은 형식주의, 무사안일, 창조정신 결여 등 관료제의 병폐를 시정할 수 있어 상관의 통제업무를 줄일 수 있고, 다른 사람들과의 업무협조를 용이하게 한다.

④ 공무원의 자기발전

교육훈련은 공무원의 자기실현욕구와 성장욕구를 충족시키고 인간적 발전을 촉진시킨다.

⑤ 동기유발

교육훈련을 통한 개인의 직무능력 향상은 근무의욕을 높이며, 위탁교육을 통한 학위취득은 사기를 높인다.

⑥ 경력발전 촉진

교육훈련은 공무원들이 장래의 경력발전을 위해 준비할 수 있는 기회를 제공한다. 이는 개인의 장기적인 생애목표 내지 경력발전에 기여한다.

제2절 공무원 교육훈련의 종류

교육훈련의 종류는 교육훈련의 목적 내지 내용, 교육훈련을 받는 공무원의 계층, 교육훈련기간, 교육훈련장소, 교육훈련방법의 성격 등에 따라 여러 가지로 나눌 수 있다. 교육훈련의 목적 내지 내용을 기준으로 분류하면 다음과 같다(Stahl, 1983: 278~290 / 박동서, 2001: 216~218 / 오석홍, 2000: 309~313 / 강성철 외, 2001: 276~279).

1. 적응 교육훈련(신규채용자 교육훈련)

적응 교육훈련(introduction or orientation training)은 신규채용자들에게 공무원으로서 알아야 할 조직의 문화, 규범, 직업윤리 등의 기초 소양교육과 담당할 직무에 대한 성격, 필요한 지식, 태도 등 직무적응에 필요한 요소들을 안내하는 과정으로 신규채용자 교육훈련이라고도 한다. 한편, 승진, 복직, 보직변경 등의 경우에는 경력자를 대상으로 교육이 실시될 수 있는데, 이를 재적응 교육훈련(reorientation training)이라고 한다.

2. 정부 고유업무 담당자 교육훈련

경찰 · 소방 · 세무 등에 대한 업무는 정부에만 있는 고유한 것이다. 이러한 업무는 일반 교육기관이나 민간기업에서는 배울 수 없기 때문에 이와 관련된 직책을 부여받는 사람에게 실제업무를 담당하기 전에 실시하는 교육훈련이 정부 고유업무 담당자 교육훈련이다. 대개 장기훈련이며, 국가의 전문적인 기관에서 교육훈련한다. 우리 나라의 경찰학교, 소방학교 등이 그 예이다.

3. 일반 재직자 교육훈련

일반 재직자 교육훈련(refresher and extension course)은 일명 보수교육이라고도 하며, 재직 공무원을 대상으로 현재 담당하거나 장래에 담당할 직무의 수행능력 향상과 변화에의 적응을 위해 새로운 기술 · 지식 · 법령의 내용 등을 습득시키며, 근무태도 · 가치관을 변화시키기 위하여 정기적 또는 수시로 실시하는 교육훈련이다.

4. 감독자 교육훈련

감독자 교육훈련(supervisory training)은 담당(계장) · 과장급 등 감독자의 감독능력과 증대된 책임성에 대한 준비를 위한 교육훈련이다. 교육훈련 내용은 감독자의 직무와 책임에 관한 기본지식, 인간관계, 의사전달, 인사행정, 부하훈련, 사무관리 등 기술적인 것이다. 교육훈련 방법은 회의, 사례연구 등이 많이 이용된다.

5. 관리자 교육훈련

관리자 교육훈련(executive training)은 국장급을 중심으로 한 관리층의 관리능력, 즉 정책결정과 지휘에 필요한 능력을 향상시키는 교육훈련이다.

관리자 교육훈련은 조직체의 관리활동에 필요한 포괄적이고 광범위한 능력을 배양시키는 것이므로 전문가를 일반행정가로 만드는 교육훈련이다.

교육훈련 내용으로는 지도력, 의사결정 능력, 통찰력, 창의력 등이 있으며 교육방법으로는 사례연구, 분임연구, 토의 등이 효과적인 것으로 알려지고 있다.

6. 윤리교육훈련

윤리교육훈련(ethical education and training)은 공무원의 윤리성 제고를 위해 가치관과 태도의 발전적 변화를 모색하는 일련의 교육훈련으로서 정신교육이라고도 한다. 교육의 내용은 국가의 이념과 기본 가치, 그리고 공식적인 윤리규범이 주축을 이룬다. 가치관을 바꾸기 위한 윤리교육훈련은 단기적인 교육효과보다는 지속적인 노력이 필요한 교육이다.

제3절 공무원 교육훈련 업무의 편성과 운영

교육훈련 업무는 i) 교육훈련 계획수립, ii) 교육훈련 계획의 집행, iii) 교육훈련의 평가 등 세 가지 기본적 활동단계로 이루어진다.

그러나 이러한 업무를 수행하기 위해서는 관련 법령의 제정은 물론 계획업무를 주관할 기관과 사람을 정하는 등의 준비작업이 기본적 활동단계에 선행하여 이루어져야 한다.

여기에서는 교육훈련의 기본적 활동단계에 준하여 i) 교육훈련 담당기관의 선정, ii) 교육훈련 수요조사, iii) 교수요원의 선정, iv) 교과편성 및 교육훈련 기간, v) 교육훈련의 방법, vi) 교육훈련에 대한 저항 극복, 그리고 vii) 교육훈련 평가 등에 대하여 알아보고자 한다.

1. 교육훈련 담당기관의 선정

공무원 교육훈련에 있어서 교육훈련 담당기관의 선정은 매우 중요한 문제가 된다. 교육훈련 담당기관으로서는 중앙인사기관의 중앙공무원교육원, 각 부처의 공무원교육원, 그리고 기타 국내외의 교육훈련 기관 등이 있다.

1) 중앙인사기관과 부처의 공무원 교육원

영 · 미의 경우 공무원 교육훈련의 집행업무는 대부분 각 부처에서 담당한다. 중앙인사기관은 고위직 훈련이나 신규채용 고급공무원의 교육훈련을 극히 한정된 범위 내에서 담당하는 것 외에, 각 부처 교육훈련업무의 기준설정 · 기술적 조언 · 조정 등을 주임무로 하고 있다. 따라서 양자의 관계는 상하 간의 명령 · 복종관계라기보다는 분업을 통한 협조관계이다(박동서, 2001: 223).

한국의 중앙인사기관 소속의 중앙공무원 교육원에서는 5급 이상의 공무원 및 고위공무원단에 속하는 공무원과 5급 신규채용자에 대한 교육훈련을 담당하고 있다. 그 이하 공무원의 교육훈련은 각 부처에서 담당하고 있다. 중앙공무원 교육원에서는 각 부처 소관 교육원에 대한 교육훈련 업무를 부분적으로 지도 · 지원하고 있다.

2) 외부 교육훈련기관

공무원의 교육훈련은 정부기관 교육훈련과 외부기관 교육훈련으로 나눌 수 있다. 공무원에 대한 교육훈련은 정부기관 내에서 하는 것이 원칙이나, 경우에 따라서는 외부기관에 위탁할 수도 있다.

외부기관 위탁교육훈련은 i) 해당교육훈련을 정부가 직접 하는 것이 적절치 않을 경우, ii) 비용 · 효과측면에서 정부기관보다 외부기관에서 하는 것이 더 나은 경우에 효과적이다.

2. 교육훈련 수요조사

1) 수요조사의 의의

교육훈련 수요조사는 교육훈련 계획수립의 출발점이며 전반적인 교육훈련 운영의 초석이라고 할 수 있다. 공무원의 교육훈련 수요조사란 기준에 미달되는 공무원의 능력을 파악하여 필요한 교육훈련의 수요를 판단하는 활동이다. 교육훈련 조사에서는 우선 기준에 미달되는 공무원의 능력이 무엇이며, 그 원인이 무엇인가를 파악하고, 그러한 능력을 개선할 수 있는 교육훈련이 어떤 것인가를 결정해야 한다.

교육훈련에 대한 수요조사가 있어야 교육훈련 내용 결정, 피교육훈련자 선발, 교육훈련 방법을 결정할 수 있다. 또한 교육훈련의 기대효과를 명시하고, 교육훈련 평가의 기준을 제시할 수 있다. 교육훈련 조사가 부실하게 되면 교육훈련 운영이 형식적으로 이루어질 수밖에 없다(오석홍, 2000: 324).

교육훈련 수요를 파악하기 위해서는 교육훈련 수요 발생요인에 관한 자료와 직무수행 기준에 관한 자료 및 직무수행 실적에 관한 자료 등을 분석해야 한다. 교육훈련 수요조사는 결국 공무원 개인이 어떤 교육훈련을 받아야 하는가를 알기 위한 것이다. 이를 위해서는 개인의 교육훈련 수요에 영향을 미치는 조직상의 조건들부터 확인해야 한다.

공무원의 교육훈련 수요는 정부, 직무, 개인 등 세 가지 차원으로 구분할 수 있다(Schuler, 1984: 394 / 강성철 외, 2001: 281 / 박천오 외, 2001: 221).

정부 차원의 교육훈련 수요에 대한 분석은 정부의 기본 목표 및 사업계획을 확인하고, 그에 영향을 주는 환경적 여건[1]에 대한 분석을 토대로 하여 이를 교육훈련 수요결정에 연계시키는 것이다. 정부의 기본 목표 및 사업계획의 변화는 그것을 수행하는 일선기관의 공무원들에게 새로운 업무와 그에 따른 행정능력을 요구하게 된다. 그러므로 정부차원의 교육훈련 수요분석은 교육훈련이 필요한 분야와 내용 및 훈련성과의 평가기준에 대한 기초적 정보를 제공한다.

---

1) 환경적 여건은 사회규범, 기술변화, 정치 · 경제적 요인, 노동시장의 상태 등 외부 환경적 요인들과 직무설계 · 분석, 인력계획, 임용제도, 보상체계, 근무성적평정제도 등 내부 환경적 요인들로 구성되어 있다(강성철 외, 2001: 281).

직무차원의 교육훈련 수요에 대한 분석은 직무를 구성하는 업무내용과 그것을 수행하는 데 필요한 지식과 기술 및 태도 등을 파악하는 것이다. 이것은 직무 기술서와 직급 명세서를 토대로 파악되며, 필요에 따라 점직자 또는 감독자로부터 필요한 정보를 얻을 수 있다(Hays & Reeves, 1991: 224~225).

개인적 차원의 교육훈련 수요분석은 조직이나 직무의 관점에서 수용 가능한 최저 수준의 업무실적이나 직무수행 능력 또는 태도와 이에 대한 공무원 개인의 현재 수준을 비교한 차이에 의하여 측정될 수 있다. 따라서 개인의 교육훈련 수요분석은 기본적으로 직무분석과 근무성적평정에 의존하게 되며(Box & Whellen, 1982: 54), 이 밖에도 자기평가 · 관찰 · 면접 · 설문지 방법이 일반적이며, 시험에 의한 방법도 사용된다.

그러나 교육훈련의 수요를 객관적으로 정확하게 측정한다는 것은 매우 힘든 작업이다. 더욱이 미래의 교육훈련의 수요에 대한 예측은 기술 및 노동시장의 변화 등 환경의 변화까지 예측해야 하기 때문에 더욱 어렵다. 또한 공무원의 능력에 대한 기대수준과 현재수준 간의 능력이나 실적의 차이가 모두 훈련수요가 되는 것은 아니다(Donald E. Klingner, 1980: 246~247). 실적의 차이는 조직설계 및 직무설계의 잘못, 근무조건, 공무원의 건강 등에 의하여 영향을 받을 수 있다. 따라서 교육훈련의 수요를 교육훈련 이외의 관리개선, 즉 채용방법의 개선, 근무성적평정, 동기부여 방식의 변경 등 교육훈련 이외의 방법에 의하여 개선하는 것이 더 효과적인 경우도 있다(오석홍, 2000: 327).

2) 수요조사의 과정

공무원의 교육훈련 수요조사는 대략 다음과 같은 단계로 이루어진다(박천오 외, 2001: 221). 제1단계에서는 교육훈련을 현재의 행정환경 여건과 정부 대응력과의 격차를 보완하는 교육훈련과 변화가 예상되는 분야 및 영역에 대하여 미리 대비하는 교육훈련으로 대별하여 교육훈련 목표와 과제를 각각 설정한다(정부차원의 교육훈련 수요분석). 제2단계에서는 현재 및 미래의 행정변화에 필요한 직무에 대하여 체계적으로 분석하여 직무수행에 필요한 교육훈련의 전략적 목표를 수립한다(직무차원의 교육훈련 수요분석). 제3단계에서는 근무성적평정과 기타 평가제도를 도입하여 교육훈련 대상자의 직무수행 능력을 정확히 파악한다(개인차원의 교육훈련 수요분석). 제4단계에서는 교육훈련의 전략적 목표와 교육훈련

대상자의 현재 직무수행 능력 간의 차이를 극복하는 데 필요한 교육훈련의 수요를 도출한다.

교육훈련 수요조사 과정의 구체적 활동단계는 다섯 가지로 구분해 볼 수 있다. 즉 i) 교육훈련 수요조사의 목표설정, ii) 수집할 자료의 결정, iii) 자료수집방법의 결정과 자료의 수집, iv) 자료의 분석, v) 교육훈련의 우선순위 결정과 최종보고서 작성 등이다(Rue & Byars, 2000: 271~272 / 오석홍, 2000: 327~330).

첫째, 교육훈련 수요조사의 목표를 설정하여야 한다.

교육훈련 수요조사가 체계적으로 이루어지기 위해서는 왜 수요조사를 하는지 그 목표를 먼저 규정하여야 한다. 그리고 이러한 기본 목표 아래서 구체적으로 추구하여야 하는 개별적 조사의 목표를 명확히 하여야 한다. 교육훈련 수요조사는 훈련계획 수립, 능력발전 촉진, 조직발전 계획, 업무배분계획 등에 유용하게 쓸 수 있다.

둘째, 수집할 자료를 결정하는 것이다. 자료조사의 핵심은 교육훈련수요를 확인하는 데 필요한 자료를 획득하는 것이다.

정부(조직)차원의 분석을 위한 자료는 정부(조직)의 목표와 정책, 사업, 장래의 계획 등에 대한 자료를 수집해야 한다. 직무차원의 분석을 위해서는 직무의 종류, 직무수행기준, 직무수행에 필요한 능력 등에 대한 자료이며, 개인적 차원의 분석을 위해서는 직무수행에 비추어 개인의 능력을 평가하는데 필요한 자료를 수집해야 한다.

셋째, 자료수집 방법을 결정하고 자료를 수집해야 한다.

자료수집 방법은 매우 다양하다. 여기서는 개인적 차원의 분석을 중심으로 한 자료수집 방법을 두 가지 범주로 나누어 설명하고자 한다. 두 가지 범주는 직무기준 및 실적의 측정에 바탕을 두는 방법과 의견 및 판단의 조사에 바탕을 두는 방법을 말한다(Carrell, Elbert and Hatfield, 1995: 405~407 / 오석홍, 2000: 329).

직무기준 및 실적의 측정에 바탕을 둔 방법의 범주에는 직무분석 · 근무성적평정 · 직무수행 기록 등 조직 내 각종 기록을 검토하는 방법, 시험을 치는 방법, 직무수행을 관찰하는 방법, 직무감사를 하는 방법 등이 포함된다.

의견 및 판단의 조사에 바탕을 둔 범주에는 면접 또는 조사표에 의한 방법, 직원들의 제안을 검토하는 방법, 감독자의 권고를 검토하는 방법, 자기평가 또는 개인적 발전목표를 적어 보게 하는 방법, 델파이 기법, 퇴직자 면담, 고객의 의견을 조사하는 방법 등이 포함된다.

넷째, 자료를 분석해야 한다.

자료분석 단계에서는 수집된 자료를 정리 · 해석 · 재구성하여 교육훈련에 관한 의사결정에 사용할 수 있는 정보를 만들어 내는 것이다. 먼저 현재의 능력수준이 기대수준에 미달하는가를 확인하고, 미달된 것을 교육훈련에 의하여 보충할 것인가를 결정해야 한다. 다음에는 교육훈련에 의하여 보충할 것이 지식인가, 기술인가, 태도인가를 판단해야 한다. 끝으로 이에 적합한 교육훈련의 종류도 알아내야 한다.

다섯째, 교육훈련의 우선순위를 결정해야 한다.

교육훈련의 우선순위를 결정하는 것은 어떤 분야의 공무원을 먼저 교육훈련 시키고 혹은 더 많이 교육훈련 시킬 것인가를 결정하는 문제이다. 우선순위를 결정하는 원칙적인 기준은 교육훈련 수요이지만, 정부의 여러 가지 정책적 필요와 교육훈련실시의 제약요인 등을 고려하여야 한다.

3. 교수요원의 선정

교수요원은 공무원 교육훈련기관에서 강의와 교육운영을 담당하는 사람이다. 공무원의 교육훈련 성과는 교수요원의 자질에 크게 영향을 받는다. 교육훈련 제도와 프로그램이 잘 갖추어져 있다고 하더라도 우수한 교수요원을 확보하지 못하면 교육훈련의 효과를 기대하기 어렵다.

교수요원의 자격기준은 교육훈련의 종류 · 방법 · 교과내용 · 피훈련자의 특성에 따라 다르나, 일반적으로 관련 전문분야에 관한 지식과 기술을 충분히 갖추고 있으면서 교육훈련 기술을 익힌 사람이어야 한다. 그리고 교수로서 적합한 인품과 의욕을 가진 사람이어야 한다.

교육훈련 기관의 교수진은 자체의 교수요원과 외부 교육기관(주로 대학)에서 파견 또는 초빙교수, 기타 전문가 및 고위급실무자 등으로 구성된다.

한국의 공무원 교육훈련기관 교수요원의 주요 자격요건은 다음과 같다. 즉, i) 담당분야와 관련된 실무 · 연구 또는 강의경력이 3년 이상인 자, ii) 담당분양와 관련된 자격증을 소지한 자, iii) 담당분야에 대한 석사학위 이상의 학위를 소지한 자, iv) 담당분야에 대한 6월 이상의 교육훈련을 이수한 자, v) 고등교육법상 교수, 부교수, 조교수, 전임강사의 자격을 갖춘 자, vi) 기타 이에 상당하는 자격 또는 능력이 있다고 인정되는 자가 교수요원이 될 수 있다(공무원교육훈련법 시행령 제22조).

교수요원을 선발한 뒤에는 이들에 대한 교육을 실시해야 한다.

교수요원의 교육내용은 매우 다양할 수 밖에 없으나 교육훈련 운영과 관련하여 특히 중요시해야 할 사항으로는 i) 피교육훈련자의 학습동기유발이 교육훈련 성공의 불가결한 조건이라는 것, ii) 하나의 교육훈련 기법이 모든 대상과 상황에 적합할 수 없다는 것, iii) 교육훈련에 대한 관리층의 지지를 확보해야 한다는 것 등을 들 수 있다 (Leap and Crino, 1989: 301～304 / 오석홍, 2000: 332).

4. 교과편성 및 교육훈련 기간

교과편성에서 중요한 것은 교과의 내용과 교과내용의 수준이라고 할 수 있다. 교과의 내용은 피교육 훈련자에게 필요한 내용이어야 하고, 교과내용 수준도 피교육훈련자의 능력과 부합되어야 효과가 있기 때문이다.

그리고 교육훈련기간, 교과시간 및 교과목의 수를 적절히 조화시키는 것도 중요하다. 교육훈련 기간에 비하여 수업시간이 지나치게 많거나 또는 수업시간에 비하여 교과목 수가 많은 경우 교육훈련의 효과를 기대하기 어렵다. 따라서 교육훈련에 있어서 교과편성 및 시간은 피교육 훈련자들이 교육훈련의 내용을 소화할 수 있을 정도로 여유가 있어야 한다.

5. 교육훈련의 방법

1) 교육훈련 방법의 종류

교육훈련 방법은 그 목적에 따라 다음과 같이 세 가지로 분류할 수 있다. i) 지식의 습득 방법으로는 강의, 토론회, 사례연구, 시찰, 시청각 교육, 프로그램훈련 등이 있고, ii) 기술연마 방법으로는 사례연구, 모의연습, 현장훈련, 전보 · 순환보직, 실무수습, 시청각 교육 등이 있으며, iii) 태도 · 행동교정 방법으로는 사례연구, 역할연기, 감수성훈련, 극기훈련 등이 있다.

이러한 교육훈련 종류의 내용과 그 장 · 단점을 살펴보면 다음과 같다.

(1) 강의

강의(lecture)는 한 사람의 강사가 여러 사람을 대상으로 말로 정보를 전달하는 방법이다. 강의는 체계적이고 논리적인 정보전달이 가능하며, 일시에 많은 대상을 교육할 수 있어서 경제적이다. 그러나 강의는 강사의 강의 진행방식에 따라 교육효과에 큰 차이가 발생할 수 있다.

(2) 회의

회의(conference)는 참가자(10~20여명)들이 한데 모여 사회자의 사회로 토의를 하는 것을 말한다. 사회자는 의제를 소개하고, 토의를 이끌어 가며, 궤도를 벗어나지 않게 도와주며, 회의 끝에 결론을 맺어주는 역할을 한다.

이러한 회의 방법은 여러 사람의 지식 · 정보 · 생각을 한 곳으로 모으는데 효과가 있고, 참가자들의 사고능력을 기를 수 있다.

반면에 회의는 주제에 대하여 참여자가 어느 정도 사전지식을 가지고 있어야 하고, 참여자 규모에 제한을 받는다. 또한 새로운 정보를 조직적 · 체계적으로 전달하는 데 적합하지 않으며, 시간이 많이 소요된다.

(3) 토론회

토론회 방법은 피교육 훈련자들을 대상으로 하여 소수의 연사들이 발표 · 토론하거나 일부 청중이 토론에 참여하는 교육훈련 방법이다. 토론회 방법으로는 다음과 같은 형태로 나눌 수 있다.

① 패널(panel)과 심포지엄(symposium)

패널은 몇 사람의 토론 참가자들이 하나의 주제에 대하여 공동으로 토론하는 교육훈련 방법이다. 심포지엄은 여러 명의 연사들이 각각 다른 주제에 대하여 발표하고 공동으로 토론하는 방법이다. 이 방법들은 대규모 집단의 피교육 훈련자를 대상으로 할 수 있고, 여러 사람의 서로 다른 정보와 지식을 얻을 수 있다. 반면에 발표와 토론을 위한 준비에 많은 시간이 필요하며, 피교육 훈련자의 참여 기회가 제약된다는 것이다.

② 포럼(forum)

포럼은 특정한 주제에 관하여 피교육 훈련자들에게 새로운 자료와 견해를 제공하고 그들로 하여금 그 주제에 대한 관심을 높이고, 문제를 명확하게 한 후 그들

자신의 의견을 표명하도록 하는 방법이다. 포럼은 강의, 패널, 심포지엄 등에 이어서 피교육 훈련자들에게 질문과 토론을 허용하고 권장하는 교육훈련 방법이다.

③ 분임토의(syndicate)
분임토의는 10명 내외의 분반을 중심으로 동일한 문제를 토의하여 해결방안을 작성한 후 다시 전체가 모여 각 안을 발표하고 토론하여 하나의 안을 최종 작성하는 형태의 교육훈련이다. 여러 참여자의 중지를 모아 문제를 해결하는데 유용하다. 이 방법은 고급관리자 교육훈련에 많이 이용한다.

(4) 사례연구

사례연구(case study)는 특수한 사례를 사회자의 지도하에 여러 사람이 토의하는 과정에서 거기에 내포된 원리를 스스로 터득하게 하는 것을 말한다. 이 방법은 중·고급공무원의 교육훈련에 유용하다.

이 방법은 피교육훈련자가 능동적으로 참여할 수 있으며, 분석적 사고능력과 문제해결 능력을 키워준다. 그러나 작은 집단 내에서만 가능하고, 시간이 많이 소요된다.

(5) 역할연기

역할연기(role playing)는 어떤 사례를 피교육 훈련자가 동료들 앞에서 실제 행동으로 연기하고, 사회자가 피교육 훈련자에게 그 연기내용을 비평·토론하도록 한 후 결론적 설명을 하는 교육훈련 방법이다.

역할연기는 인간관계의 태도나 행동변화에 비교적 적합하지만, 지식교육에는 상대적으로 적합하지 못하다.

(6) 모의연습

모의연습(simulation)은 피교육 훈련자가 업무수행 중 직면하게 될 어떤 가상적 상황을 꾸며 놓고 피교육 훈련자가 거기에 대처하도록 하는 교육훈련 방법이다. 한 조직의 가상적 운영상황에 대하여 피교육 훈련자가 조직운영에 관한 의사결정을 하게 하는 관리연습(management game)이나, 어떤 사건의 윤곽을 알려주고 그 해결책을 찾게 하는 사건처리연습(incident method), 그리고 가상적 상황에서 조직 운영상의 의사결정에 필요한 자료(메모, 공문서 등)를 주고 피교육 훈련자가 상황을 분석하여 의미있는 의사결정 혹은 조치를 취하게 하는 정보처리연습(in-basket exercise) 등이 여기에 해당된다. 사례연구, 역할연기, 감수성훈련 등도 모의연습에 포함시킬 수 있다. 모의연습은 피교육 훈련자의 문제해결 능력의 개발과 행동변화에 좋은 효과를 발휘할 수 있다.

(7) 감수성 훈련

감수성 훈련(感受性 訓練 sensitivity training)은 사전에 주제나 사회자 없이 10여 명의 피교육 훈련자끼리 며칠 동안 자유롭게 접촉하고 토론하면서 거기서 어떤 문제의 해결방안이나 상대방에 대한 이해를 얻도록 하는 교육훈련 방법이다. 이 교육훈련의 목적은 대인 간의 정서적 접촉과 토의과정에서 얻어지는 집단 내의 자기위치, 대인관계의 이해 및 이를 통한 인간관계의 개선 등에 목적을 둔다.

이 교육훈련의 장점은 집단 내에서의 감수성이 높아지며, 자기와 타인의 성격 · 행동을 이해하는 것을 도우며, 인간관계에 긴요한 태도 및 행동의 변화에 도움을 준다.

그러나 다수인이 한번에 참여할 수 없으며, 이러한 상황에 심한 부적응을 보이는 사람에게는 오히려 해가 되고, 서로 감정만 상하게 할 수 있다. 감수성훈련은 실험실훈련 · T－집단훈련이라고도 한다.

(8) 현장훈련

현장훈련(on-the-job-training)은 직장훈련 또는 견습이라고도 하며, 피교육 훈련자가 실제 직무를 수행하면서 감독자 혹은 선임자로부터 직무수행에 관한 지식과 기술을 배우는 것을 말한다.

이 훈련은 직무의 성격이 고도의 기술 · 전문성 · 정밀성을 요구하는 경우와 실무적 훈련에 적합하다. 반면에 다수인을 동시에 훈련시킬 수 없으며 상관 또는 감독자의 많은 시간을 요구한다(Nigro & Nigro, 1986: 324~325).

(9) 전보 · 순환보직

전보(transfer) 또는 순환보직(rotation)은 피교육 훈련자를 일정기간동안 여러 다른 직위 · 직급에 전보 · 순환보직 시키면서 교육훈련하는 방법이다. 이 방법은 피교육 훈련자의 시야와 경험을 넓히고 관리능력을 향상시키는 데 도움이 된다. 반면에 빈번한 전보와 순환보직은 업무의 전문성과 능률성을 저해하고 행정의 일관성을 해칠 수 있다.

(10) 실무수습

실무수습(internships)은 장래 공무원이 되고자 하는 사람을 대상으로 정부기관에서 업무수행에 관한 지식과 기술을 배우게 하는 교육훈련 방법으로 현장훈련과 유사하다.

실무수습은 이론과 실무를 연결시키는 기능을 한다. 실무수습은 행정기관장에게 채용에 대비하여 수습생을 평가할 수 있는 기회를 부여하고 학생들에게는 자기의 지식과 기술을 평가할 수 있는 기회와 미래 직업선택을 판단하는 계기를 제공해 준다(Wolf, 1979: 128~129). 반면에 실무수습은 행정기관의 적극적인 성의와 지도가 전제되어야 하며, 적격한 수습책임자를 구하기가 쉽지 않다는 단점이 있다(박동서, 1998: 239).

(11) 시찰

시찰(observation)은 피교육 훈련자가 알아두어야 할 일을 실제로 현장에 가서 직접 관찰하게 하는 방법이다. 시찰을 통한 교육훈련에서는 시찰에 이어서 토론하거나 시찰대상에 관한 강의 등으로 시찰방법을 보완하는 것이 보통이다.

시찰은 피교육 훈련자의 흥미와 이해력을 높인다는 이점이 있으나, 시간과 비용이 많이 들고 사전준비가 부족하면 교육효과가 반감될 수 있다.

(12) 시청각 교육

시청각 훈련(audio-visual aids)은 피교육 훈련자에게 영화, 사진, 만화, 도표, TV, 비디오, 슬라이드 등 시청각 자료를 사용하는 교육훈련 방법이다. 피교육 훈련자들의 흥미를 북돋워 주고, 독서를 싫어하거나 독서력이 약한 사람의 교육훈련에 유효하다. 반면에 교육훈련이 오락화 하기 쉽고, 시설비가 많이 들며, 적절한 시청각 자료를 구하기도 어렵다.

(13) 프로그램 학습

프로그램 학습(programmed instruction)은 주로 컴퓨터를 이용하여 구체적인 지식이나 기술을 교육하는 방법이다. 이 방법은 피교육 훈련자 각자가 주어진 학습 지시에 따라 학습을 진행해 나가면서 주기적으로 교육훈련 담당자와 토의를 하는 것이 일반적인 과정이다. 따라서 개인의 능력수준과 동기에 맞추어 학습을 진행할 수 있으며 지식교육에 효과적이다(Ganger, 1989: 116~123). 프로그램 학습이 컴퓨터의 도움을 받아 반복적인 연습과 문제해결, 시뮬레이션과 게임, 그리고 각종 개인화된 학습 측정에 활용됨에 따라 교육훈련의 효과를 증가시켜 주고 있다(이종학, 1998: 430 / 박천오 외, 2001: 215).

(14) 극기 훈련

극기 훈련(wilderness training)은 야외에서 하는 훈련으로서 등산, 도보행군, 급류타기, 야간행군, 유격훈련 등이 있다.

극기훈련은 태도변화를 목적으로 한다. 자신감, 고난을 극복하는 인내력과 추진력, 동료간의 신뢰, 협동심 등을 기르기 위해 극기훈련을 실시한다(오석홍, 2000: 355).

(15) 액션러닝

액션러닝(Action Learning)이란 교육참가자들이 소규모 그룹의 팀을 구성하여 개인, 그룹, 조직에 중요한 의미를 갖는 실제 현안 문제를 해결하면서 동시에 문제해결 과정에 대한 성찰을 통하여 학습하도록 지원하는 행동학습(Learning by Doing) 교육방식을 말한다(강성철 외, 2008: 336).

2) 교육훈련 방법의 선택

실제 교육훈련을 실시할 때에는 여러 방법들 가운데 하나 또는 몇 가지를 선택하여 사용하게 된다. 교육훈련 방법들을 선택할 때는 특히 교육훈련의 목적과 여건을 고려하여야 한다. 즉 지식의 전달, 기술습득, 행태교정 등 교육훈련의 목적과 여건을 충분히 고려해야 한다. 또한 교육훈련 방법을 선택할 때에는 피교육 훈련자의 특성, 교관, 설비 및 교재, 비용과 효과를 고려해야 한다.

6. 교육훈련에 대한 저항 극복

1) 저항의 이유

교육훈련의 실시에는 여러 가지 내 · 외적 저항이 따른다. 공무원의 교육훈련에 많은 예산이 투입될 경우에는 입법부와 일반 국민으로부터의 비판에 직면하게 되며, 조직 내에서도 감독자와 피교육 훈련자가 저항하기도 한다. 이러한 저항의 원인은 다음과 같은 것을 들 수 있다.

첫째, 입법부의 비호의적 태도이다. 그 이유로는 i) 공무원 채용시 유능한 자를 선발해야 하며, 많은 국고금으로 그들을 교육시킬 필요가 없다는 것, ii) 교육훈련의 효과를 계량적으로 제시하기 어렵다는 것, iii) 특히 학교 등 정부 외에서 실시하는 교육훈련은 너무 이론적이고 비현실적이라는 것 등이다.

둘째, 관리자 · 감독자의 저항 및 비협조이다. 그 이유로는 i) 부하직원의 교육훈련으로 업무수행의 지장을 우려한다는 것, ii) 부하의 능력향상에 대한 시기와 잠재적 도전에 대한 우려가 있다는 것 등이다.

셋째, 피교육 훈련자의 저항이다. 그 이유로는 i) 교육훈련 발령을 자신의 능력에 대한 불신이나 불리한 인사조치로 이해한다는 것, ii) 장기 교육훈련 후 복직시 적응 및 보직문제에 대한 불안감이 있다는 것, iii) 직장을 떠나 있는 동안 인맥관계가 변하고 물질적 혜택이 줄어든다는 것, iv) 훈련의 성과와 필요성에 의문을 가진다는 것, v) 교육훈련 과정을 고통스럽게 생각하는 경우 등이다.

2) 저항의 극복

교육훈련을 성공적으로 수행하려면 여러 가지 저항을 방지하거나 극복해야 한다. 이러한 저항의 극복방안으로는 다음과 같은 것들을 생각해 볼 수 있다.

첫째, 교육훈련의 유용성에 대한 홍보를 강화해야 한다. 교육훈련의 유용성을 널리 알려 관계자들의 이해를 얻도록 노력해야 한다.

둘째, 참여에 의한 교육훈련 계획을 수립해야 한다. 교육훈련 담당기관이 교육훈련 계획을 수립할 때, 피교육 훈련자 · 관리자 · 감독자 등을 참여시켜 그들의 의견이 반영되도록 하여야 한다.

셋째, 교육훈련 관계자들의 교육훈련관을 확립해야 한다. 피교육 훈련자 · 감독자 · 관리자 등의 교육훈련 관련자들이 교육훈련의 유용성을 인식하는 것이 필요하다. 즉, 교육훈련이 행정발전 및 국가발전을 위하여 꼭 필요하다는 사실을 인식해야 한다.

넷째, 피교육 훈련자의 참여적 선발이 필요하다. 피교육 훈련자를 선발할 때 본인의 희망과 의사를 반영할 수 있는 제도적 장치를 마련하는 것이 바람직하다.

다섯째, 교육훈련 방법을 개선해야 한다. 교육훈련의 효과를 높이기 위한 다양한 방법을 개발해야 한다.

7. 교육훈련의 평가

1) 평가의 의의

교육훈련의 평가란 교육훈련의 목적이 어느 정도 달성되었는지 그 효과를 분석 평가하는 활동을 말한다. 넓은 의미의 교육훈련 평가는 교육훈련의 중요한 모든 국면들, 즉 교육훈련 계획, 교육훈련의 조직 및 과정, 교육훈련 효과 등이 포함된다. 그러나 여기에서는 교육훈련 효과만을 설명하고자 한다. 교육훈련 효과의 평가과정에 포함되는 활동단계는 i) 평가기준의 설정, ii) 자료 수집, iii) 평가, iv) 교육훈련 개선을 위한 처방의 결정이다(오석홍, 2000: 337).

교육훈련 효과의 평가는 대단히 어렵다. 평가를 위해서는 교육훈련의 목표를 명확히 하고 객관적인 평가기준을 마련해야 한다. 그러나 교육훈련의 종류에 따라서는 계량적 방법에 의한 객관적 평가가 가능한 경우도 있고 그렇지 않은 경우도 있다. 특히 개인의 태도변화나 복잡한 능력의 향상을 목적으로 하는 교육훈련의 경우에는 객관적인 측정단위를 설정하기가 매우 어렵다. 이러한 경우에는 질적인 자료를 다루는 주관적 방법을 활용하여 평가할 수밖에 없다. 주관적인 평가방법으로는 피교육 훈련자의 자기평가와 소속장 등의 평가를 들 수 있다.

이러한 교육훈련 평가의 결과는 앞으로의 교육훈련 수요분석이나 계획수립 등에 매우 유용한 자료를 제공하여 준다. 따라서 평가를 위한 다양한 평가기준 및 방법을 개발하는데 많은 노력을 기울여야 한다.

2) 평가의 기준과 평가자료

(1) 평가기준

교육훈련의 효과를 측정하기 위해서는 먼저 평가기준이 있어야 한다. 일반적인 평가기준은 i) 피교육 훈련자의 교육훈련 내용에 대한 반응(만족도), ii) 지식과 기술의 습득 정도, iii) 태도 및 행동의 변화, 그리고 iv) 조직의 성과 등으로 나눌 수 있다(박동서, 2001: 241).

이를 구체적으로 살펴보면, i) 교육훈련 목적에 대한 피교육 훈련자의 인지정도, ii) 교육훈련에 대한 참여동기의 적절성 정도, iii) 교육훈련의 목적과 수요와의 상관관계, iv) 교육훈련의 목적에 대한 교과내용의 적절성, v) 교육훈련 방법의 타당성, vi) 교육훈련 내용의 실용성, vii) 교육훈련 내용의 실제적 · 구체적인 적용 정도, viii) 교육훈련 내용에 대한 피교육 훈련자의 심리적 수용도 및 변화도, ix) 피교육 훈련자의 행동변화에 대한 조직 내의 지지도, x) 피교육 훈련자의 행동변화가 행정기관의 목적 달성에 기여하는 정도 등으로 나누어진다(박연호, 1998: 242).

이와 같이 평가기준은 다양하나 가장 중요한 기준은 교육훈련 이후의 근무실적이라고 할 수 있다. 교육훈련 효과의 평가는 타당한 것이라야 한다. 교육훈련 효과의 평가는 어떤 변화가 실제로 일어났는가, 그러한 변화가 교육훈련 때문에 일어났는가, 그러한 변화가 같은 훈련을 받게 될 다른 집단에도 나타날 것인가에 대해 정확히 측정하고 판단하는 타당성을 확보해야 한다(Goldstein, 1986: 23 / 오석홍, 2000: 341).

(2) 평가자료

교육훈련의 평가를 위해서는 평가자료의 수집이 필요하다. 교육훈련의 종류와 평가기준에 따라 수집하여야 할 평가자료가 다양하나 일반적으로 필요한 평가자료는 i) 교육훈련 성적평정, ii) 근무성적평정, iii) 직무수행의 관찰, iv) 인사기록, v) 감사보고서, vi) 생산 · 비용 등에 대한 운영 자료, vii) 피교육 훈련자에 대한 의견조사, viii) 감독자 · 관리자 · 인사담당자 등에 대한 의견조사 등이다(김명기, 1994, 166 / 박연호, 1998: 243 / 강성철 외, 2001: 293).

3) 평가의 방법

평가기준에 대한 자료가 수집되면 이것을 평가기준과 비교하여 교육훈련의 목표 달성도를 비교 · 분석한다.

교육훈련의 성과평가는 지식, 기술, 태도의 변화 등 일차적인 교육훈련 목표의 달성도 평가와 교육훈련이 조직에서 직무성과에 미치는 이차적인 파급효과를 평가하는 단계로 나누어질 수 있다.

교육훈련 성과를 측정하는 방법으로는 실험집단과 통제집단을 사용하여 평가 결과를 비교하는 실험설계 방법이 있으나 현장에서 일반적으로 사용할 수 있는 실험설계가 아닌 교육훈련 평가방법으로는 다음과 같은 것을 들 수 있다(Nigro & Nigro, 1986, 335～336 / 박동서, 2001: 242 / 강성철 외, 2001: 293～294). 즉, i) 교육훈련 후 시험을 보는 방법, ii) 교육훈련을 받은 사람과 받지 않은 사람의 업무실적을 비교해 보는 방법, iii) 교육훈련 후 피교육 훈련자, 감독자, 훈련담당관으로 구성된 평가위원회를 구성하여 평가하는 방법, iv) 피교육 훈련자의 감독자, 동료에게 교육훈련 후 근무성적을 문의해 보는 방법, v) 교육훈련이 끝날 때 피교육훈련자의 설문에 의한 방법, vi) 피교육 훈련자의 사기, 결근률, 불평 등을 조사하여 평가하는 방법 등이 있다.

이와 같이 평가방법은 다양하다. 따라서 적합하다고 생각되는 몇 가지 방법을 병용하는 것이 필요하다.

4) 평가결과의 활용

교육훈련이 효과적으로 이루어지려면 교육훈련의 평가결과가 적절히 활용되어야 한다.

평가결과의 활용을 위한 방안으로는 첫째, 교육훈련의 누적제와 이를 공무원의 평가에 반영하는 방법이다. 물론 이러한 방법은 공무원이 직무보다 교육훈련 참가에 더 몰두하게 만들 가능성이 있으므로 보완적 조치가 있어야 한다. 둘째, 교육훈련과 보직을 연계하는 방법이다. 전문교육을 받았을 경우 교육 후 일정기간을 교육훈련의 내용과 관련성이 높은 직위에서 근무하도록 하는 방법이다 (오성호, 1997: 52 / 박천오 외, 2001: 225).

제4절 한국의 공무원 교육훈련

1. 교육훈련 체계

한국의 모든 공무원은 법령에 따라 교육훈련을 받고 있으며, 임용권자(임용후보추천자)는 시보임용공무원 또는 시보임용공무원이 될 자를 각급 공무원교육원, 일반교육기관 또는 기타 행정기관에 위탁하여 일정한 기간 직무수행에 필요한 교육훈련을 시킬 수 있다.

한국의 공무원 교육훈련 체계는 중앙교육훈련 관장기관을 행정안전부장관으로 지정하고 있으며 교육훈련기관 교육훈련, 직장교육훈련, 위탁교육훈련 등 세 가지로 대별할 수 있다.

그림 8-1 한국의 공무원교육훈련 체계도

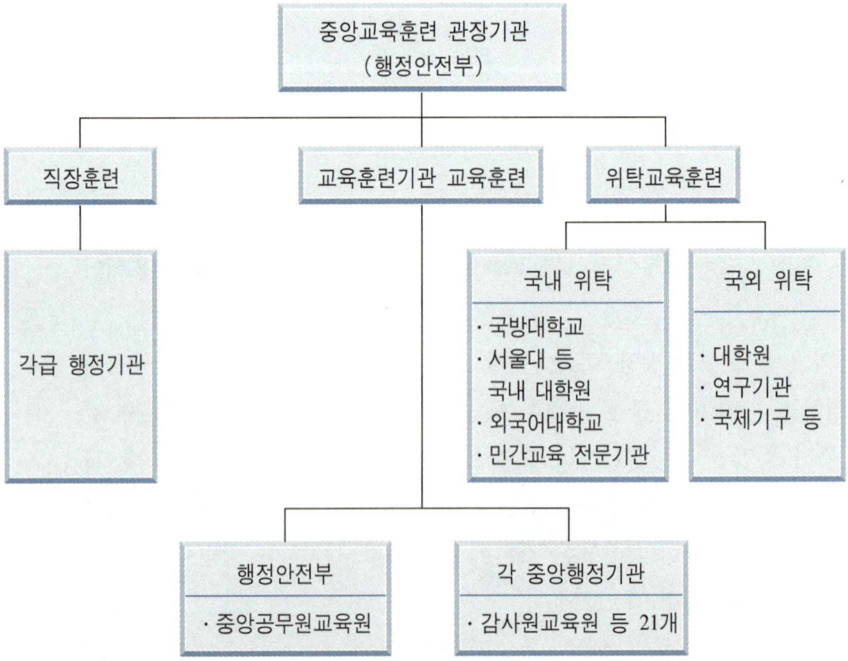

2. 교육훈련의 종류와 내용

현행 한국 공무원 교육훈련은 교육훈련을 받는 기관(장소)에 따라 ⅰ) 교육훈련기관 교육훈련, ⅱ) 직장교육훈련, ⅲ) 위탁교육훈련 등으로 분류된다. 그리고 교육훈련 내용 또는 대상자에 따라서는 ⅰ) 기본교육훈련, ⅱ) 전문교육훈련, ⅲ) 기타교육훈련으로 구분한다(공무원교육훈련법시행령 제7조).

1) 교육훈련기관 교육훈련

이것은 공무원교육훈련을 관장하도록 정부소속으로 설치한 기관에서 실시하는 교육훈련이다. 한국 정부의 교육훈련기관에는 중앙공무원교육원, 국가전문행정연수원, 중앙부처소속 교육훈련기관, 각 시도의 지방공무원교육원 등이 있다. 각급 공무원 교육훈련기관에서 실시하고 있는 교육훈련은 교육목적과 교육대상을 기준으로 크게 직급별 기본교육과 직무분야별 전문교육으로 구별할 수 있다.

(1) 기본교육훈련

기본교육훈련은 신규채용자 및 후보자, 승진자 및 후보자를 대상으로 공무원으로서 필요한 능력과 자질을 배양하기 위하여 실시한다. 기본교육훈련은 각 직급에 따라 실시되며, 관리자 기본교육훈련은 정책형성 및 관리능력의 배양을 중시하고, 실무자 기본교육훈련은 종합능력의 향상에 중점을 두고 있다.

교육실시기관은 중앙공무원교육원 및 행정안전부장관이 정하는 공무원 교육훈련기관에서 실시하며, 교육훈련 과정 및 기간은 직급 및 교육훈련 대상에 따라 다양하다.[2)]

(2) 전문교육훈련

전문교육훈련은 공무원이 현재 담당하고 있거나 담당할 직무분야에 필요한 전문

2) 9급 신규자과정 3주. 7급 신규자과정 4주. 5급 승진자과정 5주, 신임관리자 및 5급 공채합격자과정 27주, 고위공무원단과정 9주, 고위정책과정(국장급) 44주간의 교육훈련을 받는다.

적인 지식과 기술을 배양하는 교육훈련이다. 전문교육훈련은 주로 행정기관이 실시하는 직장교육훈련에서 하도록 하고 있으나, 직장교육훈련에서 실시하기 곤란할 경우에는 교육훈련기관 또는 위탁교육훈련기관에서 실시할 수 있다(공무원교육훈련법시행령 제8조 제3항).

2) 직장교육훈련

직장교육훈련은 기관장의 지휘 · 감독 하에 단위기관별로 소속공무원을 대상으로 실시하며 정부시책의 이해, 공직자로서의 소양과 자질의 배양 및 직무수행능력의 제고를 목적으로 실시하는 교육훈련이다.

직장교육훈련은 기관별 직장교육훈련(정부시책 및 정신교육훈련, 직장 실무적응교육훈련, 직장 전문교육훈련)과 주무부처 주관 전문교육훈련으로 나누어 실시된다.

(1) 정부시책 및 정신교육훈련

정부시책 및 정신교육훈련은 행정기관 단위별로 시행되며, 국정 현안과제, 공직윤리 및 부패방지, 친절 · 봉사교육훈련 등을 중심으로 의식개혁, 시책교육훈련을 실시한다.

(2) 직장 실무적응교육훈련

직장 실무적응교육훈련은 신규채용자 및 보직변경자 등에 대한 실무적응교육훈련이다.

(3) 직장 전문교육훈련

직장 전문교육훈련은 부서별 · 직무분야별 전문지식과 기술의 습득을 위한 전문교육훈련이다.

(4) 주무부처 주관 전문교육훈련

주무부처 주관 전문교육훈련은 다수 부처에 관련된 전문 분야에 대하여 관련 직무를 주관하는 주무 부처가 실시하는 교육훈련이다.

3) 위탁교육훈련

위탁교육훈련은 행정안전부장관 또는 중앙행정기관의 장이 소정의 절차를 거쳐서 선발된 공무원을 국내외 교육기관 및 연수기관에 위탁하여 일정한 기간 동안 교육훈련을 받게 하는 제도이다.

위탁교육훈련은 행정안전부장관이 주관하여 실시하는 경우와 각급 중앙행정기관에서 실시하는 위탁교육훈련이 있다. 중앙행정기관에서 실시하는 경우에는 행정안전부장관과 사전 협의하도록 되어 있다(공무원교육훈련법 시행령 제31조). 위탁교육훈련은 국내 위탁교육훈련 및 국외 위탁교육훈련이 있다.

(1) 국내 위탁교육훈련

국내 위탁교육훈련은 전문지식의 습득을 통한 직무능력의 배양을 위해 공무원교육훈련기관 이외에 국내 교육기관에 위탁하여 실시하는 특별교육훈련이다. 국내 위탁교육훈련 기관으로는 국내 대학원(석 · 박사과정, 단기전문 과정), 중앙공무원교육원(고위정책과정), 한국방송통신대학교(학사과정), 한국과학기술원 테크노경영대학원(기술직 특별교육과정), 한국외국어대학교 외국어 연수평가원(외국어 연수과정), 충남대학교 외국어 교육원(외국어 연수과정), 부산외국어대학교 평생교육원(외국어 연수과정). 세종연구소(국정과제 연수과정), 국방대학교(기본과정과 석사과정), 통일교육원(통일 미래지도자 과정) 등에서 실시하고 있다.

중앙행정기관의 장은 6개월 이상 국내 교육훈련을 받은 공무원에 대하여는 교육훈련기간과 동일한 기간을 교육훈련 분야와 관련된 직무에 복무하도록 규정하고 있다(동법 시행령 제35조).

(2) 국외 위탁교육훈련

국외 위탁교육훈련은 대외 교섭능력을 갖춘 국제전문가의 육성과 전문화 및 다양화된 행정 수요에 대한 효과적인 대응능력을 배양하기 위하여 국외 교육훈련기관 및 연수기관 등에 공무원의 교육훈련을 위탁하여 실시하는 교육훈련이다. 교육훈련기간은 장기교육훈련은 1년에서 2년 6개월, 그리고 단기교육훈련은 10일 내외에서 부터 6개월 미만까지 이다〈표 8－1 참조〉.

중앙행정기관의 장은 6개월 이상 국외 교육훈련을 받은 공무원에 대하여는 교육훈련기간의 2배에 해당하는 기간을 교육훈련 분야와 관련된 직무에 복무하도록 규정하고 있다(동법 시행령 제42조).

표 8-1 국외 위탁 교육훈련 현황(행정안전부 주관)

구분	훈련 과정		훈련 기간	훈련 분야	훈련 대상자
장기 훈련	고위공무원 직무훈련		1년	정책 개발능력 재충전	국장급
	과장급 직무훈련		1년(6월 연장 가능)	정책관리 역량 개발	과장급
	장기 일반과정		1년 10월~2년 6월	영어권, 비영어권, 특수지역	4~7급
단기 훈련	개인 훈련		6월 미만	부처별 당면 과제 정책제도 연구	9급 이상
	팀제 훈련		2주~2월 이내	소수정예의 '훈련과제 연구팀' 구성	9급 이상
	단체 훈련	훈련기관 과정	2주 내외	전문훈련기관 연수	4~5급
		정책연수	10일 내외	정책과제 공동 연구	2~5급
		실무연수	10일 내외	실무 과제 해결	6급 이하

자료 : 행정안전부(2010).

4) 기타 교육훈련

기타 교육훈련은 각급 교육훈련 기관에서 실시하는 기본교육훈련 및 전문교육훈련에 속하지 아니하는 교육훈련으로서 소속 장관의 명에 의하여 또는 공무원 스스로 행하는 직무관련 학습 · 연구활동을 포함한 교육훈련을 말한다. 그 예로는 워크숍 참여, 혁신활동, 멘토(mentor), 정책현장 방문, 제안 입상, 연구 및 경진대회 입상 등 기관 주관의 활동과 자비 학위취득, 자격증 취득, 학술대회 참여, 논문, 저술, 강의 등의 개인 학습을 부처별로 교육훈련의 인정 범위 및 개별 인정 시간을 설정하여 교육훈련으로 인정하도록 하고 있다.

따라서 종래에는 주로 민 · 관 교육훈련기관 교육훈련에 대해서만 인정하고 승진 시 교육훈련 평정점을 20점을 반영하도록 하였으나 법령 개정을 통하여 일반직 4급 이하 공무원의 경우 민 · 관 교육훈련기관 교육훈련뿐만 아니라 다양한 개인학습활동도 교육훈련으로 인정하고 승진요건으로 교육훈련 시간도 연간 100시간 이상(다만 2010년까지는 소속기관의 장이 60시간 이상으로 설정 가능)이수하도록 하는 등 상시 학습체제(교육훈련시간 승진반영 제도)를 구축하고 있다. 교육훈련시간 승진반영 제도는 교육훈련의 내용과 연간교육훈련 기준시간 설정을 각 부처 자율로 규정하고 있다. 다만 연간교육훈련 시간은 100시간 이상으로 하고, 교육훈련의 질적 저하를 막고 성과향상 및 역량개발을 위하여 교육훈련 기준시간의 40% 이상을 '부처 지정학습'으로 운영하도록 하고 있다(교육훈련시간 승진반영제도 운영지침[행정안전부 예규] 참조).

3. 한국 공무원 교육훈련의 문제점과 개선방안

정부의 인적자원 개발방향은 지식정보화 사회에 대응하여 전문성과 창조력을 갖춘 공무원을 육성하는데 두어야 한다. 따라서 이러한 공무원을 육성하기 위해서는 지속적인 교육훈련이 필요할 뿐만 아니라 공무원으로 하여금 새로운 지식과 기술을 학습할 수 있는 기회를 제공하는 지식 창조형 교육훈련 패러다임이 필요하다(박천오 외 2007:272).

이러한 관점에서 한국 공무원 교육훈련의 문제점과 개선방안을 요약해보면 다음과 같은 점을 들 수 있다(오석홍, 2005: 293 296 / 강성철 외, 2005: 319 323).

1) 교육훈련의 문제점

(1) 공급자 중심의 교육훈련

교육훈련 상의 집권주의와 경직성이 문제이다. 한국 공무원 교육훈련은 체계적인 수요조사가 이루어지지 않고 있어서 교육훈련 계획의 수립, 교과과정의 편성, 교육훈련의 방법 등이 공급자인 교육훈련기관 위주로 편성 · 운영되고 있다. 이로 인하여 교육훈련이 전례답습적 · 획일적으로 이루어지고 있어서 수요자의 선택권이 매우 제한되어 있다. 또한 교육훈련 방법도 일방적 강의식 교육훈련 방식에 의존하고 있는 등 공급자 중심의 교육훈련이 이루어지고 있다.

(2) 교육훈련의 형식화

정확한 교육훈련 수요조사에 근거하여 교육훈련이 이루어지지 않기 때문에 획일주의와 형식주의의 폐단, 교육훈련 저항 등에 대한 문제를 야기하고 있다. 또한 대다수의 공무원들이 교육훈련을 단지 승진을 위한 수단으로 인식하고 있어서 교육훈련을 통한 능력발전이라는 본연의 목적을 달성하지 못하고 있다. 그리고 교육훈련과 보직관리의 연계성이 부족하여 교육훈련의 성과가 저하되고 있다. 특히 국외 교육훈련의 경우 개인의 능력발전 및 교육훈련과제의 공직 기여도와 연계가 부족하며, 외국 정부기관 등에서의 교육훈련이 직무보다 학위과정에 치중하고 있다.

(3) 직장 교육훈련의 미흡

정부 각 기관의 직장 교육훈련은 관리자 · 감독자들의 업무량 과다와 인식부족 및 교육훈련 인력 및 기술 부족 등으로 인하여 부실화 되어 있다.

(4) 교육훈련기관의 관리 · 운영상의 문제

교육훈련기관의 관리 및 운영의 자율성이 미약하고 예산이 부족하여 교육훈련 수요자들에 대한 서비스의 질을 개선하기 어렵다. 교육훈련기관 간의 기능적 분화 및 민간교육훈련기관과의 유기적 연계성이 부족하며 기관장의 자율성 부족으로 교육훈련의 효율성을 높이지 못하고 있다. 예산의 부족으로 교수요원의 확보율이 저조할 뿐만 아니라 교수요원 및 교육훈련 지원 인력의 전문성 부족으로 교과목 및 교육훈련기법의 개발이 미흡하다. 또한 교육훈련에 대한 사후 평가가 제대로 이루어지지 않아 교육훈련 성과에 대한 측정과 그 결과의 발전적 반영이 미흡하다.

(5) 상시학습체제의 문제

상시학습체제의 도입으로 인하여 교육훈련의 인정 범위 및 양적 확대에 따른 업무 지장, 교육훈련의 질적 저하, 관리상 혼란 문제가 있을 수 있다.

2) 교육훈련의 개선방안

(1) 교육훈련에 대한 인식의 제고

교육훈련은 개인에게는 능력향상과 자기발전의 수단으로 인식되며, 조직의 입장에서는 조직의 효율성을 위한 투자로 인식될 때 그 기능과 역할을 다할 수 있다. 정보 · 개방화 시대에 필요한 경쟁력 있는 공무원들을 확보해 나가기 위해서는 교육훈련에 대한 많은 투자가 절대적이다. 공무원의 교육훈련에 대하여 적극적인 인식을 가지고 각종 지원과 제도적 보장을 할 필요가 있다.

(2) 교육훈련 수요조사의 개선

교육훈련의 실질적 효용을 높이려면 체계적인 교육훈련 수요조사가 이루어져야 한다. 이를 위해서는 교육훈련 기능을 좀 더 전문화하고 교육훈련 수요조사를 담당할 전문요원이 필요하다. 그리고 교육훈련을 받게 될 공무원이나 그 감독자들도 교육훈련 수요결정 과정에서 보다 능동적인 역할을 수행해야 한다.

(3) 직장 교육훈련의 활성화

직무수행 능력은 교육훈련기관에서의 교육훈련뿐만 아니라 실무현장에서 경험과 상사 및 동료직원의 지도와 조언을 통하여 향상될 수 있다. 따라서 직장 교육훈련은 시간과 경제적인 면에서 긍정적인 교육훈련이 될 수 있다. 공무원이 담당하고 있는 업무의 분석과 요구사항을 토대로 실무적합적인 교육훈련 프로그램과 교과목을 개발하여 교육훈련을 실시하여야 한다.

(4) 교육훈련의 관리 · 운영 방법의 개선

교육훈련의 관리 및 운영상의 개선 방법으로는 다음과 같은 것을 들 수 있다.

첫째, 우수 교수요원의 확보가 필요하다. 이를 위해서는 우선 예산의 확보와 함께 우수 교수요원의 확보율을 높이는데 노력하여야 한다.

둘째, 외부 교육훈련기관과 교류협력체제를 구축해야 한다.

공무원 교육훈련의 효율성을 제고하기 위하여 대학, 연구기관, 기업체의 연수원 등을 비롯한 민간전문기관 또는 단체와 교류협력체제를 구축하는 것이 필요하다. 이들 기관과 단체는 전문인력과 축적된 지식과 자료 및 경험을 바탕으로 공무원의 직무수행에 필요한 교육훈련에 상당한 역할을 수행할 수 있다. 특히 민간전문기관을 이용할 경우 정부 교육훈련기관에 부족한 특수 전문교육훈련이 가능하며 이들 기관에 경쟁을 통해 위탁교육을 의뢰한다면 경제적인 측면뿐만 아니라 교육훈련 성과도 높일 수 있을 것이다.

셋째, 교육훈련과 인적자원 활용을 체계화해야 한다.

교육훈련의 본래 목적을 달성하고 그 효율성을 제고하기 위해서는 교육훈련의 모든 과정이 중요하지만 교육훈련 후 인적자원 활용에 대한 체계적인 방안을 수립 · 추진하는 것이 중요하다. 이를 위해서는 교육훈련에 대한 평가와 환류체계가 확립되어야 한다. 또한 교육훈련은 보직 및 승진을 포함한 인사관리와 연계성이 강화되어야 한다.

(5) 책임경영 체제 확립

교육훈련기관의 책임운영 체제를 확립해야 한다. 이를 위해서는 기관장에게 조직 · 인사 · 예산상의 재량권을 확대하여 주되 교육성과에 대한 평가체제를 확립하여 그에 대한 기관장의 책임을 물을 수 있도록 하여야 한다.

(6) 상시학습체제의 문제 해소

상시학습체제 도입에 따른 문제를 해결하기 위해서 각 부처는 교육훈련 인정범위를 관리 가능한 일정 범위로 축소 조정할 필요가 있고, 특히 교육훈련의 질적 저하를 막기 위해서는 이수 기준 시간의 일정 비율을 민 · 관의 교육훈련기관에서 이수하도록 제한할 필요가 있다.

제9장 공무원 평정제도

제1절 공무원 근무성적평정 제도

제2절 한국의 공무원 근무성적 평정제도

제3절 한국 공무원 평정제도의 문제점과 개선방안

제1절 공무원 근무성적평정 제도

1. 근무성적평정의 의의

근무성적평정(performance evaluation or appraisal)이란 조직구성원의 개인적 능력과 가치 그리고 근무성적을 평가하는 것을 말한다. 즉, 개별 공무원의 근무실적, 직무수행 능력, 직무수행 태도 등을 평가하는 것을 의미한다. 근무성적 평정 결과는 보수 · 승진 · 배치전환 등의 인사행정에 반영된다.

근무성적 평정제도는 능률주의적 인사행정관에서 시작되었으며 그 원래의 목적은 조직의 생산성 향상을 위하여 근무성적평정의 결과를 인사관리의 표준화와 효율적인 직무수행을 위한 공무원의 통제에 사용하려는 데 있었다. 그러나 인사행정관의 변천에 따라 구성원의 능력개발을 강조하는 방향으로 근무성적평정의 의의가 변화되고 있다(박연호, 1998: 265).

오늘날 근무성적평정의 주된 목표는 피평정자의 동기유발과 직무수행 개선에 기여하고, 나아가 행정발전에 기여하기 위한 것이다.

2. 근무성적평정의 목적

근무성적평정의 전통적 목적은 직무수행 실적을 보수 · 승진 · 감원 · 배치전환 등 인사관리에 사용하려는 소극적 · 통제적인 것이었다. 그러나 최근에는 이를 피평정자의 동기유발과 직무수행 개선 및 행정발전에 기여한다는 적극적 · 발전적인 것으로 이행되어 왔다.

근무성적평정의 목적 내지 용도를 다음과 같이 요약해 볼 수 있다.

1) 공무원의 능력발전과 행정발전

근무성적평정은 공무원의 능력발전을 돕고 직무수행을 개선하게 함으로써 행정발전에 기여한다. 근무성적평정의 과정을 통해서 객관적으로 공무원을 평가할 수 있으므로 피평정자 자신뿐만 아니라 감독자가 피평정자의 장단점을 파악할 수 있어서 공무원들의 약점을 극복하고 능력을 발전시킬 수 있는 길잡이가 될 수 있다. 또한 평정과정에서 감독자와 부하간에 솔직한 의견교환을 통해 근무의 개선책을 강구함으로써 직무능률을 향상시키고, 상 · 하급자 간의 원활한 의사소통과 상호이해의 증진을 도모하여 공직사회의 풍토를 개선하는데 기여할 수 있다.

그리고 근무성적평정에서 얻어지는 정보는 인적자원계획, 경력발전계획, 교육훈련계획 수립에 유용하게 쓰일 뿐만 아니라 직무수행의 효율성을 저해하는 조직 운영상의 문제점과 조직설계의 개선에 쓰일 수 있다(오석홍, 2000: 361).

2) 인사행정의 기준 제공

근무성적평정은 공정한 인사행정을 위한 기준을 제공해 준다. 평정결과는 공무원의 승진 · 보수 · 감원 · 포상과 징계 · 보직관리 · 교육훈련 수요파악 · 직무설계 등의 결정기준이 된다.

3) 시험의 타당도 측정

근무성적평정은 시험의 타당도를 측정하는 수단으로 활용할 수 있다. 즉, 신규채용시의 시험성적을 임용 후의 근무성적과 비교하여 상관관계를 밝혀 보면 채용시험의 타당도를 측정할 수 있다. 이 외에도 지원자격결정, 보직결정 등의 인사기술상의 타당성 평가에 필요한 기준을 제공해 준다.

3. 근무성적평정의 유형

지금까지 알려진 근무성적평정 방법은 대단히 많으며 새로운 방법을 개발하려는 노력이 계속되고 있다. 여기에서는 유형론에서 열거하고 있는 주요 평정 방법들을 기준으로 한 유형과 평정자를 기준으로 한 유형으로 나누어 간단히 설명하고자한다.

1) 평정 방법을 기준으로 한 유형

(1) 도표식 평정척도법

도표식 평정척도법(graphic rating scale)은 몇 개의 평정 요소를 나열하고 각 평정요소마다 그 등급을 표시하는 방법이다. 평정자는 피평정자를 평정 요소별로 관찰하여 해당되는 등급에 표시한다.

도표식 평정척도법의 장점은 평정표의 작성이 용이하고 평정이 쉽다는 점이다. 그러나 이 방법의 단점으로는 ⅰ) 합리적인 평정요소의 선정이 어렵고, ⅱ) 평정요소의 등급기준(매우우수 · 우수 · 보통 · 미흡 · 매우미흡 등)이 모호하여 평정자마다 평정이 다를 수 있으며, ⅲ) 하나의 평정 요소에 대한 평정자의 판단이 다른 평정 요소에 영향을 미치는 연쇄효과(halo effect)가 나타나기 쉽다.

한국은 5급 이하 공무원의 근무성적평정에 도표식 평정척도법을 사용하고 있다.

(2) 강제 배분법

강제 배분법(forced distribution)은 도표식 평정척도법에서 흔히 나타날 수 있는 근무성적 평정결과의 성적분포가 관대화 경향이나 집중화 경향을 나타내는 것을 막기 위해 성적분포 비율을 일정하게 미리 정해 놓은 방법이다. 등급의 수가 5개인 경우 10, 20, 40, 20, 10%의 비율로 배분하는 것이 일반적인 예이다.

강제 배분법은 성적분포의 관대화 경향이나 집중화 경향을 막을 수 있으나, 우수집단과 열등집단을 구분하기 어렵다.

(3) 사실 기록법

공무원의 근무성적을 객관적인 사실에 기초하여 평가하는 방법이다. 이 방법은 공무원이 달성한 작업량이 평가 대상이 되는 것으로, 객관적이기는 하나 작업량 측정이 어려운 업무에 적용하기 어렵다. 이 방법은 무엇을 평가기준으로 하는가에 따라 다음과 같은 형태로 나누어 볼 수 있다.

① 산출 기록법

공무원이 일정한 시간동안 달성한 작업량을 기준으로 성적을 평정하는 방법이다. 이 방법은 타자원, 속기사 등과 같이 표준 작업시간과 표준 작업량의 산정이 가능한 직종의 평정에 적합하다. 그러나 계량적으로 측정할 수 없는 작업의 질적 요소나 개인의 특성 등은 평가할 수 없다.

② 주기적 검사법

이 방법은 평정기간 중 일정한 시간에 한정하여 업무량을 조사하고 그것으로 전 기간의 성적을 추정한다. 이 방법의 장 · 단점은 산출 기록법과 같다.

③ 근태 기록법

이 방법은 공무원의 지각 빈도 수, 결근일 수 등의 기록을 평정요소로 하여 평정하는 방법이다. 이 방법은 평정자의 주관성을 배제할 수 있으나 작업의 양 · 질 · 태도 등이 명시되지 않는 문제점이 있다.

④ 가감 점수법

이 방법은 피평정자의 우수한 직무수행은 가점, 실패나 과오에 대하여 감점을 주어 이를 합산하는 방법이다. 가감 점수법은 고도로 표준화된 단순업무의 평정에 적합하다. 이 방법은 공무원의 지도 · 감독의 자료로서 이용되는 경우 유용하지만, 잘못 활용되는 경우 감독자는 부하의 결점만을 감시하게 되고 부하 직원은 가점을 받기 위한 형식적인 근무에 집착하게 될 위험성이 있다.

(4) 서열법

서열법(ranking method)은 피평정자 간의 근무성적을 비교해서 서열을 정하는 방법이다. 서열법에는 전체성적을 비교하는 종합적 순위법과 요소별로 비교하여 통합하는 분석적 순위법이 있다〈표 9-1 참조〉. 이 방법은 비교적 작은 집단에 대해서만 사용할 수 있으며, 특정집단 내의 전체적인 서열을 알려 줄 수 있으나, 다른 집단과 비교할 수 있는 객관적인 자료는 제시하지 못한다.

서열을 정하기 위한 비교 방법에는 쌍쌍 비교법, 대인 비교법 등이 있다.

쌍쌍 비교법은 피평정자를 두 사람씩 짝을 지어 반복하여 평정하는 방법이다. 이 방법은 피평정자에 대한 객관적 평정이 가능하나 피평정자의 수가 많을 경우 활용이 곤란하다.

대인 비교법은 평정요소(지도력, 전문지식, 책임성, 협조성 등)를 선정하고 평

표 9-1 분석적 순위법

평정요소 / 피평정자	직무 의양	직무 의질	창의력	전문 지식	이해력	업무 추진력	책임성	대민 친절성	협조성	순위 합계	종합 순위
김**	1	3	4	2	5	2	3	4	3	27	3
이**	3	2	3	1	4	3	2	5	2	25	2
박**	4	1	5	5	3	1	4	2	5	30	4
최**	2	4	1	3	1	4	1	1	4	21	1
정**	5	5	2	4	2	5	5	3	1	32	5
주의사항	1. 평정요소마다 피평정자 순위를 정한다. 2. 동 순위자가 2명 이상이 있을 때는 그 수만큼 다음 순위는 띄워서 평정을 기입한다.										

자료 : 강성철 외, 「새인사행정론」(대영문화사, 2001), p. 312.

정요소마다 등급(상 · 중 · 하)을 정한 후 각 등급별로 비교의 기준이 될 표준 인물을 선정하여, 피평정자를 표준 인물과 비교하여 유사한 등급으로 분류하여 평가하는 방법이다.

평정기준으로서 구체적인 인물을 활용한다는 점에서 평정의 추상성을 극복할 수 있고 평정이 용이하다는 장점이 있다. 그러나 객관적인 표준 인물의 선정이 어렵다는 단점이 있다.

(5) 목표관리제 평정법

목표관리(MBO: management by objectives)란 부하직원이 상사와 면담을 통하여 자신이 수행할 도전목표를 설정하고, 일정 기간 후에 목표달성도를 평가한 후, 그 결과를 다음 목표설정에 환류하고, 보상체계에 반영하는 제도이다(행정자치부, 1999). 이러한 목표관리제를 평정에 활용할 수 있다. 목표관리제는 성과목표와 평정기준을 명백히 하고 평정과정에서 평정자와 피평정자의 참여를 극대화함으로써 근무성적평정의 효과를 높일 수 있다.

목표관리제는 평정자와 피평정자의 공동 참여를 통하여 성과목표와 평정방법을 명확히 함으로써 평정결과의 타당도를 높여줄 수 있고, 평정자와 피평정자의 공동 토의를 통하여 피평정자의 성과 향상과 능력개발은 물론 조직의 목표와 개인의 목표를 통합시킬 수도 있다. 그러나 객관적이고 측정 가능한 목표를 설정해야 하는데 직무의 성격에 따라서는 이러한 목표의 설정이 어려운 경우가 있으며, 목표 자체가 개인의 특수성을 고려한 것이기 때문에 개인간의 비교를 위한 평가

기준으로써 사용되기가 어렵다. 그리고 목표관리제는 참여를 바탕으로 하기 때문에 제도의 개발과 운영에 많은 시간과 비용이 소요된다(이학종, 1998: 325 / 유민봉 · 임도빈, 2003: 466).

(6) 체크리스트 평정법

체크리스트(checklist) 평정법은 사실표지법이라고도 한다. 이 방법은 공무원을 평가하는 데 적당하다고 판단되는 표준행동 목록을 미리 작성해 두고, 이 목록에 평정자가 가부(可否)를 표시하게 하는 방법이다.

질문 항목마다 중요도에 따라 가중치를 정하여 평정결과를 수치로 계산(가중 체크리스트라 함)할 수도 있다.

체크리스트 평정법은 평정자가 피평정자에 대한 평정 항목마다 가부 또는 유무만을 판단하기 때문에 평정하기가 비교적 쉽다. 그러나 체크리스트 평정법은 직무성격에 따라 평정 항목이 다를 수 있으므로 부서 내 전체적인 평가의 어려움이 있으며 직무마다 별도의 평정 항목을 만들어야 하기 때문에 많은 시간이 소요된다.

(7) 강제 선택법

강제 선택법은 2개 또는 4~5개의 항목으로 구성된 각 기술 항목의 조(組)가운데 피평정자의 특성에 가까운 것을 강제적으로 표시하도록 하는 방법이다. 이 방법은 강제 선택식 체크리스트 방법이라고도 한다.

이 방법은 〈표 9-2〉와 같이 둘 다 좋게 보이거나 나쁘게 보이는, 비슷한 가치를 지닌 항목을 두 개씩 짝지어 수십 개 조(보통 30~50개 조)를 제시하고 각각 한 쌍의 항목 가운데서 하나만 선택하도록 하는 경우도 있고, 〈표 9-3〉과 같이 유리하거나 불리하게 보이는 4~5개 정도의 항목을 불규칙하게 섞어 한 조로 제시하고, 그 중 피평정자에게 가장 적합한 것과 부적합한 것을 하나씩 선택하게 하는 방법도 있다.

이 방법의 장점은 어떤 항목이 피평정자에게 유리한지 모르고 평정하도록 되어 있기 때문에 평정자의 편견이나 정실을 배제할 수 있다.

그러나 평정 항목을 만들기 어렵고, 평정자들은 제시된 항목이 피평정자와 모두 관련사항이 없거나 여러 항목이 관련 있다고 생각될 경우도 하나만을 선택해야 하는 등의 단점이 있다.

표 9-2 평정 기술 항목 조 1

1. 학습속도가 빠르다.(　　　)	열심히 일한다. (　　　)
2. 자주 결근한다. (　　　)	일처리가 느리다.(　　　)

자료 : William B. Werther, Jr. and Keith Davis, *Human Resources and Personnel Management*, 3rd ed., New York: McGraw-Hill, 1989, p. 313.

표 9-3 평정 기술 항목 조 2

	최적	최부적
1. 권위자인 체하고 독선에 빠진다.	□	□
2. 직무에 대하여 주의가 산만하다.	□	□
3. 어느 누구도 그의 능력을 의심한 적은 없다.	□	□
4. 공직생활의 모든 면에 소양이 있다.	□	□

자료 : 강성철 외, 「새인사행정론」 (대영문화사, 2001), p. 315.

(8) 중요사건 기록법

중요사건 기록법(critical incident method)은 피평정자의 근무실적에 큰 영향을 주는 중요사건을 평정자가 기록하거나 또는 중요사건들에 대한 설명구를 미리 만들어 평정자로 하여금 해당되는 사건에 표시하게 하는 방법이다(Siegel & Myrtle, 1985: 328). 미리 만들어 놓은 중요사건의 예는 〈표 9-4〉와 같다.

이 방법의 장점은 피평정자와 상담을 통하여 직원의 발전을 도모하는데 유용하고, 평가가 사실에 기초를 두고 있다는 것이다.

그러나 평정자가 사건을 기록하는 경우, 사건에 대한 기록을 유지하는데 많은

표 9-4 중요사건 기술의 예

1. 일하면서 불쾌감을 표시하거나 화를 낸다.
2. 동료 직원 돕기를 거부한다.
3. 작업 방법의 개선을 제안한다.
4. 훈련받는 것을 거부한다.
5. 동료 직원이 상부 지시를 받아들이도록 설득한다.

자료 : Flippo, *Principles of Personnel Management*, McGraw-Hill, 1971: 253 / 오석홍, 「인사행정론」 (법문사, 2000), p. 390.

시간이 요구될 뿐만 아니라 어떤 사건을 기록해야 하는지에 대한 개념이 평정자마다 다를 수 있다. 따라서 이례적인 행동을 지나치게 강조하게 될 수 있다(Stahl, 1976: 218).

(9) 행태기준 평정척도법

행태기준 평정척도법(BARS : behaviorally anchored rating scales)은 도표식과 중요사건 평정법의 장점을 통합한 형태이다.

이 방법은 직무와 관련된 주요한 과업분야를 선정하고, 각 과업분야에 대하여는 가장 이상적인 과업 행태부터 가장 바람직하지 못한 행태까지 몇 개의 등급으로 구분한다. 그리고 각 등급마다 중요행태를 명확하게 기술하고 점수를 할당하고, 피평정자의 업무성과와 행동에 해당하는 기준행태와 척도를 선택하는 방법이다〈표 9－5 참조〉.

이 방법은 평정자의 주관적 판단에서 오는 평정오류를 줄일 수 있고, 척도 설계 과정에서 평정대상자가 참여하므로 그의 신뢰와 관심 및 참여를 기대할 수 있다(이학종, 1990: 331～332).

반면에 직무가 다르면 별개의 양식이 필요하며, 동일 직무에서도 과업마다 별도의 행태 기준을 작성해야 하는 등 개발에 많은 시간과 비용이 든다. 또한 피평정자의 대표적인 행태 하나만 선택하는 것이 논리적으로 모순이 된다(W. C. Borman, 1979 a: 410～421 / 유민봉 · 임도빈, 2003: 469).

표 9-5 행태기준 평정척도법의 예

□ 평정 대상자의 행태를 가장 대표할 수 있는 난에 체크하여 주십시오.
평정요소 : 문제 해결을 위한 협조성

등급	행태 유형
(　) 7→	부하 직원과 상세하게 대화를 나누고 그에 대한 해결 방안을 내놓는다.
(　) 6→	스스로 해결할 수 없는 문제는 상관에게 자문을 구하여 해결 방안을 모색한다.
(　) 5→	스스로 해결하려는 노력은 하나 가끔 잘못된 결과를 초래한다.
(　) 4→	일시적인 해결책으로 대응하여 문제가 계속 발생한다.
(　) 3→	부하 직원의 의사를 고려하지 않고 독단적으로 결정을 내린다.
(　) 2→	문제 해결에 있어 개인적인 감정을 앞세운다.
(　) 1→	어떤 결정을 내려야 할 상황인데 결정을 회피하거나 계속 미룬다.

자료 : 유민봉 · 임도빈, 「인사행정론」(박영사, 2003), p. 468.

(10) 행태관찰 척도법

행태관찰 척도법(BOS: behavioral observation scales)은 행태기준 평정척도법(BARS)과 같이 행태에 관한 구체적인 사건 · 사례를 기준으로 평정한다. 한편, 등급에서는 도표식과 유사하게 사건의 빈도수를 표시하는 척도를 구성한다〈표 9-6 참조〉. 즉, 행태기준 평정척도법과 도표식 평정척도법을 결합한 것으로 이해할 수 있다.

이 방법의 장점은 직무와 평정요소의 관련성이 높고, 평정 항목에 대한 빈도수를 측정함으로 평정자의 주관적 평가를 줄이는데 도움이 된다는 것이다. 그러나 등급과 등급 간의 구분이 모호하고, 연쇄효과의 오류가 나타날 수 있다는 단점을 지니고 있다.

(11) 서술법

서술법(essay method)은 평정자가 피평정자의 실적, 직무행태 또는 개인적 특성에 대한 평가를 문장으로 기록하는 방법이다. 서술법은 피평정자를 자세히 설명할 수 있으나 평정자의 평정 방법에 따라 평정 내용에 많은 차이가 있을 수 있다. 따라서 피평정자들간의 비교를 위한 방법으로는 적합하지 않다.

표 9-6 행태관찰 척도법의 예

평정요소 : 부하 직원과의 의사소통

평정항목	등급
	거의 관찰하지 못한다. … 매우 자주 관찰한다.
· 새 정책이나 내규가 시행될 때 게시판에 내용을 게시한다.	1 2 3 4 5
· 주의력을 집중하여 대화에 임한다.	1 2 3 4 5
· 지시사항을 전할 때에는 구두로 한 것을 다시 메모로 전달함으로써 확인한다.	1 2 3 4 5
· 메모는 간략하고 이해하기 쉽게 적는다.	1 2 3 4 5
· 상부의 지시사항이 있을 때 이를 즉시 전하지 않고 며칠 지난 뒤에 전함으로써 일을 서두르게 만든다.	1 2 3 4 5

자료 : Fisher, Schoenfeldt, and Shaw, *Human Resources Management*, 2nd ed., Boston: Houghton Mifflin Co., 1993: 502 / 유민봉 · 임도빈, 「인사행정론」(박영사, 2003), p. 469.

2) 평정자를 기준으로 한 유형

(1) 자기 평정법

자기 평정법(self-rating)은 피평정자가 자신의 근무성적을 스스로 평가하는 방법이다.

이 방법의 장점은 자기의 직무수행에 대한 반성의 계기를 부여함으로써 자기발전의 동기를 유발한다는 것이다. 그러나 자기 평정만으로는 객관성이 결여될 수 있으므로 동료 평정, 감독자 평정을 병행하는 것이 필요하다.

한국의 경우 5급 이하 공무원의 자기 평정은 평정자가 참고하도록 하고 있다(공무원평정규칙 제6조).

(2) 동료 평정법

동료 평정법(peer rating)은 피평정자들이 동료를 서로 평정하는 일종의 집단 평정 방법이다.

이 방법은 감독자가 볼 수 없는 점도 동료들이 파악할 수 있다는 점에서 객관성 · 공정성을 기대할 수 있다. 그러나 평정에 지연 · 학연 등 연고주의가 작용할 수 있다. 이 방법은 다른 평정방법의 보완수단으로 활용하는 것이 바람직하다.

(3) 감독자 평정법

감독자 평정법은 감독자가 부하 직원을 잘 알고 있으므로 감독자가 피평정자를 평정하는 방법이다. 가장 일반적으로 쓰이는 방법이다.

(4) 부하 평정법

부하 평정법은 부하가 상관을 평정하는 방법이다. 그러나 정부기관에서 널리 쓰이지 않는 방법이다.

(5) 다면 평정법

다면 평정법(다면평가제) 또는 집단평정법은 피평정자의 직무수행과 관련된 여러 분야의 사람들이 평정하는 방법이다. 예를 들면, 상급자, 동료, 부하, 고객, 외부전문가 등이 피평정자를 평정하는 방법이다.

이 방법의 장점은 균형된 평정이 가능하다는 것이다. 단점으로는 평정상의 불쾌감이나 스트레스, 담합이나 모략적 행위 등이 나올 수 있고, 업무목표 성취보다는 원만한 대인관계에 치중할 수 있다.

3) 평정방법의 선택

위에서 설명한 바와 같이 많은 평정방법들이 개발되어 있고, 그것들은 각각의 장점을 가지고 있다. 따라서 이러한 평가방법들 중에서 한 개 또는 몇 개를 혼합하여 사용하게 된다.

평정방법을 선택할 때에는 기본적으로 평정방법이 평정의 객관성, 신뢰성, 그리고 타당성 등을 확보할 수 있는지를 판단해야 한다. 또한 평가방법의 이해와 사용상의 편의성, 그리고 경제성이 있는지도 검토해야 한다. 그리고 평정의 목적이 개인의 능력개발을 위한 것인지, 상벌 등 인사조치의 기준으로 사용할 것인지를 고려하여야 한다. 평정방법의 선택은 이러한 요인들을 고려하여 조직의 실정에 맞게 결정하여야 한다.

4. 근무성적평정 제도의 운영

근무성적평정 제도의 운영 과정은 ⅰ) 계획수립, ⅱ) 시행, ⅲ) 평정결과의 분석 및 조정, 그리고 ⅳ) 평정결과의 공개 및 소청의 4단계로 이루어진다.

1) 근무성적평정 계획수립

(1) 평정대상 집단의 범위 확정

근무성적평정의 계획을 수립할 때는 먼저 평정의 대상이 되는 공무원의 범위를 결정해야 한다. 일반적으로 실적주의 적용을 받는 공무원이 대상이 되며 계급별 · 직무 분야별로 나누어 각기 다른 근무성적 평정표를 적용받게 된다. 한국은 모든 직급 공무원이 평정대상이 된다.

(2) 평정자의 선정과 훈련

① 평정자의 선정

평정자는 평정의 목적과 방법에 따라 달리 선정해야 할 것이다. 평정자를 선정할 때는 피평정자의 직무내용, 인원수, 평정자의 능력, 평정방법 등을 고려해야 한다. 가장 일반적으로 쓰이는 방법은 피평정자의 상관인 감독자가 평정하는 감독자 평정방법이다.

평정자는 평정자(1차 평정자)와 확인자(2차 평정자)를 별도로 두는 이중평정제가 일반적이다. 평정자는 피평정자의 직근상관인 감독자가 되고 확인자는 차상위 감독자가 된다. 이와 같은 이중평정제는 단독 평정자의 평정상 착오나 편파성을 배제하여 공정성을 기하려는 것이다. 그리고 1차 및 2차 평정이 끝나면 평정결과의 타당성을 검토하고 조정하는 조정자가 있다.

② 평정자의 교육훈련

평정자 교육훈련의 목적은 평정을 원활히 실시하고 평정결과의 객관성과 타당성을 높이며, 평정결과를 활용하여 부하의 지도 · 감독을 잘할 수 있도록 평정자의 태도와 기술적 능력을 개선하려는 것이다.

평정의 객관성과 타당성을 높이기 위해서는 평정방법을 개선하는 한편, 평정자 교육훈련이 필요하다. 평정자 교육훈련에서는 평정자의 임무, 평정의 목적과 내용, 기술적 방법 그리고 평정결과에 근거한 부하의 지도 · 감독에 대한 교육훈련이 이루어져야 한다.

(3) 평정요소의 선정

① 평정요소 선정 기준

평정요소의 선정기준은 평정목적과 피평정자의 직급 · 직무에 따라 다르다.

평정요소의 선정시에 지켜야 할 네 가지 조건은 다음과 같다(藤田忠, 1977: 208~227 / 강성철 외, 2001: 322~323).

첫째, 객관적 요소를 선정하고 각 요소에 대하여 명확한 정의를 부여해야 한다. 즉, 평정요소는 추상적 문구보다 구체적으로 관찰할 수 있고, 그 결과를 알 수 있는 요소로 선정하여야 하며, 모든 평정자가 공통된 의미로 이해할 수 있는 용어로 정의되어야 한다.

둘째, 평정요소는 직군에 따라 달라야 하며, 각 요소에 대한 가중치도 달라야 한다. 또한 동일직군에 속해 있다하더라도 담당 직무의 내용에 따라 달라져야 한다.

셋째, 단일의 특정한 내용을 지닌 평정요소를 선택하여야 한다. 선정된 평정요소는 단순하거나 명확하지 않으면 안 된다.

넷째, 평정요소 간에 중첩을 피하고 피평정자 간의 차이를 구별할 수 없는 평정요소는 제외해야 한다.

② 평정요소의 내용과 수

근무성적평정의 구성요소는 자질, 행동, 성과의 세 가지로 크게 나눈다. 최근에는 주관성의 개입 여지가 많은 자질 위주의 평정제도보다 객관적 성과를 중시하는 결과 위주의 평정제도가 환영받고 있다.

평정요소의 수는 피평정자의 직급 및 이용 목적에 따라 다르나 대체로 노무직의 경우 8개, 사무직의 경우 9개, 그리고 감독자의 경우 12개 정도가 평균치로 나타나고 있다(박동서, 2001: 258).

그러나 평정요소의 수가 너무 적으면 피평정자를 정확하게 평가하기 어렵고, 평정요소의 수가 너무 많으면 평정요소의 내용의 일부가 중복되기 쉽고, 또한 평정자가 혼란을 일으킬 수 있다.

③ 평정요소의 비중

평정요소는 직무나 직급에 따라 비중을 달리하는 것이 효과적이다. 평정요소의 결정시 비중에 관한 유의점은 다음과 같다.

첫째, 평정요소의 비중은 요소의 중요성에 따른 형식적인 배점보다 실제적 평점의 차 또는 표준편차를 고려해야 한다. 즉, 창의성이라는 평정요소가 9점 만점이고, 책임성이라는 평정요소는 12점 만점으로 되어 있을 경우 책임성이 중요함을 의미한다. 그러나 평정자가 창의성에 대한 평점을 6점에서 9점 사이로 평정하고, 책임성에 대한 평점을 3점에서 9점으로 평정한 경우, 책임성을 경시하고 창의성을 중요시하는 결과가 된다.

둘째, 평정요소의 비중은 직책에 따라 면밀히 정해야 한다. 비중 결정이 잘못되어 평정결과를 왜곡시키는 경우도 있을 수 있기 때문이다. 예를 들어, 민원부서는 친절성이 중요하며, 호적계는 전산능력이 중요하다. 그런데 평점비중을 친절성에 5점을, 전산능력에 10점을 둔 경우 민원부서에 근무하는 사람이 친절성에 5점 만점을 받았다 하더라도 전산능력에서 5점을 받으면 합계 10점밖에 안 된다. 그러나 호적계에 근무하는 사람이 전산능력을 만점이 아닌 8점을 받고 친절성에서 3점밖에 못 받아도 합계는 11점이 된다. 그러므로 민원부서에 근무하는 사람이 불리하게 된다(박동서, 2001: 260).

④ 평정요소 등급의 수

등급의 적정수는 평정목적, 평정자의 능력, 평정요소의 성격 등 여러 가지 요인에 의하여 결정될 수 있으나 보통 3 내지 5등급으로 한다. 일반적으로 등급의 수가 너무 많을 경우 평정이 어렵고 등급 차이가 불분명해진다. 반면에 등급의 수가 너무 적을 경우는 평정결과의 변별력이 약해진다. 우리 나라는 평정 요소별 등급의 수를 매우우수, 우수, 보통, 미흡, 매우미흡 등 5등급으로 하고 있다.

⑤ 평정요소의 배열순서

평정요소의 배열순서에 대한 일반적 법칙은 없다. 그러나 평정요소를 배열할 때에는 평정요소 간의 연쇄효과를 배제할 수 있도록 유의하여야 한다.

2) 근무성적평정의 실시

근무성적평정 계획이 수립되고 나면 평정이 실시된다. 평정의 실시 단계에서는 실시 시기와 빈도가 평정제도의 효율적 운용과 관련된다. 평정의 실시 시기와 빈도 문제는 구체적인 조건과 관련된다. 조직의 성격, 평정의 목표와 방법, 피평정자들이 다르면 평정실시의 적정시기와 적정빈도를 달리해야 하기 때문이다.

일반적으로 평정 횟수가 너무 잦으면 평정이 소홀해지고, 신뢰성이 저하될 수 있으며, 피평정자의 사기가 저하될 수 있다. 반면에 평정의 횟수가 적고 기간이 길면 평정의 일관성 유지가 어렵고 평정의 효용성이 떨어진다. 따라서 근무성적평정은 연 1~2회 실시하는 것이 바람직하다. 평정 시기와 관련하여 근무성적평정은 정기평정, 수시평정(임시평정), 시보기간평정으로 나눌 수 있다.

3) 근무성적평정 결과의 분석 및 조정

(1) 평정결과 분석

근무성적평정이 끝나면 그 결과를 분석하여 착오를 일으키는 원인이 평정자의 평정능력 · 평정태도 · 개인의 습관에서 온 것인지, 평정방법 및 절차에서 온 것인지를 검토하여 개선점을 찾아 근무성적평정에 반영하여야 한다.

근무성적평정 결과의 분석에서는 타당성과 신뢰성을 검증해야 한다.

타당성은 평정하려는 것을 정확히 평정하고 있는가에 관한 기준이다. 평정의 타당성 기준을 측정하는 객관적 기준을 정하기는 어렵다. 그러나 다음과 같은 방법을 통하여 어느 정도 검증할 수 있다. 첫째, 평정결과를 검토하여 집중화 경향 · 관대화 경향 · 연쇄효과 등이 없으면 그 평정은 타당성이 있다고 추정한다. 둘째, 평정결과를 피평정자의 다른 근무기록 즉, 출퇴근 성적 · 승진 · 생산성 · 징계 등에 관한 기록과 비교하는 방법이다. 셋째, 상식적인 관찰, 즉, 유능하다고 평가받는 사람이 우수한 점수를 받으면 타당성이 있다고 판단하는 방법이다(오석홍, 2000: 429).

신뢰성은 평정결과의 일관성과 객관성의 두 가지 관점에서 측정된다. 즉 평정에 일관성과 객관성이 있을 때, 그 평정은 신뢰성이 있다고 한다(安樂定信, 1961: 198～199 / 강성철 외, 2001: 326).

일관성을 측정하기 위해서는 한 사람의 평정자가 동일한 피평정자에 대해서 시간을 달리하여 여러 차례 평정을 하여 평정결과의 일치도가 높을 때, 그 평정은 일관성이 있다고 보는 것이다. 객관성은 동일한 피평정자를 여러 평정자가 평정하여 평정결과의 일치도가 높으면 객관성이 있다고 보는 것이다.

(2) 평정결과의 조정

평정결과의 조정은 평정상의 과오나 불균형을 시정하기 위한 수단이다.

① 조정자

조정자는 평정결과의 타당성을 검토하고, 집단 내 평정의 균형을 유지하는데 필요한 조치를 취한다. 따라서 피평정자를 관찰할 수 있는 위치에 있는 사람이어야 한다. 조정자는 평정자의 상급자 가운데 한 사람을 지정하는 경우도 있고 복수인으로 구성되는 조정위원회를 두는 경우도 있다.

한국은 근무성적평가위원회가 조정자의 역할을 한다. 이 위원회는 승진후보자 명부가 작성되는 조직단위별로 설치되며 피평정자의 상위계급 공무원 가운데서 임용권자 또는 임용제청권자가 지명하는 5인 이상 위원으로 구성한다.

② 조정 범위

조정 과정에서 평정상의 모든 부정확성을 발견해 내는데는 한계가 있으므로 일정한 범위와 한계를 미리 정해 놓고 그 범위 내에서 심사하여 조정해야 한다. 조정 대상은 두드러진 과오나, 개인 및 집단 간의 현저한 불균형에 한정되어야 한다. 조정 범위를 너무 넓게 하면 평정자의 평정이 무의미해지는 결과를 초래할 수 있다.

③ 조정 방법

조정은 평정자에 의한 평정이 이루어진 후에 평정결과를 조정하는 것이 원칙이다. 그러나 사전적 수단도 포함되어 논의되어야 한다. 사전에 평정의 기준을 엄격히 설정하고 평정자에 대하여 교육훈련을 실시하는 것이 바람직할 것이다. 이렇게 할 경우 사후조정 필요성이 현저히 줄어들 것이다.

사전조정 수단으로는 강제배분, 주요사건 병기(併記), 동료평정, 이중평정 등을 고려할 수 있고, 사후조정 수단으로는 조정자와 평정자가 논의하여 조정하는 방법과 통계적 방법이 있다. 통계적 방법으로는 가감법, 간격 배율법, 백분비 등급 및 표준득점으로 환산하는 방법 등이 있다[1].

4) 근무성적평정 결과의 공개 및 소청

(1) 평정결과의 공개

평정결과의 공개 여부는 평정제도의 성공적 운영에 중요한 요소가 된다.

평정결과의 공개는 평정의 공정성을 높일 수 있으며, 피평정자가 자신의 장단점을 자각할 수 있어 자기계발을 도모할 수 있다. 반면에 평정결과의 공개는 관대화 또는 집중화 경향을 부추길 수 있으며, 평정자와 피평정자 간의 불화를 조성하고 성적이 저조한 피평정자의 사기를 저하시킬 우려가 있다.

평정결과의 공개 여부는 평정의 목적과 방법, 인사절차의 특성과 공무원의 행태 등 구체적 여건과 관련하여 판단하여야 할 것이다. 그러나 일반적으로 평정결과를 본인에게 알리는 공개방식을 주장하는 견해가 많다. 특히 성적이 좋지 않은 경우 성적을 공개하고 상담하여 평정자가 상담자 내지 조력자로서의 역할을 하

1) 가감법은 점수가 박하거나 후하다고 인정되는 피평정자 집단의 각 평정점수에 일정한 점수를 일률적으로 가하거나 감하는 방법이다. 간격 배율법은 집중화 경향을 시정하기 위해 하나의 피평정자 집단 내에서 평정점수 분포의 폭을 넓히는 방법이다. 대개 평균점을 중심으로 하여 그 위로 일정한 점수를 가하고, 그 아래로는 일정한 점수를 감하는 것이다. 백분비 등급 환산 및 표준득점 환산은 피평정자 집단 간의 격차를 해소하기 위해 평정점수를 집단 내의 백분비 등급으로 환산하거나 표준편차의 계산에 의한 표준득점으로 환산하는 방법이다(오석홍, 2000: 414~415).

는 것이 바람직하다. 한국의 경우도 평가자는 근무성적평정이 완료되면 평정 대상 공무원 본인에게 근무성적평정 결과를 알려주도록 하고 있다(공무원성과평가등에관한 규정 제21조).

(2) 평정결과의 소청

소청(訴請)은 평정결과가 부당하다고 인정되는 경우 피평정자 또는 그 감독자가 이의를 제기하여 구제를 받게 하는 절차이다. 이러한 소청제도는 평정결과의 공개를 전제로 하고 있다. 소청제도의 의의는 평정자의 편견과 자의성을 배제하여 평정의 공정성을 기하고, 또한 피평정자의 권익을 보호하는 데 있다.

평정결과에 대한 소청의 허용 여부에 대한 의견은 찬성과 반대로 양분되고 있다. 소청 허용의 주장자들은 평정의 공정성과 피평정자의 권익보호를 들고 있다. 한편, 소청 허용의 반대자들은 평정의 관대화 경향과 평정자와 피평정자 간의 갈등을 들고 있다.

한국은 근무성적 평정결과에 대하여 이의가 있을 경우, 피평정자는 확인자에게 이의신청할 수 있고, 확인자의 결정내용에 불복하는 경우 근무성적평가위원회에 이의신청을 할 수 있다(공무원성과평가등에관한 규정 제21조).

5. 근무성적평정상의 오류

근무성적평정 과정에는 평정결과를 왜곡시키는 여러 가지 오류가 개재될 가능성이 있다. 평정상의 오류는 대부분 평정자와 평정방법에 기인하는 것이다.

흔히 발생하는 평정상의 오류는 다음과 같은 것들이 있다(Siegel & Myrtle, 1985: 307~303 / Leap & Crino, 1989: 331~333 / 오석홍, 2000: 421~425) / 강성철 외, 2001: 330~332 / 박천오 외, 2001: 320~321).

1) 평정척도의 문제

평정자마다 척도에 사용되는 용어에 대한 지각과 이해가 상이할 경우 평정상의 오류가 발생할 수 있다. 즉, 우수, 보통, 미흡 등에 대한 기준은 평정자마다 다를 수 있어 피평정자에 대한 평정결과가 다르게 나타날 수 있다. 평정척도의 문제는 평정요소와 평정척도의 기준을 명확히 설명함으로써 어느 정도 줄일 수 있다.

2) 연쇄효과

연쇄효과(halo effect)는 한 평정요소에 대한 평정자의 판단이 연쇄적으로 다른 요소의 평정에도 영향을 주는 현상을 말한다. 이러한 연쇄효과는 평정자가 피평정자를 잘 모르는 데서 기인한다고 할 수 있다. 즉, 피평정자를 쉽게 관찰할 수 없는 평정요소가 선정된 경우와 각 평정요소의 배열이 유사한 의미를 가진 요소가 연결되어 있을 때 나타난다. 그리고 평정자의 특별한 선호나 중요시하는 특성이 있으면 연쇄효과가 나타날 수 있다.

이러한 연쇄효과를 줄이는 방법은 다음과 같다.

첫째, 근무성적평정 방법을 프로브스트식 체크리스트 방법[2)]이나 강제 선택법을 사용하여 연쇄효과를 가능한 배제한다.

둘째, 각 평정요소별로 모든 피평정자를 순차적으로 평정한다.

셋째, 평정요소의 의미를 명확히 하고, 유사한 요소의 배치를 멀리 떨어지게 하는 등 요소별 배열 순서에 유의한다.

넷째, 같은 피평정자를 여러 평정자들이 평가한다(Borman, 1979: 556～560).

3) 집중화 경향

집중화 경향(central tendency)은 평정자가 대부분의 피평정자들에게 평정척도상의 중간등급의 점수를 주는 심리적 현상을 의미한다. 이러한 집중화 경향은 평정기준에 자신이 없거나 피평정자에 대하여 잘 알지 못하는 경우, 또는 나쁜 점수를 받은 부하들의 원망을 회피하거나 무사안일주의에 빠질 때 나타나는 현상이다. 이를 방지하기 위한 수단으로는 강제 배분법이 사용되기도 한다.

---

2) 1930년 미국 세인트폴 시의 인사과 직원인 프로브스트(Probst)가 고안한 체크리스트 평정법으로, 피평정자에게 유리하거나 불리한, 그리고 각기 가중치가 다른 일련의 평정항목들을 불규칙하게 배열해 놓고, 피평정자의 특성에 가까운 항목을 표시하게 하는 평정방법을 말한다.

4) 관대화 경향 · 엄격화 경향

관대화 경향(tendency of leniency)은 피평정자를 실제 수준보다 관대하게 평가하여 평정결과의 분포가 우수한 쪽에 집중되는 경향을 말한다. 이러한 현상은 평정자가 피평정자를 잘 몰라서 실수할 것을 염려하거나 부하들과의 비공식적 유대관계를 의식해서 높은 점수를 주는 경우가 많다. 한편, 엄격화 경향(tendency of strictness)은 평정기준을 엄격히 적용하여 피평정자를 실제수준보다 낮게 평가하는 경향을 의미한다. 관대화 및 엄격화 경향의 방지수단으로는 서열법과 강제 배분법이 유용하다.

5) 규칙적 오류 · 총계적 오류

규칙적 오류(systematic or constant error)는 평정자가 다른 평정자들 보다 항상 후한 점수 혹은 나쁜 점수를 주는 것을 말한다. 강제 배분법은 사전에 규칙적 오류를 배제하는 수단이 된다. 총계적 오류(total error)는 평정자의 평정기준이 일정치 않아 관대화 및 엄격화 경향이 불규칙하게 나타나는 것을 말한다. 총계적 오류는 사후조정이 곤란하다.

6) 시간적 오류

시간적 오류(recency error)는 평정자가 피평정자의 평정기간 전체의 성과나 행동보다는 최근의 실적이나 능력을 중심으로 평가함으로써 발생하는 오류를 말한다. 이러한 오차를 줄이기 위하여 1년에서 6개월의 평정의 전체 기간을 평가하도록 노력해야 한다. 시간적 오류는 중요사건 기록법과 목표관리제에서 비교적 적게 나타난다.

7) 선입견에 의한 오류

선입견에 의한 오류(personal bias)는 평정요소와 관계 없는 성별, 출신학교, 종교, 지역, 연령 등에 대해 갖는 편견이 평정에 영향을 미치는 것을 의미한다. 선입견에 의한 오류를 줄이는 방안으로는 직속 상사 이외의 제3자를 평정자로 활용하는 방법이 있다.

제2절 한국의 공무원 근무성적 평정제도

1. 근무성적평정

정부에서는 근무성적평정을 통하여 공무원의 실적과 능력을 공정하고 객관적으로 평가하여 그 결과를 승진, 교육훈련, 보직관리, 특별승급, 성과상여금 지급 등 각종 인사관리에 반영하도록 함으로써 실적주의의 인사 체제를 확립하고 있다.

1) 근무성적평정 대상

근무성적평정의 대상은 일반직공무원(연구직 · 지도직 공무원 포함) 및 기능직공무원 전원을 대상으로 하되, 4급 이상 공무원(연구관 · 지도관, 고위공무원단 포함)은 성과계약에 의한 목표달성도의 평가(성과계약 등 평가)를 하고, 5급 이하 공무원(연구직 · 지도직 포함) 및 기능직공무원은 근무 실적 및 능력에 대한 평가(근무성적평가)를 실시하고 있다.[3]

2) 근무성적평정 시기

4급 이상 공무원(연구관 · 지도관, 공위공무원단 포함)의 성과계약 등 평가는 12월 31일 기준으로 실시한다. 그리고 5급 이하 공무원(연구직 · 지도직 포함) 및

3) 별정직 공무원은 '별정직 공무원 인사규정' 에 따라 일반직 공무원에 준하여 평가하며, 계약직 공무원은 '계약직 공무원 의사규정' 과 '계약직 공무원 운영지침' 에 따라 평가한다.

기능직 공무원의 근무성적평가는 정기평가와 수시평가로 구분하여 실시하는데, 정기평가는 6월 30일과 12월 31일을 기준으로 연 2회에 걸쳐 실시한다. 다만, 소속장관은 필요하다고 인정하는 경우에 6월 30일을 기준으로 하는 정기평가를 생략할 수 있다. 수시평가는 승진후보자명부의 조정 사유가 발생한 경우에 실시하되, 근무성적 평가 예외 규정에 의하여 평가한 경우 승진후보자명부 조정일 현재를 기준으로 실시한다(공무원성과평가 등에 관한 규정 제5조).

3) 평가자와 확인자

성과계약 등 평가 또는 근무성적 평가의 평가자는 평가대상 공무원의 업무수행 과정 및 성과를 관찰할 수 있는 상급 또는 상위 감독자 중에서, 확인자는 평가자의 상급 또는 상위 감독자 중에서 소속 장관이 지정한다. 다만 소속 장관은 평가항목의 특성에 따라 필요하다고 인정되면 일부 평가항목에 대하여 평가자 또는 확인자를 달리 정할 수 있고, 직위의 특성상 평가자의 상급 또는 상위 감독자가 없는 경우에는 확인자의 지정을 생략할 수 있다(동 규정 제8조, 제13조).

4) 근무성적평정 절차

근무성적 평정절차는 4급 이상 공무원 등의 성과계약 등 평가와 5급 이하 공무원 등의 근무성적평가로 나누어 살펴보고자 한다.

(1) 성과계약 등 평가

4급 이상 공무원(연구관 · 지도관, 고위공무원단 포함)의 근무성적 평정은 성과계약 등 평가에 의하여 평가하며, 평가항목을 성과목표 달성도, 부서단위의 운영평가 결과, 그 밖에 직무수행과 관련된 자질 또는 능력 등에 대한 평가결과 중에서 하나 또는 그 이상으로 정하여 평가하며(동 규정 제7조) 그 절차는 다음과 같다 〈그림 9－1참조〉.

① 전략계획 수립

전략계획은 중앙행정기관의 장이 당해 기관의 전략목표 달성을 위해 수립하는 중 · 장기계획이며, 이는 개인의 업무성과가 기관업무 달성에 유기적으로 기여하게 하기 위해 개인간 성과계약 체결에 앞서 수립한다.

② 목표설정 및 성과계약 체결

평가 대상 기간 동안의 당해 기관의 임무 등을 기초로 하여 평가 대상 공무원의 성과 목표를 설정한다. 성과 목표 설정 시 상급자와 하급자 간에 성과 면담을 실시하여 상위·하위 목표가 유기적으로 연계되도록 한다. 평가 대상 공무원의 성과 목표가 설정되면 평가자와 성과계약을 체결한다. 성과계약은 평가 대상 기간 동안 달성하여야 할 목표 및 성과를 측정할 수 있는 성과지표를 주요 내용으로 한다〈표 9-8 참조〉.

③ 중간 점검

평가자는 평가 대상 공무원과 체결한 성과계약의 진행상황을 연도 중 최소 1회 이상 점검하여야 한다. 즉 주기적 성과기록 등을 바탕으로 목표의 정상 추진 여부, 개선의 필요성 등을 검토하여 업무에 반영하고, 지원 등 필요한 사항을 결정한다. 또한 조직의 내외적 요인으로 인하여 전략목표가 수정되거나 직무내용의

그림 9-1 성과계약 등 평가절차

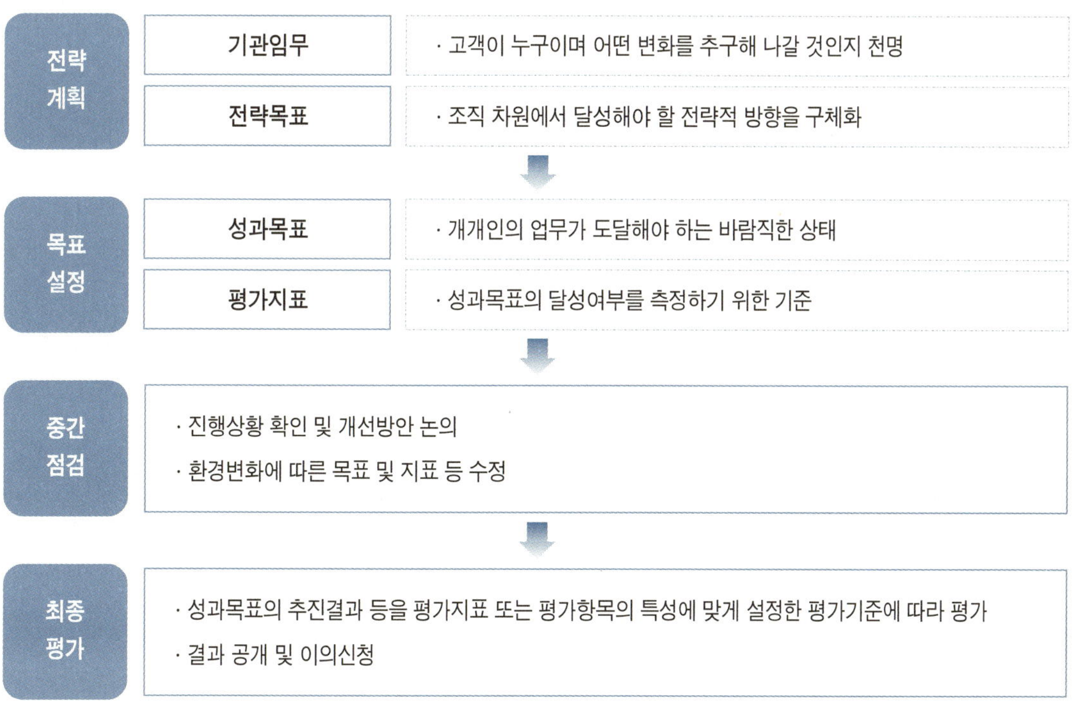

자료 : 행정안전부, 공무원 성과평가 등에 관한 지침(2011. 9. 19)

변경으로 성과목표나 지표를 수정할 필요가 있는 경우에는 성과계약 체결 당사자 간의 합의로 성과계약의 내용을 변경 할 수 있다.

④ 최종 평가

평가를 하기 이전에 계약당사자는 성과면담을 실시하여 그 결과를 평가에 반영한다. 즉 평가자는 중간점검 결과, 주기적 성과기록 관리 등을 참고하여 성과면담을 진행한다. 최종 성과계약 등 평가는 평가대상 기간 동안 평가대상 공무원의 소관업무에 대한 성과목표 달성도를 감안하여 평가한다. 즉 성과목표의 추진 결과를 평과지표에 근거하여 평가하되, 성과목표의 중요성, 난이도, 평가대상 공무원의 자질 및 태도 등을 고려하여 평가한다. 평가등급의 수는 최상위 및 최하위 등급을 포함하여 3개 이상으로 설정하여야 한다. 평가등급의 명칭은 각 기관에서 자율적으로 정할 수 있으나 '공무원인사기록 및 인사사무처리규정'(제8조)에 따라 평가등급은 성과관리카드에 기록되므로 등급의 수준을 〈표 9-7〉과 같이 표시하여야 한다. 또한 평가자는 평가의견을 반드시 작성하여 성과관리카드에 기록 · 관리한다〈표 9-9 참조〉.

(2) 근무성적평가

5급 이하 공무원(연구직 · 지도직 포함) 및 기능직 공무원의 근무성적 평정은 근무 실적 및 능력에 대한 평가를 실시하며, 그 절차는 다음과 같다

① 성과계획서 작성

매년 초 평가 대상 공무원은 본인의 1년간의 업무목표에 관한 성과계획을 작성하여 평가자 및 확인자의 면담을 통하여 합의된 성과목표 등을 선정한다. 성과목표는 상급자 또는 상위자의 성과목표를 실현하기 위한 세부 과제로 선정한다. 그러나 단위 업무를 수행하는 5급 이하 실무자로서 책임의 범위 상 엄격한 의미의 성

표 9-7 평가 등급 설정에 따른 표시 방법

평가 등급 설정	표시방법
· 상, 중, 하의 3개 등급의 설정 시	상 (1등급/3등급)
· A, B, C, D 4개 등급의 설정 시	C (3등급/4등급)
· 탁월, 우수, 보통, 미흡, 불량의 5개 등급 설정 시	우수 (2등급/5등급)

자료 : 행정안전부. 공무원 성과평가 등에 관한 지침(2011. 9. 19).

표 9-8 성과계약서

□ 평가대상 기간 : ○○○○년도

	소속	직위	성명	서명
평가대상자				
평가자				
기관의 임무와 목표를 달성하기 위해 甲과 乙은 상호 합의에 의해 다음과 같이 성과계약을 체결한다. 작성일 : . . . (승계시 사유도 추가 기재)				

□ 개인 성과목표

No.	성과목표	평가지표		실행계획
		평가지표명 (측정방법 포함)	목표점	

〈작성요령〉

※ 주의 : 성과계약서는 각 부처 평가항목의 특성에 맞게 변경가능하나, 「공무원인사기록 및 인사사무처리규정」(제8조)에 따라 성과관리카드를 통한 성과정보관리의 필요상 주요업무의 성과와 평가자 등은 반드시 나타나도록 설계하여야 함

1. 성과목표

ㅇ전략목표 또는 상위 목표를 달성하기 위한 개인의 성과목표를 말함

- 성과목표의 수는 가급적 5개 이내로 한정

2. 평가지표

ㅇ성과목표 달성도를 측정하기 위해 사전에 정하는 기준을 말함

- 평가지표 타당성 검증을 통해 바람직한 지표를 결정하되, 과 · 팀장의 경우 과정 또는 산출지표도 보완적으로 활용 가능

ㅇ평가지표를 측정하는 기준과 목표점을 작성하며, 지표별 구체적인 등급결정 기준에 대해서는 별도 관리 가능

ㅇ각 부처 사정에 따라 성과목표 또는 평가지표별로 비중 설정 가능

3. 실행계획

ㅇ성과목표 및 평가지표를 달성하기 위해서 당해 연도에 추진할 구체적인 활동을 간결하게 기술

자료 : 행정안전부, 공무원 성과평가 등에 관한 지침(2011. 9. 19) 별지 제1호 서식.

표 9-9 최종평가서

□ 평가대상 기간 : ○○○○년도

	소속	직위	성명	서명
평가대상자				
평가자				
확인자				

No.	성과목표	평가지표			주요실적
		지표명 (측정법)	목표점	결과	
1					
2					
3					
4					
평가자 의견		※ 업무추진실적, 조직관리능력, 기타 등에 대해 기재			

최종등급	
작성일 : . . .	

※ 기타 성과목표별 실적

No.	성과목표	주요실적
1		
2		

〈작성요령〉

※ 주의 : 최종평가서는 각 부처 실정에 맞게 변경 가능하나, 공무원 인사 및 성과정보관리의 통일성을 위하여 '성과목표', '평가지표', '주요실적', '평가자 의견', '최종등급' 은 반드시 포함되어야 함

*최종평가서는 핵심목표별 실적 위주로 1쪽 이내로 작성하되, 불가피한 경우에는 2쪽 이내로 작성(다만 전출입 · 파견자 등의 경우 기관장에게 상세정보 제공 위해 분량 확대 인정)

1. 성과목표 및 성과지표

○당초 설정한 성과목표와 평가지표, 목표점을 그대로 기록하고, 지표별 측정결과를 기록

2. 주요 실적

○핵심 성과목표 및 평가지표를 달성하기 위해서 당해 연도에 추진한 핵심활동을 간결하게 기록

*'주요실적' 은 핵심사항 위주(실무적이고 지엽적인 사항 기술 금지)로 3건 이내로 하여 피평가자 본인이 직접 작성

3. 평가자 의견(평가자 작성)

○평가대상자의 업무추진실적, 조직관리능력, 기타 등에 대하여 기재

*실적과 능력에 대한 평가의견은 구분 작성이 곤란하여 종전의 '실적에 대한 평가의견란', '능력에 대한 평가의견란' 을 통합

4. 최종등급(평가자 작성)

○평가대상자의 자질과 태도, 성과계약서와 자체 성과기록, 정책평가결과 등을 종합적으로 고려하여 성과계약 등 평가 최종등급 결정

5. 기타 성과목표별 실적

○성과목표를 달성하기 위해서 당해 연도에 추진한 핵심활동을 간략히 기록

*핵심 성과목표를 제외한 기타 성과목표에 대하여는 평가지표란을 생략

자료 : 행정안전부, 공무원 성과평가 등에 관한 지침(2011. 9. 19) 별지 제2호 서식.

과목표를 설정하기 곤란한 경우에는 성과목표 대신에 단위과제를 설정할 수 있다[4]. 이와 같은 절차를 거쳐 피평가자는 평가자와 함께 성과계획서를 작성한다〈표 9－10 참조〉. 피평가자가 전보된 경우, 피평가자는 전보된 부서의 전임자가 선정한 성과목표 또는 단위 과제를 승계하여 수행한다.

② 평가항목 및 구성 비율

근무성적 평가의 평가 항목은 근무실적과 직무수행능력을 기본 항목으로 하며, 평가항목의 총점은 100점으로 한다. 다만 소속 장관이 필요하다고 인정하는 경우에는 직무수행태도를 평가항목에 추가할 수 있다. 평가 항목 간의 균형 유지를 위하여 근무실적과 직무수행능력의 평가점수는 어느 하나의 비율이 70%를 초과하지 않도록 하고, 직무수행태도를 추가 항목으로 지정하는 경우, 그 비율은 10% 이내로 하고 있다.

③ 근무실적 및 능력에 대한 평가

근무 실적에 대한 평가는 연초에 수립한 성과계획서, 해당 기간 동안의 업무실적 등을 참고하여 평가요소 별로 평가한다. 이 경우 성과목표 또는 단위과제 이외에 연도 중간에 추가된 업무도 포함하여 평가한다〈표 9－11 참조〉. 소속 장관은 업무의 특성을 반영하여 평가요소 및 요소별 배점을 달리 정할 수 있다.

④ 평가자의 평가

평가자는 평가대상자의 업무상황을 점검하여 주기적 성과관리기록을 작성한다〈표 9－12 참조〉. 또한 평가자는 성과계획서, 주기적 성과관리기록 등을 참고하여 평가대상 공무원과 성과 면담을 실시하고 성과면담 결과를 기록한다〈표 9－13 참조〉.

한편 평가자는 평가 실시 이전에 평가의 방향에 대하여 확인자와 협의한 후 평가한다. 평가자는 협의된 평가방향에 따라 평가하되, 소관 평가대상 공무원에 대한 평가는 독자적으로 한다. 평가자는 평가 의견을 반드시 작성하여 성과관리카드에 기록 · 관리하여야 한다.

⑤ 평가단위에서의 평가

평가단위는 직급별로 구성하되, 소속장관이 조직 전체의 평가결과 조정을 용이하게 하기 위하여 직무의 유사성 및 직급별 인원 수 등을 고려하여 달리 정할 수 있다. 평가단위의 확인자는 평가자가 평가한 평가등급 등을 확인하고 평가자와 함

4) 순수 지원업무, 신청 등을 접수받아 처리하는 단순 · 반복적인 업무 등을 수행하는 경우에는 예외적으로 성과목표 등 성과계획 수립을 생략할 수 있다.

표 9-10 공무원 성과계획서

□ 평가대상기간 :

성 명	소 속	직 위	직 급	현 직급 임용일	현 보직일

1. 담당업무

2. 성과계획

연번	성과목표 또는 단위과제	일정 / 계획	주요성과 / 산출물	담당역할
1				
2				
3				
4				
5				

년 월 일

평가자 직위(직급) : 성명 : 서명 :

자료 : 행정안전부. 공무원 성과평가 등에 관한 지침(2011. 9. 19) 별지 제3호 서식.

표 9-11 공무원 성과평가서

□ 평가대상기간 :

성 명	소 속	직 위	직 급	현 직급 임용일	현 보직일

1. 담당업무

2. 근무실적 평가(50점)

연번	성과목표 또는 단위과제	업무 비중(%) ㉮	주요 실적	평가요소				소계 점수
				업무난이도 (10점) ㉯	완성도 (20점) ㉰	적시성 (20점) ㉱	합산 점수	
1				① ② ③ ④ ⑤	① ② ③ ④ ⑤	① ② ③ ④ ⑤		
2				① ② ③ ④ ⑤	① ② ③ ④ ⑤	① ② ③ ④ ⑤		
3				① ② ③ ④ ⑤	① ② ③ ④ ⑤	① ② ③ ④ ⑤		

4				① ② ③ ④ ⑤	① ② ③ ④ ⑤	① ② ③ ④ ⑤		
추가 업무				① ② ③ ④ ⑤	① ② ③ ④ ⑤	① ② ③ ④ ⑤		
추가 업무				① ② ③ ④ ⑤	① ② ③ ④ ⑤	① ② ③ ④ ⑤		
총점								

1) 추가업무는 연초에 성과계획을 수립한 이후에 추가된 업무를 의미
2) 각 평가요소별로 매우 미흡(①)－미흡(②)－보통(③)－우수(④)－매우 우수(⑤)의 5단계로 평가하되, 매우 미흡(①)은 당초 계획을 현저히 미달한 경우, 미흡(②)은 당초계획을 미달한 경우, 보통(③)은 당초 계획을 달성한 경우, 우수(④)는 당초 계획을 초과한 성과를 달성한 경우, 매우 우수(⑤)는 획기적인 성과를 달성한 경우에 부여하도록 함
3) 합산점수=㉯+㉰+㉱, 소계점수=㉮×(㉯+㉰+㉱), 총점은 각 소계점수를 합산

3. 직무수행능력 평가(50점)

연번	평가요소	요소별 배점	정 의	평가 등급	소계 점수
1	기획력	9점	· 창의적인 시각을 가지고 문제를 예측하고 실행 가능한 계획을 만든다. · 효과적인 설명이 가능하도록 일목요연한 계획을 만든다.	① ② ③ ④ ⑤	
2	의사전달력	6점	· 표현이 간결하면서도 논점이 빠지지 않도록 문서를 만든다. · 논리적이면서 설득력 있는 말로 설명을 한다.	① ② ③ ④ ⑤	
3	협상력	6점	· 상대방의 의도를 적절히 파악하여 자신의 입장을 설득한다. · 서로 상반되는 이해관계에 대하여 효과적으로 조정을 한다.	① ② ③ ④ ⑤	
4	추진력	5점	· 맡은 업무에 책임감을 가지고 목적한 바를 완수한다. · 열정을 가지고 환경적인 불리함을 극복한다.	① ② ③ ④ ⑤	
5	신속성	5점	· 계획된 일정에 따라 지연됨이 없이 일을 처리한다. · 주어진 과제에 대한 집중력을 가지고 예상되는 소요시간 보다 빨리 일을 처리한다.	① ② ③ ④ ⑤	
6	팀워크	8점	· 타인을 존중하며 팀원들과 협조적인 분위기를 만든다. · 타인의 적절한 요구와 건설적인 비판을 수용한다.	① ② ③ ④ ⑤	
7	성실성	5점	· 지각 · 조퇴 · 결근 등 조직운영에 장애가 되는 행위를 하지 않는다. · 맡은 업무 및 조직의 발전에 헌신적인 자세를 갖는다.	① ② ③ ④ ⑤	
8	고객 · 수혜자지향	6점	· 업무와 관련하여 국민이나 내부수혜자(타 공무원)가 원하는 바를 이해하며, 그들의 요구를 충족하도록 배려하는 능력	① ② ③ ④ ⑤	
총 점					

* 평가요소별로 '전혀 그렇지 않다(①)－거의 그렇지 않다(②)－가끔 그렇다(③)－자주 그렇다(④)－항상 그렇다(⑤)'의 5단계로 평가함

4. 종합평가

평가등급 및 점수	종합평가의견
	※ 업무추진실적, 조직관리능력, 기타 등에 대해 기재

평가자 직위(직급) : 성명 : 서명 :
확인자 직위(직급) : 성명 : 서명 :

자료 : 행정안전부. 공무원 성과평가 등에 관한 지침(2011. 9. 19) 별지 제4호 서식.

표 9-12 주기적 성과관리 기록

성 명	소 속	직 위	직 급	현 직급 임용일	현 보직일

1. 담당업무

2. 성과목표 진척상황 점검 (분기별 기록)

기간	성과목표 또는 단위 과제	추진실적	평가자 기록
1/4			
2/4			
3/4			
4/4			

1) 평가자 기록은 피평가자의 업무수행과 관련하여 평가자가 관찰한 객관적인 사실, 우수, 미흡 등으로 평가하는 사항에 대해서는 그 평가의 근거 등을 기재함

자료 : 행정안전부. 공무원 성과평가 등에 관한 지침(2011. 9. 19)별지 제5호 서식.

표 9-13 성과 면담 결과

소속		직 급		성 명		평가기간	
우수한 점							
미흡한 점							
기타사항 (추진과정상 특기사항, 지원요구사항 등)							

년 월 일

평가자 직위(직급) : 성명 : 서명 :

자료 : 행정안전부. 공무원 성과평가 등에 관한 지침(2011. 9. 19) 별지 제6호 서식.

께 평가 단위별 평가결과를 작성하여 근무성적평가위원회에 제출한다〈표 9-14 참조〉. 평가단위별 순위는 평가단위에서 평가자가 2명 이상인 경우 평가자 상호 간에 발생하게 되는 평가점수의 편차를 조정하기 위하여 확인자는 평가자와 협의하여 평정대상 공무원의 순위를 평가대상 공무원이 담당하는 직위의 조직 내의 비중, 평가대상 공무원들 간의 성과의 상대적인 차이, 조직에 대한 기여도 등을 감안하여 조정할 수 있다. 그러나 평가자가 평가한 동일 평정자군에 속하는 자의 순위를 바꿀 수 없다. 단, 평가결과에 대하여 피평가자의 이의 신청이 받아들여져서 등급 및 평가점수가 변경된 경우는 예외로 한다.

한편 평가단위에서 평가등급의 수는 3개 이상으로 하며, 최상위 등급의 인원은 평가단위별 인원수의 상위 20%, 최하위 등급의 인원은 하위 10%의 비율로 분포되도록 한다. 다만 소속 장관이 필요하다고 인정하는 경우에는 평가등급의 수를 3개 이상으로 정할 수 있으며, 최상위 등급 및 최하위 등급의 분포비율을 달리 정할 수 있다(동 규정 제16조).

⑥ 근무성적평가위원회에서의 평가

근무성적평가위원회는 각 평가단위별 평가 결과를 기초로 하여 직급별 또는 계급별로 3개 등급 이상으로 구분하여 근무성적평가 점수를 부여하되, 근무성적 평가점수의 총점은 70점을 만점으로 하며, 동일한 등급 내에서는 근무성적평가 점수 간의 차이가 균등하도록 하여야 한다〈표 9-15, 표 9-16 참조〉.

근무성적평가 점수는 최상위 등급의 인원은 직급별 또는 계급별 인원수의 상위 20%의 비율로, 최하위 등급의 인원은 하위 10%의 비율로 분포하도록 부여한다. 다만, 소속 장관이필요하다고 인정하는 경우에는 최상위 또는 최하위 등급의 분포비율을 달리 정할 수 있다(동 규정 제18조).

⑦ 성과계약 등 평가를 받는 5급 이하 공무원에 대한 평가

평가자는 성과계약 등 평가 결과를 고려하여 근무성적 평가를 하여야 한다. 평가대상 공무원은 상급자 또는 상위자와 성과계약을 체결하게 되므로 별도의 성과계약서 작성을 생략할 수 있다. 다만 공무원성과평가서는 반드시 작성하여 평가자의 평가를 받아야 한다. 성과계약 등 평가를 적용하는 공무원과 근무성적 평가를 적용하는 공무원은 평가자와 확인자가 다를 수 있어 하나의 평가 단위로 평가하는 것이 곤란할 수 있다. 따라서 성과계약 등 평가를 받는 5급 이하 공무원들로만 별도의 평가단위를 구성하여 평가하고, 그 결과를 근무성적평가위원회에 제출하도록 한다.

표 9-14 평가 단위별 평가 결과

○ 평가단위명 :

○ 평가대상직급 :

○ 평가대상기간: 부터 까지

순 위	평가단위 등급	성명	근무부서	직책 또는 담당직무	평가자 원점수(등급/점수)	비 고

※ 작성요령

○ 평가단위 등급은 평가자와 확인자가 평가단위내 순위를 조정하면서 부여한 등급을 기재한다.

○ 평가자 원점수는 별지4호에 따른 당초 평가자가 평가한 종합평가등급과 점수를 기재한다.

○ 평가자가 2인 이상인 경우 평가자 상호간에 발생하게 되는 평가점수 편차를 조정하기 위하여 확인자는 평가자와 협의하여 평가대상공무원의 순위를 조정할 수 있다.

- 평가대상공무원이 담당하는 직위의 조직 내 비중, 평가대상공무원들 간 성과의 상대적인 차이, 조직에 대한 기여도 등을 감안하여 조정한다.

- 동일한 평가대상공무원군에 대해서는 확인자가 그 상호간의 서열을 조정할 수 없다.
  단, 평가결과에 대한 피평가자의 이의신청이 받아들여져 등급 및 평가점수가 변경된 경우는 예외로 하며, 이 경우 변경된 내용을 근무성적평가위원회에 통보한다.

※확인 · 평가자

구분	직 위	직 급	성 명	서 명	일 자
확 인 자					
평 가 자					
평 가 자					
평 가 자					
평 가 자					
평 가 자					
평 가 자					

자료 : 행정안전부. 공무원 성과평가 등에 관한 지침(2011. 9. 19) 별지 제8호 서식.

⑧ 근무성적 평가의 예외(파견, 전보 및 전직 된 경우의 평가)

평가 대상 공무원이 1월 이상 국가기관 · 지방자치단체의 다른 직위를 겸임하거나 파견 근무하게 되는 경우에는 그 겸임기관 또는 파견 받은 기관의 의견을 반영하여 평가하여야 한다.

평가 대상 공무원이 소속 장관 또는 승진후보자명부를 달리하는 기관으로 전보된 때에는 당해 공무원의 근무성적 평가를 지체 없이 그 기관에 이관하여야 한다. 전보 후 1월 이내에 정기평가를 받게 되는 경우에는 전에 근무한 기관에서 전보

표 9-15 근무성적평가위원회 평가 결과

○ 소 속 :

○ 대상직급 :

○ 평가대상기간: 부터   까지

평가 순위	성 명	등급 구분	평가점

※ 작성요령
○평가점은 소수점 첫째자리까지 평가하여 부여한다.
○동일평가등급 안에서는 평가점수 간 간격과 평가점수별 인원수가 균등하도록 평가하여야 한다.
-동일평가단위에 속하는 평가대상공무원군에 대하여는 그 상호간의 서열을 변경하여 평정할 수 없다.
-동일평가등급 안에서 직근 평가점수 간의 점수 차이는 균등하여야 한다.
-동일평가등급 안에서 평가된 인원수가 가장 많은 평가점수와 인원수가 가장 적은 평가점수간의 인원수 차이가 2명 이상이어서는 아니 된다.
-평가점수는 평가등급별로 규정된 평가가능 점수 전체에 골고루 분포되도록 하여야 한다.

※ 평가위원

소속	직위	직급	성명	서명	일자

자료 : 행정안전부. 공무원 성과평가 등에 관한 지침(2011. 9. 19) 별지 제9호 서식.

표 9-16 평가 등급(비율)과 평가 가능 점수 예시

등급(비율)	평가 가능 점수
수(2할)	64점 이상 70점 이하
우(2할)	56점 이상 64점 미만
미(3할)	46점 이상 56점 미만
양(2할)	34점 이상 46점 미만
가(1할)	34점 미만

자료 : 행정안전부. 공무원 성과평가 등에 관한 지침(2011. 9. 19).

일 이전까지의 기간의 근무성적을 평가하여 송부하며, 해당기관에서는 송부된 평가결과를 참작하여 평가하여야 한다.

한편 공무원이 전직한 경우에는 원 직급에서 받은 근무성적 평가를 당해 공무

원의 평가로 본다. 지방공무원이 국가공무원으로 임용된 경우에는 지방공무원으로 재직시 당해 직급에서 받은 근무성적 평가를 당해 공무원 평가로 본다(동 규정 제17조).

4) 평가 결과의 공개 및 이의 신청

(1) 평가 결과의 공개

평가자는 근무성적평정을 완료한 후에 평정대상 공무원 본인의 평가결과를 알려주어야 한다. 다만 소속 장관은 부처 내 상황, 직원의견 수렴결과 등을 고려하여 달리 정할 수 있다. 평가결과의 본인 공개를 원칙화한 기관은 모든 평가단위에서의 근무성적 평가가 완료된 후, 평가 대상 공무원 본인의 평가결과를 공개한다. 평가 대상자 본인의 공개요청이 있을 경우 평가결과를 공개하는 기관은 모든 평가 단위에서의 근무성적평정이 완료된 후, 인사 담당부서는 평가 대상 공무원에게 공개요청 가능기간(예 : 2일)을 고지하여야 한다(동 규정 제21조).

(2) 이의 신청

근무성적평정대상 공무원은 평가자의 근무성적 평정 결과에 이의가 있는 경우 확인자에게 이의를 신청할 수 있다. 다만 소속 장관이 확인자를 지정하지 아니한 경우에는 각각 평가자에게 이의를 신청할 수 있다. 모든 평가단위에서의 평정결과 공개가 완료되면, 인사담당부서는 확인자에 대한 이의 신청 제기 기간(예 : 2일)과 이의 신청에 대한 확인자의 결정 기한(예 : 2일)을 고지하여야 한다. 이의신청을 받은 확인자 또는 평가자는 신청한 내용이 타당하다고 판단되는 경우에는 당해 공무원에 대한 근무성적 평정결과를 조정할 수 있으며, 이의신청을 받아들이지 아니하는 경우에는 그 사유를 해당 공무원에게 설명하여야 한다. 이 경우 확인자가 이의신청에 대한 결정을 하는 때에는 평가자와 협의를 거처야 한다(동 규정 제21조). 또한 이의신청 결과에 불복하는 공무원은 근무성적평가위원회에 근무성적평가 결과의 조정 을 신청할 수 있다. 근무성적평정위원회는 이의 신청 내용이 타당하다고 판단하는 경우에는 신청 공무원의 평가결과를 조정하도록 확인자에게 통보하며, 확인자는 평가자와 협의하여 해당 공무원의 성과평가서상의 평가결과 및 평가 단위별 평가결과를 조정하여야 한다.

표 9-17 근무성적평가점수 반영기간

구분	반영 기간
5급	최근 3년 이상
6, 7급, 연구사, 지도사 및 기능 7급 이상 공무원	최근 2년 이상
8급, 기능 8급이하 공무원	최근 1년 이상

자료 ; 행정안전부, 공무원 성과평가 등에 관한 지침(2011. 9. 19).

5) 평가 결과의 활용

소속장관은 성과계약 등 평가 및 근무성적평가의 결과를 평가대상 공무원에 대한 승진임용, 교육훈련, 보직관리, 특별승급 및 성과상여금 지급 등 각종 인사관리에 반영하여야 한다. 승진후보자명부에 반영하는 근무성적평가 점수는 승진후보자명부 작성 기준일로부터 5급 공무원은 최근 3년 이상, 6급 · 7급 공무원, 연구사 · 지도사 및 기능 7급 이상 기능직 공무원은 최근 2년 이상, 8급 이하 공무원 및 기능 8급 이하 기능직 공무원은 최근 1년 이상의 기간 중 소속 장관이 정하는 기간 동안 당해 계급에서 평가한 근무성적평가 점수를 대상으로 산정 한다(동규정 제30조 제3항).

2. 경력평정

1) 경력평정의 대상 및 평정자

경력이란 직업상의 경험과 그 근무연한을 말한다. 경력과 직무수행 능력은 상관관계가 있는 것으로 알려져 있다(김홍기, 1991: 359).

한국은 5급 이하 공무원이 승진할 때 그 기준이 되는 승진후보자명부 작성 시 경력 평정점을 반영하고 있다.

경력평정은 평정기준일 현재 승진소요최저연수에 도달한 5급 이하 공무원, 연구사 · 지도사 및 기능직 공무원을 대상으로 그 경력을 평정하여 승진임용에 반영 한다(공무원 성과평가 등에 관한 규정 제23조).

경력평정은 정기평정과 수시평정이 있으며, 정기평정은 6월 30일과 12월 31일을 기준으로 실시한다.

경력평정의 확인자는 각급기관의 인사담당관이 된다. 다만, 소속장관은 특히 필요한 경우에는 확인자를 달리 지정할 수 있다(동 규정 제24조).

2) 경력평정 방법

경력평정 대상이 되는 경력의 종류는 공무원 경력과 기타 경력으로 나눈다. 공무원 경력은 갑 · 을 · 병 · 정 경력으로 구분하고, 기타 경력은 박사학위 소지 경력 · 자격증 소지 경력 · 정부투자기관 및 민간기업 등 근무경력으로 구분한다.

경력 평정점은 총점 30점을 만점으로 한다. 경력평정가능 기간은 소속장관이 계급별 승진소요최저연수 이상으로 각 기관의 특성에 맞게 정한다〈표 9－18 참조〉. 경력평정점은 각 경력기간에 대하여 환산율을 적용하여 산출한 '환산경력기간'(월 단위)에 '월경력평정점수'를 곱하여 산출다.

경력평정 대상 기간은 정기평정 기준일로부터 경력평정대상 공무원의 승진소요최저연수 이상의 범위 안에서 소속 장관이 정하는 기간 중 실제로 직무에 종사한 기간을 대상으로 하여 실시한다(동 규정 제25조).

환산경력기간은 경력평정 대상이 되는 기간의 연 · 월 · 일에 해당하는 환산율[4)] 을 곱하여 산출하되, 1월은 30일로 계산하고 소수점 이하의 일수는 반올림 한다. 환산경력월수는 총환산경력기간을 월수로 환산하여 계산하되, 15일 이상은 1월로 계산하고, 15일 미만은 산입하지 아니한다. 경력 평정점은 계급별로 기본경력과 초과경력으로 구분하여 환산경력월수에 해당경력 평정점을 곱하여 계산한다〈표 9－19 참조〉.

표 9-18 경력평정가능기간

계 급	경력평정가능기간
5급	5년 이상
6급	4년 이상
7급 · 8급, 기능 6급 이상	3년 이상
9급, 기능 7급 · 8급	2년 이상
기능 9급 · 10급	1년6월 이상

* 연구직 · 지도직 공무원의 경우에는 「연구직 및 지도직공무원 임용 등에 관한 규정」제14조 참조.

자료 : 행정안전부, 공무원성과평가 등에 관한 지침(2011. 9. 19)

표 9-19 환산경력기간의 예시

구 분	경력평정대상기간	환산경력기간	환산율
갑경력	7년 6월	90월	10 할
병경력	3년 6월	42월×0.6=25.2월 → 25월+(0.2월×30)=25월 6일	6 할
총 환산경력기간 : 90월+25월6일 → 115월(환산경력월수)			

ㅇ환산경력월수 : 115월(경력에 따른 환산경력기간을 더한 기간)
ㅇ경력평정점=(84×0.34)+(31×0.03)=29.49
– 월경력평정점 조견표(별표 3의 2)에서 만점도달기간 11년에 해당하는 0.34/0.03점(84월 이전/이후 경력)을 선택하여 각각의 경력에 반영
자료 : 행정안전부, 공무원성과평가 등에 관한 지침(2011. 9. 19)

경력평정은 별지 제10호 서식(경력 · 가점평정표)에 의한다. 다만, 소속장관은 필요시 경력평정표의 양식을 달리 정할 수 있다. 확인자는 작성된 평정표의 부본을 승진후보자명부 작성권자에게 제출하여야 하며, 평정대상공무원의 요구가 있는 때에는 당해 공무원의 경력 등 평정표를 열람시켜야 한다. 오류가 있을 시에는 확인자가 지체 없이 정정을 하여야 한다.

3. 가점평정

1) 가점평정의 의의

가점평정(加點評定)이란 공무원 평정에서 직무관련 자격증 등 소지, 특정직위 및 특수지역 근무경력, 근무성적평가 대상기간 중의 업무혁신 등 공적사항, 그 밖에 직무의 특성 및 공헌도 등을 고려하여 해당 공무원에게 가점을 부여하는 것을 말한다.

이러한 가점 제도의 목적은 공직 근무에 탁월한 공적이 있거나 유능한 공무원에 대하여 승진 평정시 일정 점수를 가산해 줌으로써 해당기관에 대한 근무유인 촉진과 해당 공무원의 사기앙양 및 인사 상 혜택을 부여하는데 있다.

4) 경력환산율을 보면, 공무원 경력의 경우는 갑 경력 10할, 을 경력 8할, 병 경력 6할, 정 경력 3할로 되어 있고, 기타 경력의 경우는 박사학위 소지 경력 8-10할, 자격증 소지 경력 8-10할, 정부투자기관 및 민간기업 등 경력 6할 등으로 되어 있다. 다만 기타 경력이 중복될 경우는 본인에게 유리한 것만을 평정한다(공무원성과평가 등 운영지침 규정 별표 3의2 참조).

표 9-20 경력 · 가점평정표

ㅇ 소속 : ㅇ 직급 : (현직급임용일 : 년 월 일)

ㅇ 성명 : ㅇ 평정일자 : 년 월 일

경력평정 대상기간	구 분	직 급	경력기간 (년 · 월 · 일)	환산경력기간
	총 환산경력기간 : 년 월 일 (월)			

환산경력기간	월평정점	환산 월수	평정점
7(6,5)년이내			
7(6,5)년초과			
총평정점 : (점)			

가점 항목	구 분	가점내역	평정점수
	직무관련 자격증		
	특정지역		
	특정직위		
	기 타(업무혁신 등)		
	가점합계 : (점)		

총 평정점수	점

확인자	직 위 :	성 명 :	(서 명)

※ 평정기관을 달리하여 전보되는 경우에는 이 표를 즉시 이관하여야 한다.

자료 : 행정안전부, 공무원성과평가 등에 관한 지침(2011. 9. 19) 별지 제10호 서식

2) 가점평정 방법

가점평정은 5급 이하 공무원의 승진후보자명부 작성 시 5점의 범위 안에서 가점을 부여하되, 가점부여 항목과 기준 등에 관한 사항은 소속 장관이 정한다(동규정 제27조).

가점부여 항목 및 가점은 직무관련자격증 등 가점 1점, 특정직위 근무경력 가점 1점, 특수지역 근무경력 가점 1점, 업무혁신 등 실적우수 가점 1점, 기타 격무 · 기피부서 근무 등 직무특성 등에 대한 가점 1점 내에서 가점을 부여한다.

4. 다면평가 제도

1) 다면평가제도의 의의

다면평가제도는 조직의 한 직원을 평가할 때 여러 방면에서 다수의 평가자가 평가하는 제도를 말한다. 다면평가제도는 정통적인 직무성과 평가방법에 비하여 직속상관이 부하를 일방적으로 평가하는 데서 나타날 수 있는 오류와 부작용을 최소화 하여 공정한 평가를 할 수 있다. 또한 평가가 다양한 정보원에 기반함으로써 보다 객관적인 인사정보를 얻을 수 있으며, 이러한 정보를 피평가자에게 환류시켜서 조직구성원의 사고와 행동을 바람직한 방향으로 변화시키는데 유용하다. 그리고 다면평가제도는 조직구성원들로 하여금 조직 내외의 모든 사람들과 원활한 관계를 증진시키려는 동기를 부여함으로써, 조직 내 상하간, 동료간, 그리고 민원인과 원활한 커뮤니케이션이 이루어지게 하며, 이는 조직의 생산성 증대를 위한 촉매제가 될 수 있다.

다면평가제도는 인사평가의 객관성과 신뢰성을 제고시키기 위한 방안의 하나로 상당수 국가의 행정조직과 민간조직에서 도입 · 운영되고 있다(박천오 외 2007; 백종섭, 2007). 한국의 다면평가제도는 1980년대부터 민간조직에서 활용하기 시작하였으며, 정부조직에서는 1998년 공무원임용령에 다면평가 결과를 승진에 활용할 수 있도록 법적 근거가 마련된 이후, 정부 각 부처에서 승진, 보직관리, 성과급뿐만 아니라 정기인사평정, 우수공무원 선발, 교육훈련 대상자 선발, 직원 능력개발 등 각종 인사운영 목적으로 적극 활용하였다. 그러나 행정안전부는 2010년 1월 3일 공무원임용규칙의 '보통승진심사위원회 심사기준' 에서 다면평가 결과를 제외하기로 함으로써 이 제도가 사실상 유명무실화된 것이다(조선일보, 2010. 1. 4).

2) 다면평가제도의 운영절차

한국의 다면평가제도는 '공무원성과평가 등에 관한 규정(제28조)' 에 근거하고 있다. 즉 이 규정에 의하면, 소속장관은 소속 공무원에 대한 능력개발 및 인사관리 등을 위하여 해당 공무원의 상급 또는 상위공무원, 동료, 하급 또는 하위공무원 및 민원인 등에 의한 다면평가를 실시할 수 있도록 하고 있으며, 소속장관은 다면평가의 방법 및 절차 등에 관한 구체적인 사항을 직무의 특성 등을 고려하여 설계 · 운영하도록 하고 있다. 또한 다면평가의 평가자 집단은 다면평가 대상 공무원의 실적, 능력 등을 잘 아는 업무유관자로 구성하며, 소속 공무원의 인적 구성을 대표하도록 구성하여야 하며, 다면평가의 결과는 해당공무원에게 공개하여 능력발전 등에 활용할 수 있도록 하고 있다.

5. 성과관리카드제도

1) 성과관리카드제도의 의의

성과관리카드는 공무원의 개인별 인사기록의 한 종류로써, 개인의 각종 성과 정보를 매년 기록 · 관리하여 실적과 능력에 따른 인사운영 시스템을 확립하기 위한 것이다.

종전의 인사기록카드는 경력과 신상 위주로 되어 있어 실제 인사 시 활용가치가 낮았고 개인의 성과 및 평가정보가 체계적으로 관리되지 못하는 문제점이 있어 인사기록카드를 개편하여 성과관리카드를 마련하였다.

성과관리카드제도는 2005년 2월 '공무원 인사기록 및 인사사무처리규정'을 개정하여 법적 근거를 마련하였으며, 2005년 7월 1일 성과관리카드제도가 시행되면서 각 부처에서는 성과관리카드 기록관리시스템을 활용하여 4급 이상 공무원의 2004년도 성과 및 평가정보를 입력하였으며, 작성된 성과관리카드는 고위직 인사심사 및 인재추천 등에 활용하고 있다.

2) 성과관리카드제도의 내용

(1) 적용 대상

성과관리카드 적용 대상은 행정부 소속 모든 공무원, 즉 일반직 · 기능직 공무원, 계약직 · 별정직 공무원 모두 해당된다.

(2) 기록 대상 성과정보 내용

성과관리카드 기록 대상 성과정보의 내용은 ⅰ) 실적 및 능력 평가 정보, ⅱ) 정책 평가 정보, ⅲ) 기타 평가 정보, ⅳ) 감사결과 정보로 구분하며, 6급 이하 공무원은 실적 및 능력평가 정보와 감사결과 정보만을 기록한다.

실적 및 능력평가 정보에는 근무성적평정 결과, 성과급 등급, 다면평가 결과, 혁신활동 결과 등을 포함한다. 정책평가 정보에는 정부업무평가 대상 과제 중 주요 정책, 재정 성과, 정보화, 인사, 조직 등에 대한 자체평가를 평가 총괄 관련기관의 확인 · 점검 후 정부업무평가위원회가 확정하여 각 부처에 공개한 과제별(또는 사업별 및 기관별) 최종 평가점수, 총평, 성과지표별 목표달성도 등을 기록한다. 기타 평가 정보로는 정책기사 점검 시스템평가 결과와 직무성과계약 평가 등급 부여 결과로 나눈다. 정책기사 점검 시스템 평가 결과는 정책기사 점검 시스템 평가에 따라 정책기사에 대한 수용 · 대응에 있어 모범 또는 미흡 사례로 선정된 경우 정책기사 제목, 사례구분, 선정 이유, 평가점수 등을 기록한다. 평가점수는 모범 및 미흡 사례의 정책 담당자의 기여도와 책임도에 따라 담당자별로 1~5점에서 −1~−5점까지 차등 부여한다. 직무성과계약 평가등급 부여 결과는 직무성과계약 최종 평가 후 평가자가 평가대상자에게 부여한 평가등급 부여 결과(평가등급별 인원, 평가대상자 수, 전체 평가등급의 수와 명칭 등)를 평가자의 성과관리카드에 기록한다. 감사결과 정보에는 감사원 감사 결과, 자체감사 결과, 개별기관 감사 결과, 규제개혁 전략과제의 이행 점검 결과 부과된 처분 중 변상판정 · 변상명령, 징계, 경고, 불문경고, 주의의 종류 및 사유와 처분일 등을 기록한다.

성과관리카드는 당해 연도 1월 1일부터 12월 31일까지의 성과에 대한 평가결과 및 감사결과를 기록한다.

3) 성과관리카드제도의 활용 방안

성과관리카드는 각 기관에서 승진, 보직관리, 교육훈련 등 각종 인사관리의 기초자료로 활용되고, 고위공무원단 인사심사 자료로도 활용된다. 또한 5급 이상 공무원의 성과관리카드는 국가인재DB와 연계되어 고위공무원단 적격심사자료, 정무직 및 정부산하기관장 후보 심사자료 등으로 적극 활용되고 있다. 행정안전부는 직무성과계약 등 평가 등의 근무성적평정 결과와 성과관리 카드를 전자인사관리 시스템(e-사람) 상에서 연계하여 성과관리 카드 관리의 편리성을 제고하고, 다양한 성과정보를 추가로 기록하고 활용의 근거를 마련하여 승진, 직위공모, 교육대상자 선발 등 각종 인사 운영 시 성과관리카드의 활용을 활성화시킬 예정이다.

제3절 한국 공무원 평정제도의 문제점과 개선방안

1. 한국 공무원 평정제도의 문제점

한국의 공무원 평정제도는 그 동안 법령 정비를 통하여 많이 개선되었다. 그러나 아직도 실적주의 인사행정체제 정립과 근무성적 평정의 합리화라는 측면에서 미흡한 점이 있다. 이를 지적하면 다음과 같다(김중량, 1996: 258~260; 강성철 외, 2008: 419~420; 박천오 외, 2001: 348~349).

첫째, 평정제도가 가지고 있는 본래의 한계가 있을 수 있다. 즉 연쇄효과와 집중화 · 관대화 · 엄격화 경향 등 평정상의 오류는 평정 결과의 타당성과 신뢰성을 떨어뜨린다. 그리고 정실과 주관적 요소의 개입으로 공정한 평정이 어려우며, 부서별 직무내용과 직원 수준의 차이로 표준화가 어렵다.

둘째, 평정제도가 공무원의 능력발전과 인사관리의 합리화를 위한 적극적 목적보다도 소극적인 통제 목적으로 이용되고 있다는 것이다.

셋째, 평정자 및 근무성적평가위원회와 관련된 문제도 있다. 평정자는 평정의 목적 및 방법에 대한 이해가 부족하여 평정결과의 타당성과 신뢰성을 떨어뜨리는 요인이 된다. 그리고 근무성적평가위원회 역시 피평정자를 잘 모르는 상황에서 부처 전체의 근무성적 평정점의 점수와 순위를 조절하는 역할을 하는 것은 불합리하다.

넷째, 평정제도를 무효화하는 조직 풍토와 구성원의 행태도 문제점으로 지적할 수 있다. 즉 정실에 의해 순위를 먼저 정하고 그 순위에 맞추어 평정점을 부여하는 소위 역산식(逆算式)평정, 또는 좋은 평정점을 돌아가면서 나누어 갖는 행태 등은 평정제도 자체를 형식화시켜 버린다.

다섯째, 현행 근무성적 평정 구조는 조직 전체의 실적 내지 성과를 반영하지 못하고 공무원 개인의 성과만을 반영한다는 단점이 있다.

2. 한국 공무원 평정제도의 개선방안

근무성적 평정제도를 합리적으로 개선하기 위한 몇 가지 방안을 살펴보면 다음과 같다(김중량, 1996: 258~260; 박천오 외, 2001: 349~350; 강성철 외, 2008: 421~422).

첫째, 근무성적 평정제도를 공무원의 능력발전 등 적극적 목적으로 활용해야 한다. 즉 평정결과를 통제목적으로 이용하기보다는 교육훈련 수요 파악, 보직, 보수 결정 등 공무원의 능력발전을 위한 인사관리에 적극적으로 활용해야 한다.

둘째, 평가자의 교육훈련이 강화되어야 한다. 평정의 타당성과 신뢰성 그리고 공정성을 확보하기 위해서는 평가자가 평정의 목적 및 방법에 대하여 잘 이해할 수 있도록 교육훈련을 해야 한다.

셋째, 근무성적 평정요소 및 평가점 부여 방식의 개선 및 용도의 구분이 필요하다. 근무성적평정의 근무실적 및 근무수행태도 요소의 평정결과는 실적 중심의 보상체계 운영에 반영하고, 직무수행 능력요소는 환류 및 교육훈련 목적으로 평가하는 것이 바람직하다.

넷째, 근무성적 평정제도가 형식화되지 않도록 하기 위하여 평정제도에 대한 구성원들의 의식과 조직 풍토가 바뀌어야 한다.

다섯째, 개인에 대한 근무성적 평정과 조직에 대한 평정을 통합하여 운영할 필요가 있다. 조직에 대한 평가 결과를 개인의 개별적인 평가에 반영함으로써 개인 간의 지나친 경쟁을 완화할 수 있다.

Memo

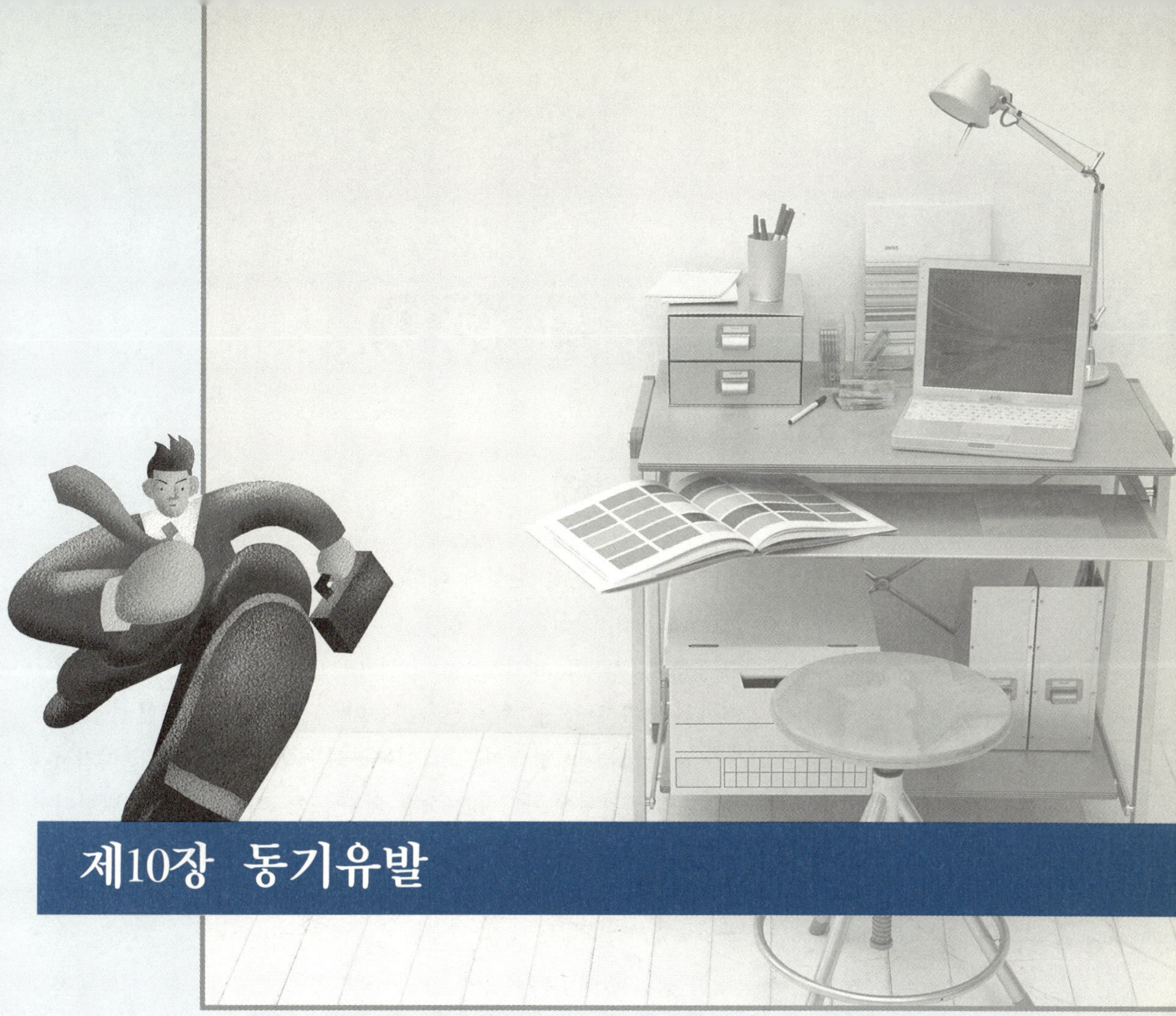

제10장 동기유발

제1절 직무수행동기: 사기

1. 직무수행동기의 의의

인사행정에서는 조직인이 일을 열심히 하려는 동기, 즉 직무수행동기 또는 근무의욕에 관해서 오랫 동안 관심을 가져 왔다.

공무원의 직무수행동기(work motivation)나 의욕을 흔히 사기(士氣: morale)라고도 한다. 국어사전에 의하면, 사기란 "몸과 마음이 기운으로 넘쳐 굽힐 줄 모르는 씩씩한 기개(氣槪)" 또는 "사람들이 일을 이룩하려는 기개"를 말한다. 여기서 기개란 어떤 어려움에도 꺾이지 아니하는 강한 의지 또는 그러한 기상을 말한다(국어사전, 금성출판사, 1993). 이러한 사전적 의미에 따르면, 사기 또는 직무수행동기란 어떤 어려움이 있어도 꺾이지 아니하는 직무수행에 대한 강한 의지라고 할 수 있다.

동기의 핵심적인 심리적 기초는 욕구(needs)이다. 욕구에 내재적 또는 외재적 자극(유인)이 작용하면 동기로 전환된다.

욕구란 인간이 어떤 시점에서 경험하는 결핍에서 비롯된 필요 또는 갈망이다. 인간이 경험하는 결핍에는 심리적 결핍, 생리적 결핍, 사회적 결핍 등이 포함된다(Gibson, 1991: 99 / 오석홍, 2000: 523). 이러한 결핍은 인간의 내면적 긴장을 조성하고 사람은 그러한 긴장 때문에 빚어진 바람직하지 못한 상황을 해소하기 위하여 판단하고 행동하게 된다.

우리들이 동기를 연구하는 이유는 사람들의 행동의 원인 또는 이유를 알아서 조직 구성원들의 직무동기를 유발시키는 데 활용하려는 것이다. 동기는 개인이나 조직의 생산성, 즉 직무수행의 효율성에 영향을 미치는 요인이다. 일의 성과는 개인의 능력과 직무수행동기에 있다고 보며(Edward E. Lawer, 1973), 직무수행동기가 50%내지 70%의 비중을 갖고 있다고 추정하고 있다(Paul Hersey and Kenneth H. Blanchard, 1972: 5 / 박동서, 2001: 300). 그러나 생산성은 동기의 변화와 항상 비례하는 것은 아니다. 생산성에 영향을 미치는 요인은 동기 이외에 다른 요인들도 있기 때문이다.

그림 10-1 직무수행동기의 잠재적 영향

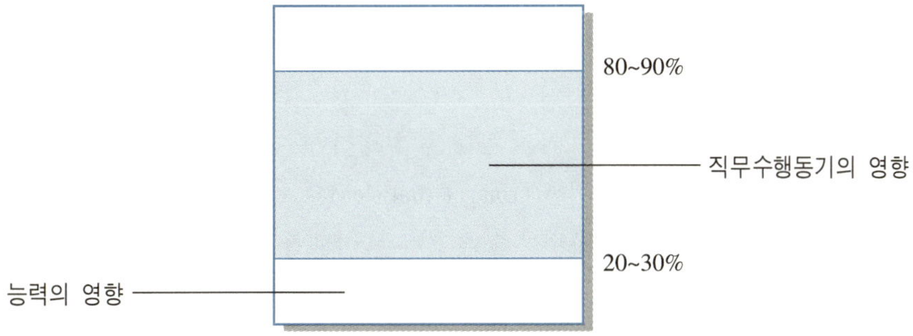

자료 : Paul Hersey and Kenneth H. Blanchard, *Management of Organizational Behavior*, Englewood Cliffs, N.J.: Prentice-Hall, 1972), p. 5 / 박동서,「인사행정론」(법문사, 2001), p. 301.

종종 직무수행동기와 직무만족을 같은 개념으로 사용하는 사람도 있지만, 양자는 서로 다른 의미를 가지고 있다.

직무에 대해 개인이 느끼는 우호적인 감정과 태도를 직무만족이라고 한다면, 직무수행동기는 조직의 목표달성이나 생산성의 향상을 위해 노력할 마음이 발동한다거나 육체적인 투자가 이루어지는 데 필요한 힘을 말한다(Locke, 1976: 1300 / 박천오 외, 2001: 275).

인사행정은 공무원의 욕구충족과 이를 통한 동기유발에 많은 관심을 두고 있다. 그렇기 때문에 동기유발과 욕구충족 간의 관계를 설명하는 동기이론에 초점을 둔다.

제2절 동기이론

인간의 동기 그리고 직무수행동기를 설명하고 동기유발 방법의 처방을 시도하는 이론들은 많이 있다. 이 이론들을 분류하는 일반적인 기준은 동기의 기초가 되는 욕구와 유인의 내용에 초점을 두는가, 아니면 동기유발의 과정에 초점을 두는가에 관한 기준이다. 이러한 기준에 의하여 내용이론과 과정이론으로 분류하고 있다.

1. 내용이론

동기를 유발하는 요인의 내용을 설명하는 이론의 범주를 내용이론이라고 한다. 다시 말해서 내용이론(content theories)은 인간에게 작용하는 어떤 내 · 외적 요인이 동기를 유발하는가를 분석하는 이론적 체계를 말한다. 이런 점에서 내용이론은 사람의 마음속의 무엇이 혹은 환경 속의 무슨 요인(어떤 내용)이 사람의 행동을 유발 · 유지 혹은 활성화시키는가에 초점을 맞추고 있다. 이는 개인적 욕구의 실질적 성질을 확인하는 것이라고 할 수 있다. 그러므로 내용이론의 핵심적 질문은 무엇이 조직 구성원의 동기를 유발시키는가에 있다.

내용이론은 조직생활에서 무엇이 사람들을 만족스럽게 하고 어떤 보상이 조직 구성원의 사기를 높여 주는가를 이해하는데 매우 유용하다(강성철 외, 2001: 368).

주요 내용이론에는 머슬로의 욕구계층이론, 앨더퍼의 ERG 이론, 허즈버그의 동기 · 위생이론, 그리고 맥클리랜드의 성취동기이론 등이 있다.

1) 머슬로의 욕구계층이론

머슬로(Abraham H. Maslow)에 의하면 인간은 다양한 욕구를 가지고 있으며 이들 욕구들은 발로의 우선 순위에 따라 계층을 이루고 있다고 한다. 즉, 인간의 욕구는 하위욕구에서 상위욕구로 발전하게 된다고 본다(Maslow, 1943: 370~396). 이를 욕구계층이론(hierarchy of needs theory; needs hierarchy theory)이라고 한다.

머슬로는 인간의 욕구를 다섯 가지의 주요 범주로 나누고 있는데 이들은 가장 낮은 생리적 욕구에서부터 가장 높은 자아실현 욕구까지 계층을 이루고 있다. 즉, 욕구계층을 ⅰ) 생리적 욕구(physiological needs)－인간 욕구의 기본, 육체적 · 생물적 욕구, ⅱ) 안전의 욕구(safety needs)－위험 · 위협으로부터의 안전, 안정, 보호에 대한 욕구, ⅲ) 사회적 욕구(social needs)－사랑, 소속감, 타인과의 관계 유지 욕구, ⅳ) 존경의 욕구(esteem needs)－자기 스스로나 남으로부터의 존경, 명예, 인정, 확신의 욕구, ⅴ) 자아실현 욕구(self-actualization needs)－가장 창조적인 경지까지 자신의 잠재성을 최대한으로 성숙시키고 발휘하려는 욕구 등 다섯 가지로 설명하고 있다.

이들 욕구는 순차적으로 발로되며 하나의 욕구가 완전히 달성되어야 다음 단계의 욕구가 발로된다는 것이다. 어떤 욕구가 충족되면 그 욕구의 강도는 약해진다는 것이다.

이들 중에서 관리자들이 특히 유념해야 할 욕구들은 존경의 욕구와 자아실현 욕구의 충족에 있다고 한다. 즉, 이미 성취된 하위욕구에 관심을 두기보다는 존경의 욕구와 자아실현의 욕구와 같은 고위욕구의 결핍을 채워줄 수 있는 대안을 모색함으로써 조직목표에 대한 개인의 몰입 가능성을 높일 수 있다는 주장이다(Gibson 외, 1988: 111 / 박천오 외, 2001: 278).

한편, 머슬로의 이론은 개인적 차이나 문화적 차이에 대한 설명에 한계가 있는 것으로 지적되고 있다.

첫째, 욕구계층의 고정성에 대한 예외가 많다는 것이다. 가령, 극히 빈곤한 사람에게는 생리적 욕구가 다른 욕구들 보다 상위욕구가 될 수 있다.

둘째, 욕구충족의 상대성이 존재한다는 사실이다. 머슬로에 따르면, 어떤 욕구가 완전히 충족되면 더 이상 동기화의 요인으로 작용할 수 없다고 주장하지만 현실 세계에서 어떤 개인에 있어서 욕구의 완전 충족이란 기대하기 어렵다. 즉, 정상적인 사람의 경우 여러 가지 욕구가 부분적으로 충족되어 있다.

셋째, 동기유발 요인은 복합적으로 존재한다는 사실이다. 즉, 하나의 행동을 유발하는 데 작용하는 요인은 하나가 아니라 복합적이다. 예컨대, 열심히 일하는 것을 통해 사람은 자아실현뿐만 아니라 경제적 보상욕구도 충족시킬 수 있다.

이와 같은 한계에도 불구하고 머슬로의 욕구계층이론은 조직에서 개인은 성장과 자아실현의 욕구를 가지고 있고, 모든 개인은 이들 상위욕구를 충족하기 위해 노력하고 있으며, 조직도 이들 욕구들을 충족시켜 주기 위해 노력해야 한다는 점을 강조했다는 점에서 후세 학자들에게 매우 중요한 시사점을 제공하고 있다고 평가받고 있다(Golembiewski, 1988: 193~197 / 박천오 외, 2001: 278~279).

2) 앨더퍼의 ERG 이론

앨더퍼(Clayton R. Alderfer)는 머슬로의 욕구이론을 수정하여 인간의 기본 욕구를 세 단계로 축약하였다. 즉 존재 욕구, 관계 욕구, 그리고 성장 욕구로 구분하고 있다.

첫째, 존재 욕구(existence needs)는 머슬로의 생리적 욕구와 안전의 욕구 일부를 포함한다. 허기증, 갈증 등과 같은 생리적 욕구와 안식처 등의 물질적 · 물리적 안전 욕구 등을 포함하여 존재 욕구라고 한다.

둘째, 관계 욕구(relatedness needs)는 머슬로의 안전욕구 중 대인관계 차원의 비물리적 안전(원만한 인간관계 등)과 사회적 욕구, 그리고 존경의 욕구 중 일부 타인으로부터의 존경, 타인과의 비교를 통해 나타나는 자존심 등을 포함하여 관계 욕구라고 하였다.

셋째, 성장 욕구(growth needs)는 머슬로의 존경 욕구 중 일부(자기로부터의 존경, 자기 스스로의 자긍심)와 자아실현 욕구를 성장 욕구라고 하였다. 이를 그림으로 나타내면 〈표 10－1〉과 같다.

머슬로와 앨더퍼 이론의 차이점을 설명하면 다음과 같이 정리해 볼 수 있다.

첫째, 머슬로는 낮은 차원의 욕구가 만족되면 높은 차원으로 그 욕구가 진전되는 과정을 설명한 데 비하여, 앨더퍼는 욕구가 좌절되어 낮은 차원의 욕구로 회귀하는 과정도 설명하고 있다. 즉, 하위욕구가 만족되면 상위욕구로 진전되는 것 외에, 상위욕구를 충족하는 데 좌절하면 낮은 단계의 욕구로 회귀한다는 원칙도 함께 제시하고 있다.

둘째, 머슬로는 한 순간에 하나의 욕구가 작용하는 분절형의 욕구단계로 이해했지만, 앨더퍼는 한 순간에 하나 이상의 욕구가 복합적으로 작용할 수 있다는 연결형의 욕구단계를 주장하고 있다. 그러므로 앨더퍼의 이론이 인간의 욕구를 설명하는 데 더 융통성이 있다고 볼 수 있다.

표 10-1 머슬로와 앨더퍼의 인간의 욕구체계 비교

<table>
<tr><th>단계</th><th colspan="2">머슬로</th><th>앨더퍼</th><th>욕구차원</th></tr>
<tr><td>5</td><td colspan="2">자아실현 욕구</td><td rowspan="2">성장 욕구(G)</td><td rowspan="7">고차원 욕구
↕
저차원 욕구</td></tr>
<tr><td rowspan="2">4</td><td rowspan="2">존경 욕구</td><td>자기로부터의 존중</td></tr>
<tr><td>타인으로부터의 존중</td><td rowspan="3">관계 욕구(R)</td></tr>
<tr><td>3</td><td colspan="2">사회적 욕구</td></tr>
<tr><td rowspan="2">2</td><td rowspan="2">안전 욕구</td><td>대인관계 안전</td></tr>
<tr><td>물리적 안전</td><td rowspan="2">존재 욕구(E)</td></tr>
<tr><td>1</td><td colspan="2">생리적 욕구</td></tr>
</table>

자료 : Clayton P. Alderfer, *Existence, Relatedness and Growth : Human Needs in Organizational Settings*(New York : Free Press, 1972), p. 25.

3) 허즈버그의 동기 · 위생이론

허즈버그(Herzberg)의 동기 · 위생이론(Motivation-Hygiene Theory) 또는 2요인 이론은 조직 내에서 사람들에게 만족을 주는 직무요인과 불만족을 주는 직무요인에 대하여 연구한 이론이다.

허즈버그는 조직 구성원의 동기가 직무수행에 미치는 영향을 파악하기 위한 연구를 하였다. 그들은 조직 구성원들에게 직무수행 과정에서 가장 만족스러웠던 때와 불만족스러웠던 때에 대하여 물었다.

이러한 질문의 응답에 대한 분석을 통하여 허즈버그는 두 가지 이질적 욕구를 발견하였다(Herzberg, 1968: 53~62). 인간은 일에 불만을 갖게 되면 자신이 '일하고 있는 환경'에 관심을 갖게 되고, 반대로 자신의 일에 만족감을 갖게 되면 자신의 '일 자체'에 높은 관심을 갖게 된다는 사실을 발견하였다. 그리고 조직 내에서 인간이 가지는 만족과 불만족은 서로 별개의 감정이며, 만족시키는 요인과 불만족시키는 요인이 각각 다르다는 것이다. 허즈버그의 이론을 2요인이론이라고 하는 이유가 여기에 있다.

조직에서 만족을 주는 요인을 동기 요인, 불만을 주는 요인을 위생 요인이라고 한다.

(1) 위생 요인(불만족 요인)

위생 요인(hygiene factors)은 직무환경적 측면과 관련된 것으로써 일 자체보다는 직무환경에 관련된 요소이다.

위생 요인에 속하는 것들로서는 회사의 정책과 관리, 감독, 작업조건, 상사 · 부하 · 동료와의 관계, 보수, 지위, 안전 등을 말한다. 이러한 요소들에 대하여 '위생'이란 용어를 사용한 것은 의학적으로 위생환경이 잘 갖추어져 있을 때 병을 예방할 수 있다는 개념을 동기이론에 적용한 것이다.

이러한 위생 요인이 갖추어지지 못하면 조직 구성원의 불만이 가중된다. 그러나 이런 요인이 잘 갖추어진다고 해도 단지 불만을 제거해 줄 뿐이며 동기를 유발하지는 않는다.

다시 말하면, 보수 및 근무환경은 불만을 제거하는 조건이거나 불만요인이 되지만 만족이나 동기를 유발하는 요인은 아니라는 것이다.

그림 10-2 허즈버그의 2요인이론의 위생 요인과 동기 요인

자료 : Frederick Herzberg, "One More Time : How Do You Motivate Employees," *Harvard Business Review*, Vol. 46. no. 1. 1968, p. 58 / 강성철 외, 「인사행정론」(대영문화사, 2001), p. 374.

(2) 동기 요인(만족 요인)

동기 요인(motivator)은 만족을 제고시키고 열심히 일하게 하며 작업성과도 높여주는 요인으로써 성취감, 인정감, 성장과 발전 기회, 도전감, 책임감, 일 자체 등이 제시되고 있다. 이러한 요인은 직무만족과 직무성과에 긍정적 효과를 미치기 때문에 동기 요인 또는 만족 요인이라고 한다.

이것은 직무와 관련된 요인으로써 위생 요인이 만족을 제고시켜 주지 못하듯이 동기 요인은 불만족을 해소시켜 주지 못한다. 이러한 만족 요인은 머슬로의 상위의 욕구에 해당한다.

머슬로의 욕구계층이론과 허즈버그의 동기 · 위생이론과의 관계를 보면, 위생이론은 머슬로의 생리적 욕구, 안전의 욕구, 사회적 욕구, 그리고 존경의 욕구 일부를 포함하며, 동기 요인은 존경의 욕구 일부와 자아실현의 욕구를 포함하고 있다고 볼 수 있다.

허즈버그의 동기 · 위생이론은 다음과 같은 비판을 받고 있다(이상윤, 2000: 429 / 박천오 외, 2001: 280 / 유민봉 · 임도빈, 2003: 344).

첫째, 직무만족 및 불만족의 본질을 지나치게 단순화하고 있다는 지적을 받고 있다(Dunnette, 1967: 147). 만족이나 불만족은 직무환경과 직무내용 또는 이 모두가 어느 한 가지 요소에 영향을 미치는 경우가 많기 때문이다.

둘째, 동기 요인과 위생 요인의 구분이 불명확하다는 것이다. 보수 등에서 볼 수 있듯이 어떤 사람에게 동기 요인으로 작용하는 것이 동일 집단 내의 다른 사람에게는 위생 요인으로 작용할 수 있다는 것이다.

셋째, 만족과 동기유발을 같은 것으로 다루고 있다는 것이다. 만족한 근로자가 반드시 열심히 일하고 성과를 올린다는 보장은 없다.

그럼에도 불구하고 그의 이론은 i) 조직의 관리에 있어서 직무환경과 직무내용에 대한 관심을 갖게 하였다는 점, ii) 만족 및 불만족 요인을 분리하여 연구함으로써 조직관리에 있어서 그동안 조직 내의 불만족 요인의 해소라는 측면에서 만족 요인에 관심을 갖게 하였다는 점, iii) 경영이나 행정관리자들이 이 이론을 조직의 관리에 쉽게 응용할 수 있게 하였다는 점 등은 커다란 의미를 갖는다고 할 수 있다.

4) 맥클리랜드의 성취동기이론

맥클리랜드(McClelland)의 성취동기이론(achievement motive theory) 또는 학

습에 의한 동기이론(learned motive theory)은 인간의 욕구에 기초해서 동기를 설명하려는 이론이다. 맥클리랜드는 한 개인의 심리적 특성은 인간의 행위를 유발시킬 수 있는 잠재력을 지닌 여러 욕구들로 구성된다고 보았다. 이러한 욕구들은 성취 욕구(need for achievement), 소속 욕구(need for affiliation), 권력 욕구(need for power) 등이다.

(1) 성취 욕구

성취 욕구는 잘하려고 하는 갈망 혹은 이전 보다 더 능률적으로 하려는 욕구를 말한다. 맥클리랜드는 인간의 성취가 유쾌감을 유발하게 되는데, 어떤 사람은 강한 성취 욕구의 특징을 지니고 있다고 한다. 그러한 사람에게는 성취 욕구가 다른 욕구보다 우위에 있게 되고, 성취의 쾌감이 학습됨으로써 성취 추구를 하도록 만든다는 것이다.

맥클리랜드에 의하면 개인의 성취욕구가 강한 사람은 다음과 같은 특성을 가진다(McClelland, 1962: 99～112 / 이상윤, 2000: 430 / 강성철 외, 2001: 377).

첫째, 스스로 성취목표를 설정하기 좋아하며, 실제 목표설정에서는 실패에 대한 두려움도 가지지만 난이도에 모험성을 가미하여 설정한다. 그러면서도 달성 가능한 수준의 목표를 설정하여 성과를 높여가기 좋아한다.

둘째, 목표달성 과정에서 경과진행 상황과 성과 등에 대한 빠른 환류를 선호한다.

셋째, 함께 근무하는 동료에 대해서도 많은 관심을 가지고, 목표에 기여할 수 있는 성과지향적인 동료들과 근무하기를 원한다.

넷째, 자신의 개선에 주저하지 않고 적극적이며, 문제해결에 대한 책임을 좋아한다.

(2) 권력 욕구와 소속 욕구

① 권력 욕구

권력에는 개인화된 권력과 사회화된 권력의 형태가 있다.

개인화된 권력은 반대자를 누르고 이기려 하는 권력으로써 이는 자기 자신을 위한 권력이다. 이 권력욕구가 높은 사람은 다른 사람의 행동을 변화시키려 하고, 권위와 지위를 얻기 원하며, 자신의 능력을 행사할 대상을 찾는 데 많은 시간을 보낸다. 이 권력은 복종을 강요하므로 추종자의 수동적 반응이나 반발을 초래한다.

한편, 사회화된 권력은 다른 사람에게 혜택을 주기 위하여 행사하는 권력으로써, 이는 타인이나 조직 전체를 위한 권력이다. 사회화된 권력은 집단의 목표를 중요시하며, 집단의 목적을 확인하고, 집단의 참여를 진작하며, 추종자들의 자신감을 진작시키므로 추종자들 스스로 권력을 가졌다고 느낀다(McClelland, 1970: 36 / 강성철 외, 2001: 377).

② 소속 욕구

소속 욕구가 강한 사람은 타인과의 관계유지나 사회적 교류에 높은 관심을 가지고 있으며 조직으로부터 소외를 피하고자 한다. 따라서 개인 간의 원만한 관계를 가지려 하고 서로 지원하는 형태로 발전한다. 소속 욕구가 강한 사람은 직언과 대결 등으로 인간관계가 파괴되는 것을 염려하기 때문에 유능한 경영자가 되기 어렵다(박내회, 1989: 162).

맥클리랜드는 그의 성취동기이론을 조직의 차원을 넘어서 전체 사회의 경제성장과 관련시킴으로써 이 이론의 적용폭을 확대하였다. 그에 의하면 높은 성취욕구를 가진 사람들로 구성된 조직이나 사회가 경제발전이 빨랐으며, 성취욕구가 높은 사람들은 훌륭한 경영자로서 성공 가능성이 높다고 한다(McClelland, 1953: 297~304). 이러한 결과에서 추리할 수 있는 바와 같이 개인과 조직 및 사회의 성공을 기대하기 위해서는 그들에게 높은 성취동기를 유지할 수 있도록 하여야 한다.

따라서 이 이론이 시사하는 바는 어떤 조직이 성과를 높이기 위해서는 높은 성취욕구를 가지고 있는 사람을 선발하거나, 기존 구성원의 성취 욕구 수준을 향상시켜야 한다는 것이다. 맥클리랜드는 구성원의 성취 욕구 수준을 개발할 수 있는 지침을 다음과 같이 제시하고 있다(이상윤, 2000: 432).

첫째, 과업을 재배치하여 정기적으로 성과에 관한 피드백을 받게 한다.

둘째, 훌륭한 성취모델을 찾아 그를 따르도록 한다. 즉, 성취 또는 성공한 인물을 닮도록 한다.

셋째, 자신의 이미지를 바꾸게 한다. 즉, 성취 욕구가 높은 사람은 자신을 사랑하고 적절한 도전과 책임을 추구하게 한다.

넷째, 상상력을 통제한다. 즉, 현실적인 관점에서 사고하고 목표성취 방식에 대해 적극적으로 생각하게 한다.

2. 과정이론

어떤 과정을 통해 어떻게 동기가 유발되는가를 설명하려는 이론들을 과정이론(process theory of motivation)이라고 한다. 과정이론은 인지선택이론(cognitive choices theory) 혹은 인식절차이론(cognitive process of motivation)이라고 부르기도 한다.

과정이론은 동기 과정을 구성하는 요인들에 관심을 갖는다. 과정이론은 인식변수(cognitive variables)가 동기부여에 어떻게, 그리고 왜 영향을 미치는지에 관심을 두며, 이러한 변수를 확인하는 것 외에 그러한 변수간의 관계나 교류절차에 대하여 연구한다. 즉, 과정이론은 사람들이 어떠한 방법으로 그들의 욕구를 충족시키고, 욕구충족을 위해 여러 가지 행동 대안 중에서 어떠한 방법으로 행동을 선택하는가에 중점을 둔다고 할 수 있다.

과정이론에는 기대이론, 공정성이론, 학습이론 등이 있다.

1) 기대이론

(1) 브룸의 기대이론(VIE모형)

이 이론은 선호기대이론(preference-expectation theory)이라고도 한다. 브룸(Victor H. Vroom)은 1964년 그의 논문에서 "개인이 어떤 행동을 하려고 할 때, 어떤 심리적 과정을 통해서 행동하게 되는가"에 대한 것을 설명하고자 하였다(Vroom, 1964 / 강성철 외, 2001: 380). 브룸은 인간의 행동 형성에서 선택행동의 중요성을 지적하고 있다. 즉, 한 사람이 그 결과가 불확실한 여러 가지 대안들 가운데 어떤 것을 선택할 때 그의 행동은 결과에 대한 선호뿐만 아니라 그러한 결과를 가져오는 것이 가능하다는 그의 믿음에 의해서 영향을 받는다는 것이다(Vroom, 1964 / 오석홍, 2000: 538).

기대이론의 핵심적 바탕은 사람들이 행하고 싶어할 때, 그들이 할 수 있는 것을 행할 것이라는 점이다. 예를 들면, 승진하고 싶어할 때 높은 성과를 이룩하면 승진될 수 있을 것이라는 점과, 열심히 일하여 높은 성과를 이룩할 수 있다면 사람들은 열심히 일하고 싶도록 동기가 유발될 것이다.

브룸의 기대이론을 구성하고 있는 요소는 유인가(valence), 수단성(instrumentality), 기대감(expectancy)이며, 이를 VIE모형이라고도 한다.

첫째, 유인가는 한 개인이 특정한 보상이나 처벌에 대하여 갖는 선호의 강도를 말한다. 즉, 일정한 행동을 통하여 얻을 수 있는 목표나 결과가 갖는 매력성이다. 이러한 유인가는 개인에 따라 다르게 나타난다.

개인이 특정한 보상을 선호할 때 정(正)의 유인가를 가지며, 반대로 특정한 보상을 기피할 때 부(負)의 유인가를 가진다. 또한 개인이 어떤 보상에 대해 무관심할 때 유인가는 영(零)이 된다.

둘째, 수단성은 일정한 성과를 올리면 그에 따르는 일정한 보상을 얻게 될 것이라는 개인의 믿음의 강도를 말한다. 즉, 수단성은 개인이 지각하는 1차 결과(성과)와 2차 결과(보상)에 대한 인지도이다. 수단성이 취할 수 있는 값의 범위는 +1.0에서 −1.0까지이다. +1은 높은 성과가 항상 보상을 가져오는 것을 의미하고, 성과와 보상값에 전혀 관계가 없는 경우는 0, 그리고 높은 성과가 도리어 임금삭감을 가져오는 경우가 −1.0이다.

셋째, 기대감은 개인행동이 자신에게 가져올 결과에 대한 주관적 믿음이다. 즉, 일정한 노력을 하면 일정한 수준의 성과(1차 결과)를 가져올 수 있으리라는 가능성에 대한 주관적인 확률에 대한 믿음이다. 성과 획득의 가능성에 대한 개인의 기대값은 0부터 +1까지의 값을 가진다. 기대값이 0이란 아무리 노력해도 목표한 성과를 달성할 수 없을 것이라는 개인의 믿음을 의미하고, 기대값이 +1이라면 노력하면 목표한 성과를 100% 달성할 수 있으리라는 개인의 믿음을 말한다(박천오 외, 2001: 283).

그림 10-3 기대이론의 모형도

Vroom의 동기화 함수 관계
동기 = $\Sigma\{(E1 \times E2)(V)\}$
E1 = 성공적인 목표달성(실적)의 가능성(기대감)
E2 = 실적이 가져다 줄 보상(수단성)
V = 보상의 가치(유인가)

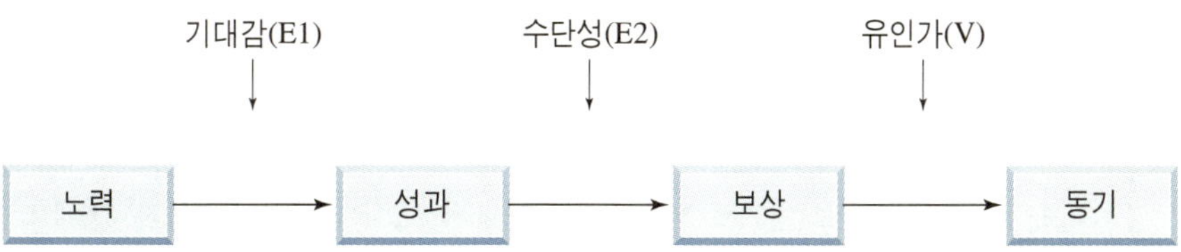

기대이론에서 중요한 것은 보상의 내용이나 실체가 아니라 구성원이 보상에 대하여 어떻게 지각하고 있는가, 그들이 보상에 대하여 어느 정도의 매력을 가지고 있는가, 혹은 자기들에게 요구되고 있는 것을 해낼 수 있는가가 중요한 문제이다. 개인의 동기는 자신이 달성할 수 있으리라고 기대하는 1차 결과와 또 1차 결과가 2차 결과를 가져오리라는 기대감과 보상에 대한 유인가의 복합적 함수에 의하여 결정된다.

(2) 포터와 롤러의 기대이론(EPRS모형)

이 이론은 업적만족이론(performance-satisfaction theory)이라고도 한다. 포터와 롤러(Porter & Lawler)는 직무성취뿐만 아니라 보상에 대한 개인의 만족감을 주요 변수로 하여 브룸의 기대이론의 구조를 수정하였다. 그들은 브룸의 기대이론을 기초로 하여 조직에서의 근무에 대한 태도와 성과간의 관계를 설명하였다(Porter & Lawler, 1968: 10~15).

그들에 의하면, 직무성취(업적)와 그에 따른 보상의 가치, 그리고 어떤 노력이 보상을 가져다줄 것이라는 기대가 직무수행 노력을 좌우한다고 주장한다. 노력에 의한 직무성취는 개인에게 만족을 줄 수 있는데 직무성취가 만족을 주는 힘은 거기에 결부되는 내 · 외재적 보상에 의하여 강화된다고 한다. 이 때에 보상은 공평한 것으로 지각되어야 만족을 줄 수 있다고 한다(Porter and Lawer, 1968 / 오석홍, 2000: 538). 즉 그들에 의하면, 개인은 과거의 경험이나 미래에 대한 기대감에 의하여 동기가 부여된다는 사실을 시사하고 있다. 이 이론은 노력(effort), 성과(performance), 보상(reward), 만족(satisfaction)이라는 틀을 중시하므로 이를 EPRS라고 부르기도 한다(강성철 외, 2001: 383).

첫째, 이 모형은 조직 구성원이 어느 정도의 노력을 할 것인가에 초점을 둔다. 이 때 노력의 정도는 '보상의 가치' 와 '보상을 받을 수 있는 주관적 확률' 에 의해서 결정된다.

둘째, 다른 조건이 일정할 경우, 노력할수록 높은 성과를 거둘 수 있을 것이다. 그러나 이러한 조건은 일정하지 않으며, 개인의 능력과 특성, 역할에 대한 기대 등의 변수에 의하여 영향을 받으므로 노력과 성과 간의 관계는 반드시 비례관계는 아니다.

셋째, 일반적으로 높은 성과를 올릴수록 많은 보상을 받게 된다. 보상은 내재적 보상과 외재적 보상으로 나뉘는데 내재적 보상이 보상과 성과 간에 더 영향을 많이 미친다는 것을 의미한다.

넷째, 일반적으로 높은 성과를 올릴수록 높은 보상을 받으나 이 때 보상이 공정해야 한다.

이 이론은 생산성에 영향을 미치는 요인으로써 만족이나 사기보다는 노력이라는 요인을 중요시하고 있다. 따라서 직원의 노력이 성취를 낳고 성취에 따른 보상을 할 때, 직원의 만족은 보장된다고 주장함으로써, 만족→사기앙양→성과라는 전통적 틀보다는 노력→성과→보상→만족→환류라는 새로운 체계를 주장하였다.

기대이론은 개인의 능력, 실적, 그리고 보상에 대한 구체적인 분석을 통한 합리적 행동결정을 가정하고 있다. 그러나 현실에서는 합리적 행동결정을 할 충분한 정보의 입수가 전제되어야 하나, 일상의 직무수행에서 목표와 보상을 구체적으로 제시하지 않는 경우가 많다. 한편, 인간이 그들의 의사결정 과정에서 타산적 계산을 한다는 가정을 지적하고 있다. 인간의 행동은 이같은 경제적 타산에 따라서만 행동하는 것이 아니라는 것이다.

2) 애덤스의 공정성이론

공정성이론(equity theory)은 애덤스(J. Stacy Adams) 등에 의하여 체계화된 이론이다(Adams, 1963: 422~436 / Adams & Rosenbaum, 1962: 161~164 / 강성철 외, 2001: 385). 이 이론은 처우의 비교적 형평성에 대한 사람들의 지각과 신념이 직무수행에 영향을 미친다고 설명하는 이론이다. 즉, 사람들은 개인의 투입(노력, 성과, 기술, 생산량, 제품과 서비스의 질)과 결과(보수, 승진, 인정, 칭찬, 지위)의 비율을 동일한 직무상황 내에 있는 다른 사람들의 투입 대 결과의 비율과 비교한다는 것이다. 그리하여 이 비율이 동일할 때 공정성이 있고, 비율이 같지 않을 때 불공정성이 지각된다. 이로부터 '느낀 불공정성'이 동기를 유발하는 마음이 된다는 것이다.

이 이론은 사회적 비교이론(social comparison theory), 분배의 공정성이론(distributive justice theory), 균형이론(balance theory), 교환이론(exchange theory)이라고도 한다.

공정성이론의 내용은 첫째, 지각된 불균형의 감각은 개인에게 긴장을 유발한다. 둘째, 긴장의 양은 불균형의 정도에 비례한다. 셋째, 개인에게 나타난 긴장은

그림 10-4 공정성이론 모형

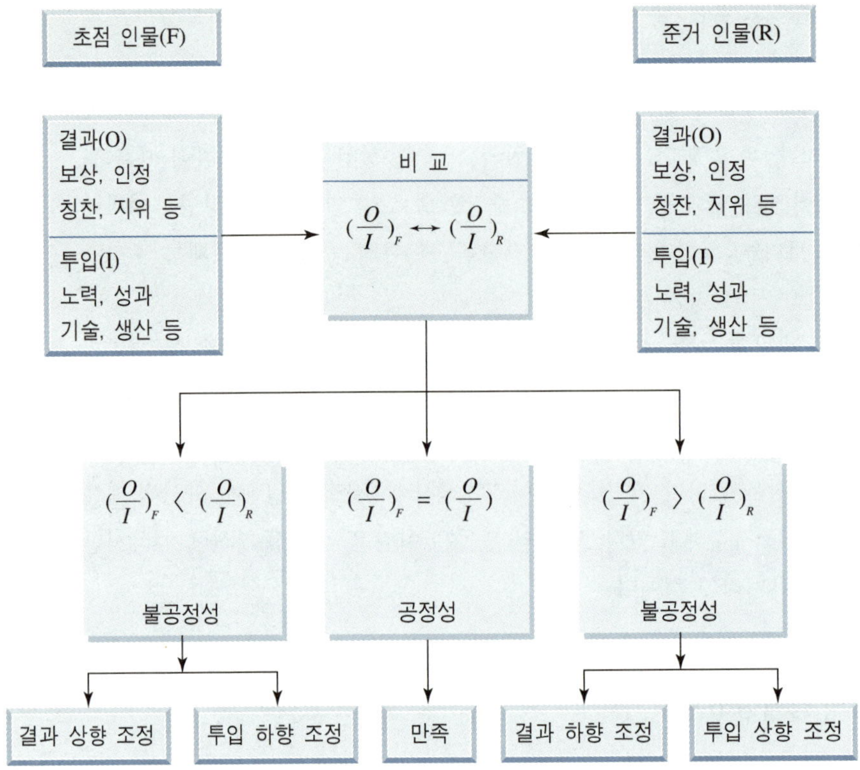

자료 : Andrew D. Szilagyi and Marc J. Wallace, Jr., *Organizazional Behavior and Performance*, 3rd ed(Glenview, IL : Scott Foresman and Company, 1983), p. 118 / 강성철 외, 「인사행정론」(대영문화사, 2001), p. 386.

그로 하여금 이를 감소시키도록 한다. 넷째, 불균형을 감소시키려는 동기 유발의 강도는 지각된 불균형에 비례한다는 것 등이다.

이러한 불균형을 해결하기 위한 방법으로는 투입의 변경, 결과의 변경, 투입이나 결과의 불공정성이 곧 해결될 것이라고 합리화시키려는 심리적 왜곡, 그리고 이직 등이다(김석회, 1993: 170 / 이종학, 1991: 171~172).

공정성이론은 투입과 보상에 대한 비교대상, 투입과 보상에 포함되는 요소나 비율에 대하여 각 개인이 느끼는 주관에 전적으로 의존하고 있다는 점이 지적되고 있다. 따라서 주관적 감정이 개입되게 마련이다. 또한 관리자나 감독자는 보상에 대한 충분한 이해를 시키기 위하여 많은 노력이 필요하다는 것이다(Folger R. & M. A. Konovsky, 1989: 115~130).

3) 학습이론

개인의 동기유발에 관한 학습이론(learning theory)은 학습이라는 과정을 통해 동기가 유발되는 현상을 기술하고 그에 대해 처방하는 것이다(John R. Anderson, 1995: 4~5).

여기서 학습이란 경험을 통한 행태변화를 말한다. 학습이라는 개념을 사용하여 행태변화나 동기유발을 설명하는 이론은 다양하다. 그 중에서 우리가 관심을 갖는 것은 조작적 조건변화이론(operant conditioning theory)이다(Skinner, 1938 / 오석홍, 2000: 540).

조작적 조건변화이론은 행동의 결과를 조건화함으로써 행태적 반응을 유발하는 과정을 설명한다. 이 이론의 설명 틀은 세 가지 구성부분(ABC)을 가지고 있다. 즉, 선행자극(A:antecedents), 행태적 반응(B:behavior), 그리고 행태적 반응의 결과(C:consequences)를 말한다.

이 이론의 핵심적 원리는 사람들이 업무상황(자극)에 처하여 조직이 바라는 행동(반응)을 하면 그에 결부해 강화 요인(행동의 결과)을 제공하고 바람직하지 않는 행동을 하면 처벌(행동의 결과)하여 바람직한 행동을 학습시켜야 한다는 것이다(오석홍, 2000: 540).

제3절 사기관리

1. 사기조사

조직 구성원들의 직무수행동기를 높이기 위해서는 그 기초가 되는 사기조사가 필요하다. 사기조사(morale survey)란 직무와 관련하여 조직 구성원들의 심리적 상태가 어떤 수준인지를 측정하고 그 원인을 분석하는 활동이다. 이러한 사기조사를 통해서 조직 구성원들의 사기를 저해하는 요인을 파악하게 되고 그 대책을 수립할 수 있는 기초 자료를 얻을 수 있게 된다. 사기조사는 사람들의 주관적 정신상태를 조사하는 것이기 때문에 이를 통해서 조직 구성원들의 사기를 직접 측정하기는 어렵다. 즉 사람들의 태도, 근무상태, 질문에 대한 응답 등에 대한 조사를 해석하여 사기의 수준을 판단하게 된다. 사기조사는 대체적으로 태도조사와 근무관계기록조사로 나누어 볼 수 있다(오원철 외, 1996: 351~362 / 오석홍, 2000: 544~550).

첫째, 태도조사는 직무수행동기와 관련된 직원들의 심리적 · 감정적 상태를 조사하여 그들의 의견과 희망사항을 듣고 불평불만의 모든 원인과 그 소재를 파악하는 방법이다. 태도조사의 방법으로는 일상적인 관찰과 정보수집, 면접, 질문서, 소시오메트리(sociometry), 투사법[1] 등 여러 가지 방법이 있다.

둘째, 근무관계 기록조사 방법은 동기수준 평가에 도움이 되는 각종 근무관계 기록을 조사하여 동기수준을 예측해보는 방법이다. 이 방법은 사기가 저하되었을 때 나타나는 사람들의 행동들에 대한 가설하에 자료를 조사하게 된다. 이 방법에 의한 사기조사는 이직률, 결근률, 지각률, 퇴직률, 고충처리율, 사고빈도율, 그리고 근무성적평정 등에 의한 근무관계 기록들이다.

2. 동기유발 방법

조직의 관리에 있어서 구성원들의 동기유발은 매우 중요한 일이다. 지금까지 인사행정의 발전과 함께 개발되어 온 동기유발 방법들은 매우 다양하다.

여기에서는 동기유발 방법으로써 많이 언급되는 인사상담제도, 고충처리제도, 그리고 제안제도에 대하여 설명하고자 한다.

1) 인사상담제도

인사상담(人事相談)은 욕구불만, 스트레스, 갈등, 정서적 혼란 등 부적응 문제를 가지고 있는 조직 구성원이 스스로 문제를 해결하는데 협조하기 위한 면담의 절차이다. 다시 말하면, 조직 구성원들이 직장문제, 신상문제 등으로 고민이 있을

1) 투사법은 피조사자에게 자극상황을 제시하여 그에 대한 태도를 노출시켜 그 결과를 분석하는 방법이다. 대표적 투사법은 TAT기법(Thematic Apperception Test)이다. 이 기법은 애매한 상태가 그려진 그림 카드를 피조사자에게 보여주고 마음속에 떠오르는 생각을 자유로이 이야기하게 하여 그 내용을 분석하는 방법이다.

때, 전문적인 상담자가 그들의 사정을 들어주고 해결방안의 모색에 관한 조언을 해 주는 것이 인사상담이다.

인사상담은 근본적으로 조직 구성원의 부적응 해소와 사기제고를 위한 직접적인 수단이지만, 다른 부수적 목적도 기할 수 있다. 예컨대, 인사상담 중 조직원이 가진 문제와 관심사를 파악하여 관리전략의 개선방안을 모색할 수 있다. 그리고 상담은 관리층의 정책과 방침을 조직 구성원에게 설명할 기회를 제공한다. 인사상담의 직접적인 기능 또는 역할은 문제해결에 대한 조언, 안도감 부여, 의사전달의 촉진, 정서적 긴장 발산, 사고의 명료화, 가치관과 목표의 변화에 대한 정향변환(reorientation) 등으로 요약할 수 있다(오석홍, 2000: 558).

인사상담의 수단은 개별적 면담이다. 면담의 형식이나 성격에 따라서 지정적 상담, 비지정적 상담, 그리고 절충식 상담이 있다. 지정적 상담(상담자 중심 상담)은 상담자가 주도적인 역할을 한다. 상담자가 상담의뢰인의 문제를 주도적으로 분석, 진단, 원인발견 및 치료처방을 하게 된다. 지정상담에서는 상담의뢰인이 가진 문제를 미리 철저히 분석하고 있어야 문제해결에 조언할 수 있다. 이 방법은 부적응자의 치유에 유효하다. 비지정적 상담(상담의뢰인 상담)에서는 상담자가 상담의뢰인이 하는 이야기를 동정적이면서도 중립적인 태도로 들어주기만 하는 소극적인 역할을 한다. 상담자는 캐묻거나 문제해결을 위한 행동방향을 제시하지도 않는다. 이렇게 하면 상담의뢰인은 감정을 발산할 수 있고, 또한 이야기하는 과정에서 스스로 문제에 대한 해결책을 찾을 수 있게 하려는 것이다. 오늘날 인사상담의 실제에서는 순수한 형태의 지정적 상담이나 비지정적 상담보다는 양자를 절충하는 접근방법을 널리 쓰고 있다. 절충식 상담은 지정적 상담과 비지정적 상담의 이점은 취하고 그 결점은 배제하려는 노력의 표현이라고 할 수 있다.

한국의 인사상담제도는 고충처리제도에 포함시켜 운영하고 있다. 인사상담과 고충심사의 청구의 처리 절차도 근본적으로 같으며, 그 담당기관도 같다. 그리고 상담자를 따로 두고 있지 않다.

2) 고충처리제도

고충처리제도(苦衷處理制度)란 근무조건(보수, 근무환경 등)이나 인사운영(승진, 근무성적평정 등), 기타 신상문제(차별대우 등)에 대하여 공무원이 제기하는 고충을 심사하고 해결책을 모색하는 절차이다. 고충처리제도는 인사상담제도와 한계가 모호한 부분도 있다. 고충처리는 일반적으로 개인의 힘으로는 어쩔 수 없는 근무조건이나 인사제도 등 직장생활의 문제에 대한 고충을 원칙적인 대상으로 하고, 고충을 듣는데서 끝나는 것이 아니라 그에 대한 판단과 시정조치까지 한다는 점에서 인사상담과 구별된다. 고충처리제도는 소청제도와 함께 공무원의 권리와 신분에 대한 보장을 높이는 제도이다.

한국은 1981년 6월 공무원고충처리규정(대통령령 제10344호)을 마련하여 근로조건, 인사관리, 기타 신분상의 문제에 대한 불평 · 불만이 있을 경우에는 고충의 심사청구를 할 수 있도록 하고 있다.

고충처리의 1차적 책임은 고충처리를 제기하는 공무원의 직근상급감독자이다. 상급자와 그 계선조직에서 해결하지 못하는 고충은 외부의 전담기관에서 맡게 된다. 한국에서 고충처리를 담당하는 기관은 중앙고충심사위원회와 보통고충심사 위원회가 있다.

중앙고충심사위원회는 행정안전부 소속의 소청심사위원회에 고충처리기능을 맡기고 있다. 중앙고충심사위원회는 위원장 1명을 포함한 상임위원 5명과 비상임위원 2명으로 구성되어 있다. 중앙고충심사위원회는 5급 이상 공무원의 고충심사청구와 보통고충심사위원회의 심사를 거친 재심청구를 맡는다.

보통고충심사 위원회는 임용권자 또는 임용제청권자 단위로 설치된다. 보통고충심사 위원회가 설치되는 기관은 보통징계 위원회가 설치되는 기관과 거의 같다. 보통고충심사 위원회는 설치기관의 장이 소속 공무원 가운데 임명하는 위원장을 포함한 5인 이상 7인 이하의 위원으로 구성한다. 이들은 고충심사 청구인보다 상위계급의 공무원이라야 한다.

고충처리는 다음과 같은 절차에 따라 진행된다. 공무원이 고충심사를 청구하려면 고충심사청구의 취지 및 이유 등이 적힌 서면을 제출해야 한다. 심사청구는 설치기관의 장을 거쳐 고충심사 위원회에 제출된다. 고충심사 위원회는 심사에 필요한 경우 청구인, 설치기관의 장, 소속기관의 장 또는 그 대리인을 출석시켜 진술하게 하거나 필요한 심사자료를 제출하게 할 수 있다. 위원회의 결정은 심사청구가 있은 날로부터 30일 이내에 하여야 하는 것이 원칙이다.

고충심사 결정서를 송부받은 설치기관의 장은 스스로 고충의 해소를 위한 조치를 취해야 한다. 그러나 이러한 요구는 권고적인 것이며 구속력은 없다. 청구인이 법적 구속력이 있는 결정을 받아내려면 소송절차를 밟아야 한다.

고충심사제도가 성공하려면 우선 고충심사를 청구하는 공무원이 보복의 위험을 받지 않도록 해야 하고, 처리절차의 공정성 확보와 신속한 처리가 전제되어야 한다(오석홍, 2005: 515~516).

3) 제안제도

제안제도(提案制度)란 정부가 공무원들로부터 조직운영이나 업무개선에 관한 창의적인 의견 또는 고안을 제안 받아 심사하여 채택하고(채택된 제안을 창안이라 함) 창안자에게 보상하는 제도이다. 제안제도는 조직의 업무개선과 직무수행동기를 유발하기 위한 제도이다. 제안을 내도록 장려하고 존중하는 것은 조직 구성원들의 귀속감과 인정감을 높일 수 있고, 제안이 채택되고 그로 인해 업무가 개선되는 경우 그 결과는 사기제고에 기여할 것이다. 이 외에도 제안제도는 관리층에서는 제안 내용들을 통하여 관리활동에 대한 정보 환류 통로로써 유용하게 활용할 수 있다(오석홍, 2000: 567).

한국 정부의 제안제도의 목적은 국가공무원의 창의적인 의견과 고안을 장려하고 계발하여 이를 정부시책에 반영함으로써 행정의 능률화 · 경제화 및 업무혁신을 기하고 국민에 대한 서비스의 질적 향상을 도모하기 위한 것이다(공무원제안규정 제1조).

제안자의 자격은 관리층이나 연구개발 부서의 공무원들은 제안대상에서 제외하는 것이 일반적이나 한국은 그러한 자격제한을 두지 않고 있다.

제안의 제출은 아이디어제안 및 실시제안은 제안자가 제안내용의 소관 중앙행정기관의 장에게, 공모제안은 공모를 실시한 중앙행정기관의 장에게 각각 제출하여야 한다[2]. 다만 실시제안의 경우에는 개선 아이디어를 담당업무에 적용한 후 그 성과가 나타나는 날부터 1년 이내에 제출하여야 한다.

한국 정부에서는 매년 1회 이상 일정한 모집기간을 정하여 제안을 모집하고 있다. 모집공고는 관보에 게재한다. 그러나 제안건수에 비하여 창안채택 건수는 매우 적은 편이다〈표 10－2 참조〉.

제안의 심사는 제안자가 소속해 있는 계선기관에 맡기는 경우도 있으나, 대개 특별히 마련된 심사위원회에 맡기는 것이 보통이다. 한국 정부에서는 행정안전부에 중앙제안심사 위원회를 두고 있고, 각 중앙행정기관에서는 자체 제안심사 위원회를 두고 있다. 한국 제안제도의 심사기준은 창의성, 능률성 또는 경제성, 계속성, 적용범위, 노력도 등을 기준으로 한다(동규정 제9조).

---

2) 아이디어제안은 제안자가 자기 또는 다른 공무원의 업무에 대한 개선 아이디어를 제출하는 제안, 실시제안은 제안자가 개선 아이디어를 담당업무에 적용한 결과 종전보다 나은 성과가 있는 경우에 제출하는 제안, 공모제안은 중앙행정기관의 장이 과제를 지정하여 공개적으로 모집하는 경우에 제출하는 제안을 말한다(공무원제안규정, 제3조)

표 10-2 제안제도 운영현황

연도 \ 구분	접수건수	창안채택	시상종류				
			금상	은상	동상	장려상	노력상
1985	8,375	34	2	2	7	9	14
1990	26,931	36	1	2	13	8	12
1995	46,773	72	2	6	22	17	25
2000	34,135	24	3	3	10	5	3
2005	19,162	29	3	2	5	9	10
2006	13,580	23	2	3	5	7	5

자료 : 행정자치부, 행정자치통계연보, 2007.

채택제안[3]의 창안등급은 특별상 · 우수상 및 우량상 등으로 구분한다. 중앙우수제안[4]의 창안등급은 금상 · 은상 · 동상 · 장려상으로 구분하고, 그 제안자에 대하여는 행정안전부장관이 정하는 기준에 의하여 서훈 또는 표창하거나 모범공무원으로 선발할 수 있다(동규정 제 16조).

한국은 보상의 종류를 창안상, 인사상의 특전 및 상여금으로 구분한다. 창안상은 서훈 · 표창하거나 모범공무원으로 선발하는 것이며, 거기에는 금전적 부상이 따른다[5]. 인사상의 특전으로는 특별승진과 특별승급이 있다. 중앙행정기관의 장은 아이디어제안이 채택되어 실시되거나 채택된 실시제안의 경우에는 그 제안자에 대하여 특별승급의 인사상 특전을 부여하고, 중앙우수제안의 제안자에 대하여는 인사 관계법령이 정하는 특별승진 또는 특별승급의 인사상 특전을 부여하여야 한다〈표 10-3 참조〉.

채택제안의 제안자에 대한 상여금 지급은 제안의 실시로 직접적이고 현저한 예산의 절감효과가 있는 경우, 국고 또는 조세수입 증대에 막대한 효과가 있는 경우, 행정개선에 획기적인 효과가 있는 경우 상여금을 지급하며, 상여금의 지급

3) 채택제안은 중앙행정기관의 장이 접수한 제안 중에서 심사한 후 채택된 제안을 말한다. 자체우수제안은 중앙행정기관의 장이 채택제안 중에서 그 내용이 우수하다고 인정되어 행정안전부 장관에게 추천한 제안을 말한다(공무원제안규정 제3조).

4) 중앙우수제안은 행정안전부장관이 자체 우수제안 중에서 심사한 후 채택한 제안을 말한다.

5) 채택제안의 제안자에 대한 부상금은 최고 300만원으로 하며, 중앙우수제안의 제안자에 대하여는 금상은 500만원 이상 800만원 미만, 은상은 300만원 이상 500만원 미만, 동상은 200만원 이상 300만원 미만, 장려상은 100만원 이상 200만원 미만, 노력상, 50만원 이상 100만원 미만의 부상금을 지급한다. 다만, 공동제안의 경우에는 각자의 기여도에 따라 부상금을 지급한다(동규정 제 19조).

표 10-3 인사상 특전부여 기준표

창안등급	인사상 특전의 종류	인사상 특전부여의 대상자
금상 은상 동상	특별승진	· 5급 이하의 일반직공무원 · 국가정보원직원 · 경호 · 공무원 및 군무원 · 기능직공무원 · 경위 이하의 경찰공무원 · 소방위 이하의 소방공무원 · 교육공무원
	특별승급	· 4급 이상의 호봉제 적용을 받는 일반직공무원 · 국가정보원 직원 · 경호공무원 및 군무원 · 호봉제 적용을 받는 외무공무원 · 경감 이상의 경찰공무원 · 소방경 이상의 소방공무원 · 특별승진을 부여하기 곤란한 교육공무원 · 고용직 공무원 등 · 군인
장려상	특별승급	· 경력직공무원 · 특수경력직공무원

비고 : 1. 2인의 공동제안의 경우 주제안자에게는 창안등급에 따라 특별승진 또는 특별승급을 부여하고 부제안자에게는 창안등급에 관계없이 특별승급의 인사상 특전을 부여한다.
2. 3인 이상 공동제안의 경우 인사상 특전은 부여하지 아니한다.

자료 : 공무원제안규정(2011. 6. 8) 별표 1.

표 10-4 상여금지급 기준액표

지급대상		상여금 지급액 기준
예산 절감	1,000만원 이하	상여금=예산절감액×30/100
	1,000만원 초과 1억원 이하	상여금=(예산절감액−1,000만원)×20/100+300만원
	1억원 초과	상여금=(예산절감액−1억원)×10/100+2,100만원
국고 또는 조세수입 증대		국고 또는 조세 수입증대액의 10퍼센트 범위안에서 지급
행정 개선		· 수 : 1,000만원 이상 2,000만원 이하 · 우 : 500만원 이상 1,000만원 이하 · 미 : 500만원 이하

자료 : 공무원제안규정(2011. 6. 8) 별표 2.

금액은 3천 만원 이하의 범위 안에서 별표 2의 기준에 의하여 산정한다(동 규정 20조).

3. 사기관리의 문제점과 개선방안

1) 사기의 저해 요인

공무원들의 불만 및 부적응 문제, 그리고 사기저하의 문제는 항상 존재하는 문제이다. 가장 일반적인 공무원들의 불만대상은 낮은 보수와 승진적체이지만[6] 그 밖에도 다양한 불만요인들이 있다. 이들을 정리하면 다음과 같다(오석홍, 2000: 576~579).

첫째, 부적절한 보수는 공무원의 근무의욕을 저하시키고 있다[7]. 공무원의 보수가 생계비에 미달되는 경우는 물론, 보수수준의 민간부문과의 형평성 결여는 공무원들의 사기를 저하시킨다. 성과급제 도입에 적응하지 못하는 사람들도 불만을 갖게 된다.

둘째, 불공정한 내부임용이 불만의 원인이 되고 있다. 특히 승진적체, 각종 평정의 불공정성, 전보 · 전직 등 배치전환의 불공정성, 학연 및 지역 연고주의는 공무원들의 불만을 조성한다.

셋째, 변동에 대한 부적응성이다. 공무원들이 환경변화에 따른 가치관 혼란과 적응력 부족으로 인하여 불만이 생긴다.

넷째, 비민주적 내부통제이다. 사회전반의 민주화, 자율화 분위기 확산에도 불구하고 조직 내의 전통적인 규제나 내부통제 방법이 공무원들의 불만을 갖게 한다.

다섯째, 부패가 공무원의 동기유발을 좌절시킨다. 체제화된 부패는 건전한 공무원을 함께 매도함으로써 그들의 동기유발을 좌절시킨다.

여섯째, 공직에 대한 신망저하가 사기를 떨어뜨리고 있다. 국민에 대한 봉사자로서 공직의 신망이 취약할 뿐만 아니라 정부관료제의 잘못으로 인한 비난, 국민과 정부사이의 신뢰손상, 그로 인한 공무원에 대한 국민의 불신은 공무원의 사기에 막대한 지장을 준다.

일곱째, 부적절한 지시와 간섭은 사기를 저하시키고 있다. 행정여건이 급변하

---

6) 한국행정연구원이 조사한 공무원의 불만족 이유로는 낮은 보수가 54.5%로 가장 높고, 이어 승진적체(19.5%), 인사불공정(5.9%)의 순이었다. 한국행정연구원 (1992b), p. 31~33.

7) 공무원의 사기앙양을 위하여 가장 선결하여야 할 과제에 대한 질문에서는 보수인상(53.2%), 승진기회 확대(15.3%), 인사의 공정성 확보(8.0%), 행정의 민주화(7.7%), 그리고 후생복지 확대(6.0%) 등을 지적하였다. 한국행정연구원 (1992b), p. 71.

는 상황 속에서 규범과 현실의 괴리가 커지고, 이로 인한 현실에 맞지 않는 계획과 지시는 공무원들의 불만요인이 된다. 더욱이 권력기관들의 압력과 간섭이 존재함으로써 더욱 공무원들의 사기를 저하시킨다.

여덟째, 행정개혁에 대한 저항이다. 빈번한 개혁과 개혁독려는 공무원들의 불만 원인이 되고 있다. 개혁에 대한 저항은 기득권에 대한 침해라는 인식에서 나오는 것 같다. 또한, 개혁정책의 효용성에 대한 신뢰의 결여도 큰 저항 원인이라고 생각된다.

2) 사기관리의 개선방안

지금까지 한국 정부의 사기관리 전략은 전통적인 접근방법을 크게 벗어나지 못하고 있다. 전통적 관리전략이 동원할 수 있는 동기유발의 핵심적 전략은 보수와 승진이다. 이러한 방법은 오늘날에도 여전히 중요하다. 그러나 공무원들의 사기를 높이는데 관련되는 요인은 대단히 많고 복잡하다. 인사행정체제의 전반적인 조건과 정치 · 사회 · 문화적 조건까지 관련되기 때문이다.

공무원들의 사기를 높이는 방법은 조직 속에서 자기발전을 통한 자아실현을 이룰 수 있도록 하는데서 출발하여야 할 것이다. 이를 위해서는 조직 속의 인간관을 이해하고, 동기이론을 응용할 필요가 있다. 즉, 동기유발의 주요 요인을 충족시켜 주는 방법이 효과적일 것이다. 예를 들면, 우리가 잘 아는 머슬로의 이론을 사기앙양에 적용해 볼 필요가 있다.

사기관리 전략은 존경의 욕구나 자아실현 욕구를 충족시켜 주는 방향과 관련되어야 할 것이다. 즉, 도전할 가치가 있는 직무 할당, 업무에 대한 재량권 및 책임감 부여, 성과에 대한 인정 및 보상 등이 사기앙양에 효과적일 것이라는 것이다(Huczynski & Buchanan, 1991: 61 / 강성철 외, 2001: 391). 이러한 사기앙양 요인들은 허즈버그(Herzberg)가 동기 · 위생이론에서 만족 요인으로 주장하고 있는 성취감, 인정감, 일 자체, 승진, 자기발전 등과 같은 맥락이다.

한편, 사기를 저해하는 요인을 관리해 나가기 위해서는 허즈버그가 동기 · 위생이론에서 불만족 요인으로 지적하고 있는 조직의 정책, 관리 감독, 상사나 동료와의 관계, 근무조건, 보수, 안정 등의 요소들에 대한 개선을 고려할 수 있다. 다시 말하면, 공무원의 사기에 영향을 미치는 각종 규제를 완화, 근무조건의 개선, 적절한 보수, 그리고 합리적이고 공평한 승진제도를 운영하여야 한다. 이러한 사기관리 전략들은 결국 동기이론에 기초하여 이루어지는 것이 중요함을 뜻한다.

여기에서는 인사행정활동과 관련하여 사기관리의 개선방안을 좀 더 구체적으로 논의하고자 한다(오석홍, 2000: 580~581).

첫째, 개인의 목표와 조직목표를 융합할 수 있는 관리전략에 기초하여 신뢰와 협동의 분위기를 조성해야 한다. 이는 장기적인 사기관리의 기반이다.

둘째, 일하는 보람을 직무자체에서 찾을 수 있도록 직무확장 또는 직무풍요화 등의 직무재설계를 촉진해야 한다. 그리고 사람과 일의 적응도를 높일 수 있도록 임용활동을 개선해 나가야 한다.

셋째, 업무계획을 개선하여 자율성 · 적응성을 높이고 업무부담을 적정화해야 한다. 그리고 비현실적인 법령과 지시 등을 바꾸어 업무기준의 상황 적합성을 높여야 한다.

넷째, 인사상담 · 고충처리 · 제안제도의 시행을 내실화하여 그 본래의 효용성이 발휘될 수 있도록 해야 한다.

다섯째, 임용절차와 관리자들의 태도를 개선하여 정실개입을 배제해 나가야 한다. 특히 내부임용의 정실주의와 승진적체를 완화해야 한다.

여섯째, 지속적인 처우개선 노력을 통하여 공무원들의 경제생활을 안정시키고 보수의 대외 형평성을 유지시켜야 한다.

일곱째, 제도화된 부패를 제거하고, 국민과 정부간의 신뢰도를 높이기 위한 노력을 계속해야 한다.

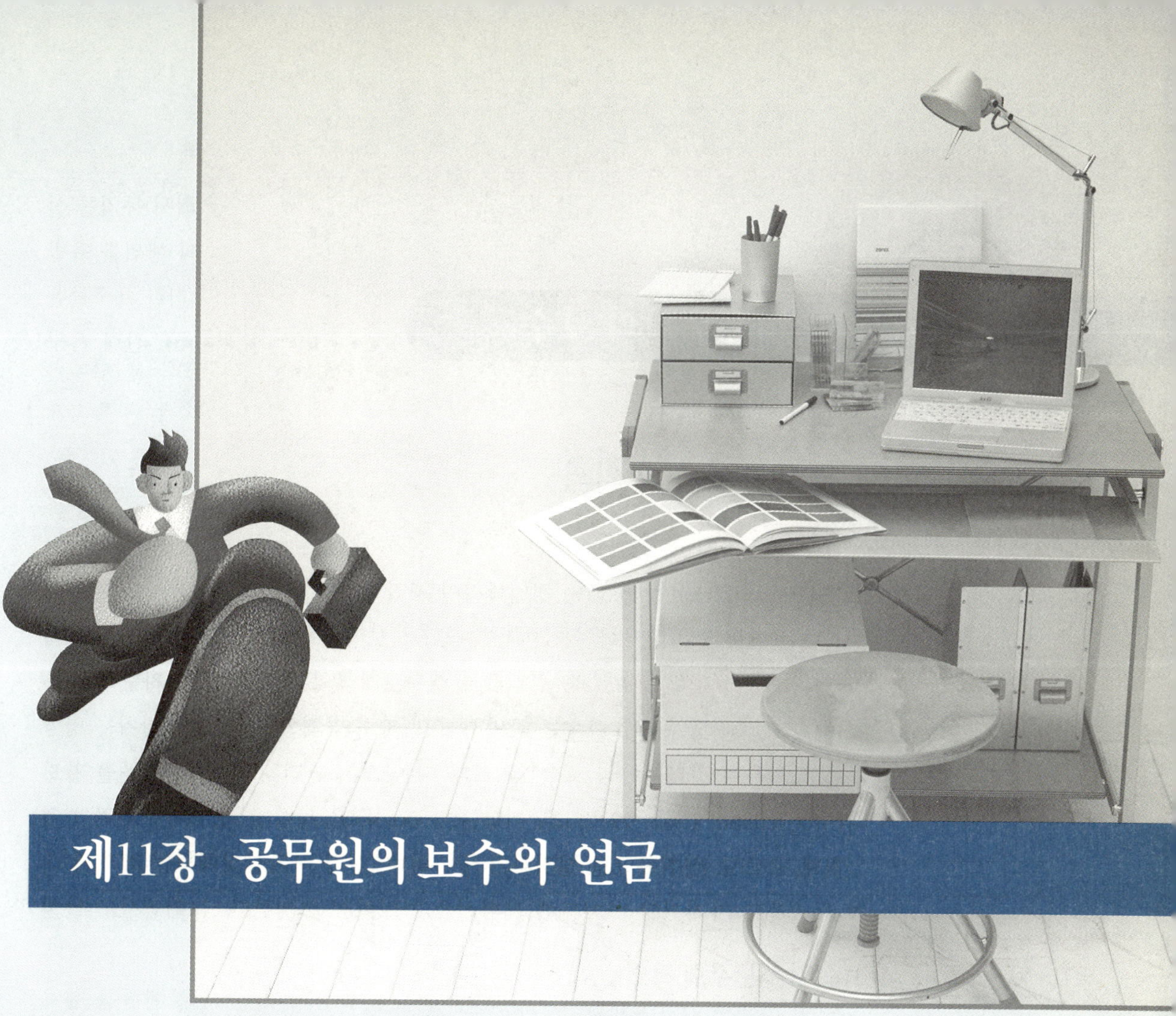

제11장 공무원의 보수와 연금

제1절 공무원의 보수

1. 공무원 보수의 의의

보수(compensation or pay)는 경제학적인 시각에서 보면, 노동을 제공한 자에게 지불하는 노동력의 대가이며 기본적인 생활을 보장하는 생활보장적 성격도 가지고 있다. 즉, 공무원의 보수는 실적급과 생활보장급의 성격을 함께 지니고 있는 것이다. 그러나 공무원의 보수는 국민경제 및 사회의 제반 정책 등에 미치는 영향 등을 고려하여 민간분야의 보수관리보다 더 엄격히 관리되고 있다. 공무원의 보수는 특히, 국민의 세금으로 충당된다는 점과 공익을 위한 봉사라는 공무의 성격 등으로 인하여 공무원의 보수관리는 민간 기업체보다 더 많은 제약을 받고 있다.

1) 공무원 보수의 정의

보수는 고용관계와 직무수행의 대가이며, 동시에 생활유지의 수단이 되는 소득인 것이다. 공무원 보수는 공무원이 공직근무에 대한 대가로 정부로부터 받는 금전적 보상으로써, 봉급과 각종 수당을 합산한 금액을 말한다(공무원 보수규정 4조).

여기서 봉급은 직무의 곤란성 및 책임의 정도에 따라 직책별로 지급되는 기본급여 또는 직무의 곤란성 및 책임의 정도와 재직기간 등에 따라 계급(직위포함)별 및 호봉별로 지급되는 기본급여를 말한다.

수당은 직무여건 및 생활여건 등에 따라 지급되는 부가급여를 말한다. 수당은 보수제도의 탄력성을 확보시켜주기 위한 것이므로 기본급이 가지는 한계점을 보완해 줄 수 있다.

현재의 보수관리 기본체제는 임금론에 기초를 둔 직접적 보수관리(봉급)와 복지후생에 기초를 둔 간접적 보수관리(수당)체제로 구성되어 있다.

한국의 공무원 보수제도는 직종 · 직급 · 근무여건 및 재직기간에 따른 직무급과 연공급 중심의 체계를 택하고 있으며, 최근 특별상여수당과 같은 실적급을 도입하고 있다. 공무원의 보수는 봉급표에 의하여 지급되는데, 현재 한국의 봉급표는 직종별로 12개 봉급표로 구성되어 있다[1]. 그리고 연봉제 적용을 받는 공무원은 별도의 연봉표가 있다.

2) 공무원 보수의 특성

공무원 보수는 근로의 대가라는 점에서 민간부문의 보수와 유사하지만 성격면에서 다음과 같은 차이가 있다.

첫째, 비시장성을 들 수 있다. 정부업무는 이윤을 극대화하는 것보다는 공익을 우선해야 한다는 제약이 있다. 특히, 공익은 공무원들이 생산해 내는 서비스로써 이에 대한 평가기준이 모호하다. 따라서 민간부문과의 비교를 통해 공무원 보수의 적정수준을 결정하기는 어렵다.

둘째, 경직성을 들 수 있다. 공무원 보수는 경제적 이유만으로 결정되지 못하고 국가정책이나 정치적인 고려의 대상이 되어 왔다. 공무원 보수의 재원이 국민의 세금에 의존하기 때문에 국민들은 정치권에 공무원의 보수수준을 낮추도록 압력을 가한다. 따라서 공무원의 보수는 법적 · 정치적 통제를 받게 된다. 이런 점에서 정부의 보수제도는 민간의 보수제도에 비해 경직성이 크다.

셋째, 정부에 의한 일방적 보수결정이다. 공무원 노조의 단체행동 제한으로 공무원의 노동권이 제약되고 있다. 따라서 공무원의 보수는 국가의 일방적 결정에 따르는 것이 관례화 되어 있다. 그러나 2005년 1월 27일 공포된 "공무원의 조합설립 및 운영에 관한 법률"에 의해 6급 이하 공무원의 노동조합설립을 합법화하였다. 이로 인하여 공직사회도 노사문제가 중요한 쟁점으로 부각될 경향을 보이고 있다.

3) 공무원 보수의 중요성

자본주의 원리가 지배하는 현대에 있어서 공무원 보수는 단순한 보상의 차원을 넘어서 성공적인 정부의 인적자원관리에 중대한 요인이 되고 있다. 보수는 공무원의 봉사와 그 대가를 교환하는 경제적 거래기능을 한다. 또한 공무원의 직무동

1) 봉급표는 직종별로 현재 12개로서 일반직과 이에 준하는 공무원, 공안직, 연구직, 지도직, 기능직, 고용직, 1종 및 2종 고용직, 경찰 · 소방관, 초 · 중 · 고교원, 대학교원, 군인, 헌법연구관 등이다.

기를 유발하는 수단이 된다. 공무원 개인의 입장에서 보면 보다 많은 보수를 받을 가능성에 따라 그들의 능력과 직무수행을 개선하도록 하는 유인효과가 있다. 보수가 적정수준이 되면 공무원의 물질적 만족과 자긍심을 제고시켜 생산성을 높게 한다. 한편, 정부의 입장에서 보면 우수한 인재들을 공직에 흡수할 수 있게 된다. 또한 이직률도 낮아져 행정의 전문성과 안정성을 유지할 수 있다. 이 외에도 현대와 같이 경제적 가치의 비중이 높은 사회적 환경 속에서는 보수가 갖는 사회적 지위의 상징성은 매우 높다(오석홍, 2000: 434).

그러므로 공무원의 보수를 적정수준으로 유지하는 것이 중요하다고 할 수 있다. 이 외에도 공무원 보수를 현실화해야 하는 이유로는 첫째, 공무원의 기본생활 보장에 있다. 공무원의 기본생활이 보장됨으로써 생계형 부정부패를 막을 수 있고, 생산성 저하를 방지하며, 국민에 대한 봉사정신 결여 및 소극적 행정행위 등의 유발을 줄일 수 있다. 둘째, 낮은 보수는 근무의욕과 사기를 저하시키고, 자긍심을 잃게 만들며 궁극적으로 유능한 인재를 유지 · 확보하는 데 장애가 된다.

2. 공무원의 보수결정

1) 보수결정 요인

보수의 일반적 수준을 결정할 때는 보수제도의 목적에 비추어 타당한 기준에 따라 이루어져야 한다. 그러한 기준은 매우 다양하므로 관련 있는 중요한 요인(조건)들만을 신중히 고려해야 한다. 스탈(Stahl)은 보수의 일반적 수준을 결정할 때 고려할 요인으로 ⅰ) 경제적 요인, ⅱ) 정치적 · 사회적 · 윤리적 요인, ⅲ) 보수 이외의 편익, ⅳ) 공무원 집단의 기대와 노동시장의 조건, ⅴ) 보수가 갖는 동기유발 효과 등 다섯 가지 범주로 나누고 있다(Stahl, 1983: 312~317 / 오석홍, 2000: 448~452). 여기에서는 이러한 요인들 중 몇 가지만 설명하고자 한다.

(1) 사회적 최저생계비

공무원의 보수수준은 공무원 및 그 가족의 사회적 최저생활의 수준을 고려하여 적정수준을 유지해야 한다. 이것은 인간으로서 당연히 요구되는 권리로써 사회적 최저생계비는 보수 수준의 하한선을 이루게 된다.

공무원의 경우 그 담당업무의 특수성으로 인하여 민간 기업과의 직장 이동이 어렵고, 다른 부업을 통해 수입을 얻을 수 있는 방법도 제한되어 있으므로 보수수준의 결정에 있어서 정부는 공무원을 공정하게 대우해야 하고, 그 하한선을 고려해주어야 할 사회적 · 윤리적 책임이 있다.

생계비를 파악하는 방법으로는 실태생계비 조사방법과 이론생계비 조사방법이 있다. 실태생계비는 실생활에서 지출되는 의식주 경비와 기타 문화생활에 필요한 지출액을 파악하는 것으로 이는 개인이나 가구를 표본추출하여 조사하거나 정부의 통계자료를 기준으로 하는 방법이다.

이론생계비는 생활에 필요한 재화와 서비스를 이론적으로 정하여 그에 소요되는 지출을 산출하는 방법이다.

이와 같이 최저생계비가 정해지면 다음으로는 대상 인구수를 어느 정도 고려할 것인가를 결정해야 한다. 대상 인구수의 결정은 본인에게만 한정하여 적용하는 방법과 가족이 있는 사람에게 그 수에 따라 가족수당제를 적용하는 방법, 그리고 평균 부양가족수를 획일적으로 정하여 지급하는 방법 등이 있다. 또한 생계비의 실태는 지역, 조사시기, 그리고 조직체의 종류와 직업분야에 따라 다르다. 어떤 지역에서, 어떤 시기에, 그리고 어떤 부류의 취업자에 대한 생계비를 조사하였는가에 따라서 표준생계비가 달라질 수 있다.

(2) 민간부문의 임금수준

공무원 보수의 결정에 있어서는 민간기업의 임금을 고려하여 어느 정도의 형평성을 유지해야 한다. 이는 민간 부문과의 유능한 인적자원 확보를 위한 경쟁적 측면과 공무원의 사기를 고려해야 하기 때문이다.

또한 정부는 재화와 서비스 공급에 있어서 비시장성을 지니고 있어 민간부문처럼 노동가치를 자체적으로 파악할 방법이 적절치 않다는 것이다. 따라서 민간부문의 임금수준이 공무원 보수수준 결정의 중요한 기준이 되고 있다.

(3) 정부의 지불능력 및 경제정책

공무원의 보수수준은 정부의 지불능력을 고려해야 한다. 정부재정은 국민의 세금에 의해 충당되며 정부의 지불능력은 국민의 소득수준과 담세능력에 달려있다. 다시 말하면, 정부의 지불능력은 국가의 경제력에 달려있다고 할 수 있다.

또한, 기본적인 경제정책은 정부의 자원배분정책을 규제하고, 자원배분정책은 정부의 재원 가운데 보수가 차지하는 몫을 결정하게 된다. 따라서 공무원의 보수수준 결정에 자원배분정책을 고려하지 않을 수 없다.

(4) 물가수준

민간기업이나 정부가 보수수준을 결정하는 데에는 물가수준을 고려하여야 한다. 이는 보수가 명목상의 금액보다는 실질구매력을 반영하여야 한다는 원칙을 의미한다. 반면에 공무원의 보수수준 결정에는 민간기업과 달리 그것이 물가수준에 미치는 영향도 고려하여야 한다. 공무원의 보수수준은 민간기업의 임금인상에 영향을 미치고, 결국 이것은 물가상승을 가져오는 요인이 될 수 있다.

(5) 보수 이외의 편익

부가적 편익이란 보수 이외에 공무원이 누리는 각종 권익과 특혜를 의미한다. 공무원의 보수가 민간기업 보다 낮다고 하지만, 민간기업의 직원이 일찍 퇴직하는 것을 고려하면 공무원의 신분보장으로 인한 생애소득은 그들보다 높다는 견해도 있다(박천오 외, 2001: 366). 또한 근무시간, 연금제도, 사회적 지위와 명예, 신분보장 등에 있어서도 공무원이 민간기업 직원보다 유리한 입장에 있다. 실제로 공무원에 대한 직업적 선호도가 높은 것은 이러한 요인들에 의한 것이라고 볼 수 있다. 따라서 공무원의 보수결정은 이러한 부가적 요인들을 고려하여야 한다.

2) 보수결정 원칙

보수는 시대의 흐름에 따라 보수결정기준에 대한 관점이 변하여 왔다.

관료제의 계서제적 질서를 중요시하던 시대에는 계급에 따른 보수의 차등화를 기본적인 원리로 삼았고, 산업사회에서는 신분이 아닌 직무기준에 의한 보수결정 원리가 중시되었다. 맡은 직무에 따른 보수가 진정한 형평성에 어긋난다는 비판을 받게 되면서, 성과주의가 나타나게 되었다. 성과주의는 보수의 동기유발기능을 강화해야 한다는 주장으로써, 이는 보수의 관리도구적 기능을 강조하는 것이다.

오늘날에는 일에 맞는 보상의 원리가 아니라 일의 상대적 가치에 맞는 보수 원리를 주장하는가 하면, 공 · 사부문간 보수의 대외적 균형에 관한 주장이 높아지고 있다.

한편, 오늘날에는 보수구조의 경직성을 완화하고 대응성 · 융통성을 높여야 한다는 처방이 많은 호응을 얻고 있다(Denhardt, 1999: 333). 근래에는 성과급적 보수제도에서 더 나아가 발전적 보수(developmental compensation)를 주장하는 이론이 나왔다. 이를 주장하는 사람들은 조직 구성원들의 발전적 성향과 발전노력에 보수를 연계시켜야 한다고 주장한다(J. W. Gilley and Ann Maycunich, 2000: 307~317 / 오석홍, 2000: 438).

이와 같이 보수결정 기준시 고려하여야 할 요인들은 다양하다. 그러나 일반적으로 논의되는 보수결정 원칙들은 외부적 형평성, 내부적 형평성, 그리고 개인적 형평성을 들고 있다.

(1) 외부적 형평성

외부적 형평성이란 보수가 유사한 직종의 다른 조직들과 형평성을 유지해야 한다는 것을 의미한다. 정부의 업무는 시장가격을 객관적으로 결정하기 어려운 경우가 많기 때문에 유사한 직종의 민간기업들의 보수를 기준으로 삼는 것이 합리적일 것이다. 우리 나라 정부도 민간기업에 대한 보수조사를 정기적으로 조사하여 공무원의 보수수준 결정에 참고하고 있다.

공무원 보수의 외부적 형평성은 우수인력을 유치하는데 필수적인 요소이다. 최근 공직의 사회적 선호도가 낮아지고 있고, 현재와 같이 공무원 보수가 민간기업에 비하여 낮을 경우 유능한 인재를 공직에 유치하는데 어려움이 될 수 있다. 또한 최근 행정개혁과 더불어 개방형 인사제도 도입 등의 인사개혁은 외부적 형평성의 중요성을 부각시키고 있다(박천오 외, 2001: 355).

(2) 내부적 형평성

내부적 형평성이란 동일한 업무에 대한 동일한 수준의 보수를 의미한다. 내부적 형평성이 성립되기 위해서는 직무에 따른 합리적인 보수가 주어져야 한다. 한국의 경우 동일한 보수를 받으면서도 그 직무의 수준은 과중하거나 또는 과소한 경우가 많아서 내부적 형평성이 문제가 되고 있다. 공무원들도 우선적으로 개선해야 할 정부조직의 문제점으로 업무부담의 불공정한 배분을 들고 있다(조성한, 1996: 43). 따라서 연봉제나 성과급제의 도입에 앞서 이러한 업무분담의 공정성이 전제되어야 할 것이다.

(3) 개인적 형평성

내부적 형평성에 의한 동일한 수준의 직위에 동일한 정도의 보수가 보장된다고 하더라도 근무연한, 성과, 직책 등에 따라서 보수의 차이가 나지 않을 수 없다. 보수는 이러한 점들을 적용하는데 있어서 형평성을 유지하여야 한다. 최근에 공무원의 보수기준으로 성과주의가 강조되고 있어 개인적 형평성의 문제는 더욱 중요시되고 있다.

3) 보수결정 절차

(1) 보수범위의 설계

보수범위의 결정은 직무평가의 결과를 바탕으로 그 점수에 따라 각 등급에 대한 보수범위를 설계할 수 있다. 그러나 이러한 방법은 직위분류제를 주축으로 하는 경우에 해당되며, 우리 나라와 같이 계급제적 틀이 주축이 되는 경우에는 직무평가의 등급 대신 계급을 사용하게 된다.

동등한 등급이나 계급 내의 보수범위는 연공적인 측면을 반영하여 대부분의 조직은 호봉제를 두어 경력에 따른 보상을 하게 된다.

보수범위의 설계는 직선형, 오목형, 볼록형, 혼합포물선(S자)형 등 다양한 형태를 이룰 수 있다(Siegel, 1998). 직선형의 설계는 직무평가의 결과 각 등급간 그리고 호봉 간의 능력의 차이가 선형적인 관계를 갖는 것을 의미한다. 이는 직무수행의 곤란성이나 직무수행 능력이 시간의 흐름에 따라 비례적으로 커진다는 것을 전제로 한다. 오목형의 경우는 상위계급이나 보수등급이 올라갈수록 보수수준이 급격히 상승되는 것을 의미한다. 이는 직무수행의 곤란성이나 직무수행 능력이 근속연수에 따라 가속적으로 커진다고 보는 것이다. 볼록형의 경우는 직급에 따른 보수인상 수준이 일정한 수준 이상에서 점차 약해지는 것을 의미한다. 이는 직무의 곤란성과 직무수행 능력이 일정한 연한까지는 커지지만, 그 이후에는 감소한다고 보는 것이다. 혼합포물선(S자)형은 중간관리자 계층까지는 오목형을 유지하게 하고 그 후는 볼록형의 형태를 유지하는 것을 말한다. 이는 기능의 습득이나 숙련도의 증가가 처음에는 누진적이지만, 일정기간 후에는 점차 줄어든다고 보는 것이다. 이 모형은 중간 관리자가 생산성이 가장 높으면서, 가정적 · 사회적 비용이 가장 많이 든다는 점을 염두에 둔 모형이다.

그림 11-1 보수곡선의 유형

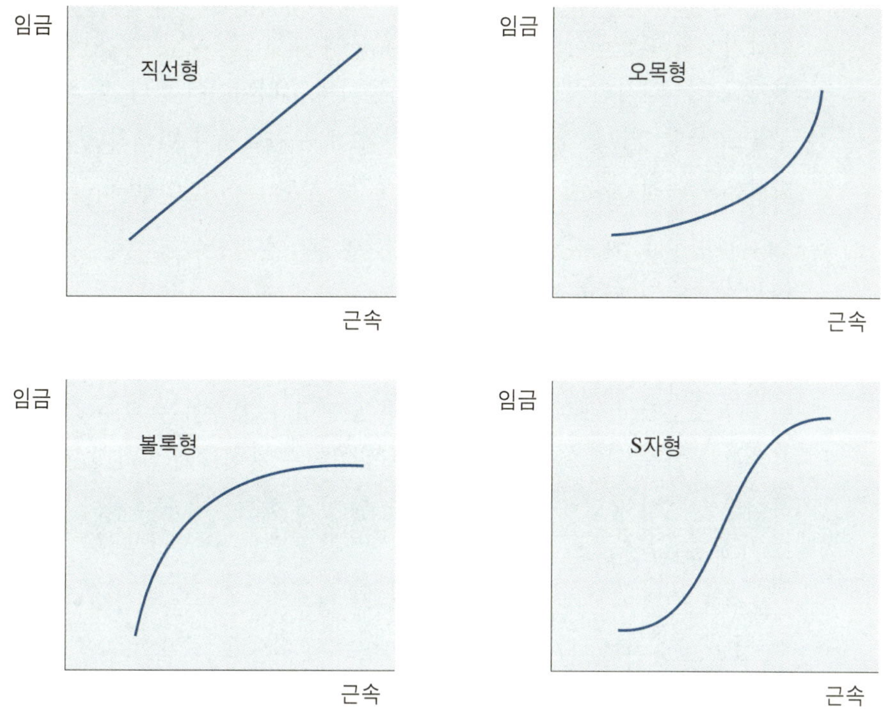

상위직의 전문성과 리더십에 대한 기대가 큰 조직은 오목형의 보수범위 설계가 적절하며, 하위직의 기술적 숙달이 조직의 성과에 상대적으로 더 중요한 경우는 볼록형의 보수범위 설계가 좋을 것이다. 또한 중간관리자 계층의 생산성이 가장 높은 조직의 경우는 혼합포물선(S자)형의 보수범위 설계가 합리적일 것이다.

(2) 민간기업에 대한 조사

보수범위 설계는 민간기업의 보수조사를 통해서 조정되어야 한다. 민간기업의 보수조사를 바탕으로 공무원 보수의 대외적 형평성을 보장하여야 한다. 보수의 대외적 형평성을 확보하기 위해서는 보수와 그와 관련된 요인들을 포괄적으로 조사하여야 한다. 즉, 총체적 보수(total compensation)의 개념이다. 임금조사에서 타당한 자료를 얻으려면 원칙적으로 공무원의 업무성질과 계급이나 보수등급에 따라 이에 상응하는 기업의 보수를 조사하여야 한다. 임금의 조사절차는 우선 조사할 기준직위와 조사대상조직을 선정하고, 임금조사표를 작성하여 조사한 다음에, 자료를 집계하여 분석하는 절차를 거쳐야 한다.

(3) 부가급부의 비교

민간기업의 보수조사에 있어서 부가급부에 대한 조사가 함께 이루어져야 한다. 부가급부는 질적인 면과 양적인 면이 동시에 고려되어야 한다. 이 때 모든 부가급부를 조사할 필요는 없으며, 공무원의 현재 부가급부와 미래의 부가급부 수요를 바탕으로 이에 상응하는 민간기업의 부가급부만 조사하면 된다.

(4) 보수표의 작성

보수표는 기본급을 직급별 또는 계급별로 체계적으로 표시한 금액표이다. 보수표는 대규모조직의 보수관리에 불가결한 도구이다. 보수표는 보수행정의 체계화·표준화를 가능하게 하며 인건비 예산의 편성을 용이하게 한다. 또한 공무원으로 하여금 장래의 봉급에 대한 예측을 할 수 있게 함으로써 공무원의 심리적 안정감을 갖게 한다(김중량, 1999: 514).

보수표 구분은 보수결정의 기준이 다른 경우, 등급 또는 계급의 구분이 다른 경우, 그리고 승진과 같은 인사조치의 방법과 내용이 다른 경우 등을 기준으로 삼는 것이 보통이다.

대규모 조직들은 직무의 성격에 따라서 다양한 보수표를 가지고 있다. 한국 정부도 일반직, 교육직, 경찰, 군인, 연구직 등 직종별로 12개의 보수표(봉급표)를 두어 계급별·호봉별로 운영하고 있다. 보수표를 작성하는데 있어서 고려해야 할 점은 다음과 같다.

보수표 작성상의 쟁점은 등급(계급)의 수, 등급의 폭, 그리고 각 등급 간의 호봉의 수와 호봉 간의 격차(승급기준선)를 어떻게 할 것인가이다. 이러한 문제들은 서로 연관되어 있다.

① 등급의 수

보수표에서 등급은 공무원이 받는 보수액의 격차에 관한 단계구분의 표시이며, 또한 계급제 하에서는 신분을 나타내기도 한다. 등급의 수가 많으면 직무의 수준에 따른 보수의 차이를 세밀히 할 수 있지만, 등급 간의 보수나 신분차이가 미미하게 되어 승진의 의미를 상실할 수 있다.

반면에 등급의 수가 너무 적으면, 한 등급에 오래 정체되어 있기 때문에 승진에 의한 동기부여가 문제되고, 직무의 차등성을 충분히 반영하지 못하는 단점이 있다(유민봉·임도빈, 2003: 543). 따라서 등급의 수는 승진의 의미를 충분히 고려하면서 명확한 등급간의 구분이 될 수 있도록 고려하여야 한다.

② 등급의 폭

보수에 있어서 등급의 폭은 동일등급 내의 최고와 최저의 보수수준의 차이를 의미한다. 등급의 폭은 경력에 의한 능력과 기술의 향상에 대한 공정한 보상의 의미를 가진다. 따라서 각 등급에 호봉을 달리하여 근무실적을 보상함으로써 직무수행동기를 유발하고 근속을 유인할 수 있다(R. Wayne Mondy and Robert M. Noe, Ⅲ., 1993: 468~469 / 오석홍, 2000: 483). 따라서 등급의 폭은 각 등급 간의 능력, 기술, 책임성, 전문성 등의 요소를 고려하여 공정하고 효율성이 가장 크도록 정해져야 한다(박천오 외, 2001: 363).

등급 간의 폭을 결정하는 데에는 등급 간의 중첩 문제를 고려해야 한다. 등급 간의 중첩이란 한 등급의 보수폭이 상위등급의 보수폭과 부분적으로 겹치는 것을 말한다. 중첩을 인정하지 않으면 등급 간의 구별은 뚜렷해지겠지만, 등급수가 줄어들고 직무나 자격이 현저히 다른 사람들이 같은 등급에 배정되는 불합리를 낳게 되며 등급 간의 초임급차가 너무 커지게 된다.

등급의 폭을 넓게 하면 승진이 어려운 장기근속자의 보수를 올려줄 수 있는 융통성이 커진다. 반면, 등급 간의 중첩이 심하면 등급구분의 의미가 흐려진다. 부하가 신임상관보다 많은 보수를 받는 경우가 생기고 그것은 관리상의 문제를 야기할 수 있다(오석홍, 2000: 484).

등급의 폭에서 고려해야 할 또 하나의 문제는 등급폭의 크기와 호봉의 수이다. 등급의 폭은 보수결정의 기초, 승진기회, 등급 내에서 생기는 숙련도의 차이 등을 고려하여 충분한 크기로 해야 할 것이다. 각 등급 내의 보수단계인 호봉의 수는 등급폭의 크기와 승급액의 크기를 고려하여 결정하게 된다.

③ 호봉 간의 격차(승급기준선)

호봉 간의 격차는 호봉 간의 금액차를 어떻게 할 것인가의 문제이다. 호봉 간의 금액차를 결정할 때는 각 호봉의 금액을 같게 할 것인가 혹은 다르게 할 것인가가 문제가 된다. 호봉 간의 (금액)격차는 등급 간 (금액)격차의 범위 내에서 결정될 문제이다. 공무원의 보수표에서 등급 간의 격차를 누진적으로 하는 것은 보편적인 경향이다.

누진율은 일반적으로 상위계급으로 갈수록 누진율을 크게 하는 것이 바람직하다는 주장이 많다(오석홍, 2000: 487). 유능한 공무원을 확보하려면 그렇게 해야 할 것이다.

3. 공무원의 보수체계

보수체계란 보수지급 항목(보수종류)들의 구성체계를 말한다. 어떤 종류의 보수를 어떻게 배합하느냐에 따라서 보수체계의 형태가 결정된다. 보수는 어떠한 체계에 의하여 구성되며, 어떠한 형태로 지급되는가는 보수체계 관리상 중요한 과제이다. 보수체계는 조직이 처해 있는 대내외의 환경적 요구를 반영하고 보수정책의 기본방향에 부합하는 것이어야 한다.

보수를 분류하는 유형론은 다양하나 형식적 분류와 실질적 분류로 크게 나눌 수 있다. 형식적 분류는 보수가 기본적인 것인가 또는 부가적인 것인가 하는 형식에 따라 분류하는 것이다. 실질적 분류는 보수의 목적 또는 보수수준 결정의 기준 무엇이냐에 따라서 분류하는 것이다(오석홍, 2005: 421). 보수체계는 형식적인 측면에서 볼 때 기본급과 보수 외의 부가급인 수당과 상여금으로 나눌 수 있다. 그리고 실질적인 측면(보수수준 결정 기준)에서 볼 때 보수의 주요 유형은 근무한 시간, 능력, 직무수행 실적, 직무의 곤란성과 책임성, 생계유지, 근무기간 또는 선임순위, 계급, 발전적 성향 또는 개혁노력 등으로 다양하게 나눌 수 있다(DeCenzo and Robbins, 1999: 334~337 / 오석홍, 2000: 463).이러한 일반적 보수유형 분류는 기본급의 종류와 부가급의 종류를 실질적으로 분류할 때 준거틀이 될 수 있다. 그러나 여기서 주의할 점은 형식적 분류와 실질적 분류의 구분은 상대적 개념으로써 그 구분이 엄격한 것이 아니기 때문에 보는 입장에 따라 그 어느 쪽으로도 해석할 수 있다. 보수제도의 실제에 있어서는 보수의 종류를 대개 형식적 기준에 따라 일차적으로 분류하지만, 이때에도 실질적 분류기준의 고려가 전혀 배제되는 것은 아니다(오석홍, 2005: 421~422).

그림 11-2 개별 보수체계의 결정원칙

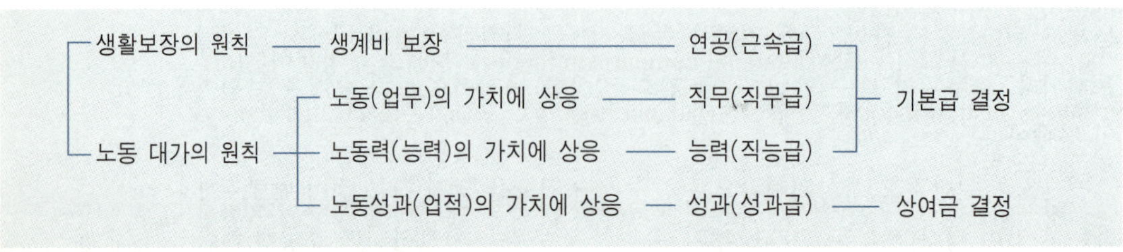

자료 : 강성철 외, 「새인사행정론」, (대영문화사, 2001), p. 412.

1) 기본급(봉급)의 종류

기본급인 봉급은 기준근무시간에 대한 보수이며 보수의 기본이 되는 것으로써 모든 공무원에게 지급되는 보수이다. 기본급은 각종 수당과 연금 및 실비변상 등을 산정하는 기준이 되는 것이다.

기본급은 그 결정 기준을 어디에 두느냐에 따라 다양한 형태로 나눌 수 있다. 실질적 형태의 분류를 정리하면 다음과 같다(J. W. Gilly and Ann Maycunich, 2000: 307~317). 기본급의 구성은 다음의 몇 가지 종류를 조합하여 구성하는 것이 일반적이다.

(1) 근속급(연공급)

근속급은 공무원의 근속연수에 따라 보수수준을 결정하는 보수체계이다. 근속연수에 따라 기준급이 높아진다. 근속급의 기본적인 전제는 공무원의 가치와 유용성이 공무원의 근속 · 경험에 상응한다는 것이다. 또한 근속급은 개인의 생활을 유지 · 보전하고 노동시장에서 경험있는 노동력을 확보하려는 차원에서 유용한 제도이며 생활 안정감으로 조직귀속의식이 확대될 수 있고 연공 존중의 동양적인 가치관과도 연관된다. 그러나 근속급에 너무 많은 비중을 두면 동일 직무에 대한 동일 보수 적용이 곤란하고 능력 있는 공무원의 사기가 저하되는 등 공무원의 실적 향상 동기를 자극하지 못한다는 결점도 있다.

근속급의 기준설정에는 직선형, 오목형, 볼록형, 혼합포물선(S자)형 등이 있다(최종태, 2003: 210~211).

(2) 직무급

개인이 맡고 있는 직무가 지니는 상대적 가치를 평가하여 보수를 결정하는 방식이다. 즉, 직무의 곤란도, 책임도, 전문성 등의 직무가치를 상대적으로 분석 · 평가하여 그 결과에 따라 보수를 결정하는 제도이다. 직무급은 동일직무에 대한 동일보수의 논리에 근거하고 있다. 또한, 직무급은 인건비의 효율성을 증대할 수 있고 능력 위주의 인사풍토를 조성할 수 있다. 이러한 원칙을 반영하기 위해서는 적절한 직무분석과 평가에 따라 직무를 표준화하고 객관적 가치부여를 할 수 있도록 하여야 한다. 그러나 직무분석과 평가의 절차가 매우 복잡하고, 학력 · 연공 중심의 풍토에서 오는 저항이 크며, 이로 인한 노동조합의 반대를 유발할 가능성이 크다.

직무급의 형태는 세 가지 유형이 있다(강성철 외, 2001: 415).

첫째, 개별 직무급은 평점제 직무급이라고도 하며 직무평가의 결과에 따라 산출되는 평점에 1점당 단가를 곱하여 보수를 산출하는 형태이며 주로 시간제 근무자에게 자주 적용된다.

둘째, 단일 직무급은 기관 내의 각 직무가 가진 상대적 가치를 비교하여 평가한 직무평가의 평점을 기준으로 직급을 분류하고 각 직급마다 동일한 보수를 책정하는 형태이다.

셋째, 범위 직무급은 동일직급 내의 직무에 대해서도 각 개인의 호봉수에 따라 보수에 차이를 두는 형태이다.

(3) 직능급 (능력급)

직능급은 직원이 직무를 수행하는데 요구되는 능력을 기준으로 한 것이다. 직무수행 능력은 직원의 근무성적의 평가 등을 통하여 판단할 수 있다. 직능급을 좁게 해석하는 사람들은 직능급과 자격급을 구분하기도 한다. 즉, 직능급은 근무성적 평정 등에 의한 능력을 기준으로 하며, 자격급은 공무원의 학력 · 자격증 · 면허증 · 계급에 따라 결정하는 것이라는 것이다.

직능급은 보수를 직무수행에 있어서 실질적 능력과 연관시키기 때문에 개인들의 능력발전에 대한 동기를 자극시킨다. 또한 공무원의 교육훈련 수요를 정확히 측정할 수 있다는 장점이 있다(강성철 외, 2001: 416).

(4) 생활급(연령급)

생활급은 생계유지의 필요에 대응하는 보수이다. 생활급은 생계비를 결정기준으로 하는 보수로서 공무원과 부양가족의 생활을 보장하기 위한 것이다. 따라서 생활급을 결정하는데 있어서 고려하여야 할 변수들로서는 공무원의 연령, 가족수, 자녀들의 교육비 등이 고려된다.

2) 부가급(수당)의 종류

수당은 기본급을 보완하는 부가급으로써 근무조건이나 생활조건의 특수성이 인정되는 공무원에게 지급되는 것이다. 공직의 성격과 조건은 매우 다양하기 때문에 기본급만으로 대처하기는 어려우며, 수당제도로써 이를 보완하는 것이다.

현대 국가에서 일반적으로 널리 쓰이는 수당의 범주로는 다음과 같은 것들이 있다(박내희, 1999: 338~339 / 오석홍, 2000: 468~470).

(1) 직무가급적 수당

직무의 차이에 대한 보수의 조정이 기본급만으로는 불충분할 때 활용되는 수당을 통칭하여 직무가급적 수당(職務加給的 手當)이라고 한다. 즉, 직무요인의 특이성 때문에 지급되는 수당을 말한다.

직무가급적 수당의 예로는 특수근무수당이 있다. 특수근무수당은 직무수행에 필요한 특수한 자격요건, 근무시간, 근무형태, 그리고 위험성이 있는 직무 등이 포함된다. 그리고 특수한 업무를 임시로 맡은 사람에게 지급되는 특별수당 또는 관리·감독의 지위에 있는 사람에게 지급하는 직책수당(관리업무수당) 등이 그 예이다.

(2) 생활보조급적 수당

생활비를 보조하기 위한 수당으로써 가계보전수당이라고도 한다. 그 대표적인 예가 가족수당(부양수당)이다. 가족수당은 저임금의 보충일 뿐만 아니라 출산장려의 취지를 내포하는 경우도 있다.

가족수당 이외에도 자녀학비 보조수당, 주택수당 등 복리후생적 수당이 생활보조급적 수당에 포함된다.

(3) 지역수당

지역수당은 근무지역의 차이에 따라 생기는 생활상의 격차를 해소하거나 보상하기 위하여 지급되는 수당이다. 지역수당에는 한냉지수당, 벽지수당 등의 특수지근무수당, 경제적 사정의 지역격차를 고려하는 근무지수당, 그리고 외국근무수당 등이 있다.

(4) 조정수당

노동시장의 형편에 따라 특정한 직위 또는 직급의 보수를 조정하거나 새로운 보수체계 도입 등으로 일시적인 불균형이 생긴 경우 이를 조정하기 위한 수당이다.

(5) 성과급적 수당

금전적 유인의 부여로 직무능률의 향상을 꾀하고 탁월한 직무수행을 보상하려는 상여수당이 여기에 속한다. 장려수당이라고도 부르는 성과급적 수당에는 개인급과 집단급이 있다.

(6) 초과 근무수당

정상근무시간을 초과하여 근무하는 사람에게 지급되는 것으로써 시간외 근무수당, 야간 근무수당, 휴일 근무수당, 일직수당, 숙직수당 등이 여기에 포함된다.

3) 성과급 제도

성과급은 고정급의 개념과 대비되는 보수이다. 고정급은 개인의 작업량이나 실적보다는 업무에 종사한 시간을 단위로 하여 정액으로 보수를 지급하는 제도로서 일종의 시간급이다. 고정된 시간급에는 일급, 주급, 월급, 연봉제 등이 있다. 이에 비하여 성과급은 개인이나 집단이 수행한 작업성과나 능률에 대한 평가를 실시하여 보수를 차등 지급하는 형태이다. 이를 능률급, 실적급이라고도 한다. 성과급은 기본적인 보수 위에 추가하여 지급하는 것이 원칙이다. 성과급은 직무수행동기를 유발하기 위해서, 그리고 보수를 관리도구화 하기 위해서 고안된 것이다.

성과급은 크게 개인차원의 성과급과 조직차원의 성과급으로 나누어 볼 수 있다. 민간부문에서 개발한 개인차원의 성과급의 형태로는 i) 단순성과급, ii) 복률성과급, iii) 할증성과급 등이 있다(최종태, 2003: 236). 단순성과급에는 제품단위당 임금률에 생산량(성과)을 곱하여 임금총액을 계산하는 방식인 생산량비례급과 단위시간당 임금률에 표준시간을 곱하여 임금을 산출하는 방식인 표준시간급이 있다. 복률성과급은 작업성과의 고저 또는 다과에 따라 적용 임금률을 다르게 적용하는 방식이다. 할증성과급은 시간급과 성과급의 절충형태로써, 최저한의 임금을 보장하면서 일정한 표준을 넘는 노동능률 및 성과에 대해서 일정한 비율의 할증임금을 지급하는 제도이다(최종태, 2003: 237~238).

조직차원의 성과급은 조직 전체의 생산성 향상이나 비용절감에 대한 조직 구성원들의 기여를 인정하여 모든 구성원들에게 주기적으로 지급하는 성과급이다.

민간부문에서 개발한 조직차원의 성과급은 이윤배분적 성과급(profitsharing)

그림 11-3 성과급의 형태

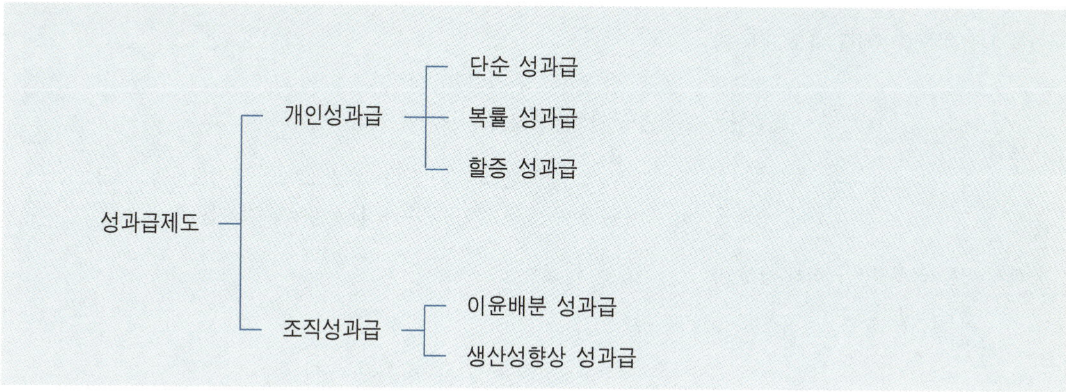

과 생산성향상 성과급(gainsharing)으로 구분해 볼 수 있다. 이윤배분적 성과급은 조직전체가 얻은 이윤의 일부를 직원들에게 나누어주는 것이다. 생산성향상 성과급은 시간 · 물자 · 비용의 절감과 같은 생산성 지표에 연결한 성과급이다.[2)](오석홍, 2000: 473). 이를 요약하면 〈그림 11－3〉과 같다.

4. 한국의 공무원 보수제도

1) 보수체계

보수란 봉급(기본급)과 수당(부가급여)을 합한 인건비를 말한다. 이러한 인건비는 전체 보수예산의 대부분을 차지하며 이 외에도 실비변상 차원의 복리후생비가 있다.

2) 생산성 향상 성과급에는 다음과 같은 것들이 있다. 스캔론 계획은 총생산비에 대한 노동비용의 비율을 기준으로 한다. 노동비용의 비율이 표준노동비용 비율보다 낮아지면 그로 인한 이윤을 고용주, 노동자, 사내 유보(社內 留保)의 방법으로 나눈다. 럭커 계획은 노동비용에 대비한 부가가치를 기준으로 상여금을 산정한다. 부가가치는 순판매고에서 생산비용을 제외하여 산출할 수 있다. 부가가치에 대한 노동비용의 비율이 평균비율보다 낮아지면 그로 인한 비용절감 부분의 일부는 사내 유보로 하고, 나머지를 고용주와 노동자가 분배한다. 링컨 일렉트릭 계획은 집단적인 연말 상여금, 고용조건의 보장, 그리고 개인 상여금을 결합한 제도이다. 임프로쉐어 계획은 생산단위당 표준노동시간을 기준으로 노동생산성 및 비용을 산정한다. 표준 노동비용보다 실제비용이 낮으면 이를 보상한다(오석홍, 인사행정론, 박영사, 2000, p. 473-474).

그림 11-4 국가공무원 수당체계

연봉제 적용 공무원(4급 이상 공무원)

- 보수
  - 연봉
    - 기본연봉 : 봉급, 정근수장, 관리업무수당, 명절휴가비의 연액
    - 성과연봉 : 전년도 업무성과의 평가결과에 따라 차등 지급
  - 수당 — 가족수당, 시간외근무수당, 관리업무수당, 자녀학비보조수당, 연가보상비, 직급보조비, 정액급식비, 특수근무수당, 특수지근무수당, 대우공무원수당 등

호봉제 적용 공무원(5급 이하 공무원)

- 보수
  - 봉급(기본급) : 직종별 12개 봉급표
  - 수당(26종)
    - 상여수당(3종)
      - 대우공무원수당(월봉급액의 4.1%)(§6의2)
      - 정근수당(월봉급액의 0~50%, 연 2회)(§7)
      - 정근수당가산금(월 5~13만원, 추가가산금 포함)(§7③)
      - 성과상여금(지급기준액의 0~230%, 연 1회이상)(§7의2)
    - 가계보전수당(4종)
      - 가족수당(배우자 : 월 4만원, 기타 부양가족 : 월 2만원, 4인까지, 셋째 자녀부터 3만원 가산금 지급)(§10)
      - 자녀학비보조수당(중·고생 자녀의 학비, 분기별)(§11)
      - 주택수당(하사이상 중령이하, 월 8만원)(§11조의2)
      - 육아휴직수당(월 봉급액의 40%, 상한 100~하한 50만원)(§11조의3)
    - 특수지근무수당 — 도서, 벽지, 접적지근무자(월 3~6만원), 국외(§12)
    - 특수근무수당(14종)
      - 위험근무수당(6개부문 47개 위험직무종사자, 월 4~5만원)(§13)
      - 특수업무수당(기술정보수당, 연구업무수당, 특수직무수당 등 11종)(§14)
      - 업무대행수당(월 5만원)(§14조의2)
      - 군법무관수당(월봉급액의 40%이하)(§14조의3)
    - 초과근무수당등(4종) — 시간외근무수당(§15), 야간근무수당(§16), 휴일근무수당(§17), 관리업무수당(4급이상 공무원) (§17의2)
  - 실비변상 등(4종)
    - 정액급식비 — 월 13만원(§18)
    - 직급보조비 — 월 9.5~75만원(§18의6)
    - 명절휴가비 — 월봉급액의 60%, 연 2회(§18의3)
    - 연가보상비 — 1급이하, 연가보상일수는 20일이내(§18의5)

자료 : 행정안전부, 「공무원보수 등의 업무지침」, 2011. 9. 21.

한국의 기본급은 앞에서 설명한 여러 가지 기본급의 기준을 복합적으로 반영한 종합결정급의 형태라고 할 수 있다. 즉, 보수의 결정기준으로써 생계비, 연공, 직무수행 능력, 직무, 실적 등을 종합적으로 검토하고 적절하게 배합하여 보수의 대내적 형평성을 확보하는 방식이다. 한국의 보수체계를 정리해 보면 〈그림 11－4〉와 같다.

2) 보수의 변천

공무원 보수에 대한 최초의 규정은 1949년 6월 20일 임시공무원 보수규정이 제정된 이후, 오늘날의 공무원 보수규정(대통령령 제14502호, 1994.12.31)으로 발전하였으며 현행 공무원 보수표(봉급표)는 직종별로 12개의 봉급표로 구성되어 있다.

현행 공무원 보수체계의 유형은 크게 고정급제, 계급별 호봉제, 단일 호봉제 등으로 분류된다.

고정급제는 각 직위별로 단일 봉급액이 지정되어 있어서 호봉개념이 없다. 대통령, 국무총리, 장관, 차관 등 정무직 공무원의 봉급이 여기에 해당된다. 계급별 호봉제는 봉급액이 계급별, 호봉별로 상이한 제도를 말한다. 적용대상자는 계급이 있는 일반직, 경찰, 기능직 등 계급제 공무원들의 봉급이 여기에 해당된다.

단일 호봉제는 공무원의 봉급액이 호봉별로만 차등을 두는 제도로서 교원 등 계급개념이 없는 공무원들의 봉급이 여기에 해당된다.

한국 공무원의 봉급제도의 변천을 요약하면, 계급별 호봉제(1949~1975)에서 근속 호봉제(1976~1985)를 채택해 오다가 다시 계급별 호봉제(1986)가 채택되어 오늘에 이르고 있다. 그리고 최근에는 4급 이상 고위 공무원에게는 연봉제(1999)를 적용하고 있다.

계급별 호봉제는 호봉 승급액이 계급별 · 호봉별로 상이하게 하여 계급별 경력가치에 차등을 두는 제도이고, 근속 호봉제는 호봉 승급액이 호봉별로만 상이하고 전 계급의 호봉 승급액이 동일하고 호봉의 획정 방법도 근속년수와 일치한다.

공무원 보수체계를 기본급의 비중을 높이기 위하여 2001년 기말수당과 정근수당을 기본급으로 통합하였다. 연봉제 적용 대상 공무원의 경우 호봉제 적용 공무원과 동일한 처우 개선효과가 나타날 수 있도록 연봉과 연봉 한계액을 인상 · 조정하였다. 또한 보수에 대한 각 부처의 자율성을 제고하기 위하여 종전에 중앙인사기관과 협의하여 결정하던 성과급적 연봉제적용대상 공무원(계약직 공무원 제외)으로 신규채용된 자의 연봉을 일정범위 안에서 소속장관이 책정할 수 있도록 하였다(공무원 보수 규정 2001).

수당은 직업의 성격과 업무조건이 복잡해지고 다양해져서 기본급만으로는 보수관리를 원만히 할 수 없다는 전제하에 기본급의 보완을 위한 것이다. 그러나 한국은 수당비중이 매우 높다. 한국의 공무원 수당은 여러 차례의 개정을 거쳐 현재는 〈그림 11－4〉에서 보는 바와 같다.

3) 연봉제 도입 및 성과급 확대

(1) 연봉제의 내용

연봉제(annual base salary)는 개별 직원의 능력, 실적 및 조직공헌도를 평가하여 계약에 의하여 연간 보수액이 결정되는 능력중시형의 보수지급체계로서 선진국에서는 관리직과 전문직에 일반화되어 있다.

한국은 1997년 11월 외환위기(IMF)로 인하여 공직사회의 경쟁력 강화라는 차원에서 논의되기 시작하여 1999년부터 3급 이상 및 계약직 공무원을 대상으로 연봉제를 시행하게 되었다.

한국의 연봉제 종류별 적용 대상을 보면 〈표 11－1〉과 같다.

이와 같이 한국 공무원 연봉제는 고정급적 연봉제(정무직 공무원 등에 적용)와 성과급적 연봉제(1급～4급 공무원, 계약직 공무원 등에 적용), 직무성과급적 연봉제(고위공무원단 공무원에 적용) 등이 있다.

성과급적 연봉제 적용대상자의 평가 등급별 인원비율과 성과급지급률은 2011

표 11-1 연봉제의 구분 및 적용대상공무원 구분표

구분	적용 대상	비고
고정급적 연봉제	정무직 공무원(외무공무원의 14등급 포함)	직위별로 고정액 지급
성과급적 연봉제	1급(상당)~4급(상당) 공무원 및 이에 준하는 공무원, 국립대학교 교원, 계약직 공무원	경력 등에 따라 최초 연봉을 설정하고, 성과에 따라 연봉조정
직무성과급적 연봉제	고위공무원단에 속하는 공무원	경력, 직무값, 성과 등에 따라 연봉 설정

자료 : 행정안전부 : 공무원보수 등의 업무지침(2011. 9. 21) 별표 31참조.

표 11-2 성과연봉 지급을 위한 평가등급별 인원비율과 지급률

평가등급	S	A	B	C
인원비율(%)	20%	30%	40%	10%
지급률(지급기준액 기준)	7%	5%	3%	0

자료 : 행정안전부, 공무원보수 등의 업무지침(2011. 9. 21).

표 11-3 성과상여금의 지급등급과 등급별 지급률

지급등급 (인원비율 %)	S등급 상위 20%	A등급 20% 초과 50% 이내	B등급 50% 초과 90% 이내	C등급 하위 10%
지급률(%) (지급기준액 기준)	230% 이상	160% 이상	90% 이하	0

자료 : 공무원 보수 등의 업무지침(2011. 9. 21).

년 현재 S등급은 대상자 20%에 대하여 성과연봉 산출 기준액의 7%를, A등급은 대상자 30%에 대하여 기준액의 5%를, B등급은 대상자 40%에 대하여 기준액의 3%에 해당하는 금액을 지급한다. 그러나 C등급인 대상자 10%에 대하여는 지급하지 않는다〈표 11-2 참조〉. 당해 연도의 기본연봉과 성과연봉은 다음 연도의 기본연봉에 통합된다. 그러나 당해 연도의 기본연봉과 성과연봉을 합한 연봉총액이 연봉상한액을 초과할 경우에는 당해 연도에는 전액 지급하나 다음 연도의 기본연봉은 상한액까지 반영하도록 되어 있다.

일반직 공무원 4급(3급 상당 연구직 · 지도직 포함) 이하 공무원에게는 성과상여금이 지급된다. 성과상여금 제도는 공무원이 1년간 추진한 업무실적을 평가하여 능력 있고 실적이 우수한 공무원에게 인센티브를 부여함으로써, 공직사회의 경쟁력과 생산성을 높이기 위해 도입하였다. 지급기준과 인원비율은 S등급에게 전년도 월 봉급액 230% 이상 지급, A등급에게 160% 지급, B등급에게 90% 이하 지급, 그리고 C등급에게는 지급하지 않는다〈표 11-3 참조〉.

(2) 연봉제 도입의 장 · 단점

한국의 연봉제는 일종의 성과급제도이다. 성과급제도의 일반적 효용은 처우의 형평성 구현과 직무에 대한 동기유발 효과이다. 그러나 항상 그 장점만이 있는 것이 아니라 단점도 존재한다.

연봉제의 장점을 요약하면 다음과 같다.

첫째, 능력과 실적이 보수와 직결되므로 직무에 대한 동기가 유발되고 조직 활성화가 이루어질 수 있다.

둘째, 능력과 실적에 따른 보수는 보수의 형평성을 확보하고 또한 유능한 인재 기용을 용이하게 한다.

셋째, 자신이 달성한 업무와 연봉을 비교하여 자기반성과 위치를 확인함으로써 국정관리 감각을 배양할 수 있다.

넷째, 각종 수당 및 복잡한 보수체계를 단순화함으로써 보수관리가 용이해진다.

다섯째, 목표의 설정과 평가를 상사와 협의하여 결정하도록 함으로써 상사와 부하간의 의사소통이 원활해 질 수 있다.

한편 연봉제의 단점은 다음과 같은 것을 들 수 있다.

첫째, 우리 고유의 문화인 선임자우대 및 연대의식을 상실하게 하여 조직질서에 혼란을 가져올 수 있다.

둘째, 평가의 객관성, 공정성의 문제가 발생할 수 있다. 이로 인한 구성원 상호간의 불공평감 증대와 과도한 경쟁심을 조장하여 위화감을 조성할 수 있다.

셋째, 연봉액이 감소할 경우 사기저하 가능성이 있다. 또한 결정되지 않은 미래의 보수액으로 인하여 불안이 가중될 수 있다.

넷째, 연봉결정이 전년도의 실적을 기초로 하기 때문에 구성원의 장기적 안목 및 발전과 관련된 노력이 소홀해질 가능성이 높다. 이로 인하여 조직의 장기적 목표에 왜곡이 일어날 수 있다.

한편, 성과에 따른 보수제도에 대한 정당성은 인정되지만, 행정문화의 유산이 많이 남아 있는 한국의 정부관료제에서 이를 시행하는 데에는 많은 어려움이 있을 수 있다.

연봉제가 한국 정부에서 성공하려면 무엇보다도 장기적인 측면에서 행정문화를 개혁해 나가는 노력이 필요할 것이다. 즉, 한국의 행정문화가 성과급제를 받아들일 수 있도록 변화시켜 나가야 한다.

또한 이에 못지 않게 중요한 것은 연봉결정의 기초가 되는 근무성적평정의 공정성 확보와 기술적 정확성을 높여 나가는 노력을 함께 해 나가야 한다는 것이다. 연봉제도의 실행절차가 너무 복잡하여 시간이 많이 소요되면 실적평가자들의 싫증을 유발하고 이는 무성의한 평가로 이어질 수 있을 것이다. 그렇기 때문에 이로 인한 평가상의 공정성을 잃지 않도록 제도상의 기술적 문제를 해결해 나가는 데 계속적인 노력이 요구된다. 이를 위해서는 연봉제와 관련된 고위관료들의 연봉제에 대한 이해와 관심을 높여나가야 할 것이다(한영수, 1999: 177~178).

5. 승급

1) 승급의 의의

승급(昇給; pay increase within grade)이란 각 등급(계급) 내에서 호봉이 높아짐에 따라 생기는 봉급의 증가를 말한다(오석홍, 2005: 445-446). 승진이 직급이 올라가는 것을 말하는데 비하여, 승급은 동일한 직급 내에서 호봉이 상승하는 것을 말한다. 승급에는 보통승급(정기승급)과 특별승급이 있다. 이에 대해서는 뒤에서 논의하고자 한다.

승급제도의 일반적인 존재이유는 두 가지로 생각할 수 있다. 첫째, 직무수행 능력의 향상 또는 직무성과의 향상에 따라 보수를 증액함으로써 공무원의 직무수행 동기를 증진시킬 수 있다. 둘째, 공무원의 근속연수에 따른 생계비증액을 보충함으로써 생활안정에 기여하게 할 수 있다.

2) 승급기준

승급기준이란 승급자격 결정의 기준을 말하는데, 이에는 근무기간과 실적 두 가지가 있다. 승급제도의 목적에 부합하려면 실적과 근무기간을 같이 승급기준으로 삼아야 한다. 승급기준을 근무기간만으로 하면 시간이 흐름에 따라 승급액이 매년 가산되어 실적주의에 모순된다. 따라서 승급을 능력발전을 위한 하나의 유인으로 작용하게 하자는 주장이 있다. 가령 근무성적평정이 최고등급을 받으면 2호봉을 승급시키고, 반면 최하위등급을 받으면 승급기간을 지연시키는 방법, 또는 중간호봉(가령 평균승진연수)까지는 근무기간에 따라 승급하고 그 후는 실적에 따라 승급케 하는 방법 등이다(Pau Pigors and Charles A. Myers, 1977: 350~351 / 박동서, 2001: 269).

두 가지 기준의 배합비율은 구체적 승급제도에 따라 달라질 수 있고, 각각에 대한 장 · 단점을 가지고 있다.

근무기간을 승급기준으로 할 때 다음과 같은 장 · 단점이 있다(오석홍, 2005: 445~446 / 강성철 외, 2001: 430).

장점으로는 i) 근무기간을 기준으로 함으로써 승급제도의 공평성과 객관성을 확보할 수 있고, ii) 장기근속을 유도하고 공무원의 생계비 증가에 대한 보상의 의미가 있으며, iii) 선임순위 존중으로 조직 내의 인화를 도모할 수 있다. 단점으로는 i) 실적주의 원칙에 어긋나며, ii) 유능한 공무원들의 불만을 야기할 수 있다.

그리고 실적을 기준으로 할 때 장 · 단점은 다음과 같다.

장점으로는 i) 실적주의 원칙에 부합하고, ii) 능률적인 직무수행을 유도할 수 있는 유인체계를 마련할 수 있으며, iii) 근무능률이 높은 공무원들의 사기를 높일 수 있다.

단점으로는 i) 실적의 측정이 어렵고, ii) 근속에 의한 능력의 향상이나 생계비증가 요인을 고려하지 못한다는 것, 그리고 iii) 조직원 간의 협조와 인화를 어렵게 하고, iv) 공무원 간의 승급속도가 서로 달라 승급관리가 매우 복잡하게 된다는 것이다.

대개의 승급제도에서는 근무기간과 실적을 함께 승급기준으로 하는 것이 원칙이나 실제로는 근무기간에 편중하는 경향이 있다. 한국은 원칙적으로 근무연한을 승급기준으로 하고 있다.

3) 승급기간

보통 하위직의 경우 승급에 소요되는 기간이 짧고 고위직의 경우 길게 하고 있으며 그 기간은 1년 미만에서 2년 미만이다. 승급기간을 결정하는데 있어서는 동일직급(등급) 내에서의 승급기간과 직급이 다른 경우의 승급기간의 차를 고려하여야 한다.

동일직급 내에서 승급기간의 문제는 총승급기간을 얼마로 하며 호봉 간의 승급기간에 차이를 두느냐 또는 동일하게 하느냐가 문제이다. 우선 호봉 간의 기간에 있어 합리적인 것은 차이를 두는 것이다. 이 차이는 승급기간으로, 또는 승급액으로 차별할 것이냐의 문제가 있다.

직급간의 승급기간을 차별하는 것이 바람직한 것은 직급에 따라 능력발전의 정도와 속도가 다르고 이직률도 다르며, 또한 승진에 소요되는 동일직급 평균체제

년한수를 초과한 평범한 사람에게도 계속 동일한 대우를 하는 것이 바람직하냐 하는 문제들이 있기 때문이다.

직급별로 거기에 종사하는 직원의 연도별 능력발전의 정도, 연도별 이직률, 승진소요 평균년한수, 호봉별 인원수, 연금제 등을 고려하여 원칙적으로 3구분하는 것이 바람직하다(박동서, 2001: 271). 미국의 경우 전체를 9호봉으로 하고 그것을 3대별하여 첫 3호봉은 소요기간을 1년, 다음 3호봉은 2년, 끝의 3호봉은 3년으로 하고 있다.

보통 고위직의 경우 하위직의 경우보다 승급기간이 길게되어 있다. 그 이유는 고위직일수록 경험을 통한 능력을 향상하는데 많은 시간이 소요된다는 것과 승급액이 하위직에 비하여 크다는데 있다.

4) 승급액

여기에서의 문제는 동일직급 내의 총승급액과 단일호봉 승급액을 결정하는 것이다. 이는 기본적으로 직급(계급 · 등급) 수에 반비례한다. 즉, 직급의 수가 많으면 동일직급 내의 총승급액이 적어진다.

일반적으로 직위분류의 경우 동일등급 내의 총호봉수에 따라 우선 총승급액이 달라질 수 있으나 등급이 있는 경우 보통 해당등급의 초임호봉의 30%~50%선까지 승급액이 책정되고 있음을 볼 수 있다. 이 때 50%로 하고 있는 경우 평범인은 35%선까지 승급시켜 승진케하는 것이 바람직하다고 한다(Armstrong, 1974: 137 / 박동서, 2001: 273).

단일호봉의 경우 각 호봉 간의 승급액의 비율을 일정하게 함으로써 승급호봉만으로 조정하는 경우가 있는가 하면(미국, 3.33%), 승급률을 상하등급 간은 물론 동일등급 내에서도 차등을 두는 경우(일본, 2.3%~6.3%)도 있다(행정조사연구소, 1975: 151).

한국의 경우는 직급별 · 호봉별로 승급의 액수를 달리하고 있다.

5) 승급의 종류

승급은 법령에 의거 임용권자 또는 임용 제청권자가 이를 시행한다.

한국의 승급 종류는 정기적인 보통승급과 부정기적인 특별승급이 있다. 보통승급(정기승급)은 공무원 일반을 대상으로 정기적으로 행하는 승급을 말하며, 이 경우 일반적으로 승급기간은 1년이다. 정기승급은 매년 1월 1일과 4월 1일, 7월 1일, 10월 1일자로 행한다(공무원보수규정 제13조 2항). 그리고 징계처분이나 직위해제 또는 휴직중인 자나 근무성적 평정점이 최하위 등급에 해당되는 자 등의 승급은 제한된다. 현재 승급제한을 받고 있는 공무원은 승급제한기간이 만료된 다음 달에 승급한다.

특별승급은 특별한 공적이 있는 사람에게 승급의 특례를 인정하는 제도이다. 근무성적이 우수한 사람, 훈련성적이 우수한 사람, 우수한 제안을 하였거나 다른 공적이 있는 사람 등을 대상으로 하는 경우가 많다.

한국의 보수규정에는 제안의 채택 · 시행 등으로 국가예산의 절약 등 특별 사유가 있을 때 특별승급시키도록 하고 있다. 특별승급이 그의 정기승급과 겹칠 때는 2호봉을 승급시킨다. 제안의 채택 · 시행으로 특별승진된 자는 제외하며, 특별승급 된 후 특별승진 되는 자는 특별승진 되기 전의 계급의 호봉에서 1호봉을 감한 후 특별승진 되는 계급에서의 호봉을 획정한다.

6. 공무원 보수관리의 문제점과 개선방안

1) 보수관리의 문제점

한국 공무원의 보수관리의 관심은 크게 두 가지로 설명될 수 있다. 그것은 공무원 보수의 대외적 형평성과 제도개선의 문제이다. 오랫동안 이 문제의 개선에 대한 요구가 계속되어 왔다.

그동안 급속한 경제성장과 물질주의의 파급은 공무원들의 경제적 욕망을 높여 놓았고, 여기에 보수의 대외 불균형과 공직에 대한 전통적 신망의 약화는 공무원들에 대한 처우개선에 대한 압력으로 작용하여 왔다. 그러나 공무원의 보수 인상에는 제약이 많다.

ⅰ) 공무원 수의 증가와 국방비 및 사회복지비의 증가 등으로 보수 예산이 정책상의 우선순위에서 뒤지고 있다는 점이다. ⅱ) 공무원의 보수 인상이 산업체 전반의 임금 인상과 인플레이션을 유발할 수 있다는 우려와 관련되어 보수의 대폭 인상이 어려웠다. ⅲ) 국민 의식과 관련된 것으로써 전통 유교적 사상에서 연유된

관리(官吏)의 청렴성 강조는 국민들로 하여금 공무원의 박봉을 자연스런 것으로 인식하게 하고 있다는 점이다.

그리고 보수관리의 제도적 차원에서의 문제점도 많다.

ⅰ) 보수관리가 합리적인 보수결정 원칙과 타당성에 근거한 근본적인 검토보다는 정치적 고려에 의하여 결정되어 왔다. ⅱ) 연공급 위주의 보수체계로 인하여 직무의 난이도, 개인의 능력과 실적에 따른 보수의 차등이 어려우며, 이는 우수인력 확보 및 개발에 장애요인으로 작용하고 있다. ⅲ) 기본급의 보수대표성을 잃고 있다는 점이다. 공무원의 보수는 기본급 인상보다는 수당의 신설 혹은 남용함으로써 수당이 지나치게 비대화 되었다(오석홍, 2000: 444~445 / 강성철 외, 2011: 461~462).

2) 보수관리의 개선방안

보수관리의 개선을 위해서는 문제의 본질부터 파악하여 해결해 나가는 지혜가 필요하다. 그리고 보수개혁은 지속적인 노력을 요구하는 문제이다. 또한 관련요인의 동반개혁을 요구하는 문제이기도 하다.

한국의 보수개혁이 추구해야할 일반적 방향을 요약하면 다음과 같다.

첫째, 동일직무에 대한 동일임금 지급의 원칙을 실현하기 위한 근본적인 대책이 필요하다. 이를 위해서는 정부 부처의 직무분석이 선행되어야 한다.

둘째, 공무원 보수를 정부부문 이외의 임금 수준과 적절한 형평을 유지하도록 하여야 한다.

셋째, 각종 수당도 그 실질적인 성격에 따라 재분류하고 기본급과 같은 성격을 가진 수당은 기본급에 합산하여야 한다.

넷째, 공무원의 복리후생에 대한 제도도 발전시켜 나가야 한다. 현행의 카페테리아(cafeteria)식 복리후생 제도(직원이 원하는 제도를 선택할 수 있는 제도)의 확대 등 다양한 복리후생 제도를 개발할 필요가 있다.

다섯째, 연봉제와 성과상여금 등에 관한 제도 개선도 필요하다. 이러한 제도의 성패는 공무원평정 제도의 평정상 공정성에 달려 있다. 여기에 한국 전통의 선임우대사상의 조화가 이루어져야 한다. 이러한 점들에 입각한 제도 개선이 필요할 것이다.

제2절 공무원 연금제도

1. 연금제도의 의의

공무원 연금제도(civil service pension program)는 공무원들에 대한 복지제도로써 공무원의 퇴직, 사망, 부상, 질병, 폐질 등에 대하여 적절한 급여를 실시함으로써 공무원 및 그 유족의 생활안정과 복리향상에 기여함을 목적으로 한다.

공무원 연금제도는 인사행정 측면에서는 공무원의 장래에 대한 생활의 불안감을 해소시켜 줌으로써 근무의욕을 고취시키고 나아가 우수한 인재확보에도 기여할 수 있다. 또한 사회보장적 측면에서는 재직중의 사고나 퇴직에 대하여 국가가 적절한 급부를 보장함으로써 공무원 및 그 유족의 경제적 생활안정과 복지향상에 기여한다(최재식, 1999: 9).

공무원 연금제도는 공적 연금제도로서, 장기소득보장을 주로 하는 사회보험의 성격을 지니고 있고, 질병, 부상 등에 대한 급여를 한다는 점에서 산업재해 보상적 성격도 가지고 있다. 그리고 연금 급여를 위한 재원의 일부를 공무원이 기여하고, 기여금에 비례하여 생활능력과 관계없이 지급되는 점에서 공제조합적 성격도 가지고 있다. 이와 같이 한국의 공무원 연금제도는 퇴직연금(각종 퇴직급여 등)과 복지후생적 연금(재해 · 장해급여 및 공제제도)을 포함하고 있다. 그러나 공무원 연금제도는 퇴직연금이 주를 이루고 있다.

일반적으로 퇴직연금의 의미에 대한 학설로서는 다음과 같은 것이 있다.

① 공로보상설(功勞報償說)

직원의 장기근무에 대하여 위로하고 감사하기 위하여 지급하는 것이 퇴직연금이라는 것이다.

② 생활보장설(生活保障說)

직원이 재직기간 동안 받는 보수로는 퇴직 후 생계를 위한 저축이 현실적으로 어렵기 때문에 고용주는 직원의 퇴직 후 생활을 보장해야 할 의무가 있다는 것이다.

③ 위자료설(慰藉料說)

조직 운영자 측의 사정으로 인한 퇴직 또는 직업상의 사망에 대하여 위자료의 의미로 지급되는 것이 퇴직연금이라는 것이다.

④ 거치보수설(据置報酬說) 혹은 보수후불설(報酬後拂說)

일정기간 동안 보수의 일부가 지급되지 않고 적립되었다가 퇴직 후에 지급되는 것이 퇴직연금이라는 것이다.

이러한 다양한 견해들 중 가장 일반적인 견해는 거치보수설(보수후불설)이다(Stahl, 1983: 357). 이는 정부에서 베푸는 은전(恩典)이 아니라 공무원의 당연한 권리라는 견해이다(오석홍, 2000: 494 / 강성철, 2001: 437).

2. 적용대상

한국의 공무원 연금법 적용 대상은 국가 및 지방공무원법에 의한 공무원, 그리고 기타 다른 법률에 따라 국가 또는 지방자치단체에 근무하는 직원도 포함된다. 즉, 청원경찰, 청원산림보호직원, 위원회 등의 상임위원과 전임직원으로서 매월 정액의 보수 또는 이에 준하는 급여를 받는 자, 기타 정규 공무원 이외의 직원으로서 수행업무의 계속성과 매월 정액의 보수 지급 여부 등을 참작하여 중앙인사기관장이 인정하는 자를 포함한다.

3. 연금재정의 확보와 관리

1) 기금제와 비기금제

연금제도에 필요한 재정조달방식은 연금급여의 지급에 필요한 재원을 어떻게 조달할 것인가에 따라 기금제(적립방식)와 비기금제(부과방식)가 있다.

기금제(基金制)는 기금을 미리 장기적으로 적립하고 이 기금의 운용과 투자를 통해 나오는 이자와 사업수익을 통해 연금을 지급한다. 한국과 미국 등에서 채택하고 있다.

비기금제(非基金制)는 계획을 세워 미리 기금을 적립하지 않고 상황에 따라 필요한 재원을 조성하는 제도로써, 국가의 일반세입금 중에서 연금지출에 소요되는 금액을 세출예산에 계상하여 지출한다. 이 제도는 부과제도 혹은 현금지출제라고도 하며, 영국과 프랑스에서 채택하고 있다.

기금제와 비기금제의 차이는 기금제가 노년의 소비재원을 자신의 생산활동 기간의 저축으로 해결하려는 데 기본이념을 두고 있는 반면에, 비기금제는 다음 세대의 생산활동으로부터의 분배에 기초한 것이다.

기금제는 비교적 한결같은 연금급여의 보장이 가능하며, 고령화 사회로의 인구구성 변화에 대하여는 후세에 짐이 되지 않는다는 장점이 있다. 그러나 기금제는 개시비용이 많이 들며, 관리비도 많이 든다. 또한 기금제는 인플레이션과 임금수준의 변동과 같은 위험에 대응력이 약하다.

한편, 비기금제는 개시비용이 적게 들고, 관리가 간편하다. 그리고 인플레이션이나 임금수준의 변동과 같은 위험에 충분한 대응력이 있으며, 당초 예정되었던 연금수준의 유지가 가능하게 되는 장점이 있다. 반면에 비기금제는 경제사정이나 정부의 재정사정이 극도로 악화되는 경우에 연금을 지급하지 못할 수도 있다. 또한 비기금제는 인구구성에 의존하기 때문에 고령화가 진전되는 상황에서는 후세대의 부담을 증가시켜서 세대간 소득재분배의 불합리성을 초래할 수 있는 단점도 있다. 한국 공무원 연금제도는 기금제를 기초로 하여 연금재정을 운영하고 있다.

2) 기여제와 비기여제

기금제의 경우 연금제도 운영에 필요한 비용을 부담하는 방식에는 기여제(寄與制)와 비기여제(非寄與制)가 있다. 기여제란 기금조성 비용을 정부와 공무원이 공동으로 부담하는 제도를 말하고, 비기여제란 기금조성 비용을 정부단독으로 부담하는 제도를 말한다. 현재 한국은 정부와 공무원이 각각 공무원 기준소득월액[1)]의 7%를 부담하고 있다. 공무원이 내는 연금 비용을 기여금이라고 하고, 정부나 지방자치단체가 내는 비용을 부담금이라고 한다.

공무원 연금제도의 회계는 연금회계와 기금회계로 구분되어 있다. 연금회계는

---

1) 기준소득월액 적용기간은 당해 연도 7월부터 익년도 6월까지로 계산한다.
계산방식=(전년도 근로소득 − 비과세소득)÷360일×30배×금년도 보수인상률

기여금과 부담금 등을 수입으로 하고, 연금급여 등 제 급여를 지출로 하는 회계를 말한다. 그리고 기금회계는 연금회계로부터 적립된 기금을 관리 운용하는 회계를 말한다.

4. 연금급여의 종류 및 제한

1) 연금급여의 종류

한국의 공무원 연금급여는 총 18종에 달하며 이는 단기급여와 장기급여로 나뉜다. 단기급여는 공무원의 공무로 인한 질병, 부상, 재해와 관련하여 지급하는 것으로서, ⅰ) 공무상 요양비, ⅱ) 재해 부조금, ⅲ) 사망 조위금 등 3종이 있다(공무원연금법 제25조, 제34조).

장기급여는 공무원의 퇴직, 폐질, 사망에 대하여 지급하는 것으로서 ⅰ) 퇴직급여 4종(퇴직연금, 퇴직연금일시금, 퇴직연금공제일시금, 퇴직일시금), ⅱ) 장해급여 2종(장해연금, 장해보상금), ⅲ) 유족급여 6종(유족연금, 유족연금부가급, 유족연금특별부가금, 유족연금일시금, 유족일시금, 유족보상금), ⅳ) 순직유족급여 2종(순직유족연금, 순직유족보상금), ⅴ) 퇴직수당 등 15종의 급여가 있다〈표 11-4 참조〉.

공무원 연금의 퇴직금 지급은 공무원이 20년 이상 재직하고 퇴직한 때이다. 그러나 1995년 12월 31일 이전 임용된 공무원은 지급개시 연령을 50세부터 2년에 1세씩 올려서 60세로 제도화하며(2021년까지), 1996년 1월 1일 이후의 신규임용 공무원은 60세부터 지급을 개시하고, 2010년 1월 1일 이후 공무원이 되는 사람은 65세부터 연금을 받는다.

퇴직연금 급여액은 법개정 이전에는 재직기간과 보수월액에 기초하여 산출하였으나, 2010년 법개정 이후에는 재직기간과 평균기준소득월액에 기초하여 산출한다.

예) 20년 이상 재직자 퇴직연금

$$\text{종전법 적용기간} = (\text{평균보수월액} \times \frac{1}{2}) + (\text{평균보수월액} \times \frac{\text{20년 초과연수} \times 2}{100})$$

※ 종전기간 20년 미만자 : 평균보수액×재직연수×2.5%

$$\text{개정법 적용기간} = (\text{평균기준소득월액} \times \frac{19}{1000}) + \text{개정 후 재직기간}$$

※ 연금상한 : 평균기준소득월액 × 1.8배

표 11-4 연금급여의 종류와 요건

구분	종류			지급요건
단기급여	재해보상급여	요양급여 −공무상요양비		공무상 질병 · 부상으로 인하여 요양기관에서 요양을 할 때 또는 공무상 질병부상 치유 후 재발한 때(재요양)
	부조급여	재해부조금		공무원의 주택이 수재 · 화재 기타 재해로 인하여 재해를 입은 때(공무원, 공무원의 배우자 또는 공무원이 상시 거주하는 직계존비속 소유의 주택)
		사망조위금		공무원의 배우자, 부모(배우자의 부모 포함), 자녀가 사망한 때 공무원이 사망한 때
장기급여	퇴직급여	퇴직연금		공무원이 20년 이상 재직하고 퇴직한 때
		퇴직연금일시금		20년 이상 재직 후 퇴직한 공무원이 퇴직연금에 갈음하여 일시금으로 지급받고자 할 때
		퇴직연금공제일시금		20년 이상 재직 후 퇴직한 공무원이 20년을 초과하는 재직기간 중 일부기간을 일시금으로 지급받고자 할 때
		퇴직일시금		공무원이 20년 미만 재직하고 퇴직한 때
	유족급여	유족연금		20년 이상 재직한 공무원이 재직 중 사 망한 때 퇴직연금 또는 장해연금수급자가 사망한 때
		유족연금부가금		20년 이상 재직한 공무원이 재직 중 사망하여 유족연금을 청구한 때
		유족연금특별부가금		퇴직연금수급권자가 퇴직 후 3년 이내에 사망한 때
		유족연금일시금		20년 이상 재직한 공무원이 재직 중 사망하여 유족연금에 갈음하여 일시금으로 지급받고자 할 때
		유족일시금		20년 미만 재직한 공무원이 사망한 때
	재해보상급여	장해급여	장해연금	공무상 질병 · 부상으로 인하여 장애상태로 되어 퇴직한 경우
			장해보상금	장해연금에 갈음하여 일시금으로 지급받고자 할 때
		유족급여	유족연금	공무상 질병, 부상으로 사망한 때
			유족보상금	
			순직유족연금	위험 직무 수행 중 사망한 때
			순직유족보상금	
퇴직수당				공무원이 1년 이상 재직하고 퇴직 또는 사망한 때('91. 10. 1 시행)

자료 : 공무원연금관리공단(2012)

연금산정 기준보수는 전체 재직기간 평균소득으로 산정하며, 연금산정 시 소득 상한은 전체 공무원의 기준소득월액 평균액의 1.5배로 설정하여 기여금 납부 및 연금액을 산정한다(공무원연금법 제66조). 연금액 조정은 3년 주기로 공무원 보수 인상률, 물가 상승률(2015년부터 물가상승률만 적용)을 고려하여 조정한다. 그리고 현재 연금 수급자가 취업이나 개인사업으로 월평균 소득이 근로자 평균임금을 초과할 경우 초과소득(소득－근로자 평균임금)을 기준으로 30%～70%를 차등 감액할 수 있다(공무원연금법 2009. 12. 3).

2) 연금급여의 제한

공무원 연금은 다음과 같은 경우에 급여를 제한하고 있다. i) 고의 또는 중과실 등에 의한 급여의 제한, ii) 진단 불응시의 급여제한(일부제한), iii) 형벌 등에 의한 급여 제한(일부제한) 등이다.

5. 공무원 연금제도의 문제점과 개선방안

한국의 공무원 연금제도는 2009년 연금법 개정으로 그동안 문제되었던 많은 부분들이 완화되었다. 그러나 다음과 같은 문제점과 개선방안에 대한 논의가 여전히 필요하다(강성철 외, 2011: 477~480; 박천오 외, 2001: 385~390 참조).

첫째, 장기 근속자 및 연금 수급자가 증가하였고, 국민의 평균수명 연장으로 퇴직연금 수급기간이 장기화되어 연금재정이 약화되고 있다. 그러므로 연금재정 환경 변화에 맞추어 연금개시연령을 연장할 필요성이 있다.

둘째, 연금 기여액 대비 연금 급여액이 높으므로 저부담 고급여 정책을 적정부담 적정급여 정책으로 전환해 나아갈 필요가 있다.

셋째, 현재 연금 수혜자가 일시금을 선호하는 경향이 있으므로 앞으로 사회정책적 차원에서 이를 연금으로 받을 수 있도록 재검토할 필요성이 있다.

넷째, 국민들의 공적 연금에 대한 관념을 '충분한 노후생활 보장' 이라는 관점에서 '최저생활 수준 정도의 보장' 이라는 관점으로 변화시켜 나아갈 필요가 있다.

다섯째, 공무원 연금관리공단은 기금재원을 금융삼품 등에 투자하여 그 수익을 퇴직자 급여 및 각종 후생복지사업을 추진하여 왔으나 연금재정의 수익성과 동시에 안정성을 위한 기금역할을 강화할 필요성이 있다.

여섯째, 연금기금을 이용하여 가입자에 대한 각종 후생복지사업을 실시하고 있는데 부실한 사업은 매각 또는 민간위탁하는 등 후생복지사업의 수익증대를 위한 노력이 필요하다.

제3절 공무원 후생복지

후생복지란 공무원의 물질적 및 정신적 생활을 안정 · 향상시키려는 활동을 뜻한다. 여기에는 공무원들에게 정규 보수 이외에 부수적으로 제공되는 모든 편익이 포함된다. 그러나 후생복지는 공무원 권익보호를 위한 부수적 장치라기보다는 보상면에서나 행정관리적인 면에서 차지하는 비중이 너무나 커졌다. 따라서 후생복지도 이제 보수 이상으로 공무원의 근무의욕 제고, 우수인력 확보, 이직률 감소 등에 매우 중요한 역할을 하고 있다. 이러한 의미에서 정부는 공무원의 후생복지에 많은 관심을 가져야 한다.

후생복지 범주는 다양하지만 이를 대략 구분하면 i) 사회보험, ii) 생활복지, iii) 보건 · 안전관리, iv) 서비스시설 제공, v) 유급휴가 등의 범주로 나누어 볼 수 있다(유민봉 · 임도빈, 2003: 575).

사회보험이란 국가나 공공단체가 보험운영의 주체가 되어 근로자와 고용주, 그리고 국가가 공동으로 부담한 갹출금으로 근로자의 건강과 생계유지를 보장하려는 제도이다. 대표적인 예로서는 국민건강보험과 산업재해보험이 있다.

생활복지는 부족한 보수를 보전해 주는 역할을 한다. 구내식당을 두어 저렴한 가격으로 식사를 제공하고, 통근버스를 운행하여 교통비를 절감할 수 있게 하며, 공무원 전용매점을 개설하여 저렴한 가격으로 생필품을 구입할 수 있게 한다. 또한 관사를 지어 생활하게 하거나 아파트를 지어 임대해주거나 주택자금을 융자해주는 등의 노력은 공무원에게 보수인상 이상의 실질적인 생활보조 역할을 할 것이다. 이 외에도 정부에서는 자녀의 학자금, 의료비, 자립자금, 재해복구비 등을 대부해주고 있다.

보건 및 안전을 관리하는 것은 노동력을 보존하고 공무원에게 인간적 처우를 보장하려는 것이다. 이러한 활동에는 사무실 및 작업장의 물리적 작업조건을 개선하는 활동, 건강진단 및 예방접종 등의 보건관리 활동, 사고의 조사 · 원인제거 · 처리 등의 안전관리 활동, 그리고 업무와 관련된 스트레스 관리 활동 등이 있다.

서비스 시설의 제공은 주민의 소득수준 향상과 함께 관심이 높아지는 부분이다. 건강과 여가, 그리고 문화생활에 대한 욕구가 강해지면서 체육시설, 오락시설, 휴양시설 등의 제공이 근로자의 사기에 많은 영향을 미치고 있다.

유급휴가(有給休暇)는 정부조직의 생산성 향상과 노동력 보존 및 공무원의 복지에 직접적인 영향을 미치는 중요한 문제이다. 공무원에게 주어지는 유급휴가는 연가(年暇), 병가(病暇), 공가(公暇), 특별휴가(特別休暇) 등이 있다.

연가는 매년 공식적으로 쉴 수 있는 날을 말한다. 공무원에게는 최고 21일(6년 이상 근속 공무원)에서 최소 3일(3월에서 6월 미만 재직자)의 연가를 허용하고 있다. 병가는 공무원이 질병이나 부상 등의 경우 허가하는 것으로, 그 기간은 60일을 한도로 한다. 질병이나 부상이 공무상의 것일 경우에는 180일까지 병가를 허가할 수 있다. 공가는 징병검사, 승진시험, 투표, 국가적 행사 참여 등 공적인 업무, 그리고 천재지변 등으로 출근할 수 없는 경우에 허가한다. 그리고 특별휴가는 경조사휴가, 포상휴가, 출산휴가, 여성보건휴가, 육아시간(생후 1년 미만 유아 하루 1시간), 수업휴가(방통대 출석), 장기재직자휴가(20년 이상 근속자 재직 중 10일), 퇴직준비휴가(정년, 명예퇴직 전 3개월), 재해구호휴가 등이 있다.

Memo

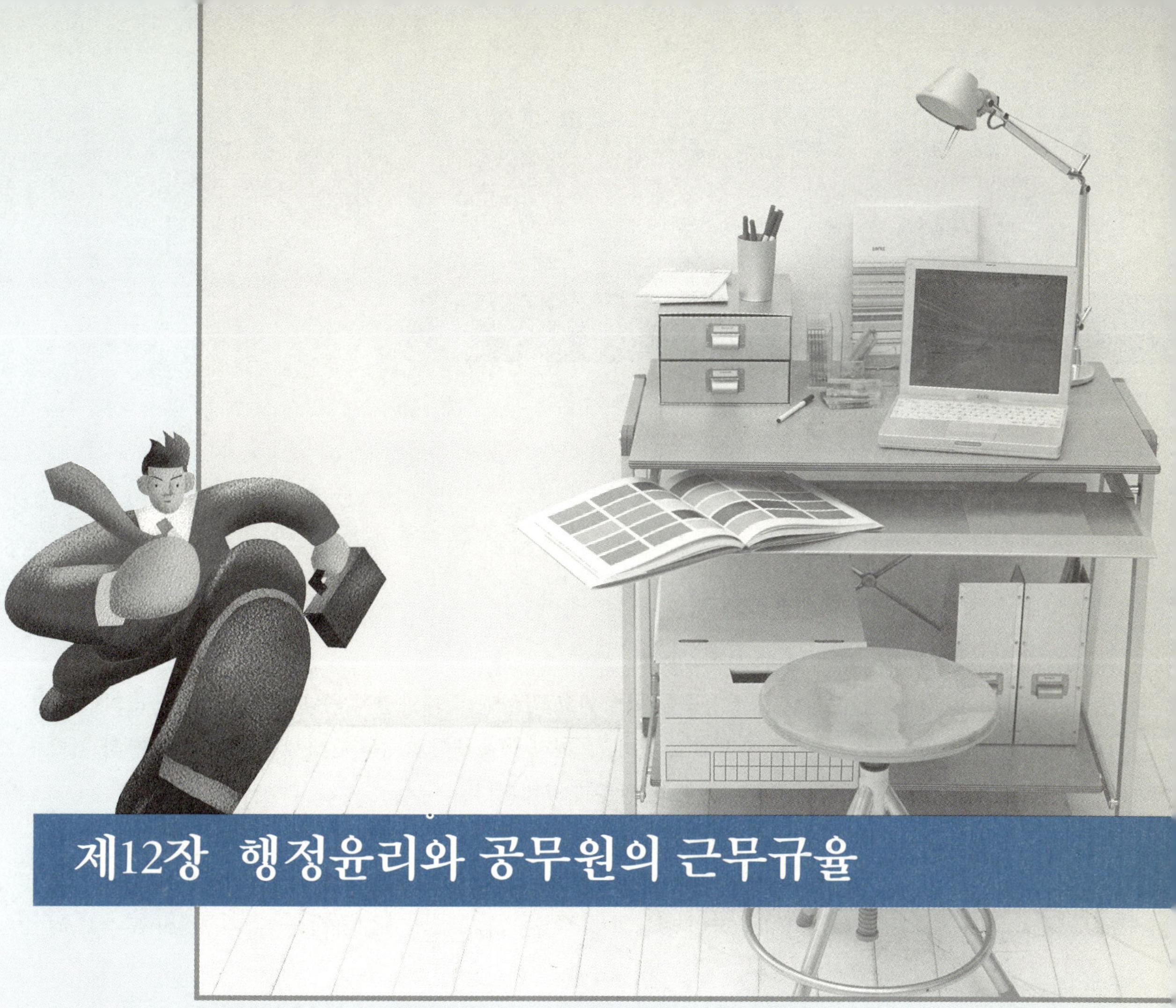

제12장 행정윤리와 공무원의 근무규율

제1절 행정윤리

1. 행정윤리의 의의

1) 행정윤리의 개념

오늘날 행정기능이 확대되고 공무원의 재량권이 증대되면서 행정윤리의 중요성이 크게 부각되고 있다. 윤리란 공동생활의 준칙으로써 인간들이 마땅히 지켜야 할 도덕(도리) 혹은 행동의 규범이다.

이와 같은 행동규범으로서의 윤리는 조직 또는 직업사회에서도 요구됨으로써 이른바 직업윤리를 포함하게 되는데, 특히 공무원들에게는 행정윤리가 더욱 강조된다. 이것은 국민 전체의 봉사자로서 공익을 추구하여야 하는 공직의 특수성 때문이다.

여기서 행정윤리란 정부조직에 종사하는 공무원들이 지켜야 할 행동규범을 말한다. 행정공무원들은 국가 업무를 능률적으로 수행해야 할 책임을 질뿐만 아니라, 공공의 이익을 수호해야 하는 책무를 지고 있다. 이렇게 볼 때 행정윤리는 공직자로서의 성실성과 공직자가 공공정책을 결정할 때나 행정판단을 할 때에 필요한 도덕적 지침을 따라야 하는 책임성을 내포한다고 할 수 있다(Huddleston, 1981: 68 / 박천오 외, 2001: 430).

일반적으로 행정윤리의 개념은 소극적(협의적)으로 이해하는 경우와 적극적(광의적)으로 이해하는 경우, 그리고 행정이념과 관련지어 이해하려는 경우로 나누어 생각해 볼 수 있다. 첫째, 소극적으로 이해하는 경우로는, ⅰ) 공무원 윤리를 공인으로서 공무원이 담당하는 구체적인 행정업무와 관련하여 요구되는 직업윤리로 보는 견해이다. 따라서 공무원에게는 보다 높은 수준의 윤리와 보다 엄격한 행동규범의 준수가 요구된다는 의미이다(오석홍, 1984: 568). ⅱ) 공무원 윤리를 부정 · 부패가 존재하지 않는 상태로 이해하는 관점이다. 이는 공무원의 윤리를 소극적으로 이해하여 부정행위 금지 등 공무원이 직업수행과 관련하여 지켜야 할 최소한의 기준으로 보는 것을 말한다(유석영, 1981: 124). 둘째, 적극적으로 이해하는 경우로는, 공무원의 윤리를 행정목적의 실현과 공익을 위한 봉사로써 보는 입장이다. 이는 공무원 윤리를 보다 적극적으로 인간의 가치를 향상시키는 모든 행위를 포함하는 것으로 보는 것이다(박천오 외, 2001: 431). 셋째, 공무원 윤리를 행정이념과 관련지어 이해하려는 경향이다. 행정에 있어서 윤리의 문제를 능률성과 민주성이라는 행정이념의 문제로 보는 관점은 윌슨(Wilson, The Study of Administration: 1887) 이래 미국 행정학의 주류를 이루어 왔다(유종해, 1988: 423).

이렇게 행정윤리의 개념은 부정부패의 방지라는 소극적 의미로 이해하기도 하고, 적극적으로 이해하여 공익성과 봉사정신을 강조하기도 한다. 또한 행정윤리의 개념 속에는 공무원이 입안 · 집행하는 정책내용이 윤리적이어야 한다는 의미와 함께, 업무수행과 관련된 전문지식의 함양을 통해 의사결정의 질을 높여야 한다는 요청까지 내포되어 있다고 할 수 있다(박천오 외, 2001: 432).

2) 행정윤리의 중요성

행정윤리의 필요성은 행정의 궁극적 목적이라고 할 수 있는 복지사회 실현이라는 커다란 목표와 관련지을 수 있으나, 여기에서는 행정의 상황적 변화와 행정국가의 도래라는 맥락에서 그 필요성을 살펴보고자 한다.

첫째, 행정기능의 양적 확대와 질적 변화에 따른 공무원들의 재량권 확대를 들 수 있다. 이러한 변화에 따라 오늘날 행정국가에서는 공무원들의 자유재량권의 범위가 크게 확대되어 그들의 결정이 집단 및 개인의 사회경제적 지위에 커다란 영향을 미치고 있다. 따라서 공무원은 공익실현자로서 이에 상응하는 올바른 윤리를 확립해야 한다.

둘째, 거대 관료제에 따른 역기능을 들 수 있다. 현대관료제의 복잡화 · 대규모화에 따른 역기능이 출현하고 있다. 관료제의 권위주의화, 의식주의, 그리고 번문욕례(繁文縟禮) 등이 그것이다. 따라서 이와 같은 관료제의 부정적 현상을 억제하고 국민에게 봉사하는 관료제상을 정립하기 위한 행동윤리의 확립이 필요하다.

셋째, 금권만능주의 사고를 들 수 있다. 시장경제의 급속한 발전은 사회 전체에 금권만능주의를 파급하였다. 금권만능주의는 관료제 내에도 뿌리깊게 자리잡고 있으며, 뇌물수수 등을 통하여 사부문에 대한 지대추구(地代追求) 행위를 조장하도록 하고 있다. 이러한 일탈적 행정현상은 우리 사회에 행정윤리를 요구하고 있다.

넷째, 공직부패의 파급효과를 들 수 있다. 공직사회에 부패가 만연되고 행정윤리가 확립되지 않을 경우 행정의 능률성과 형평성을 기대할 수 없을 것이다. 또한 부패의 만연은 정부행정에 대한 불신감을 초래할 뿐만 아니라 건전한 사회규범을 와해하고 나아가 사회 전반의 생산의욕을 떨어뜨림으로써 국가사회 발전에 큰 걸림돌로 작용하게 될 것이다.

2. 행정윤리의 규범적 기준 및 내용

1) 행정윤리의 규범적 기준

공무원의 윤리적 책임은 근본적으로 어떤 성격을 가져야 하며, 그 근원이 되는 준거는 어디서 찾아야 할 것인가에 대한 관점은 매우 다양하다. 그와 같은 다양한 관점을 세 가지의 윤리체계모형으로 범주화해 볼 수 있을 것 같다. 세 가지 모형이란 ⅰ) 대의적 · 정치적 윤리체계(representative or polity-based ethics), ⅱ) 국가주의적 윤리체계(statist ethics), ⅲ) 초월적 · 비현세적 윤리체계(transcendent ethics)를 말한다(Huddleston, 1981: 68~73 / 이상윤, 2000: 464~465 / 오석홍, 2000: 590~591).

대의적 · 정치적 윤리체계란 행정을 둘러싸고 있는 정치사회의 가치와 신념에서 공직윤리의 근원을 찾아야 한다고 보는 윤리체제모형이다. 이러한 체계하에서는 사회 내의 여러 정치세력이 무엇을 원하는가를 준거로 하여 행정의 옳고 그름을 결정하게 된다. 그리고 국가주의적 윤리체제란 한 나라를 구성하는 사회집단의 가치와 요청은 국가 자체의 가치 및 요청과 구별되는 것이며, 공직윤리의 근원이 국가 자체의 가치와 요청에 기초하여야 한다는 윤리체제모형이다. 따라서 행정은 변화하는 사회집단 세력의 선호를 대변하여서는 아니되며, 공무원은 국가의 이상을 내재화하여 이를 실현하려는 윤리지향성을 가지고 행동할 것이 요구된다. 그리고 초월적 · 비현세적 윤리체제란 공무원의 윤리가 형이상학적 · 영적 초합리적 문화 또는 종교의 가치를 원칙적인 준거로 하여 결정되어야 한다고 보는 윤리체제모형이다. 이에 따르면 공무원의 행동은 고차원적 진리와 일치할 경우에만 윤리적 정당성을 인정받을 수 있다. 오직 신만이 선악을 결정할 수 있으며, 이는 움직일 수 없는 것이어서 정치적 편의에 의하여 좌우되거나 협상의 대상이 될 수 없는 것이다.

위에서 구분한 윤리체제모형들 가운데 어느 하나가 순수한 형태로 채택되고 있는 나라는 오히려 보기 어렵고, 실제로는 여러 가지로 변형된 모형이나 절충된 모형들이 채택되고 있다. 그러나 일반적으로 민주주의를 정치원리로 채택하고 있는 나라에서는 대의적 · 정치적 윤리체제 모형을 기본으로 삼고 있다. 민주국가의 행정윤리는 지배적인 정치적 가치(dominant political values), 즉 민주주의 이념에 부합되는 방향으로 유도되는 것이라고 할 수 있다. 이와 관련하여 스탈(Stahl)은 민주사회에서의 공직윤리의 규범적 기준을 다음과 같이 세 가지로 제시한다(Stahl, 1983: 385~388).

첫째, 공익을 추구해야 한다. 공무원들은 국민 전체의 이익과 보다 많은 국민이 선호하는 선을 추구해야 한다. 그리고 공무원들은 국민 모두에게 공평한 봉사를 하여야 한다.

둘째, 국민의 의사를 존중하여야 한다. 국민의 의사가 표출되고 수렴되는 대의과정을 존중하는 방법을 통해서 국민의 이익에 봉사해야 한다. 즉, 목적의 추구방법이 민주적이어야 한다.

셋째, 정부기관의 대내적 관리가 위의 두 가지 가치 추구와 일관성을 유지해야 한다. 특히 인간의 개인적 가치와 존엄성을 존중하고, 그것이 행정환경에 투사되도록 하여야 한다.

2) 행정윤리의 내용

행정윤리의 구체적 내용은 그 사회가 처한 시대적 · 사회적 상황에 따라 달라진다. 행정윤리는 부패를 방지하고 직권남용과 무사안일을 타파하자는 소극적 측면에서 접근할 수 있는가 하면, 공익성과 봉사성을 강조하는 적극적 측면에서 접근할 수도 있다.

공식적 윤리규범의 출처는 매우 다양하다. 한국의 공무원에게 요구되는 행정윤리의 내용은 국가공무원법, 공직자윤리법, 공무원복무규정 및 공무원윤리헌장과 취임선서 등에서 찾아볼 수 있다. 국가공무원법과 공직자윤리법은 부정과 비리를 방지하기 위한 소극적 윤리를 강조하고 있으며, 공무원 윤리헌장과 취임선서 등에서는 봉사와 충성 그리고 창의와 책임을 강조하는 적극적 윤리가 천명되고 있다. 여기에서는 공식적 규범들을 통해 행정윤리의 내용을 정리해 보기로 한다.

(1) 국가공무원법

국가공무원법(1963년 제정, 2009년 개정)에는 공무원이 지켜야 할 행동규범을 다음과 같이 규정하고 있다(통법 제56조~66조).

① 성실의무

모든 공무원은 법령을 준수하며 성실히 직무를 수행하여야 한다. 이러한 성실의무는 조직이 맡겨 준 역할을 충실히 수행하되 민주성, 능률성, 창의성 등의 가치기준을 존중하라는 규범으로 이해된다.

② 복종의 의무

공무원은 직무를 수행함에 있어서 소속상관의 직무상의 명령에 복종하여야 한다. 대개 공무원은 지위와 역할이 분화되어 있는 계층제 하에서 근무하기 때문에 조직 내의 질서유지와 기강확립을 위해서는 복종의 의무가 요구된다 하겠다.

③ 직장 이탈금지

공무원은 소속상관의 허가 또는 정당한 이유 없이 직장을 이탈하지 못한다. 직장이탈을 금지하는 규범은 직무를 충실히 수행하고 직장 내의 질서를 유지해야 한다는 규범을 보완하는 측면이 있다.

④ 친절 · 공정의 의무

공무원은 국민 전체의 봉사자로서 친절 공정하게 업무를 처리하여야 한다. 이 행동규범은 공익추구, 공평성 유지, 능률확보, 국민의사존중 등의 가치기준을 표현한 것이다.

⑤ 종교중립의 의무

공무원은 종교에 따른 차별 없이 직무를 수행하여야 한다. 공무원은 소속 상관이 종교중립의 의무에 위배되는 직무상 명령을 한 경우에는 이를 따르지 아니 할 수 있다.

⑥ 비밀엄수의 의무

공무원은 재직 중은 물론 퇴직 후에도 직무상 알게 된 비밀을 엄격히 지켜야 한다. 이 규범은 국민의 알권리와 상충된다는 점을 고려할 때, 모든 것을 비밀에 붙이라기보다는 직무상의 기밀(classified information)로 규정된 비밀만을 지키라는 뜻으로 해석하는 것이 바람직하다.

⑦ 청렴의 의무

공무원은 직무와 관련하여 사례, 증여 또는 향응을 주고받을 수 없다. 그리고 공무원은 직무상의 관계에 불문하고 그 소속상관에게 증여하거나 소속공무원(부하)으로부터 증여를 받아서는 안 된다.

⑧ 영예 등의 수령 규제

공무원이 외국정부로부터 영예 또는 증여를 받을 경우에는 대통령의 허가를 받아야 한다.

⑨ 품위유지 의무

공무원은 직무의 내외를 불문하고 그 품위를 손상하는 행위를 하여서는 안 된다. 여기서 품위를 유지한다는 것은 인격적인 행동을 한다는 말과 같이 매우 포괄적인 뜻을 가진 것이다. 구체적인 품위의 내용은 정부조직의 규범과 사회통념에 의하여 규정된다.

⑩ 영리업무 및 겸직의 금지

공무원은 공무 이외의 영리를 목적으로 하는 업무에 종사하지 못하며, 소속 기관장의 허가 없이 다른 직무를 겸할 수 없다. 이러한 조항은 충실한 직무수행을 보장하고 이른바 '이익충돌' (conflict of interests)로 인한 공익침해를 막기 위한 규범이다.

⑪ 정치운동의 금지

공무원들은 정치운동을 할 수 없다. 공무원은 정당 및 기타 정치단체의 결성에 관여하거나 가입할 수 없다. 또한 공무원은 선거에서 특정 정당 또는 특정인의 지지나 반대를 하기 위한 권유운동 등을 해서는 아니 된다. 이 밖에도 각종 선거에 관련된 정치활동도 크게 제한되어 있다.

⑫ 집단행위의 금지

공무원은 노동운동 및 기타 공무 이외의 일을 위한 집단행위를 할 수 없다. 이 집단행위 금지조항은 정치운동 금지조항과 더불어 정부의 목적을 위해서 공무원의 시민적 권리와 자유를 가장 현저히 제약하는 규범이다. 그래서 선진 민주국가들뿐만 아니라 한국에서도 이 규범은 현재 상당한 도전에 직면하고 있다.

(2) 공직자윤리법

1981년 제정된 공직자윤리법은 공직자 및 공직후보자의 재산등록과 등록재산공개를 제도화하고, 공직을 이용한 재산취득의 규제, 공직자의 선물신고, 퇴직공직자의 취업제한 등을 규정함으로써 공직자의 부당한 재산증식을 방지하고 공무집행의 공정성을 확보하여 국민에 대한 봉사자로서 공직의 윤리를 확립하려는 데 목적이 있다. 공직자 윤리법의 주요 내용은 다음과 같다.

① 재산등록 및 공개

재산등록 의무자로 하여금 본인, 배우자 및 직계존비속(直系尊卑屬)의 보유재산을 등록하고 매년 변동사항을 신고케 함으로써 재직 중 재산의 부정한 증식을 방지하기 위한 제도이다. 특히 4급 이상(일부 7급 포함 : 국세청 · 검찰청 · 법원공무원, 경사 이상 경찰직 공무원) 공무원의 재산등록을 강제하고, 고위공무원 가 · 나급(종전의 1급 이상 공무원)의 등록재산을 관보(공보)에 공개하여 투명성을 확보하고자 한다(공직자 윤리법 제10조 참조).

② 선물신고

공직자 본인 및 가족이 외국이나 외국인으로부터 직무와 관련하여 10만원 또는 100달러 이상의 선물을 받은 때에는 이를 소속기관 단체의 장에게 신고하여 국고에 귀속시킴으로써 공무집행의 공정성을 확립하려는 제도이다.

③ 퇴직공직자의 취업제한

재산등록 의무자인 4급 이상 공무원과 공직유관단체의 임원은 퇴직일로부터 2년간 '퇴직 전 5년 이내에 소속하였던 업무와 밀접한 관련이 있는 일정규모(자본금 50억 원, 연간 외형거래액 150억 원) 이상의 영리를 목적으로 하는 사기업체에 취업할 수 없게 하는 제도이다(동법 제17조 및 동 시행령 제33조). 다만, 공직자윤리위원회의 승인을 얻은 때에는 취업이 가능하다.

또한 2005년에 제정된 공직자윤리법은 "국가 또는 지방자치단체는 공직자가 수행하는 직무가 공직자의 재산상 이해와 관련되어 공정한 직무수행이 어려운 상황이 야기되지 아니하도록 이해출동방지에 노력하여야 한다"는 '이해충돌 방지 의무'를 규정하고 주식백지신탁제도(blind trust)를 도입하였다.

주식백지신탁 대상자는 공직자윤리법 제10조에 규정된 재산공개 대상자와 재정경제부 금융 관련 부서 및 금융감독위원회 소속 4급 이상 공무원이다.

(3) 공무원의 취임선서 · 윤리헌장

공무원은 취임할 때 소속기관장 앞에서 선서를 하여야 한다. 선서의 내용은 "나는 대한민국 공무원으로서 헌법과 법령을 준수하고 국가를 수호하며 국민에 대한 봉사자로서의 임무를 성실히 수행할 것을 엄숙히 선서합니다." 이다(국가공무원법 제 55조: 국가공무원복무규정, 2010. 별표 1).

한편, 1980년 제정된 공무원 윤리헌장은 공무원의 신조를 규정하기에 앞서 공무원의 좌우명이라고 할 수 있는 일련의 각오를 천명하고 있다. 여기서 공무원은 "역사의 주체", "민족의 선봉", "국가의 역군", "국민의 귀감", "겨레의 기수" 라는 말을 다섯 항목에서 역설하고 있다. 여기에 이어 그 행동지침으로 다섯 가지 공무원신조를 제시하고 있다〈표 12－1 참조〉.

이와 같이 타당하게 규정되어 있는 여러 수준의 행동규범 가운데는 현실적으로 제재력이 뒷받침되는 실질적 규범이 있는가 하면, 단지 선언적 의미만을 지니는 형식적 규범도 있다.

국가공무원법의 경우 특히, 품위유지 및 성실 · 친절 · 공정의무 규정은 그 내용이 추상적이고 모호한 것이어서 공무원에게 구체적인 행동의 지침을 제공하기 곤란하다. 오히려 공무원을 징계하기 위한 법적 장치로 악용될 소지가 있다.

공직자 윤리법의 경우에 논란이 되고 있는 것은 재산등록과 취임제한의 규정이다. 재산등록 제도와 취업제한 제도는 기본권 침해의 소지와 유능한 사람의 공직유입을 저해할 가능성이 있다는 비판이 제기된다(유민봉 · 임도빈, 2003: 372).

이러한 일반적 비판보다 한국에서 특히 문제가 되는 것은 제도 운영상의 잘못으로 그 실효성을 거두지 못하고 있다는 점이다. 법이 형식적이고 자의적으로 집행되는 한 법에 대한 근본적 불신과 징계에 대한 불평만을 가져올 것이다.

한편, 윤리강령은 나쁜 것을 금지시키는 시각보다는 좋은 것을 권장하는 시각을 강조한다. 윤리헌장 내의 모든 공무원 신조덕목과 실천강령의 30개 덕목 중 26개가 선을 행하라는 적극적 행동을 장려하는 내용이다. 윤리강령은 국가 · 국민 · 직장 · 직무 · 개인생활 모두에 최고의 이상을 제시하고 공무원에게 모범적인 행동을 요구할 수 있는 장점을 가지고 있다. 한편, 윤리강령 무용론자들은 윤리강령 내용의 추상성 때문에 윤리적 지침이 실제상태에서 아무런 도움을 주지 못한다고 지적한다(유민봉, 2010: 279).

표 12-1 공무원 윤리헌장

공무원 윤리헌장(일부)

우리는 영광스러운 대한민국의 공무원이다.
오늘도 민족중흥의 최일선에 서서 겨레와 함께 일하며 산다.
(중략)
우리는 공익우선의 정신으로 국리민복을 추구함으로서 복지국가를 실현하는 겨레의 기수가 된다.

공무원의 신조
1. 국가에는 헌신과 충성을
1. 국민에겐 정직과 봉사를
1. 직무에는 창의와 책임을
1. 직장에선 경애와 신의를
1. 생활에는 청렴과 질서를

공무원 윤리헌장실천강령(일부)

(생략)
국민에겐 정직과 봉사를
① 법령과 양심에 따라 공명정대하게 업무를 처리하여 국민의 신임을 받는다.
② 모든 업무는 나와 관청의 편의보다는 국민편의 위주로 처리한다.
③ 공익우선의 정신으로 특정 개인이나 단체에 대한 차별적 특혜를 거부한다.
④ 실속 없는 전시행정이나 지속성 없는 졸속행정의 폐습을 지양한다.
⑤ 공개행정을 실천하여 국민의 참여와 협조를 얻도록 노력한다.
⑥ 민원인을 대할 때에는 내 집의 손님처럼 친절과 예절을 다한다.
(생략)

3. 행정윤리의 저해 요인

행정윤리의 확립은 다양한 요인에 의해 방해받는다. 행정윤리의 저해 요인은 크게 인적 요인, 제도적 요인, 그리고 환경적 요인으로 나누어 볼 수 있다(강성철 외, 2001: 464~465).

1) 인적 요인

행정윤리를 확립하기 위해서는 행정업무의 주체인 공무원 개인의 높은 윤리의식이 전제되어야 한다. 행정윤리를 저해하는 가장 근본적인 요인은 관존민비(官尊民卑)사상, 관직사유관(官職私有觀)과 같은 공무원의 권위주의적 가치관과 전근대적인 행태에서 찾아볼 수 있다. 또한 공익보다는 사익을 중시하며, 국민전체에 대한 공평한 봉사보다는 1차적 집단 관계를 중시하는 행태 등은 행정윤리를 저해하는 요인이 된다.

2) 제도적 요인

행정 공무원들의 부정부패를 방지하는 등 행정윤리를 확립하기 위해서는 공식적인 제도적 장치가 필요하다. 내부통제장치가 미비하고, 정실인사가 이루어지며, 과도한 정부규제 등은 행정윤리의 확보를 어렵게 하는 요인이 된다.

3) 환경적 요인

공무원 개인의 윤리의식이 높고 제도적 장치가 잘 마련되어 있다 하더라도, 행정조직을 둘러싼 환경적 여건이 개선되지 않으면 바람직한 행정윤리가 뿌리내릴 수 없다. 행정에 대한 외부통제가 미흡하고, 사회혼란으로 공무원의 신분이 불안해지며, 사회변화에 발맞추어 시민의식이 향상되지 않을 경우 행정윤리의 확립은 어렵게 된다.

4. 행정윤리의 제고방안

행정윤리를 제고하기 위해서는 앞에서 살펴본 행정윤리의 저해요인을 개선하여야 할 것이다. 행정윤리의 제고 방안도 인적 요인, 제도적 요인 그리고 환경적 요인의 세 가지로 나누어 살펴볼 수 있다(강성철 외, 2001: 465~466).

1) 인적 요인의 개선

행정윤리를 제고하기 위해서는 우선 행정의 주체가 되는 공무원들의 행정행태가 바뀌고 가치관이 전환되어야 할 것이다.

공무원들의 윤리수준을 향상시키기 위해서는 흔히 자율규제를 강화하는 교화수단과 외적통제를 강화할 수 있는 제도적 개선방법이 동원되어야 한다(오석홍, 2000: 604~605).

첫째, 자율규제를 향상시키기 위해서는 윤리의식이 높은 후보자를 선발해야 할 것이다. 또한 각종 윤리교육을 통해 공무원을 적극 교화해야 한다. 한편으로는 관리자 · 감독자들이 모범을 보여야 한다. 또한 의도하지 않은 부작용을 예방할 수 있도록 전문지식을 향상하기 위한 교육훈련도 병행하여야 할 것이다.

둘째, 외적통제를 강화하기 위해서는 공무원들이 지켜야 할 기본적인 윤리규범을 법제화하여 그 준수를 강제하는 것이 기초가 된다. 법제를 통하여 규제장치를 마련하고 내 · 외부의 통제중추들이 통제작용에 가담하여야 한다.

행정체제 내의 중요한 통제중추에는 감독자, 감사원 등이 포함된다. 이들이 일상적인 감독, 근무성적평정, 감사 등을 통하여 비윤리적 행동을 감시하여야 한다. 또한 공무원의 재산등록 및 공개를 통하여 비윤리적 행위를 예방하고, 경우에 따라서 징계 등을 사용할 수 있다.

행정체제 외부에서는 입법적 및 사법적 통제, 언론에 의한 통제, 그리고 시민에 의한 통제 등을 통하여 공무원의 행동을 감시할 수 있다.

2) 제도적 요인의 개선

공무원들의 비윤리적 행위를 억제하기 위해서는 제도적 장치를 개선하는 것이 중요하다.

첫째, 엄격하고 공정한 윤리규범 운영이 필요하다. 이미 마련된 윤리규범을 엄격하고 공정하게 운영함으로써 부정행위의 통제가 어느 정도는 가능하다.

한국은 공무원이 지켜야 할 윤리규범으로써 국가공무원법, 공직자윤리법, 공무원 범죄에 관한 몰수특례법, 그리고 내부고발자 보호조항 등을 규정한 부패방지법 등이 제정되어 있다.

그러나 이러한 조항들이 현실적 규제력을 갖고 있지 못하다. 따라서 구조화된 부정부패를 방지하기 위해서는 보다 강력한 법 적용이 요구된다. 관료들의 비리를 근절하기 위해서는 사소한 부패행위라도 부패의 대가가 부패행위로 얻는 이익을 초과하는 강력한 처벌 수단이 마련되어야 한다(강성철 외, 2001: 467).

둘째, 행정과정의 투명성 확보가 필요하다. 행정정보의 공개를 통하여 정치·행정과정의 투명성이 확보되면 정부행정에 대한 불신이 해소되고 부정부패가 자리잡을 여지가 좁아진다.

셋째, 행정규제의 완화와 규제법령의 이중성을 배제해야 한다. 정부 주도의 경제발전을 추구하면서 강화된 각종 행정규제를 완화하고, 현실과 괴리된 법령의 이중적인 규제기준을 현실에 맞게 재조정하여 부정의 소지를 원천적으로 봉쇄하여야 공직윤리가 확보될 수 있다.

넷째, 공직자의 근무여건을 개선해야 한다. 행정윤리를 확립하기 위해서는 공직자가 경제적 유혹에 심리적 갈등을 느끼지 않도록 근무여건을 개선해 주어야 한다. 특히 공무원들의 보수현실화와 노후생활 보장이 물질적 유혹에서 벗어나게 하는 중요한 요건이 될 것이다.

3) 환경적 요인의 개선

정부는 사회체제의 하위체제이다. 따라서 정부의 윤리수준과 사회전반의 윤리수준은 서로 영향을 미친다.

행정윤리의 수준이 제고되기 위해서는 일반 국민의 의식 및 가치관이 변화되어야 한다. 국민의식 수준이 제고되면 국민에 의한 행정통제가 가능해 진다. 즉, 높은 시민의식을 통하여 행정권의 남용을 억제하고 공무원들의 일탈행위를 감시할 수 있게 된다.

행정환경의 요인을 개선하기 위해서는 정부와 민간의 협력이 필요하다. 이를 위하여 정부가 할 수 있는 일은 공직의 윤리타락을 직접적으로 초래하는 외부인을 무겁게 처벌하는 것으로부터 각종의 공식적 규범에 의하여 사회적 비리의 통제를 강화하는 것, 그리고 정부를 포함한 사회체제 전반의 윤리성 향상을 위한 국민운동을 지원하는 것에 이르기까지 실로 다양하다 할 것이다.

결국 총체적 관점에서 윤리적 공동체를 발전시켜 공직윤리의 '윤리적 기반'(ethics infrastructure)을 구축하는 것이 필요하다(Gregory, 1999: 63~75 / 오석홍, 2000: 607).

제2절 공무원의 부정부패

1. 부패의 의의

1) 부패의 정의

부정부패라는 말은 부정과 부패라는 의미를 포함하는 개념이다. 부정(misconduct)은 비정상적이고 비규범적인 방법으로 공무수행에 있어서 사적인 이익을 추구하는 것을 의미하며, 부패(corruption)는 부정의 행위가 행정에 미치는 악영향, 즉 행정기능의 악화 또는 비능률과 공익의 손실을 의미한다(김해동, 1972: 171~173). 그러나 일반적으로 부정부패라는 용어보다는 부패라고 일컬어진다(이상윤, 2000: 497).

공무원 부패(腐敗)는 특정한 사회의 시대적 규범이나 정치사회적 제도 등을 반영하여 규정되므로, 논자들에 따라서 정의도 다양하다. 하이덴하이머(Arnold J. Heidenheimer)는 다양한 부패의 개념정의들을 세 가지 범주로 분류하고 있다. 즉, ⅰ) 공직의 임무 중심 개념정의, ⅱ) 공익 중심의 개념정의, ⅲ) 시장비유 중심의 개념정의가 그것이다(Arnold J. Heidenheimer, 1970: ch. 1 / 오석홍, 2000: 640).

공직의 임무 중심의 개념정의에서 "부패란 관료들이 사적 이익의 추구를 위해 공적임무를 이탈하거나 규칙을 위반하는 것" 을 말한다.

공익 중심의 개념정의에서 "부패란 공무원 등 권력소유자가 불법적인 이익을 얻기 위해 특정인에게 유리한 행동을 함으로써 공공의 이익에 손상을 끼치는 것" 을 말한다.

시장비유 중심의 개념정의는 "정부관료제가 공급하는 것이 수요를 따를 수 없을 때, 고객은 자기가 원하는 봉사를 받기 위하여 초과비용(뇌물, 급행료 등)을 지불하게 되는데, 이러한 초과비용의 거래가 부패라는 것" 이다.

이러한 부패의 개념정의 속성들을 종합해 보면 공무원의 부패는 ⅰ) 공무원의 직무수행과 관련된 행위이며, ⅱ) 의도적이고, ⅲ) 부당한 사적 이익을 추구하고, ⅳ) 비윤리적이며, ⅴ) 공익을 침해하는 행위이다.

2) 부패의 영향

부패의 기능에 대한 관점들은 부정적인 견해, 긍정적인 견해 그리고 중도적인 견해의 세 가지 입장으로 나뉘고 있다. 즉, i) 도덕적 차원에서 부패를 악으로 규정하고 비난하는 입장, ii) 부패가 국가발전에 순기능적인 기여를 한다고 보는 입장, iii) 제도의 발전과 가치체계의 발전이 일치되지 못하는 경우의 가치간극에 연유하는 것이 부패라고 보는 입장이 있다(Van Roy, 1970: 88~100 / 오석홍, 2000: 641).

한국은 첫 번째 입장을 따르고 있다. 이것은 전통적인 입장인 동시에 오늘날에도 지배적인 입장이다. 두 번째 입장은 아주 이단적인 것이다. 그리고 세 번째 입장은 전통적 입장을 보완하는 역할을 할 수 있다.

세 번째 입장의 사람들은 부패의 좋고 나쁜 것을 판단하기에 앞서 전통적인 사회규범에 따른 공무원의 행동이 관료제의 서구화된 행동규범에 배치될 때 부패의 문제가 발생한다는 데 주의를 기울인다. 두 번째 입장의 학자들은 부패가 사회에 순기능적 역할을 한다고 주장하기도 한다.

경제영역에서는 발전도상국에서 일부 부패현상은 자본축적을 조장하고, 번거로운 관청절차를 피할 수 있게 하며, 기업인들의 사업의욕을 자극함으로써 경제발전을 촉진하는 순기능적 역할을 할 수 있다고 지적한다(Nye, 1979: 411~433).

정치영역에서는 부패가 정당의 육성과 국가적 통합에 기여한다고 한다. 행정영역에서는 부패가 공무원들의 질을 향상시킬 수도 있고, 관료제의 대응성을 높이며, 정책결정에 있어서의 불확실성을 감소시킬 수 있다고 한다(Dror, 1973: 63~83 / 오석홍, 2000: 642).

그러나 이러한 주장들은 부패의 해독과 장기적으로 국가발전에 미치는 부정적 영향을 경시한 주장이라고 말할 수 있다. 부패는 사회 전반에 심각한 부정적 영향을 미친다.

워너(Simcha B. Werner)는 부패가 확산효과를 통해 민주체제의 기반자체를 위협한다고 주장한다(Werner, 1983: 146~153 / 강성철 외, 2001: 470). 즉, 그는 리더의 부패가 부하의 신뢰와 충성심 그리고 인격에 영향을 미치는 '리더-추종자 확산' 과 특정조직의 부패가 이웃조직과 제도로 확산되고 부패한 정치인과 관료, 기업인 그리고 노동조합 지도자들이 결탁하는 '제도적 확산' 메커니즘 등을 통하여 민주체제의 기반자체가 위협받게 된다고 주장한다.

굴드(David J. Gould)는 부패가 발전도상국에서 특히 행정의 생산성과 효과성 및 능률성을 떨어뜨리고 배분 및 규제 메커니즘을 파괴하게 된다고 지적한다. 그는 또한 부패가 분노와 좌절을 일으키고 행정에 대한 불신을 초래하며, 능력있고 정직한 공무원들을 좌절시키는 악영향을 끼치게 된다고 지적한다(Gould, 1983: 33 / 강성철, 2001: 470).

이와 같이 공무원의 부패는 조직 내부적으로는 공직의 도덕성을 파괴하고 공직기강을 와해시킨다. 부당한 인사로 인해 노력과 실적에 의한 정당한 유인체계를 파괴하여 모범적이고 유능한 공무원들을 좌절시켜서 사기저하에 따른 비능률을 초래한다. 뿐만 아니라 바람직한 행정개혁을 좌절시킨다. 조직 외부적으로는 공무원의 정치개입으로 인하여 정권교체를 어렵게 하고, 강자와 사경제의 유착으로 자원배분을 왜곡하여 빈부의 격차를 심화시킨다. 공무원의 부패는 결국 행정 · 정치 · 사회발전에 부정적 영향을 미쳐서 국가발전에 커다란 지장을 줄 것이다.

2. 부패의 유형

부패의 유형은 기준에 따라 다양하게 제시될 수 있는데, 몇 가지 예를 들면 다음과 같다.

첫째, 부패의 유형은 권력형 부패와 관료형 부패로 나누어 볼 수 있다. 권력형 부패는 정치인이 주축이 되는 부패로써 관료형 부패보다 겉으로 드러나지 않으며, 주로 정책결정 이전 단계에서 그 영향력을 발휘한다는 점에서 관료부패와 그 성질이 다르다.

둘째, 부패의 구조화의 정도에 따라 우발적 부패(偶發的 腐敗)와 제도적 부패(制度的 腐敗)로 나누어 볼 수 있다. 우발적 부패는 사건 자체의 연속성이 없으며, 구조화되지 않은 부패를 말한다. 제도적 부패는 행정체제 내에서 부패가 실질적인 규범의 위치를 차지함으로써 조직의 본래적 임무 수행을 위한 공식적 행동규범이 예외적인 것으로 전락한 상황을 가리킨다(Caiden, 1977: 306~308 / 강성철 외, 2001: 471). 부패가 제도화 되어 있는 이러한 상황에서는 부패한 구성원이 보호받고 규범적인 구성원이 처벌받을 가능성이 있다.

셋째, 부패에 대한 사회 구성원의 관용 정도에 따라 백색부패(白色腐敗)와 회색부패(灰色腐敗), 그리고 흑색부패(黑色腐敗)로 나누어 볼 수 있다(Heidenheimer, et al., 1990: 145 / 강성철 외, 2001: 471). 백색부패는 이론상 일탈행위로 규정될 수 있으나 구성원의 다수가 어느 정도 용인하는 관례화된 부패를 말한다. 이러한 백색부패는 사회체제에 심각한 파괴적 영향을 미치지는 않는다. 회색부패는 사회구성원 가운데 일부 집단은 처벌을 원하지만 다른 일부 집단은 처벌을 원하지 않는 부패를 말한다. 그리고 흑색부패는 사회체제에 명백하고 심각한 해를 끼칠 수 있는 부패로 구성원 모두가 인정하고 처벌을 원하는 부패를 말한다.

넷째, 상대방과의 직접적인 교환거래가 있느냐에 따라 단독형 부패(unilateral corruption)와 거래형 부패(transactional corruption)로 구분할 수 있다(Rosen bloom, 1989: 468 / 오석홍, 2000: 642~643). 단독형 부패는 횡령 배임 기타 개인이득을 위해 공적 자원을 사용하는 경우에서와 같이 상대방과의 직접적인 이익교환이 없는 형태의 부패, 즉 일방적인 부패이다. 거래형 부패는 공무원이 어떤 상대방과 직접적으로 이익을 교환하는 형태의 부패, 즉, 쌍방적인 부패를 말한다.

3. 부패의 원인과 대책

1) 부패의 원인

공무원 부패는 다양한 원인에 의하여 발생한다. 공무원 부패는 공무원 개인의 가치관이나 행태 뿐만 아니라 조직풍토와 행정문화 그리고 사회문화적 환경의 영향을 받는다는 점에서 구조적인 성격을 지닌다. 부패를 조장하는 기회는 궁극적으로 정부의 독점과 행정과정에 내재하는 병목(bottleneck)효과에 있다. 일반적으로 정부의 분배정책과 규제정책은 특혜를 베푸는 효과를 가져오며, 이러한 특혜 수단의 정부독점과 수급불균형 상태가 부패를 조장하는 근본적 원인이 된다.

부패 현상을 연구하는 학자들은 분석 수준에 따라 다양한 설명 방식을 채택한다. 굴드(Gould)는 발전도상국의 부패현상을 그들의 특수한 환경, 즉 급속한 경제발전과 사회변화, 강한 혈연관계, 적절한 공적행위에 대한 관점의 갈등 등에 초점을 맞춘다(Gould, 1983: 1~41). 또한 정부의 독점적 경제활동과 정치적 관용, 광범위한 빈곤과 사회경제적 불평등, 정부조직들의 정통성의 불균형, 행정관리의 미흡 등이 부패의 주된 원인이 된다고 주장한다.

한편, 헌팅톤(Huntington)은 급속한 근대화 과정에서 저급한 정치제도화가 공무원부패를 촉진시킨다고 주장한다(Huntington, 1967: 226 / 강성철 외, 2001: 473).

발전도상국의 부패현상을 보는 관점은 기능주의적 접근 방법과 후기 기능주의적 접근 방법으로 나누어 볼 수 있다.

기능주의적 관점(1960년대 이전)은 공무원 부패를 근대화과정의 국가들이 보편적으로 직면하게 되는 병리현상으로 보고, 일정한 발전단계에 들어서면 자연적으로 감소 혹은 소멸되는 자기파괴적 속성을 지닌 것으로 보았다. 공무원 부패를 발전의 부산물로 보고 부패가 경제발전에 순기능적인 영향을 미치기도 하는 것으로 인식하는 이 관점은, 부패를 일시적으로 자행하는 개인적 활동으로 보고 법률적 · 윤리적 차원의 처방을 제시하였다.

한편, 후기기능주의적 관점(1970년대 이후)은 공무원 부패를 자기 파괴적인 것이라기보다는 자기영속적인 것으로 보고 후진국이 어느 정도 발전한다고 해서 자연적으로 파괴 · 소멸되는 것이 아니라, 시대의 변화와 상관없이 다양한 먹이를 먹고사는 거대한 괴물과 같다고 파악한다. 즉, 공무원 부패는 정치발전이나 제도화의 어떤 단계에서도 나타난다고 주장한다.

부패의 원인을 체계적으로 살펴보기 위해서는 부패에 관한 이론적 접근방법들을 고찰할 필요가 있다. 부패의 원인들은 앞의 관점 이외에도 다음과 같은 다양한 접근방법들이 있다(강성철 외, 2001: 473～474).

① 도덕적 접근

부패원인을 관료 개인의 윤리의식과 자질 탓으로 돌린다.

② 제도적 접근

법과 제도상의 결함이나 운영의 미숙 등이 부패의 원인이라고 본다.

③ 시장 · 교환접근

부패행위를 경제적 자원을 획득하는 수단으로 본다. 경제학자들은 정부규제가 구성원의 기본권과 재산권을 재배분함으로써 경제적 지대(economicrent)[1]를 창출하여 부정부패의 원인을 제공한다고 분석한다.

④ 권력관계 접근

사회 내의 권력관계가 부패의 원인이라고 분석한다. 후진국의 경우 법의 제정 및 집행단계에서 사익추구를 위한 부당한 영향력을 행사한다.

1) 지대(地代)란 자유로운 자원의 흐름에 정부의 정책 등에 의하여 간섭하게 됨으로써 그 자원을 소유한 사람에게 부여되는 초과이득을 의미한다.

⑤ 사회문화적 접근

공무원 부패를 사회문화적 환경의 종속변수로 본다. 법규보다 문화적 관습을 우선시하는 개발도상국의 부패를 설명하는데 유용하다.

⑥ 체제론적 접근

공무원 부패 현상을 공무원 개인의 속성과 제도, 사회문화적 환경 등의 여러 요인들이 복합적으로 상호작용한 결과로 이해한다.

이러한 접근방법을 통해 제시되는 부패의 원인들을 우리 실정에 맞추어 몇 가지 열거하면 다음과 같다(오석홍, 2000: 645~647 / 강성철 외, 2001: 475).

i) 합리적 질서의 요청에 부응하지 못하는 전통적 가치관과 관습.

ii) 정부주도 경제발전의 경험과 규제 중심의 행정.

iii) 관직사유관과 같은 공무원의 전근대적 가치관과 직업윤리의 타락.

iv) 현실과 괴리된 이중적 규제기준.

v) 행정처리절차의 저급한 제도화.

vi) 부적절한 보수와 불합리한 인사제도.

vii) 내부통제장치의 미비.

viii) 시민의 낮은 정치의식 수준과 외부통제의 미흡.

2) 부패방지 대책: 전략적 접근

공무원의 부정부패를 방지하기 위해서는 앞에서 언급한 다양한 부패원인들을 제거해야 할 것이다. 부패의 방지대책으로는 법 · 제도를 통한 직접적인 방법, 공무원의 윤리의식을 높이거나 부패가 발생하는 환경이나 조건을 해결하는 간접적인 방법이 있다. 여기에서는 부패방지를 위한 전략으로써의 이론을 소개하고자 한다.

공무원의 부패방지 전략은 주체와 방법에 따라서 다음과 같은 4가지로 나누어 볼 수 있다(윤태범, 1999: 33~40 / 이상윤, 2000: 509~512).

(1) 강제적 통제전략

강제적 통제전략은 행정기관이 주도가 되어 공무원 부패를 직접적인 통제의 대상으로 하여 전개하는 전략이다. 이것의 예로서는 부패방지법이나 윤리강령 등의 법 · 제도를 통한 방법이 이에 해당한다.

강제적 통제전략은 다른 전략에 비하여 상대적으로 강도가 높고 강제력을 사용한다는 점에서 즉시적 효과를 기대할 수 있다. 그러나 공무원의 자발성보다 피동성에 기초한다는 점에서 한계가 있다. 따라서 강제적 통제전략은 부패가 매우 극심하고 충격요법으로서 강도 높은 처방이 필요한 경우에 보다 효율적으로 운영될 수 있다.

(2) 간접적 유인전략

간접적 유인전략은 행정기관이 주도하되, 부패가 발생할 수 있는 조건이나 환경을 주 대상으로 개선 · 추진하는 전략으로써 강제성보다 유인체계에 주안점을 두고 있다. 부패의 발생은 공직자의 윤리성과 관련하여 발생하기도 하지만, 많은 경우에 조직의 문화, 특성, 업무의 특성 등에 의하여 발생됨으로 부패가 발생할 수 있는 조건을 제거하거나 완화하는 것도 매우 중요하다.

이러한 간접적 유인전략으로는 행정정보 공개의 확대, 행정규제의 완화, 보수체계의 정비, 행정정보화 등을 들 수 있다. 이 전략은 강제적 통제전략에 비하여 가시성은 적으나 공무원들의 저항이나 갈등의 소지가 적으므로 대상자들로부터 수용가능성이 높다.

(3) 협동 · 감시전략

협동 · 감시전략은 시민단체 등 민간부문의 활동이 중심이 되는 전략이다. 부정부패는 공직자 단독으로만 발생하는 것이 아니라 민간부문과의 관계에서 발생한다는 점에서 민간부문이 주도하여 부패를 방지한다는 것은 매우 중요한 의미를 갖는다.

협동 · 감시전략의 예로서는 주민감사제, NGO의 역할 강화 그리고 국민의 행정활동에 대한 관심 등을 들 수 있다. 이들 단체들은 행정기관에 비하여 전문성과 정보 부족이라는 약점이 있다.

(4) 사회주도전략

공직사회의 부정부패는 사회부문의 부정부패와 연관된다. 공직사회의 부정부패를 방지하기 위해서는 우선 사회의 윤리성 확립이 중요하다.

사회주도전략의 예로서는 사회자정운동의 전개, 기업의 윤리성 확보 등을 들 수 있다. 사회주도적 부패방지 전략은 비록 그 효과는 장기적으로 나타나지만, 가장 안정적인 효과가 기대되는 전략이다.

4) 한국의 부패방지 노력

한국에서는 여러 정권에 걸쳐 대대적인 반부패운동을 전개한 바 있다. 3 · 4공화국의 서정쇄신운동, 5공화국의 사회정화운동, 그리고 김영삼 정부의 반부패운동 등을 그 예로 들 수 있을 것이다. 뿐만 아니라 반부패의 법체계도 다원화되어 있다.

국가공무원법과 형법 이외에 공직의 부패를 다스리는 여러 법률이 제정되어 있다. 1981년에 공직자윤리법이 제정되고, 2001년 7월에는 부패방지법이 제정되었다.

2002년 1월 부패방지위원회가 출범함으로써 본격적으로 법의 실효성을 확보하게 되었고, 이 위원회는 2005년 7월에 국가청렴위원회로 개칭하였다. 그 후 2008년 2월에는 국가청렴위원회, 국민고충처리위원회, 국무총리 행정심판위원회 등의 기능을 합쳐 국민권익위원회를 설치하여 그 기능을 수행하고 있다. '부패방지 및 국민권익위원회 설치와 운영에 관한 법률' 에 의하여 설립된 국민권익위원회는 고충민원의 처리와 이에 관련된 행정제도를 개선하고, 부패의 발생을 예방하며 부패행위를 효율적으로 규제하도록 하기 위하여 국무총리 소속으로 설치하고 있다.

국민권익위원회의 주요 기능으로는 i) 국민의 권리보호 · 권익구제 및 부패방지를 위한 정책의 수립 및 시행, ii) 고충민원의 조사와 처리 및 이와 관련된 시정권고 또는 의견표명, iii) 고충민원을 유발하는 관련 행정제도 및 그 제도의 운영에 개선이 필요하다고 판단되는 경우 이에 대한 권고 또는 의견표명 등의 업무를 수행한다.

국민권익위원회는 위원장 1명을 포함하여 15명의 위원(부위원장 3명, 상임위원 3명 포함)으로 구성한다. 위원장과 위원의 임기는 각각 3년으로 하되 1차에 한하여 연임할 수 있다(동법 제13조 제16조).

또한 지방자치단체 및 그 소속 기관에 관한 고충민원의 처리와 행정제도의 개선 등을 위하여 각 지방자치단체에 시민고충처리위원회를 둘 수 있다(동법 제32조).

부패관련자의 제보와 고발을 진작시키기 위하여 제보자의 신분을 보호하는 것뿐만 아니라 보상금을 지급하는 제도도 운영하고 있다. '부패방지 및 국민권익위원회 설치와 운영에 관한 법률' 은 부패를 제보한 자 및 협조자의 신분을 보호하기 위한 장치를 두고 있다. 부패행위 신고자는 법에 따라 보호받을 수 있으며, 누구든지 신고를 한 이유로 신분상 불이익이나 근무조건상의 차별을 당하였거나 당할 것으로 예상되는 때에는 위원회에 해당 불이익처분의 원상회복 · 전직 · 징계의 보류 등 신분보장조치와 그 밖에 필요한 조치를 요구할 수 있다(동법 제62조).이러한 장치는 제보자의 익명성을 보호할 뿐만 아니라 만약 이를 이유로 신분상의 불이익을 당하면 원상회복을 요구할 수 있도록 보장하고 있다.

그리고 정부의 법령 위반 내지 부패행위에 의하여 공익을 현저히 침해받았다고 판단할 때 만 19세 이상의 주민 일정수[2] 이상이 연서하여 감사원에 직접 감사를 청구할 수 있는 '국민감사청구제도' (2002년 시행)를 도입하였다.

또한 부패의 제보를 통하여 국가나 지방자치단체의 예산낭비 등을 줄이는 효과가 있을 때에는 그에 상응하는 보상을 제공하도록 하고 있다.

제3절 공무원의 근무규율

1. 공무원의 충성

1) 충성의 개념

오늘날 민주국가에서 공무원이 지켜야 할 규범으로써 충성(loyalty)은 헌법의 기본질서와 국가적 이념에 대한 헌신을 의미한다(강성철 외, 2001: 479). 즉, 민주국가에서의 충성은 정치이념에의 헌신과 국민전체의 보편적 이익을 위한 헌신을 말한다.

공무원의 충성의무는 국가사회의 기본질서를 보호하는데 근본 목적이 있다. 충성의 의무를 지는 공무원은 따라서 헌법의 기본질서와 국가이념에 반대되는 신

2) 청구인 요건은 만 19세 이상의 국민 주민은 시 · 도는 500명, 50만 이상의 대도시는 300명, 시 · 군 · 구는 200명이 넘지 않는 범위 내에서 일정 수(해당 지방자치단체의 조례로 정한 주민 수) 이상의 연대서명을 받아 청구하여야 하며 청구대상은 공공기관의 사무처리가 법령위반 또는 부패행위로 인하여 공익을 현저히 해하는 경우이다.

념을 갖거나 또는 그러한 신념에 입각하여 헌법의 기본질서를 파괴하는 행동을 해서는 안 된다.

한국 정부에서도 공무원의 충성을 매우 강력하게 요구하고 있다. 한국의 공무원관계법령이나 행동강령에서 충성이라는 용어를 직접 쓰고 있는 경우는 드물지만, 여러 행동규범의 규정들은 충성의무를 전제로 하고 있다.

헌법 제7조에서 "공무원은 국민 전체의 봉사자이며 국민에 대하여 책임을 진다"고 규정한 것은 충성의무의 존재를 시사한 것으로 볼 수 있다. 공무원의 취임선서에도 이와 유사한 문구가 포함되어 있다.

국가공무원법 제 6조 이하의 여러 가지 행동규범은 충성의무를 지지하고 보완하는 것으로 해석할 수 있다. 특히, 공무원 윤리헌장에서는 충성의무를 직접적으로 규정하고 있다.

각국 정부는 공무원의 임용과정에서 당해 국가의 정치체제에 반하는 신념을 갖고 있거나 또는 과거 헌법의 기본질서를 파괴하는 행동을 한 경력이 있는 자를 배제하는 선발절차를 거치고 있으며, 재직 공무원에 대해서는 보안활동을 통하여 불충성 행위 여부를 점검한다.

2) 충성과 인권

공무원의 충성의무는 국민의 자유와 권리보호를 근간으로 하는 민주사회의 기본가치와 상충되는 일면이 있다. 즉, 공무원의 충성의무는 공무원 개인의 정치적 신념을 통제한다는 측면에서 사상자유의 원칙과 상충되며, 또한 공무원 개인의 인권을 침해할 소지가 있다.

민주국가에서 정부는 국민의 자유와 권리를 보호하고, 복리를 증진시키는 수단이 되어야 한다. 따라서 민주사회에서는 국가안보의 유지를 명분으로 하여 인간의 존엄성과 가치 그리고 인권을 침해하여서는 아니 된다. 그러나 시민의 안녕과 복지 그리고 국가사회의 기본질서를 유지하기 위해서는 공무원의 충성의무를 부과하지 않을 수도 없다.

따라서 공무원의 충성의무는 헌법의 기본질서 유지와 개인의 자유 및 권리의 보호라는 두 가지 필요성을 적절히 조화시키는 법제도의 확립과 운용의 문제로 귀결된다(강성철 외, 2001: 481).

3) 충성심사

공무원의 충성을 확보하기 위한 방법은 다양하나, 그 중 주된 수단으로는 공직에 취임하려는 사람이나 현직 공무원들의 이념 및 행적에 관한 자료를 조사 · 평가하는 것이다.

신규임용자의 경우 충성심사 결과 문제가 있는 것으로 판정 받은 사람은 공직 임용이 거부되며, 현직 공무원의 경우 불충성 판단을 받은 공무원은 공직에서 배제된다.

충성심사는 일반적으로 모든 공무원이 대상이 되나, 국가 기밀업무를 다루는 공무원의 경우는 특히 엄격한 심사기준이 적용된다. 미국은 전 공무원을 대상으로 충성심사를 하며, 영국은 안보와 관계가 깊은 직위만을 대상으로 하고 있다(Stahl, 1983: 412 / 강성철 외, 2001: 481).

한국은 신규임용자에 대한 신원조회제도가 충성심사의 기능을 하고 있다. 신원조회는 각 기관의 임용권자 또는 임용제청권자가 주관하되, 자료조사는 수사기관에 의뢰하고 있다. 임용예정자가 신원진술서를 작성하여 제출하면, 임용권자 또는 임용제청권자는 이를 수사기관에 보내 진실여부와 추가적인 사실유무를 조사하게 한다. 조사가 끝나면 임용권자 또는 임용제청권자가 이를 심사하여 결격사유의 유무를 판정한다.

이러한 신원조회는 좁은 의미의 충성심사만을 위한 것이 아니라 다른 결격사유도 널리 조사하려는 것이다. 그러나 국가안보와 관련된 부서에 근무하는 공무원 외에는 재직자의 충성심사가 제도화되어 있지 않다.

인사행정 절차상의 하나로 수행되는 충성심사는 다른 여러 인사행정기능과 조화를 이루어야 한다. 특히, 충성심사가 인재충원을 배척하여서는 안 되며, 관료의 장악 및 통제수단으로 활용하거나, 지나친 보안활동이 공무원의 근무의욕을 위축시켜서는 안 된다. 또한 충성심사가 공무원으로 하여금 부당한 불이익을 받게 하여서는 안 된다. 이런 점에서 볼 때, 한국의 신원조회는 앞으로 시정되어야 할 점이 적지 않다.

첫째, 심사기준 또는 최저 자격기준이 모호하고 때로는 유동적이며 심사중추들이 분산되어 있기 때문에 심사의 공평성이나 정부 전체에 걸친 균형을 잃을 위험이 있다.

둘째, 심사와 판정이 비밀에 붙여지고 공개적인 재심사의 절차가 없기 때문에 불이익처분을 받은 사람이 정당하게 구제받을 수 있는 기회가 없다. 따라서 무고

한 사람의 인권이 침해될 염려가 있다.

셋째, 모든 채용예정자에 대하여 신원조회를 하기 때문에 비용이 많이 들고 자료조사가 형식화되는 경향이 있다.

2. 공무원의 정치활동과 정치적 중립

1) 정치적 중립의 의의

공무원의 정치적 중립(political neutrality)이란 공무원이 정치에 개입하거나 인사관리 등에 있어서 정치로부터 부당한 간섭을 받지 않음을 의미한다.

공무원의 정치적 중립은 공무원의 행동규범으로써의 관점과 공무원에 대한 인사관리의 원칙으로써의 관점으로 나누어진다. 전자의 경우, 공무원이 어느 정당이 집권하든 자기의 직무를 성실하게 수행하여야 한다는 당파적 중립성을 의미한다. 이는 공무원이 정치에 무관심할 것을 요구하는 것이 아니라, 부당하게 당파적 특수이익과 결탁하여 공평성을 잃거나 정쟁에 개입하지 않는 비당파성을 말한다. 이러한 관점에서 정치적 중립은 공정한 선거를 통하여 민의와 대표성을 확보한 정치인이 집권할 수 있게 하려는 것이다. 한편, 후자의 경우는 공무원에 대한 모든 인사관리에 있어서 정치적 간섭으로부터의 배제를 의미한다(박연호, 1996: 395). 인사관리적 측면에서 정치적 개입을 배제하려는 것은 직업공무원의 축적된 전문적 지식을 통하여 행정의 안정성, 일관성, 능률성, 공평성을 유지함으로써 공익을 증진하려는 것이다.

공무원의 정치적 중립이 인사행정에서 중요한 문제로 대두된 것은 정치행정이원론 및 실적주의의 출현과 그 맥을 같이 한다. 즉, 공무원 인사에 대한 정치적 간섭을 배제하여 공무원의 신분을 보호함으로써 행정의 안정과 전문성을 확보하는 데 정치적 중립의 근본 의의가 있다.

또한 공무원들은 특정 정파의 이익을 대변하기보다는 국민 전체의 이익을 대변하여야 한다는 현대 민주정치의 근본 이념에 비추어 볼 때 공무원의 정치적 중립은 의미를 지닌다고 할 수 있다.

2) 정치적 중립의 필요성

공무원의 정치적 중립의 필요성은 행동규범으로써의 필요성과 인사관리상 원칙으로써의 필요성 두 가지 측면에서 기인된다(오석홍, 2000: 618 / 강성철 외, 2001: 483).

첫째, 공무원은 공익을 옹호하고 증진해야 할 사명을 가지고 있다는 것이다. 이러한 공무원의 사명은 당파적 이익이나 부당한 정치적 압력에 대하여 불편부당(不偏不黨)한 입장을 견지해야 한다는 행동규범을 당연히 요구하게 되는 것이다.

둘째, 정치적 개입에 의한 공무원의 부정부패와 낭비를 방지할 수 있다. 정당적 정실이 공무원의 인사와 직무수행에 개입함으로써 야기되는 공무원의 부패와 낭비를 막기 위해서도 공무원의 정치적 중립이 필요하다는 것이다.

셋째, 정권변경시에 행정업무의 계속성과 전문성을 확보할 수 있다. 사실 정권교체에 의한 집권세력의 변동에도 불구하고 정부업무를 전문적이고 계속적으로 수행할 수 있는 중립적 세력의 존재가 필요하다. 특히 정부업무가 복잡해지고 그 규모가 확대될수록, 그리고 정부업무의 전문화와 효율화에 대한 요청이 커질수록 공무원의 정치적 중립성을 보장해야할 필요성은 더욱 커진다.

넷째, 정치체제 내의 세력균형을 위해서 정치적 중립을 필요로 한다. 특히 발전도상국에 있어서 공무원에 의한 정치개입을 막지 않으면 민주정치과정의 정당한 기초를 더욱 악화시키고 정부관료제의 전횡을 가져올 수 있다.

다섯째, 공무원의 신분보장을 통해 직무수행의 능률성을 확보할 수 있다.

3) 정치적 중립의 내용

공무원의 정치적 중립을 보장하기 위해서는 공무원을 정치적 간섭으로부터 보호하는 한편, 공무원 자신의 능동적인 정치활동을 제한해야 한다. 역사적으로 엽관주의 혹은 정실주의의 폐해가 컸던 국가는 공무원의 정치적 중립을 엄격하게 요구하고 있으나 그렇지 않은 국가는 비교적 관대하다(박동서, 2001: 370).

일반적으로 유럽국가의 경우는 공무원의 정치적 활동에 대하여 관대한 편이다. 프랑스의 경우를 보면, '일반공무원법' 에는 공무원의 정치적 중립에 대하여 구체적인 규정이 없다. 따라서 공무원의 정당가입과 정당활동이 허용되고 있으며, 국회의원에 공무원의 신분을 유지한 채 출마할 수도 있다. 그리고 당선이 되면 국회

파견근무를 발령 받게 된다. 그러나 공무원이 지켜야할 기본적 의무로써의 중립 또는 공정성의 의무는 당연히 요구되어진다. 또한 인사관리상의 비정치성도 상당히 강화되어 있는 편이다(박연호 · 박균성, 1997: 116~117).

독일의 경우도 공무원의 정치적 활동이 폭넓게 허용되고 있다. 공무원의 정당가입과 정당활동이 자유로우며, 의원직과의 겸직도 가능하다. 이렇게 공무원의 정치활동에 관용적인 이유는 첫째, 제한된 인재의 활용을 가능케 하기 위해서이다. 둘째, 유능한 행정관료의 의회참여를 장려하여 의회에 행정부의 지원을 용이하게 하자는 것이다. 셋째, 공무원에게 겸직이 허용되면 선거구민의 부당한 압력에 구애받지 않고 당해 의원이 의회활동을 할 수 있을 것이라는 기대에서이다.

한편, 공무원의 의원직 입후보는 가능하지만 당선되면 공직을 사퇴해야 하는 국가는 포르투갈, 벨기에 등을 들 수 있고, 의원직 사퇴 후 복직이 가능한 국가는 프랑스, 이탈리아, 네덜란드 등을 들 수 있다(박천오 외, 2001: 420~421).

영국의 경우는 정책결정과 관련이 깊은 고급공무원에 대하여는 정치적 중립을 강하게 요구한다. 그러나 하위직으로 갈수록 완화하여 최하위 계층 공무원에게는 어떠한 제약도 두지 않고 있다(Drewry & Butcher, 1988: 129 / 박천오 외, 2001: 421).

미국의 경우 공무원의 정치적 활동에 대한 제한은 정치적 압력으로부터 공무원을 보호하려는 수단으로 널리 인식되고 있다. 미국에서 공무원의 정치적 중립은 1883년 펜들턴 법(Pendlton Act)과 1939년과 1940년의 제 1 · 2차 해치 법(Hatch Act)에서 찾아 볼 수 있다. 여기에는 공무원들의 입후보 금지, 선거운동 금지, 정당직 보유 금지 등의 정치활동 제한 내용이 포함되어 있고, 공무원들에게 허용되는 정치적 행위로는 투표권 행사, 정치에 대한 사적 견해 피력, 사적인 정치회합 참가, 본인 소유의 자동차에 스티커나 배지의 부착 등이 있다. 그러나 이러한 해치 법에 대한 비판이 일면서 1972년 연방선거법이 개정되었고, 그것을 계기로 공무원의 정치활동에 대한 규제가 일부 완화되었다. 즉, ① 공무원들은 정치적 이슈 및 후보에 대한 의견 개진, ② 정당자금의 유치와 제공, ③ 정당활동에 대한 참여, ④ 특정후보를 위한 선거운동 등을 할 수 있게 되었다. 이와 같이 미국에서는 공무원의 정치활동을 점차 넓혀 가는 추세에 있다.

일본은 공무원의 정치적 활동에 대한 규제를 국가공무원법과 인사원규칙에 구체적으로 규정하고 있다. 그 내용으로는 ① 입후보 금지, ② 정당 또는 정치적 목적의 기부금 금지, ③ 정치단체의 임원 등으로 참여를 금지하고 있다. 이와 같이 일본의 정치적 행위를 제한하는 규율은 정당정치가와 공무원간의 일정한 상호

불개입의 관계를 확립하기 위한 조치로 받아들여지고 있다(西尾 勝, 1993: 115~116 / 박천오 외, 2001: 423).

한국의 경우 헌법은 "공무원의 신분과 정치적 중립성은 법률이 정하는 바에 의하여 보장된다" 고 규정하고 있다(헌법 제7조 제2항). 즉, 공무원의 정치적 중립성을 법률이 정하는 바에 의하여 보장받도록 함으로써 공무원이 정치단체의 활동이나 선거에 관여하는 것을 광범위하게 금지하고 있는 것이다. 일부 정무직을 제외한 공직자들은 선거에 의해 취임되는 직위에 겸직될 수 없으며, 선거에 입후보하려면 공직을 사임하여야 한다. 국가공무원법 제 65조에서는 다음과 같은 정치활동을 금지하는 조항을 두고 있다.

제1항, 공무원은 정당이나 그 밖에 정치단체의 결성에 관여하거나 이에 가입할 수 없다.

제2항, 공무원은 선거에서 특정정당 또는 특정인을 지지 또는 반대를 하기 위한 다음의 행위를 하여서는 아니 된다.

① 투표를 하거나 하지 아니하도록 권유운동을 하는 것.
② 서명운동을 기도 · 주재하거나 권유하는 것.
③ 문서나 도서를 공공시설 등에 게시하거나 게시하게 하는 것.
④ 기부금을 모집 또는 모집하게 하거나 공공자금을 이용 또는 이용하게 하는 것.
⑤ 타인에게 정당이나 그 밖에 정치단체에 가입하게 하거나 가입하지 아니하도록 권유운동을 하는 것.

제3항, 공무원은 다른 공무원에게 제1항과 제2항에 위배되는 행위를 하도록 요구하거나, 정치적 행위에 대한 보상 또는 보복으로서 이익 또는 불이익을 약속하여서는 아니 된다.

이와 같이 한국은 공무원의 정치활동을 엄격하게 제약하고 있는데, 이는 과거 정권에 있어서 공무원들의 정치적 활동으로 인한 폐단에서 기인한 것으로 볼 수 있다.

4) 정치적 중립에 대한 비판과 한계

엽관주의의 폐해를 극복하고 행정의 안정성, 계속성, 전문성, 공평성을 유지하기 위해서는 정치적 중립을 공무원들의 행동규범으로 하는 것은 당연하다. 그러나 한편으로는 민주주의 국가에서 특정집단의 정치적 자유만을 제한하는 것은 불공평하다는 비판이 있다.

정치적 중립의 비판의 주요 논점은 다음과 같다(오석홍, 2000: 621~623 / 박동서, 2001: 376 / 강성철 외, 2001: 485).

첫째, 공무원의 참정권 제한은 불공평할 뿐만 아니라 민주정치원리에도 모순된다는 것이다. 즉, 민주주의 정치원리를 채택하고 있는 국가에서 어느 특정 집단의 정치적 자유만을 제한하는 것은 불공평하다는 것이다. 또한 어느 사회에서나 공무원의 수준은 일반시민에 비하여 대체적으로 높은데, 이들의 정치적 활동을 제한하는 것은 정치적 수준을 저하시킬 뿐만 아니라 정당정치의 기본적인 여건 조성에도 도움이 되지 않는다는 것이다.

둘째, 공무원의 정치참여 제한은 공무원 집단의 이익을 경시하는 결과가 된다. 다양한 사회 집단들이 여러 정치과정에 참여하여 그들의 이익을 정책에 반영시키는 것이 민주국가의 현상인데 이를 공무원 집단에게만 제한하는 것은 그들에게 불이익을 강요하는 결과가 된다.

셋째, 공무원의 정치참여 제한은 참여관료제(participatory bureaucracy)의 발전을 저해할 수 있다. 여기서 참여관료제란 중하위 공무원들의 정책형성 참여기회 및 대내외적 의사표명의 기회를 넓혀 주는 관료제를 말한다.

넷째, 정당정치의 발전과 정당인의 자질향상을 위해 공무원의 정당가입이 바람직하다.

다섯째, 공무원에 대한 정치적 중립의 요구는 공무원들의 이념적 무관심을 초래하고, 정부관료제가 국민에 대한 대응성을 약하게 하는 폐쇄집단으로 만들 수 있다.

여섯째, 공무원의 정치적 중립을 요구하는 근거는 정치행정 이원론에 기초를 둔 것인데, 정치행정 일원론이 지배하는 오늘날의 현실에는 부합되지 않는다는 것이다.

물론 위의 여러 가지 비판이 공무원의 정치적 중립이라는 제도의 완전폐지를 정당화 할 만큼 강력한 것은 아니다. 그러나 귀담아 듣고 개혁과정에서 고려해야 할 만한 가치는 있다고 할 것이다.

인사행정은 흔히 상충되는 여러 가치와 요청을 조정해야 한다. 물론 그 조정점을 어디에 두느냐 하는 것은 상황변화에 따라 달라져야 한다. 과거에는 정부관료제의 중립적 능력을 확보하는 것이 최우선의 요청이었다고 생각할 수 있다. 그러나 오늘날에는 그와 경쟁관계에 있는 다른 가치들이 대등하거나 보다 높은 우선순위를 요구하고 있다.

i) 정부관료제의 정치적 책임을 확보해야 한다는 요청, ii) 관리자들이 정책사업가(policy entrepreneur)의 역할을 수행해야 한다는 요청, iii) 정치적 리더십의 역할을 강화해야 한다는 요청, iv) 관리과정의 융통성을 높여야 한다는 요청, v) 공무원단체의 역할을 강화해야 한다는 요청 등이 점점 더 커지고 있다(Shafritz and Russell, 1997: 286~400).

결국 공무원의 정치적 중립문제는 그 사회의 정치발전 정도와 공무원 및 국민의식 수준에 의해 좌우된다고 할 수 있다.

5) 정치적 중립의 확립 요건

공무원의 정치적 중립에 대한 비판에도 불구하고 공익수호라는 대의에서 볼 때 공무원들의 정치활동은 일정수준 법으로 규제하는 것이 필요하다. 그러나 공무원의 정치적 중립은 제도만으로 성취되기 어렵다.

한국의 경우, 특히 정치적 환경으로 보아 공무원의 정치적 중립과 신분보장 문제를 적절히 조화시키는 것은 상당히 어려운 일로 보인다(강신택, 1988: 24). 따라서 정치적 중립을 확보하기 위해서는 법제화에 앞서 근본적인 여건이 갖추어져 있지 않으면 실제로 공무원의 정치적 중립을 보장하기 어려울 것이다. 그러한 기본적인 여건들은 다음과 같다(박천오 외, 2001: 428 / 강성철, 2001: 487 / 오석홍, 2000: 624).

첫째, 정치발전과 평화적 정권교체의 여건이 마련되어 있어야 한다. 즉 민주주의적 정치과정을 유지하기 위해서 필요한 기본적 제도가 정상적으로 운영되어야 하며, 정치인들의 민주적 정치윤리의 확립이 요구된다.

둘째, 공무원의 신분보장이 강화되어야 한다. 공무원들에 대한 확고한 신분보장이 전제되지 않고는 공무원의 정치적 중립은 하나의 구호에 불과하다고 할 수 있다.

셋째, 공무원의 의식개혁이 요구된다. 즉, 공무원들이 민주적 행정의 사명과 이에 필요한 정치적 중립의 필요성을 자각하고 이를 적극적으로 옹호하려는 마음가짐이 있어야 한다.

넷째, 국민의 정치의식이 제고됨으로써 시민적 권리가 올바로 행사되어야 한다. 즉, 국민이 국민주권의 원리를 내재화하고 민주시민적 권리를 올바로 행사할 때 정치적 중립이 확보되는 것이다.

3. 공무원 노동조합

1) 공무원 노동조합의 의의

공무원노동조합(government employees' union)[1)]은 공무원들이 자주적으로 단결하여 근로조건의 개선과 복지증진, 기타 경제적 · 사회적 지위의 향상을 목적으로 조직하는 공무원의 단체로 정의될 수 있다(강성철 외, 2011: 519). 공무원들은 그들의 이익증진을 위하여 노동조합을 조직한다. 그러나 공무원은 사기업체의 근로자와 달리 공적 업무를 수행하는 특수성이 있어서 헌법에 보장된 기본권으로서의 단결권, 단체교섭권, 단체행동권은 일정한 제약을 받는다. 공무원 노동조합에 대한 정책은 국가마다 다른데, 일부 국가에서는 공무원 노동조합의 구성과 활동을 폭넓게 허용하는가 하면, 공무원 노동조합의 조직 자체를 금지하는 국가도 있다.

한국에서는 그동안 사실상 노무에 종사하는 공무원에 대해서만 노동권이 제한적으로 허용되어 왔으나, 1999년의 '교원 노동조합 설립 및 운영 등에 관한 법률' 및 '공무원직장협의회의 설립 · 운영에 관한 법률' 과 2006년 1월 시행된 '공무원의 노동조합 설립 및 운영 등에 관한 법률' 에 의하여 교원 및 6급 이하 일반직 공무원도 '노동조합' 과 '공무원직장협의회' 를 결성할 수 있게 되었다.

2) 공무원 노동조합의 특성

일반적으로 공무원 노동조합에 반대하는 사람들은 공무원 노동조합이 사기업체

1) 노동조합의 권력 확보 방법, 즉 조합원 수의 확보와 조합운영자금 조달방법에 따라서 숍제도(shop system)와 체크오프 제도(check off system)가 있다(이재규 외, 1997 / 박천오 외, 2001: 394). 숍제도는 크게 네 가지로 나누어 설명할 수 있는데, 오픈 숍(open sh p), 유니온 숍(union shop), 클로즈드 숍(clo ed shop), 그리고 에이전시 숍(agency shop)이나 프리퍼렌셜 숍(preferential shop)과 같은 변형적 숍제도들이 그것이다. 오픈숍은 조합원이나 비조합원이나 모두 고용할 수 있도록 하는 제도를 말한다. 누구도 조합가입이나 조합비 납부를 강요받지 않는다. 유니온 숍의 전형적인 형태는 사용자의 자유로운 채용이 허락되나, 일단 채용된 후에는 반드시 조합에 가입해야 하는 제도를 말한다. 클로즈드 숍은 채용에 있어서 사용자는 조합원 중에서 고용해야 하는 제도를 말한다. 에이전시 숍은 조합원이 아니라도 모든 직원에게 단체교섭권의 당사자인 노동조합에서 조합 회비를 징수하는 제도를 말하며, 프리퍼렌셜 숍은 채용시에 조합원에게 우선순위를 주는 제도를 말한다. 한편 체크 오프 제도는 고용자가 근로자의 급여에서 공제하여 조합에 넘겨주는 조합비 공제제도를 말한다.

의 노동조합과 본질적으로 다르다는 점을 강조한다. 사기업체의 경우와 다른 공무원 노동조합의 특성으로는 다음과 같은 점들을 들고 있다(Sthal, 1976: 333~337 / Leap, 1991 / 강성철 외, 2001: 488).

첫째, 정부는 전체 국민을 대표한다는 점에서 사기업체와 다르다. 사기업에서는 기업주와 노동조합이 법 앞에서 본질적으로 평등한 권한을 가지며, 그들은 그들이 합의한 것이면 무엇이든지 추구할 수 있으나, 그들은 공익을 추구하거나 대표할 의무가 없다. 그러나 정부는 법 앞의 두 당사자가 아니라 전체 국민의 민주주의 도구로써의 역할을 한다. 공무원 노동조합의 이익은 특정한 정부기관과의 협상에 의하여 결정되는 것이 아니라 궁극적으로 정치적 영역에서 해결되어야 할 성질의 것이다. 단체교섭을 통해 공무원 집단이 얻게 되는 부가적 이익은 일반 납세자나 다른 집단의 희생을 전제로 하는 것이다. 공공영역에서의 노사문제는 정치적 문제로써 궁극적 권한은 전체 국민이 갖는다.

둘째, 보수를 포함한 공무원 근무조건은 법령에 의해 정해진다. 따라서 법령이 바뀔 때까지 정부의 집행부서는 공무원 노동조합과 그것을 수정하거나 폐지하는 어떠한 쌍무적 합의를 할 수 없다. 이런 점에서 공무원 노동조합이 정부의 관리층과 협상을 통해 해결할 수 있는 영역은 사기업과는 달리 매우 제한되어 있다.

셋째, 정부에서의 의사결정 권한은 사기업체에서 보다 훨씬 광범위하게 분산되어 있어 공무원 노동조합이 교섭상대를 확인하기가 쉽지 않다. 공무원의 보수는 법률로 정해져 있어 기관장은 이러한 일에 어떤 조치를 취할 수 없고 단지 조언을 할 수 있을 따름이다.

넷째, 공무원 노동조합이 단체행동(파업)에 돌입할 경우 다른 대체 서비스가 불가능하기 때문에 사용자인 정부에 대하여 매우 강력한 영향력을 미칠 수 있다. 이런 연유로 행정 서비스에서 비롯되는 혼란과 불안을 방지하기 위하여 각국은 공무원 노동조합에 단체교섭의 수준까지만 인정하고 있다.

3) 공무원 노동조합의 인정

(1) 공무원 노동조합의 필요성

공무원 노동조합의 필요성에 대해서는 찬반 논의가 계속되고 있다. 공무원 노동조합의 결성과 활동을 인정해야 할 필요성은 다음과 같은 측면에서 제기되고 있다(박영범, 1994: 9 / 강성철 외, 2001: 490~491 / 오색홍, 2005: 565).

첫째, 공무원 노동조합은 관리의 민주성과 공정성을 높일 수 있다. 공무원 노동조합은 집단적 의사표시의 수단이 된다. 따라서 공무원들의 부당한 정실인사뿐만 아니라 정책결정이나 예산집행 등의 관리상의 잘못에 대해서도 이의 시정을 촉구할 수 있다. 또한 공무원 노동조합은 밀실행정으로 인한 부정과 비효율을 방지하는 데 기여할 수 있다.

둘째, 공무원 노동조합은 공무원들의 권익을 보호할 수 있다. 기존의 조직구조 하에서 보수나 근무환경 등에 대한 공무원의 개별적 대응은 사용자인 정부에 비하여 절대적으로 약자일 수밖에 없다. 따라서 공무원 노동조합을 통해서 공무원의 권익침해를 최소화 할 수 있고, 현재의 낮은 보수수준과 열악한 근무환경을 개선시키는 효과를 가져올 수 있다.

셋째, 공무원 노동조합의 활동은 참여의식, 가치인정, 귀속감 등의 충족을 통해 사기앙양을 기할 수 있다. 공무원 노동조합은 공무원의 복지증진, 정책결정과정에의 참여, 집합적인 의사표시 및 친목활동 등을 통하여 성취감, 연대의식 등의 사회적 욕구를 충족시키는 기능을 수행한다. 이러한 과정은 공무원의 사기앙양과 행정능률의 향상을 가져올 수 있다.

넷째, 공무원 노동조합은 공무원들의 직업윤리 확립과 부패방지에 기여 할 수 있다. 즉, 공무원 노동조합은 공무원들이 직업적인 행동규범으로부터 이탈하는 것을 막는 사회적 견제작용을 함으로써 건전한 직업윤리 확립과 자질향상을 위한 교화활동을 수행한다. 공무원 노동조합은 나아가 전문직업화를 통한 자율통제 효과를 통해서 부패방지에 기여할 수 있다.

(2) 공무원 노동조합 인정의 한계

공무원 노동조합에 반대하는 사람들은 공무원의 직위와 직무의 공공성에서 그 이유를 찾는다. 즉, 공무원 노동조합은 사기업체의 노동조합과 근본적으로 다르며, 결국 공무원 노동조합이 장기적으로 공익을 해치게 된다는 것이다. 공무원에게는 노동권이 제한되어야 한다는 주장은 다음과 같다.

첫째, 공무원은 전체국민에 대한 봉사자로서 공무원들의 노동조합활동은 공익을 해칠 수 있다. 공무원은 특정 개인이나 집단을 위해서가 아니라 전체 국민을 위하여 봉사하여야 한다. 그런데 공무원 노동조합을 허용하게 되면 자신들의 집단이익을 위해 무리한 요구를 할 수 있고, 이는 공익을 해치는 결과를 초래하기 쉽다. 또한 노동조합이 정치세력화할 가능성이 있다. 공무원 노동조합의 협상대상은 정부의 각 부처나 기관으로 분산되어 있어서 협상에 한계가 있다. 따라서 노동조합은 국회의원 내지 다른 정치적 힘을 가진 주체와 협상하려 한다. 이 과정에서 자신들을 지지해주는 정당에 선거에서 표를 몰아주는 등 정치세력과 결탁할 수 있고, 이것은 공무원의 정치적 중립을 저해할 뿐 아니라 국민의 봉사자로서 지위를 유지하기 어렵게 한다. 또한 공무원은 일반기업의 고용인과는 달리 고용주의 이윤을 위해 일하는 신분이 아니다. 따라서 이들을 인위적으로 사용자와 노동자 집단으로 이원화하여 문제를 접근하는 자체가 국민주권의 개념을 근원적으로 파괴하는 것이라고 할 수 있다.

둘째, 공무원 직무의 공공성으로 인하여 공무원의 노동조합활동은 국민 전체의 이익에 크게 영향을 미칠 수 있다. 정부가 수행하는 업무는 국가의 기능유지와 국민의 생활유지에 필수적인 것이어서 이러한 직무의 수행이 중단되는 경우 국익에 중대한 해를 가져올 수 있다(Cozzetto, 1996: 94 / 유민봉 · 임도빈, 2003: 419). 따라서 직무의 공공성에 상응하는 공무원의 노동권의 제한은 정당화될 수 있다는 것이다.

셋째, 공무원 노동조합은 행정의 능률성을 저해할 수 있다. 공무원 노동조합이 무엇보다 중요시하는 것은 그들의 신분보장이다. 따라서 그들은 ⅰ) 생산성과 관계 없이 동일 업무 종사자에 동일보수 지급을 고집하는 경향이 있으며, ⅱ) 바람직한 업무량의 기준을 최저수준으로 간주하며, ⅲ) 선임주의 인사원칙이 보편화되도록 압력을 가하며, ⅳ) 관리층의 재량과 신축성을 제약하며, ⅴ) 근무규율 확립 조치에 반대하고 부하직원 처벌을 잘못된 것으로 간주함으로써 행정능률의 향상을 저해하는 경향이 있다(Stahl, 1976: 333 / 강성철 외, 2001: 492).

이상의 찬성과 반대의 논리 속에서 우리가 관심을 가져야 하는 것은 어느 한쪽의 입장이 아니라 어느 계급의 공무원에게, 어떤 직무를 수행하는 공무원에게, 그리고 어느 정도의 노동권리를 인정해 줄 것인가의 정도 문제에서 그 타협점을 찾을 수 있을 것이다.

4) 공무원 노동조합의 활동내용

공무원 노동조합의 활동내용은 일반 노동조합에서와 같이 단체구성, 단체교섭, 단체행동으로 구분된다. 공무원 노동조합의 활동내용은 각 국가의 여건에 따라 그 허용범위가 각각 다르다. 〈표 12－2〉에서 보는 바와 같이, 공무원 노동조합의 활동내용은 국가에 따라서, 그리고 공무원의 종류에 따라서 그 허용범위가 정해지고 있다. 일반직 공무원의 경우 단결권과 단체교섭권을 부여하고 있는 국가가 많으며, 일본과 독일처럼 협의권만 부여하는 국가도 있다. 일반직 공무원의 단체행동권은 대부분의 국가에서 금지되고 있으며, 군인과 경찰공무원 등은 국가에 따라 단결권이 제한되기도 한다.

(1) 노동조합의 구성(단결권)

공무원은 헌법과 법률이 정하는 바에 따라 공무원 노동조합을 구성할 수 있다. 노동조합의 구성이 허용되는 공무원의 범위는 각국의 사정에 따라 다르다.

헌법 제33조 제2항은 "공무원인 근로자는 법률이 정하는 자에 한하여 단결권·단체교섭권 및 단체행동권을 가진다"고 하여 공무원 근로자의 노동권을 법률에 위임하고 있다. 그동안 국가공무원법 제 66조는 사실상 노무에 종사하는 공무원에게만 노동권을 보장하여 왔다.

국가공무원복무규정 제28조에 의하면 노무에 종사하는 공무원이란 정보통신부 및 철도청 소속 현업기관과 국립의료원 작업현장에서 노무에 종사하는 기능

표 12-2 각국 공무원의 노동기본권 허용 범위

구분	분류	단결권	단체교섭권	단체행동권
일 본	일반 공무원	○	○**	×
	경찰	×	×	×
	현업기관	○	○	×
독 일	일반직 노무자, 직원	○	○	○
	일반직 관리	○	○**	×
	경찰	○	○**	×
프랑스	일반 공무원	○	○	○
	경찰	○	○	×
영 국	일반 공무원	○	○	×***
	경찰	○*	○	×****
미 국	연방 공무원	○	○	×
	주 지방 공무원	각 주 지방정부마다 다양한 규정 존재		

주 : * 단일 단체에만 가입 가능, ** 협의권만 인정, *** 징계 대상, **** 형사벌의 대상
자료 : 서원석, 「ILO회원국의 공무원단체 활동 비교연구」(한국행정연구원, 1994), p. 154.

직 및 고용직 공무원을 말한다. 한편 교원의 경우, 1999년 제정된「교원의 노동조합 설립 및 운영에 관한 법률」에서는 국 · 공립 · 사립학교 교원들이 노동조합을 설립할 수 있도록 하였다. 이 법은 교원노동조합에 단결권과 단체교섭권은 부여하되 파업 등 단체행동권은 행사하지 못하도록 규정하고 있으며, 또한 단체협약을 체결할 수 있는 사항을 임금, 근로조건, 후생복지 등 교원의 경제적 · 사회적 지위향상과 관련된 것으로 제한하고 있다.

1999년 1월부터는 '공무원직장협의회의 설립 · 운영에 관한 법률' 에 의하여 6급 이하의 일반직 공무원, 기능직 공무원, 고용직 공무원 등이 근무환경 개선 · 업무능률 향상 및 고충처리 등을 위해 직장협의회를 설립할 수 있도록 허용되었다. 그리고 2006년 1월에 시행된 '공무원의 노동조합설립 및 운영에 관한 법률' 에 의하여 6급 이하 공무원들의 노동조합활동을 합법화하였다.

국제노동기구(ILO) 제87조 협약은 군대와 경찰을 제외하고 모든 공무원에게 단결권을 인정할 것을 요구하고 있다. 일반적으로 단결권의 제한은 직무의 공정성이 현저하여 직무의 중단이 국민생활이나 국가기능의 지속성에 미치는 위협이 클수록 단결권의 허용이 제한될 수밖에 없다. 또한 직급도 고려하여야 한다. 고위직일수록 직무상 영향범위가 넓고, 단순 기능직일수록 그 영향범위가 좁기 때문에 단결권의 허용범위가 달라야 할 것이다.

(2) 노동조합의 단체교섭

단체교섭은 공무원 노동조합들이 보수와 근로조건, 인사문제 등을 사용자측인 관리층과 단체적으로 협의하는 것을 말한다. 공직의 특수성을 내세워 공무원 노동조합의 구성 자체를 반대하는 사람들은 물론 단체교섭의 가능성을 전면적으로 부인하려 한다. 그러나 공무원 노동조합의 기능을 긍정적으로 이해하는 사람들은 공무원들의 권익옹호뿐만 아니라 관리작용의 원활화를 기하기 위해서도 공무원 노동조합을 정책결정과정에 참여시켜야 한다고 주장한다. 공무원 노동조합의 구성을 허용하는 국가들에서는 대개 공무원의 단체교섭권을 허용하고 있다.

교섭의 범위는 민간부문의 경우 일반적으로 협상 강제항목, 협상 가능항목, 협상 불가항목으로 분류한다. 협상강제항목은 협상을 거부하는 것이 부당노동행위에 해당하는 항목들이다. 여기에는 대개 경제적인 것으로써 임금 및 퇴직금 등이 있고, 비경제적 항목으로는 인사이동, 근로시간, 신분보장 및 징계 등이 포함된다. 협상 가능항목은 노사쌍방이 협상하기로 합의한 경우에 의제가 될 수 있으며,

협상 불가항목은 어느 쪽도 협상테이블에 올릴 수 없는 항목이다.

공무원 노동조합에게 허용되는 교섭의 범위는 제한되는 것이 일반적이다. 신규 공무원 채용기준과 절차, 기관의 임무, 그리고 보수에 대하여는 교섭이 제한적이다. 공무원 채용기준과 절차는 실적주의를 보호하기 위해서 필수적이다. 기관의 임무는 민주제도에서 원칙상 기관장의 임무이지 협상의 대상이 아니라는 것이다. 그리고 보수의 경우는 기관의 대표자들이 예산의 편성과 결정권한을 가지고 있지 않기 때문에 배제되는 것이 일반적이다. 또한 단체교섭에서 높은 보수 인상률을 합의하는 경우 타 부문의 예산이 줄어들 수 있고, 공무원의 보수수준은 민간분야의 인건비와 이로 인하여 경제에 미치는 영향이 크기 때문이다.

한국의 경우 '공무원의 노동조합 설립 및 운영 등에 관한 법률'은 공무원 노동조합 대표가 노동조합에 관한 사항 또는 공무원의 보수 · 복지 그밖의 근무조건에 관한 사항에 대하여 행정안전부 장관 · 특별시장 · 광역시장 · 도시자 · 시장 · 군수 · 구청장 등 정부측 교섭대표와 교섭하고 단체협약을 체결할 권한을 가지도록 하고 있다(동법 제8조). 그러나 정책결정에 관한 사항이나 임용권의 행사 등 그 기관의 관리 · 운영에 관한 사항으로 근무조건과 직접 관련이 없는 사항은 교섭대상이 될 수 없다. 또한 단체협약의 내용 중 법령 · 조례 또는 예산에 의하여 규정되는 내용은 단체협약으로써의 효력을 인정하지 아니하고, 이 경우 정부측 교섭 대표에 대하여 단체협약의 이행을 위하여 성실히 노력할 의무를 부과하고 있다(동법 제10조). 교섭권이 없는 공무원의 보수는 정부에 의해 결정된다.

(3) 노동조합의 단체행동

단체교섭 과정에서 의제에 대한 합의가 실패할 경우 분쟁상태가 생길 수 있다. 이때 노동자측이 그들의 주장을 관철시키기 위해 행하는 실력행사를 단체행동 혹은 쟁의행위라고 한다. 실력행사는 노사양측이 모두 행할 수 있다. 사용자측은 직장폐쇄의 수단이 있고, 노동자측은 파업 · 태업 · 피케팅 · 보이코트의 수단이 있다[2]. 이러한 쟁의행위의 허용은 단체교섭과정에서 사용자의 성실한 교섭을 강요하는 수단이 된다.

---

2) 파업(strike)은 노동조합원이 공동으로 노무제공을 거부하는 행위이다. 태업(sabotage)은 규정을 지켜가면서 노동조합원이 단결하여 의식적으로 작업능률을 저하시키는 행동이다. 피케팅(picketing)은 근로희망자들의 협조를 얻어 파업효과를 높이기 위하여 노동조합원들이 피켓을 들고 작업장에 들어가지 말도록 권유하는 행위이다. 보이코트(boycott)는 사용자의 상품을 구입하거나 서비스 이용을 방해하는 행위로 노동조합원이나 일반고객을 대상으로 불매운동을 전개하는 행위이다.

쟁의행위는 사용자측에 심각한 손실을 초래한다. 이러한 쟁의행위는 정부 및 공공부문의 경우 국민생활과 국가기능유지에 커다란 위협이 된다. 따라서 대부분의 국가에서 쟁의행위에 들어가기 전에 분쟁 해결을 위한 절차와 방식을 규정해 놓고 있거나 정부의 경우에 이를 허용하지 않는 경우가 많다.

노사 간의 합의를 이루지 못했다고 해서 곧바로 쟁의행위에 들어갈 수 있는 것은 아니다. 분쟁상태에 들어가면 일정기간 냉각기간을 가지도록 기회를 부여한다. 이 기간동안 중립적인 제3자(노동위원회)가 조정 · 중재 등의 방법으로 노사 양자 사이의 쟁의를 조정하게 된다. 조정은 노사쌍방의 의견을 들어 타협안을 만들고 이를 수락하도록 설득하는 것으로 강제력을 가지지는 않는다. 중재는 노사 합의에 의한 자발적 요구에 의해 이루어지는 자발적 중재와 국가가 법규에 의해 공공의 이익을 위하여 직권으로 행하는 강제적 중재가 있다. 어느 경우든 중재는 구속력이 있으며 최종적인 것이 일반적이다. 그러나 정부의 경우, 중재결정이 노동조합만 구속하고, 정부에 대해서는 권고의 성격만 가지는 경우도 있다(Sylvia, 1994: 265). 국민대표기관이 아닌 중재위원회의 결정이 정부를 구속시키는 것은 국민주권 원리에 어긋나기 때문일 것이다(유민봉 · 임도빈, 2003: 429).

노동조합에게 교섭의 자율성을 확보해 주기 위해서는 단체행동권이 중요한 역할을 할 것이다. 그러나 공무원의 경우 단체행동권이 엄격히 제한되는 것이 현실이다. 따라서 이 공공업무 종사자의 단체행동권 제한에 대해서는 찬반의 양론이 활발하게 전개되고 있는데, 그 논점은 다음과 같다(Siegel and Myrtle, 1985: 377~378 / 채병일, 1995 / 오석홍, 2000: 635).

먼저 공무원 노동조합의 파업권 반대 주장은 다음과 같은 이유에 기초를 둔다.

첫째, 정부의 업무는 국민생활에 없어서는 안될 중대하고 긴급한 업무이기 때문에 파업에 의하여 중단되는 것을 허용할 수 없다.

둘째, 파업과 같은 실력행사에 의하여 정부와 국민의 의사를 구속하려는 것은 법치주의의 원리에 위배되는 것이다.

셋째, 정부가 공무원들에게 어떤 편익의 제공을 약속하고 제도화된 합법적 절차를 밟아 그것을 실천하려고 하는 경우, 공무원들도 그에 대응하는 자제력을 보여야 한다.

넷째, 공무원들이나 그 대표자들은 그들의 주장을 관철하고 정부와의 분규를 해결할 수 있는 다른 여러 가지 합법적 수단을 가지고 있다. 소청절차, 고충처리절차, 중재절차, 국민과 입법기관에 대한 호소 등이 그러한 합법적 수단의 예이다. 이와 같은 합법적 수단이 있음에도 불구하고 파업을 한다는 것은 잘못이다.

다섯째, 파업은 주권에 대한 공격이며 특수이익에 의한 공익의 침해이다.

여섯째, 모범고용조직인 정부에 종사하는 공무원의 특혜와 특권에 비추어 파업은 합당치 않다.

일곱째, 공무원은 국가와 특별권력관계를 맺고 있으며, 공무원의 신분은 공공성을 지녔고 민간의 근로자와는 그 성격이 다르기 때문에 단체행동을 허용해서는 안 된다.

여덟째, 공무원 노동조합이 실력행사에 의해 채용, 승진, 보수 등에 관한 편파적 주장을 관철하면 실적주의적 인사원리가 교란된다.

아홉째, 한국의 상황적 조건이 공무원 노동조합의 단체행동을 허용하기는 어렵게 되어 있다. 즉, 한국에서는 i) 노사관계가 성숙되어 있지 않으며 공무원 노동조합의 기득권 옹호가 감축관리 등 개혁추진을 방해할 수 있다는 것, ii) 단체행동이 위계질서 등 관기를 문란하게 할 수 있다는 것, iii) 한국 국민의 의식이 공무원의 단체행동을 받아들이기 어렵다는 것, iv) 남북 분단의 긴장상태에서 공무원의 파업을 허용하면 위험하다는 것 등이 그러한 부정적 조건의 예이다.

이에 반하여 공무원 노동조합의 파업권을 인정해야 한다고 보는 사람들의 의견은 다음과 같다.

첫째, 모든 정부업무가 파업을 용납할 수 없을 만큼 긴급하고 불가결한 것은 아니다. 사기업의 기능과 구별하기 어려운 정부업무도 많다. 그런가 하면 국민생활에 미치는 영향에 있어서 정부조직에 못지 않은 중요성을 가진 사기업체들도 적지 않다. 그러므로 공사의 업무가 다르다는 것을 이유로 공무원 노동조합의 파업권을 인정하지 않는 것은 불공평하다.

둘째, 사기업체와 마찬가지로 정부도 어떤 효과적인 압력을 받아야 공무원들이 원하는 편익을 제공하게 된다. 공무원 노동조합이 파업권이라는 무기를 가지고 있지 않으면 정부에 대하여 효과적인 압력을 가할 수가 없다.

셋째, 파업의 규범적인 금지는 그 실효를 거두기 어렵다. 사태가 충분히 악화되면 법적인 금지조항이 있더라도 파업은 일어날 것이다.

넷째, 파업상황의 갈등과정에서 노사 양측은 상대방의 입장을 보다 잘 이해하게 되는 등 건설적인 소득도 기대할 수 있다.

다섯째, 정부에 대한 시장체제의 제약은 비교적 적기 때문에 민간기업처럼 파업에 의하여 파산할 염려는 없다.

여섯째, 공무원 노동조합의 파업을 관대하게 허용하면 행정의 대내적 민주화와 공무원들의 사기진작을 도울 수 있다.

일반적으로 국민생활에 큰 영향을 미치는 공무원과 국영기업체 · 공익사업체 및 기타 국민경제에 중대한 영향을 미치는 사업체에 종사하는 근로자의 단체행동권은 법률에 의하여 제한하거나 인정하지 않는 경우가 많다. 한국의 경우에도 2006년 1월 시행된 '공무원의 노동조합설립 및 운영 등에 관한 법률'에서는 공무원의 노동조합과 그 조합원은 파업 · 태업 그 밖의 업무의 정상적인 운영을 방해하는 일체의 행위를 하여서는 아니 된다고 규정하고 있다(동법 제11조).

한편 2007년 8월 30일 헌법재판소는 공무원의 집단적 행위를 금지하되 노무에 종사하는 공무원 중 대통령령이 정하는 사람에 한해서만 노동3권을 인정한 국가공무원법 제66조에 대해 합헌결정을 내렸다. 이로써 동법 제66조에 규정된 사실상의 노무에 종사하는 공무원 쟁의행위가 가능하게 되었다.

제13장 공무원의 신분보장과 징계

제1절 공무원의 신분보장

1. 공무원 신분보장의 의의와 필요성

신분보장은 오늘날 공무원에게 있어서 가장 매력적인 혜택이라고 할 수 있다. 공무원은 법에 정하는 사유에 의하지 아니하고는 강제적으로 퇴직 당하거나 신분상의 불이익을 받지 않는다. 구체적으로 국가공무원법에 규정한 '형의 선고', '징계처분(파면, 해임)', 그리고 '이 법이 정하는 사유'가 법적 사유에 해당된다. 이 법에 정한 사유란 국가공무원법에서 공무원 신분관계에 영향을 미치는 규정, 즉, 직권면직 · 휴직 · 강임 · 직위해제 · 정년 · 명예퇴직 등의 요건을 말한다.

또한 공무원에 대한 신분상의 불이익 처분은 법이 정한 일정한 절차를 준수하도록 규정함으로써 재량권 남용을 견제하고 있다.

공무원의 신분을 이와 같이 법률로 보장하는 이유는 공무원의 신분보장을 통하여 행정의 일관성과 능률성을 향상시키고 국민에 대한 봉사의 질을 높이는 데 있다. 다시 말하면 다음과 같은 이유에서 공무원의 신분보장이 이루어진다고 할 수 있다(오석홍, 2000: 276 / 유민봉 · 임도빈, 2003: 434~435).

첫째, 유능한 인재를 공직에 유인할 수 있다. 이는 공직사회에 실적주의를 확립하고 공무원의 질적 수준을 향상시킴으로써 행정 서비스의 질을 높일 수 있다.

둘째, 행정의 일관성과 전문성, 그리고 능률성을 향상시키는 조건이 된다. 이것은 엽관주의의 폐단에서 볼 수 있듯이 정치권력으로부터 공무원의 신분보장이 없으면 행정의 일관성과 전문성을 유지하기 어렵고, 따라서 정책과 자원의 관리가 비능률적일 수밖에 없기 때문이다.

셋째, 공무원의 능동적이고 창의적인 노력을 보장할 수 있다. 공무원의 신분이 보장되지 않으면 직업적 안정성이 상실되어 직무에 대하여 형식적으로 순응하는 등 공무원의 자율적이고 창의적인 노력을 제약하게 된다.

넷째, 공무원의 개인적 이익을 보호하고 사기를 높이는 수단이 된다. 신분보장은 공무원에 대한 강제퇴직 등 불이익처분에 의한 손실을 보호하는 의미이며, 신분상의 직업적 보장감과 인사조치상의 공정감은 그들의 사기를 높이는 요인이 된다.

2. 공무원 신분보장의 한계

신분보장의 필요성 때문에 실적주의 인사행정 하에서는 공무원의 신분을 보장한다. 그러나 공무원의 신분보장은 그 정도가 지나치면 행정에 대한 민주적 통제를 어렵게 하여 무사안일을 조장하고 부정부패를 발생시키는 요인이 될 수 있다. 그러므로 부패하고 무능하거나 불필요한 사람을 퇴직시킬 방법이 있어야 한다. 이러한 이유에서 공무원의 신분보장은 일정한 한계 내에서 이루어질 수밖에 없다. 그러나 신분보장의 범위와 한계는 획일적일 수 없으며 정부가 처해 있는 사회·문화적 배경에 따라 다르게 적용될 수밖에 없을 것이다.

공무원의 신분을 보장하는 취지는 그들이 맡은 바 직무를 충실히 수행하여 국가와 국민에 봉사할 수 있게 하고, 공무원의 정당한 권익을 보호하려는 것이다. 그러나 지나친 신분보장은 그 필요성에 오히려 역행하는 결과가 될 수 있다. 신분보장의 한계로는 다음과 같은 것들을 들 수 있다(유민봉, 2010: 328~329).

첫째, 정년보장형 신분보장은 공무원의 무사안일과 공직의 정체화를 가져와 행정의 효율성을 떨어뜨릴 수 있다. 개방형 충원의 확대나 계급정년제 등을 통해 공직사회에 긴장과 경쟁을 조성할 필요가 있다.

둘째, 새로운 아이디어를 구상하는 창의성과 변화를 주도적으로 이끌어 가는 진취성을 발휘하는 데 방해가 된다(Paul Hersey and Kenneth H, 1977: 36). 또한 자신이 처한 환경을 비판적이고 경쟁적인 시각에서 바라보는 힘을 약화시킨다(Hays and Reeves, 1989: 268). 사실 오늘날 실적제와 직업공무원제가 정착되면서 배타적 신분보장의 특혜를 누리는 공무원집단은 행정에 대한 전문기술과 정보의 독점자로서 그들의 정치적 상관인 정무관들의 통제에 대하여 저항적 역통제로 대응하거나, 관료제의 제도화된 자기 이익을 유지·옹호하기 위하여 재량권을 편파적으로 행사하고 사보타주(sabotage)하기도 한다. 이러한 상황하에서 행정의 능률성을 확보하기 위해 오히려 공무원의 배타적 신분보장의 틀을 깨뜨리고 경쟁의 원리를 폭넓게 도입하여 인사제도를 폐쇄체제에서 개방체제로 바꾸는 것도 바람직할 것이다.

그러나 정치적 상관들이 공무원의 신분보장을 지나치게 흔들 경우 행정의 능률성과 안정성 그리고 합리성을 크게 훼손할 수 있다는 점에서 공무원의 신분보장은 중요한 의의를 지닌다고 할 수 있다(강성철 외, 2001: 501).

3. 한국의 공무원 신분보장 제도

한국 국가공무원법과 지방공무원법은 모두 공무원의 신분보장을 명시하고 있다. 국가공무원법에 규정된 신분보장에 관한 주요 내용으로 i) 공무원은 형의 선고, 징계처분 등의 사유에 의하지 아니하고는 그 의사에 반하여 휴직, 강임, 또는 면직을 당하지 않는다. 다만, 1급 공무원과 고위공무원단에 속한 공무원은 그러하지 아니 한다(국가공무원법 제68조). ii) 징계사유에 해당하지 않는 한 징계처분을 받지 않는다. iii) 인사상의 부당한 불이익 처분에 대해서는 불복신청을 하여 구제 받을 수 있다는 것 등을 들 수 있다.

한국은 이와 같이 법으로 공무원의 신분을 보장하고 있으나, 실제적으로는 대량숙정, 직위해제, 권고사직, 전보 등 비공식적 징계수단들이 공무원의 신분을 위협하고 있다.

한국 공무원의 신분보장 제도를 개선하기 위해서는 비공식 징계수단의 사용을 억제하여야 하며, 문책위주의 징계제도를 개선하고, 소청심사 제도를 활성화하는 한편, 인사이동의 기준을 객관화 · 표준화하여 인사권자의 자의적 전보권 행사를 방지하여야 할 것이다(강성철 외, 2011: 534).

제2절 공무원의 징계제도

1. 징계의 의의

징계(懲戒)는 공무원의 의무위반 즉, 법령 · 규칙 · 명령위반자에 대한 처벌을 뜻한다. 이러한 징계는 공무원으로 하여금 직무를 보다 성실히 수행하도록 하고 행동규범을 준수하도록 하기 위한 통제활동인 동시에 궁극적으로 공무원의 사기와 협력을 증진시키기 위한 관리활동이다.

원칙적으로 징계는 사후적 제재수단이지만 그것의 예방적 기능도 간과해서는 안 된다.

징계권의 발동은 그릇된 행동의 예방에 상당히 강력한 작용을 할 수 있다. 징계에 의한 불이익처분은 오히려 그릇된 공무원의 행태를 교정하려는 적극적 목적 달성을 위한 수단으로 이해되어야 할 것이다. 예방적 징계(preventive discipline), 적극적 징계(positive discipline)의 발전은 현대 인사행정의 중요 과정이다(Carrell, Elbert and Hatfield, 1995: 703 704 / DeCenzo and Robbins, 1999: 404).

사실 징계조치는 대상자뿐만 아니라 그 감독자, 그리고 조직에 모두 손실을 가져오는 부득이한 조치이다. 징계는 공무원이 행동규범을 준수하도록 촉진하는 여러 가지 활동 가운데 하나이며, 마지막으로 의존해야 할 대안이다. 그러므로 징계절차를 발동하기 전에 공무원의 사기를 진작시키고 그들의 자율규제를 촉진하는 활동을 통하여 공무원의 그릇된 행동이 나타나지 않도록 예방하는 데 먼저 주력해야 할 것이다.

2. 징계의 사유

징계사유라 함은 징계처분의 대상 또는 원인이 될 수 있는 행동유형을 말한다. 이러한 징계사유는 자의적인 징계권 발동을 억제하기 위하여 엄격하게 규정할 필요가 있다. 징계사유에 관한 규정은 징계의 범위와 신분보장의 한계를 동시에 결정해주는 것이다. 이러한 한계를 어디에 설정하느냐 하는 것은 나라마다의 형편에 따라 결정될 문제이다. 한국의 공무원 징계사유는 국가공무원법 제78조에 다음과 같이 규정되어 있다.

i) 이 법 및 이 법에 의한 명령에 위반하였을 때.

ii) 직무상의 의무에 위반하거나 직무에 태만하였을 때.

iii) 직무의 내외를 불문하고 그 체면 또는 위신을 손상하는 행위를 한 때.

이상의 징계사유는 추상적이고 포괄적이기 때문에 징계사유 발생여부의 판단을 어렵게 하며, 이는 징계사유가 발생하여도 극소수만 징계 받게 되는 현상을 초래한다. 그리고 징계사유가 발생하여도 감사 등 외부에 노출되거나 상부의 지시가 있을 때 징계하는 것이 일반적이다.

징계대상으로서의 경력직 공무원은 일반직 공무원(지방공무원 포함), 특정직 공무원(외무, 경찰, 소방, 교육공무원), 기능직 공무원을 말하며, 법관, 검사, 군인, 군무원, 국가정보원 직원 등은 국가공무원법과 다른 징계의 종류와 절차를 규정하고 있는 별도의 법령에 따르게 된다. 또한 시보공무원의 행위가 징계사유에 해당되는 경우에는 정규공무원과 동일하게 징계처분도 가능하며, 징계에 의한 정직 또는 감봉처분을 받은 기간은 시보임용기간에 포함되지 아니한다. 특수경력직 공무원의 경우, i) 별정직 공무원은 징계사유가 발생하면 직권면직 외에 일반직 공무원 징계절차에 의하여 징계처분 할 수 있으며, ii) 고용직 공무원은 고용직 공무원규정 각 호의 징계사유에 해당될 때, 임용권자는 징계위원회의 의결을 거치지 아니하고 직권으로 파면 또는 감봉할 수 있고, iii) 정무직 공무원은 징계절차가 없으며, iv) 계약직 공무원은 징계사유가 발생하면 채용계약 해지의 사유가 되는 외에 별도 징계절차가 없다(국가공무원법 제83조).

3. 징계처분의 종류

국가공무원법 제79조에서 규정하고 있는 징계처분 종류는 i) 파면, ii) 해임, iii) 강등, iv) 정직, v) 감봉, vi) 견책의 여섯 가지이다. 파면, 해임, 강등, 정직은 중징계에 해당하며 감봉과 견책은 경징계로 분류된다.

파면(罷免)은 공무원을 강제로 퇴직시키는 처분이다. 파면된 사람은 5년 동안 공무원으로 임용될 수 없으며, 퇴직급여액의 1/2 이 삭감(5년 미만 근무자에게는 퇴직급여액의 1/4이 삭감)되고, 퇴직수당은 1/2이 삭감되는 불이익을 받는다.

해임(解任)은 공무원을 강제로 퇴직시키는 처분이다. 해임된 사람은 3년간 공무원으로 임용될 수 없고, 퇴직급여액의 1/4(5년 미만 근부자는 퇴직급여액의 1/8 삭감)이 삭감되고, 퇴직수당은 1/4이 삭감된다(공무원연금법 제64조, 동 시행령 제55조).

강등(降等)은 1계급 아래로 직급을 내리고(고위공무원단은 3급으로 임용하고 연구관 및 지도관은 연구사 및 지도사로 임용한다) 공무원 신분은 보유하나 3개월간 직무에 종사하지 못하며 그 기간중 보수의 2/3를 감한다. 또한 18개월 동안 승진 · 승급할 수 없다(동법 제80조).

정직(停職)은 직무수행을 정지시키는 처분이다. 정직처분을 받은 공무원은 공무원의 신분을 보유하지만 정직기간동안 직무에 종사하지 못한다. 또한 정직처분을 받으면 정직 가간이 끝난 뒤 18개월 동안 승진 · 승급할 수 없다. 정직기간은 1개월 이상 3개월 이하이며, 정직기간 중에는 보수의 2/3를 감한다. 정직은 신분보장에서의 직위해제와 유사하나, 미리 정한 기간이 지나면 자동으로 복직된다. 반면에 직위해제는 해제사유가 발생하고 이에 따라 복직명령이 이루어져야 한다.

감봉(減俸)은 1개월 이상 3개월 이하의 기간동안 보수의 1/3을 감하는 처분이다. 또한 감봉 처분을 받으면 12개월 동안 승진 · 승급할 수 없다.

견책(譴責)은 잘못된 행동에 대하여 훈계하고 회개하도록 하는 처분이다. 또한 견책 처분을 받으면 6개월 동안 승진 · 승급할 수 없다(공무원임용령 제32조). 공식적인 징계절차를 거쳐 훈계하고, 그 사실은 인사기록에 기재된다.

4. 징계기관 및 절차

징계 사유가 발생하면 징계권자는 절차를 밟아 징계처분을 결정하여 집행한다. 징계의결을 요구하고 징계결정을 집행하는 일은 각급 행정기관의 장이 행한다. 공무원의 징계처분을 결정하기 위해서는 징계위원회가 구성되어야 한다.

한국 정부의 징계위원회는 중앙징계위원회와 보통징계위원회의 두 가지가 있다.

중앙징계위원회는 5급 이상 공무원의 징계사건을 심의 · 의결하며, 국무총리 소속하에 있다. 위원회는 위원장을 포함하여 9명(외부인 40% 이내에서 위촉 가능)으로 구성하며 위원장은 행정안전부 장관이 되고, 나머지 위원은 차관급 공무원 중에서 국무총리가 임명한다.

보통징계위원회는 5급 이상의 공무원 · 연구관 · 지도관(고위공무원단 공무원 포함)을 장으로 하는 행정기관에 설치되며, 6급 이하 공무원 · 연구사 · 지도사 기능직 공무원의 징계사건을 심의 · 의결한다. 위원장은 기관장의 차순위자가 되며, 4~7명(외부인 40% 이내에서 위촉 가능)으로 구성되는 나머지 위원은 징계대상자보다 상위급의 소속공무원 중에서 기관장이 임명한다(공무원징계령 제5조).

징계절차는 해당 기관장이 관할 징계위원회에 의결을 요구함으로써 시작된다. 일단 징계의결요구서가 접수되면 중앙징계위원회는 60일 이내에, 보통징계위원회는 30일 이내에 의결해야 한다. 징계사건을 심의할 때는 징계혐의자도 징계위원회에 출석하여 진술하고 증인의 심문을 신청할 수 있다.

징계처분권자는 징계의결서를 받은 날로부터 15일 이내에 집행하여야 한다. 공무원의 징계는 징계위원회가 설치된 기관의 장이 행하며, 중앙징계위원회에서 행한 징계의결에 대해서는 중앙행정기관의 장이 행하게 된다. 다만 파면과 해임은 징계위원회의 의결을 거쳐 각 임용권자 또는 임용권을 위임한 상급 감독기관의 장이 행한다.

징계의결에 불복하는 징계요구기관의 장은 징계의결을 통보받은 날로부터 15일 이내에 관할 징계위원회에 심사 또는 재심사를 요구할 수 있다(공무원징계령 제24조). 또한 징계의결에 불복하는 징계혐의자는 그 처분이 있는 것을 안날부터 30일 이내에 소청심사위원회에 소청(訴請)을 제기할 수 있다(국가공부원법 제76조).

5. 징계제도 운영상의 유의점

징계사유는 개인의 지식부족이나 직위의 부적합, 욕망 추구 및 정서적 요인들이 일차적인 요인이 되겠지만, 감독자의 감독 소홀과 조직의 부당한 정책도 징계사유의 발생을 조장할 수 있다. 따라서 정부차원에서 징계사유 발생을 예방하기 위하여 징계발생 가능성이 있는 부분을 미리 점검하고 대처해야 한다.

공무원의 그릇된 행동을 예방하고 교정하기 위해 징계제도는 올바르게 운영되어야 한다. 징계는 근무성적 향상을 위한 위협수단으로 이용되어서는 안되며, 징계의 결정은 일관성과 형평성을 유지해야 실효성을 거둘 수 있다. 그리고 꼭 필요한 경우에는 징계를 반드시 해야 하며, 징계사유가 발생하였음에도 불구하고 온정을 베풀거나, 개인적 충성을 확보하기 위하여 징계를 유보하는 상급자의 행태는 조직의 규범과 규칙을 근본적으로 무너뜨릴 수 있다(강성철 외, 2008: 580).

이러한 문제점을 해결하기 위해서는 부패행위에 대한 징계 · 소청제도를 엄정하게 운영할 필요가 있다(국민권익위원회, 2010)

제3절 소청심사 제도

1. 소청심사 제도의 의의

소청심사 제도란 징계처분이나 강임 · 휴직 · 직위해제 또는 면직처분과 같이 그의 의사에 반하는 불이익 처분을 받은 공무원이 그에 불복하여 이의를 제기하는 경우, 이를 심사하여 구제하는 절차이다. 이러한 소청심사 제도는 일종의 행정심판 제도로서 사법보충적 기능을 통해 공무원의 권리를 구제해 주려는 제도이다. 소청심사는 행정소송을 제기하기에 앞서 반드시 거쳐야 하는 전심절차(前審節次)이다.

소청심사 제도의 일차적인 목적은 부당한 인사처분을 시정하여 공무원의 권익을 보호하려는 것이지만, 이로부터 파생되는 여러 가지 효과를 기대할 수 있다. 그러한 파생적 효과 가운데서 가장 중요한 것은 인사권자들의 자기규제와 자율통제를 촉진하는 효과라 할 수 있다. 소청심사에 의한 재심의 가능성은 인사권자들이 조심스럽게 행동하도록 만들 것이기 때문이다.

공무원의 불이익에 대한 구제방법으로는 다음 세 가지가 있다(박동서, 2001: 389). ⅰ) 해당 행정기관 내부에서만 재심 · 구제하는 방법, ⅱ) 해당 행정기관 외의 중앙인사기관에서 재심하는 방법, ⅲ) 행정기관과는 별개의 강한 독립성과 합의성을 가진 행정재판에 의한 방법 등이다. 한국은 ⅱ)의 방법에 따라 중앙인사기관인 행정안전부에 소청심사위원회를 설치 · 운영하고 있다. 그리고 한국은 그 대상을 위법적 인사처분에 한정하여 소청할 수 있기 때문에 구제범위상의 한계가 있다. 위법 사항이 아닌 부당한 사항은 고충처리 심사의 대상이다.

2. 소청심사 기관

행정기관 소속 공무원의 징계처분, 그 밖에 그 의사에 반하는 불리한 처분이나 부작위에 대한 소청을 심사·결정하게 하기 위하여 행정안전부에 소청심사위원회를 둔다. 그리고 국회, 법원, 헌법재판소 및 선거관리위원회 소속 공무원의 소청에 관한 사항을 심사·결정하게 하기 위하여 국회사무처, 법원행정처, 헌법재판소사무처 및 중앙선거관리위원회사무처에 각각 해당 소청심사위원회를 둔다.

국회사무처, 법원행정처, 헌법재판소사무처 및 중앙선거관리위원회사무처에 설치된 소청심사위원회는 위원장 1명을 포함한 위원 5명 이상 7명 이내의 비상임위원으로 구성하고, 행정안전부에 설치된 소청심사위원회는 위원장 1명을 포함한 5명 이상 7명 이내의 상임위원으로 구성하되, 위원장은 정무직으로 보하고, 필요하면 약간의 비상임위원을 둘 수 있다(국가공무원법 제 9조).

소청심사위원회위원(위원장 포함)의 임명은 법관·검사 또는 변호사의 직에 5년 이상 근무한 자, 대학에서 행정학·정치학 또는 법률학을 담당한 부교수 이상의 직에 5년 이상 근무한 자, 3급 이상 공무원 또는 고위공무원단에 속하는 공무원으로 3년 이상 근무한 자에 해당하고 인사행정에 관한 식견이 풍부한 자 중에서 국회사무총장, 법원행정처장, 헌법재판소사무처장, 중앙선거관리위원회사무총장 또는 행정안전부장관의 제청으로 국회의장, 대법원장, 헌법재판소장, 중앙선거관리위원회위원장 또는 대통령이 임명한다. 이 경우 행정안전부장관이 위원을 임명제청하는 때에는 국무총리를 거쳐야 한다. 소청심사위원회의 상임위원의 임기는 3년으로 하며, 한 번만 연임할 수 있다. 소청심사위원회의 상임위원은 다른 직무를 겸할 수 없다. 그리고 「정당법」에 따른 정당의 당원,「공직선거법」에 따라 실시하는 선거에 후보자로 등록한 자는 소청심사위원회의 위원이 될 수 없다(동법 제10조).

소청심사위원회의 위원은 금고 이상의 형벌이나 장기의 심신 쇠약으로 직무를 수행할 수 없게 된 경우 외에는 본인의 의사에 반하여 면직되지 아니한다(동법 제11조).

3. 소청심사 절차

소청심사의 절차는 소청심사의 청구, 심사 및 결정의 단계로 나뉜다. 징계처분이나 기타 불이익 처분을 받은 공무원은 징계처분권자로부터 처분 사유가 기재된 설명서를 교부받은 뒤 불복할 경우 소정의 기일 내에 소청심사위원회에 심사를 청구할 수 있다. 소청심사의 청구는 강임·휴직·직위해제 또는 면직처분의 인사처분에 불복할 경우 그 설명서를 받은 날로부터, 그 외의 불이익처분에 대하여는 처분이 있는 것을 안 날로부터 30일 이내에 심사청구를 해야 한다.

위원회는 소청을 접수하면 처분청 등 피소청인(被訴請人)에게 통보하고 지체 없이 심사해야 한다. 그리고 소청심사위원회는 심사청구를 받은 날로부터 60일 내에 결정해야 하며, 불가피 한 경우 위원회의 의결로 30일을 연장할 수 있다. 소청심사위원회가 소청 사건을 심사할 때에는 소청인 또는 대리인에게 진술 기회를 주어야 하며, 진술 기회를 주지 아니한 결정은 무효로 한다(동법 제 13조). 소청사건의 결정은 재적위원 2/3 출석과 재적위원 과반수의 합의에 따른다(동법 제 14조).

징계처분에 대한 소청심사는 원래 징계처분보다 무거운 징계를 못하며, 위원회의 결정은 처분행정청을 기속(羈束)한다(동법 제 15조).

소청인이 소청심사위원회의 결정을 받아들일 수 없다면 소청결정문을 받은 날로부터 90일 이내에 관할 행정법원에 행정소송을 제기할 수 있다.

제4절 징계기록말소 제도

징계기록말소 제도는 징계처분을 받은 공무원이 일정기간 잘못 없이 근무한 경우에 인사기록 카드에 기재된 징계기록을 말소하는 제도이다. 이 제도의 취지는 징계의 비공식적 사회적 효과가 오래 지속되어 징계처분을 받은 공무원이 부당하게 입는 피해를 방지하려는 것이다. 여기서는 1987년부터 우리 정부에서 시행해 온 이 제도의 개요를 소개하기로 한다(김중량, 1999: 440~442).

1. 기록말소의 대상

임용권자 또는 임용제청권자는 징계처분을 받은 공무원이 일정한 기간 징계 등 처벌을 받지 않고 근무한 때에는 당해 공무원의 인사기록카드에 등재된 징계처분의 기록을 말소해야 한다. 일정한 기간의 경과란 징계처분을 받고 그 집행이 종료된 날로부터 강등의 경우는 9년, 정직의 경우는 7년, 감봉의 경우는 5년, 견책의 경우는 3년이 경과한 것을 말한다.

소청심사위원회나 법원에서 징계처분의 무효 또는 취소의 결정 또는 판결이 확정된 때에도 징계기록을 말소하게 되는데, 이 경우 징계처분의 집행이 이루어진 다음의 기록말소와는 성격이 다르다. 징계 자체가 없는 것으로 되어 그 기록을 지우는 것이다. 한편, 징계처분에 대한 일반사면이 있을 때에도 징계기록을 말소한다.

2. 기록말소의 방법

말소권자(임용권자 또는 임용제청권자)는 징계기록을 말소할 사유가 발생한 날로부터 14일 이내에 말소대상자에게 말소사실이 통보될 수 있도록 징계기록을 말소하고, 이를 말소기록관리대장에 정리한다.

징계처분의 집행이 있은 후 일정기간이 경과한 경우의 말소는 인사기록 카드상의 당해 처분기록 위에 말소된 사실을 표기하는 방법에 의한다. 그러나 징계처분이 무효 또는 취소로 확정된 경우에는 인사기록 카드를 새로 작성하여 해당 징계기록이 전혀 나타나지 않게 하는 방법으로 말소한다.

징계기록말소에 의해 징계처분의 공식적 효력으로 인한 불이익이 무효화되거나 원상회복되는 것은 아니다. 장래에 징계효과가 연장되어 인사상의 불이익을 받는 일이 없도록 하는 효과를 기대할 뿐이다.

제14장 한국 인사행정의 현안과 과제

제1절 인사행정환경의 변화

1. 외부환경의 변화

인사행정은 정부의 가장 핵심적인 기능 중의 하나이다. 유능한 인적자원이 정부의 가장 중요한 자산이기 때문이다. 인사행정체제는 개방체제로써 환경의 영향을 받으며, 환경적 영향이 인사행정의 변동을 요구하고 조건 짓는 매우 중요한 요인이 된다.

오늘날 인사행정은 환경으로부터의 다양하면서도 상호 모순적인 요구에 대응하여야 하는 어려움을 겪고 있다. 한국의 경우에도 정부에 대한 국민의 기대는 계속 높아지고 있으며, 동시에 작은 정부를 향한 국민의 압력도 점차 강해지고 있다. 이것은 새로운 전문인력에 대한 수요의 증대와 기존 인력의 감축관리라는 상호 모순된 내용을 동시에 요구하는 것이다. 따라서 인사행정은 환경의 변화에 적극적으로 대응하고, 인적자원관리에 대한 연구와 노력에 힘써야 한다.

이러한 의미에서 한국 사회를 조명해 보면, 현재 한국사회는 전근대적인 전통, 산업화의 전통, 그리고 정보화의 전통을 함께 가지고 있으며 모든 면에서 급속한 변화를 겪고 있다고 할 수 있다.

예컨대, 한국사회는 유교적 문화의 특성을 지니고 있을 뿐만 아니라 사회의 분화와 노동력의 높은 유동성을 보이고 있고, 행정은 실적주의를 추구하여 왔다. 또한, 정보화로 인한 지식정보의 폭증과 급속한 기술변동, 그리고 탈국가화를 경험하고 있다. 한편, 이러한 특성으로부터 나오는 관료주의의 병폐, 사회적 불평등과 갈등, 가치혼란, 그리고 정보화에 따른 사생활 침해의 위험 등이 나타나기도 한다 (오석홍, 2000: 53～57).

이러한 환경변화는 인사행정에 영향을 미치는 주요한 요인으로 작용하게 될 것이다. 앞으로 예상되는 사회변화의 추세를 정치행정, 사회, 경제, 그리고 문화적인 면에서 개괄적으로 요약해보고자 한다(강성철 외, 2008: 588～591).

첫째, 정치행정분야에서는 민주주의의 발달로 인하여 행정에 대한 역할 기대도 높아질 것이다. 민주화가 진행되고 시민의식이 향상됨에 따라, 정부와 공무원에 대한 비판의식이 더욱 높아질 것이다. 정부에 대한 주요 비판은 관료제의 대응성 향상, 행정의 생산성과 전문성 제고, 공직부패의 척결 등이며, 특히 지방자치단체가 제공하는 공공서비스의 질과 양에 대한 주민들의 요구가 증가될 것이다.

둘째, 사회분야에서는 급속한 사회적 분화와 이에 따른 행정의 복잡성은 인사행정의 전문성을 더욱 요구할 것이다. 과학 기술의 발달은 공간적 거리를 좁히고 사회적 유동성을 높이며, 생산성 향상을 가져와 실업을 증가시킬 것이다. 급속한 사회분화는 계층간 · 지역간 갈등을 높일 수 있다. 이러한 요인들은 행정의 전문화와 정부관료제의 형평성 및 대표관료에 대한 관심을 증가시킬 것이다. 이와 더불어 노동조합이 활성화되면서 공무원 노동조합도 공무원의 기본권 신장을 더욱 요구할 것이다.

한편, 정보통신기술의 발달로 인하여 전자결재제도가 도입되고 업무도 노동집약적인 것에서 사무자동화로 대체되어 가고 있다. 단순사무분야의 아웃소싱(outsourcing)이 늘어나고, 재택근무, 전자민원 업무처리, 사이버 교육 등 다양한 형태의 새로운 근무유형 · 업무처리 기술과 절차 · 교육훈련 방법 등의 변화를 수반하게 될 것이다.

셋째, 경제적 분야에서는 경제규모의 확대와 경제적 개방화가 촉진될 것이다. 그에 따라 모든 영역에서 새로운 일의 창출과 기술변화에 따른 재적응이 필요할 것이다. 또한 민간 부문의 고용력 증대로 인하여 정부와 민간기업간의 고급인력 유치경쟁이 더욱 가속화될 것이다. 이에 따라 정부도 인사의 신축성을 확대하기 위한 지속적인 노력을 하지 않으면 안 될 것이다.

한편, 전반적으로 생활수준의 향상과 물질적 욕구에 대한 기대수준은 계속 높아지고, 이러한 변화는 공무원의 인식에도 많은 영향을 미칠 것이다. 공무원들은 적절한 보상과 인간적 대우를 요구할 것이고, 임용과 승진 등에 있어서도 보다 투명하고 공정한 절차를 요구하게 될 것이다. 따라서 공무원의 처우와 승진 등의 경력발전 체계가 합리적으로 개편되지 않는 한 유능한 인재의 확보에 큰 어려움이 있을 것으로 보인다.

넷째, 문화적인 측면에서도 점진적이기는 하나 변화가 나타나고 있다. 한국사회의 가장 큰 문화적 특징인 권위주의적 성향은 상대적으로 약화되고 있는 반면, 성취주의적 경향은 크게 강화되고 있어 실적주의적 인사행정제도를 확립할 필요성이 증대되고 있다.

한편, 공무원의 가치관 변화는 새로운 조직문화를 형성하게 하는 계기가 되며 조직내의 행태와 노동가치관 등을 변화시킨다(김판석, 2002: 60). 기성세대와는 달리 강한 개인주의적 성향을 지닌 신세대 공무원의 증가는 실적주의 확립의 필요성과 함께 좀더 신축적인 인사행정제도, 특히 사기관리제도의 필요성을 제시하여 주고 있다(김병섭 · 하태권, 1997; 강성철 외, 2001: 516). 이 외에도 국민들의 삶의 질에 대한 기대가 높아지면서 정부가 모범고용주로서 근로환경을 개선해야 한다는 인식이 확산되고 있다.

따라서 최근에는 공무원들도 근로생활의 질(QWL)을 개선해 달라는 요구가 높아지고 있다. 이러한 사회변화에 적극적으로 대응할 수 있는 인사행정체제의 연구가 필요하다.

2. 행정패러다임의 변화

1980년을 전후로 관리주의와 경제적 합리주의의 사상을 공공관리에 적용하려는 시도가 OECD국가를 중심으로 확산되어 왔다. 이러한 일련의 행정개혁운동에 기반한 새로운 행정이론을 신공공관리론(New Public Management)으로 규정하고 있다(Aucoin, 1990; Hood, 1991; Pollitt, 1993). 범세계적으로 개혁열풍이 확산되면서 한국행정의 패러다임(paradigm)도 조금씩 변화하는 양상을 보이고 있다. 최근에는 시민사회의 발전과 거버넌스(governance)[1] 개념의 확산으로 인하여 그 동안 정부가 의사결정을 주도하던 상황에서 정부와 기업, 그리고 시민사회가 함께 협력하는 시대로 변화하고 있다. 다시 말해서 국제적으로 신공공관리의 영향이 확산되면서 공무원들에 대한 성과평가 및 경쟁력제고가 강화되기 시작하고, 시민들의 요구에 대한 공무원들의 대응성 향상 요구도 늘어났다. 이러한 환경변화로 인하여 정부의 인적자원관리정책에도 시민사회와 외부전문가의 참여가 늘어나게 되었다.

오스본과 개블러(Osborner & Gaebler, 1992)는 행정에 대한 접근방식으로 전통적 접근방식인 관료제적 접근과 새로운 접근방식인 기업가적 접근(거버넌스)을 제시하여 양자를 비교하고 있다. 정부의 역할이 노젓기 역할에서 방향 잡아주기 역할로, 행정서비스의 공급은 독점적 제공에서 경쟁체제 혹은 민관협조를 통

1) Governance를 "국정관리", "협력관리", "거버넌스"로 번역하는 등 여러 가지로 사용하고 있다.

한 공동생산체제로, 예산의 운영은 투입중심의 예산제도에서 성과와 연계한 예산 배분으로, 행정체계는 공급자(관료)중심에서 고객중심으로, 행정의 운용원리도 조직지향에서 시장지향으로 전환되고 있음을 주장하고 있다.

관료제적 정부와 기업가적 정부의 차이를 인적자원관리적 차원에서 살펴보면, 전자는 전통적 인적자원관리체제를 취하고, 후자는 새로운 인적자원관리체제를 취한다(권경득. 김판석, 1999: 101). 즉, ⅰ) 변화에 대한 소극적 수용에서 적극적 수용, ⅱ) 조직화합과 연공 중심의 결과적 평등에서 경쟁에 의한 차등적 대우를 중시하는 관리, ⅲ) 조직관리의 보좌적 인사기능에서 조직 목표달성을 위한 전략적 기능(Klingner, 1995), ⅳ) 임용의 형식요건과 경직된 틀 중시에서 실적과 유연한 임용방식 중시(Farnham, 1997), ⅴ) 교육훈련의 공급자 중심에서 수요자 중심, ⅵ) 능력 중시 근무성적 평정에서 능력 업무성과 중시, ⅶ) 연공적 보수체계에서 성과급적 보수체계(White, 1997), ⅷ) 처벌중심의 부정적(negative)인 복무관리체계에서 보상을 통한 적극적(positive)인 관리체계로 변화하고 있다.

이상과 같은 맥락에서 인사행정에 혁신이 필요하다. 즉 인사행정문화의 변화유도 및 제도적 측면과 함께 인적자원관리 전반에 걸친 개혁이 필요한 것이다.

3. 인사행정 접근방법의 변화

인적자원을 관리하고 이를 연구하는 방법에는 여러 가지가 있겠지만, 역사적 진행과정을 보면, 과학적 관리론에 기초한 전통적 접근, 인간관계론적 접근, 인적자원적 접근, 그리고 인적자본론적 접근 등으로 설명해 볼 수 있을 것이다(김판석, 2002, 77~78).

전통적인 접근(과학적 관리론이나 X이론)에 의하면, 인간은 경제적 동물 내지 기계적 요소로 봄으로써, 직무는 가급적 분업화(전문화) · 기계화(자동화)되어야 하며, 관리자의 부하직원에 대한 엄격한 감독과 통제를 강조한다.

인간관계론적 접근은 인간의 사회성을 중시하여 비공식집단이나 사회적 · 심리적 보상을 중시하는 시각으로써 관리자가 부하직원에게 인정감과 의미 등을 부여하는 것을 강조한다.

인적자원적 접근은 인간이 많은 잠재력을 가지고 목표에 공헌하기를 원한다고 파악하고 직원을 업무수행을 위한 비용으로 취급하기보다는 성공적 업무수행을 위한 자산으로 인식한다. 따라서 관리자는 직원들의 모든 재능을 개발하여 발휘하도록 만들어야 한다는 시각이다. 관리자는 인적자원의 잠재력활용과 직원들의 자율적인 참여를 강조하고 조직의 경쟁력을 확보하는 데는 인적자원 · 조직구조 · 관리전략간의 조화로운 연계가 중요하다고 본다(Miles & Snow, 1994: 42; Pynes & Shrader, 1997; Condrey, 1998).

인적자본적 접근은 인적자원적 접근을 더욱 심화한 형태로써, 인간의 학습 및 자치능력과 인간에 대한 신뢰에 뿌리를 두고 있으며 인간의 지식과 기능뿐만 아니라 자율관리 능력에 대한 투자와 개발을 강조하는 시각이다. 따라서 개인의 학습은 물론 조직의 학습능력을 중요시하며, 관리자는 조직의 목표달성에 대비해서 직원의 기술과 능력을 무한히 개발할 것을 강조한다. 그러한 목적에 사용되는 개발비는 투자로 보아야 한다는 시각이다. 인적자원이라는 수동적 의미를 넘어서 인적자본(human capital) 혹은 비즈니스 파트너 등 적극적 의미로 개념을 확대하는 시각이다(Miles & Snow, 1994: 42; Pynes & Shrader, 1997; Davenport, 1999).

이와 같이 인사행정을 연구하는 접근방법이 다양하게 변화하고 있다. 우리 나라의 경우도 전통적인 시각과 인간관계론적 시각으로부터 조금씩 변화해 가고 있다. 하지만 아직도 연구나 실무인사행정은 인적자원개발이나 투자보다도 여전히 전통적인 인사제도나 정치적인 문제로 고민하는 경향이 많다(김판석, 2002: 79). 따라서 앞으로는 전통적인 접근방법을 벗어나서 인적개발적 · 인적자본적 차원으로 연구를 확대하여야 할 것이다.

또한 이제는 한국의 현실에 부합되는 정부의 새로운 인사행정철학을 정립할 때가 되었으며 과거의 폐쇄성과 획일성에서 탈피하여 개방적이고 다원적인 접근을 시도할 때가 되었다.

따라서 행정기관이나 인사행정학계가 역사적 · 권력적 · 학제적 차원에서 공동의 노력을 통하여 한국의 상황에 맞는 정부의 인사행정철학을 정립해나갈 필요가 있다. 한국의 정치수준과 행동규범은 일천한데 선진화된 기술만 도입한다고 행정이 일시에 달라지기는 어렵다. 학자들이 적실성이 있는 이론이나 제도를 개발하여 공무원에게 제대로 전달하는 역할이 부족하다는 지적도 있다(박동서, 2001a: 49). 따라서 인사행정학계가 추구해야 할 것은 적실성이 있는 한국적 인사행정학을 정립하는 것이다. 특히 한국의 인사행정학이 국가발전에 공헌하기 위해서는 이론과 실제간의 공동확인과정을 통하여 한국적인 여건에 부합되는 인사행정론 정립을 도모해 가야 할 것이다(김판석, 2002: 80).

제2절 한국 인사행정의 발전방향

1. 발전의 기본방향

1) 실적중심의 인사행정

오늘날 인적자원관리의 초점은 실적주의에 맞추어지고 있다. 실적주의는 목표를 중시하고 그 실현을 강조하며, 절차와 수단, 형식과 선언적인 것을 배격하고 내용과 실천을 중시한다. 따라서 인사행정의 평가기준은 투입보다 산출기준을 중시한다. 최근에 한국에서도 연공서열을 중시하는 인사행정상의 문제점을 개선하기 위하여 실적중심의 인사행정을 강조하고 있다. 그 일환으로 성과상여금제, 연봉제, 개방형직위제, 고위공무원단제도 등이 도입되었다.

이들 제도가 성공적으로 정착되기 위해서는 기존의 계급적·연공서열적 행정문화가 변화되어야 할 것이다. 그러나 이러한 행정문화적 측면을 일시에 시정하기는 어려울 것이다. 따라서 단기적으로는 현재의 계급제적 틀 속에서 발생하는 연공서열적 의식을 배제해 나가며 점진적으로 실적주의적 요소를 강화시킬 수 있는 대안을 찾는 것이 필요하다.

2) 전문성 중시의 인사행정

공공조직에서의 전문성은 과학적관리론 이후 지금까지 지속적으로 강조되어 온 기준이다. 전통적 관료제에서는 전문성이란 모든 직위에서 세밀한 분업과 강력한 통제를 통하여 달성할 수 있는 것으로 가정하였다.

그러나 오늘날은 개방적·탈관료제적인 시대로 변하고 있고 직무도 날로 복잡화·전문화되어 가고 있다. 또한 국제화·무한경쟁·정보화·지방화시대의 도래와 양질의 서비스에 대한 국민들의 기대감 증대는 행정의 전문성을 더욱 필요로 하게 한다. 그렇지만 세밀한 분업이 항상 조직의 생산성을 향상시키는 것도 아니며, 공공부문의 경우 모든 직위에서 반드시 전문성이 요청되는 것도 아니다. 따라서 전문성의 강화라는 기본목표 하에서 전문성이 요청되는 직위의 우선적 고려와 공무원들의 동기유발을 고려하면서 전문성 향상방안을 모색하여 나가야 한다.

3) 탄력적이고 유연한 인사행정

변화하는 행정환경 속에서 공무원들이 그들의 역량을 최대한 발휘하기 위해서는 업무수행에 대한 권한을 부여하고 결과에 대해서 책임을 물을 수 있는 제도적인 장치가 필요하다. 이를 위해서는 인사행정의 탄력성과 유연성의 확보가 필수적이므로 행정환경에 따라 신축적 운영이 가능한 인사행정체계의 확립이 필요한 것이다. 집권적이고 획일적인 통제, 절차상의 번문욕례, 개혁에 대한 저항 등으로 인한 인사행정의 경직성을 타파하여야 한다(오석홍, 2000: 61). 그러나 인사행정의 융통성을 높이기 위하여 정당한 절차를 무시해서는 안 되며, 절차상의 공정성과 형평을 잃어서는 안 된다. 인사행정의 융통성을 확보하기 위한 한 가지 예로써 인사권한의 위임을 통한 내부인력시장제도[2)]의 도입과 개방적인 임용방법을 통한 인적자원의 교류를 확대하는 방안을 들 수 있다.

4) 인간주의 인사행정

인사행정의 기본방향은 인간주의에 입각해야 한다. 인간주의는 조직에서 구성원들이 인간의 속성을 발전시켜 나갈 수 있는 원리를 말한다.

즉, 조직 속에서 공무원들이 자기 규제적이고 능동적이며 창의적으로 일하는 직무환경 속에서 자아실현을 할 수 있도록 하는 것을 의미한다. 나아가 개인의 목적과 조직의 목적을 접근시키는 통합적 관리체제를 말한다. 이를 위하여 조직의 관리는 공무원들의 사회적·경제적 지위향상을 도모할 수 있는 방향으로 추진되어야 할 것이다.

---

2) 내부인력시장제도이란 모든 공무원이 자신이 원하는 업무를 담당할 수 있는 기회를 제도적으로 보장하여 공무원의 전문성, 근무의욕, 근무성과 등을 높이려는 것이다.

2. 인사행정의 발전방향

인사행정의 내외 환경변화는 인사행정의 획기적인 변신을 촉구하고 있다. 그러나 한국 인사행정은 그러한 요청에 부응하지 못하는 여러 가지 문제점을 안고 있다.

전통적으로 소극적이고 통제지향적이었던 인사행정기능은 크게 달라지지 않았다. 인사절차와 방법은 경직되어 있고 형식주의가 남아 있으며, 실적주의적 제도의 공식화 과정에서 강조한 중립성 · 객관성 · 통일성은 인사행정의 대응성을 약화시켜 놓았다. 규제중심적 · 공급자중심적 인사행정은 일반관리기능과 괴리되고 고객의 요청에 둔감하다. 그런가 하면 인사행정에 대한 정실 · 부패 · 불공정에 대한 시비가 끊이지 않았다. 이러한 문제점들은 조속히 시정되지 않으면 안될 것이다.

인사행정이 추구해야 할 목표는 조직적 차원에서는 효율성과 대응성, 그리고 개인적 차원에서는 개인의 발전과 직무만족이라고 할 수 있다.

효율성은 정부의 목표를 능률적으로 달성하는 것을 의미한다. 따라서 인사행정의 평가기준은 투입보다는 산출을 강조하게 된다.

조직의 대응성은 공급자중심의 감시와 통제를 축소하고 인사행정의 고객인 계선관리자들과 공무원들에게 협력적 · 지원적 서비스를 제공하는 역할을 키워나가는 것을 말한다. 이는 결국 국민의 요구에 부응하는 것을 의미한다. 개인의 발전은 조직을 통한 개인의 자기실현을 의미하며, 이를 통하여 공무원으로 하여금 일에 대한 능동성과 창의력을 발휘하게 하고 조직에서의 개인의 목적과 조직의 목적을 융화시킬 수 있는 것이다.

직무만족은 공무원의 사기와 관련된 것으로써 공무원의 직무환경 개선과 적절한 업무를 통하여 직무동기가 유발되도록 해야 한다는 것이다.

아래에서는 한국 인사행정의 발전방향을 주요 활동국면들로 나누어 개괄적으로 제시하고자 한다.

1) 인사행정기관

한국 인사행정의 발전은 중앙인사행정기관의 조직변천과 깊은 관련이 있다. 1948년 정부수립 이후 중앙인사기관은 여러 차례 개편과정을 거쳐 그 동안 중앙인사위원회에서 현재 행정안전부로 개편되었다.

그러나 중앙인사기관으로서 어느 정도의 독립성이 보장되던 중앙인사위원회가 국가의 복합적 업무를 수행하는 행정안전부 인사실로 개편됨으로써 몇 가지 문제점을 가지게 되었다. 즉 인사행정의 공정성과 중립성의 문제, 행정안전부의 다양한 업무로 인한 인사행정의 전문성 확립 문제 등이 현재 지적되고 있다.

인사행정의 공정성과 중립성을 확보하기 위해서는 비독립 단독형의 행정안전부가 인사행정의 효율적 관리를 담당하고, 독립합의형의 미국 실적제보호위원회와 같은 기구를 설립하여 인사관리의 엽관화를 방지하여야 한다. 또한 인사행정의 전문성을 확보하기 위해서는 미국에서 연방인사위원회를 두었다가 인사관리처로 개편한 사례와 중앙인사기관의 인사정책에 관한 대통령의 보좌기능을 고려하면, 현재의 중앙위원회는 장기적으로는 미국에서처럼 인사관리처 형태의 조직으로 개편되는 것이 좋을 것이다.

이와 더불어 지방자치시대를 맞이하여 광역자치단체 및 각 부처에는 인사업무를 함께 담당하는 현재의 총무과에서 독립된 인사담당기관으로써 과를 설치하는 것도 바람직할 것이다.

그리고 인사행정의 발전을 위해서는 인사기관뿐만 아니라 그 역할이 중요하다. 이런 맥락에서 제시해 볼 수 있는 인사기관의 역할로는 인사행정의 효율성은 물론, 미래의 국가발전을 위한 인적자원개발을 위한 전략적 조직이어야 할 것이다 (김판석, 2002b: 178).

2) 인적자원계획

인사행정은 공적 환경 속에서 이루어진다. 따라서 정부의 인사정책은 정치적 측면과 재정적 측면에 대한 고려는 물론 조직관리 전략의 연계 하에 수립되고 추진되어야 한다.

앞으로 예견되는 급속한 환경변화로 인하여 인사행정의 불확실성이 높아짐으로써 미래예측의 필요성이 커지고 있다. 따라서 인적자원계획의 성공을 위해 불확실성 통제기법들을 발전시켜야 할 것이다. 특히 실용성 있는 인적자원의 수요예측을 위한 연구가 필요하고, 인적자원수요에 따른 정부차원의 인적자원양성 계획이 뒤따라야 할 것이다.

3) 임용

한국은 다른 국가에 비하여 과거제도라는 경쟁시험을 거쳐 인재를 채용하는 제도적 전통을 가지고 있다. 그러나 아직 유능한 인재의 채용이 미흡하다는 비판이 있다. 유능한 인재를 채용하여 적재적소에 배치하기 위해서는 다음과 같은 점을 고려할 필요가 있다.

첫째, 공직지망에 대한 유인을 높일 수 있도록 채용과정을 개선해야 한다. 소위 적극적 모집방법이 요구되고, 각종 서류나 시험과목 등 채용절차를 간소화할 필요가 있다. 이는 민간기업과 인재유치 경쟁을 고려하여 우수한 인적자원 확보를 위한 적극적 노력과 관련된다. 상당수의 공무원들이 민간기업의 인적자원에 비해 능력이 떨어진다고 스스로 평가하고 있는 실정이다.[3)]

둘째, 유능한 인재에 대한 과학적 정의와 시험에 대한 연구에 많은 노력이 필요하다. 어떤 인물이 유능한 인재인지 그리고 그들의 자질검증에 대한 연구가 필요하다는 것이다. 지금까지의 시험방법이 수험자의 현재의 능력은 알 수 있으나 미래의 발전가능성을 측정해낼 수 없음을 고려할 때, 시험에 대한 많은 연구투자가 이루어져야 할 것이다.

셋째, 공무원 채용방법에 있어서는 공개경쟁시험을 중심으로 하되 채용방법의 다변화로 채용의 융통성을 유지하는 것이 바람직하다. 이는 공개경쟁채용이 유능한 인재를 선발할 수 있다는 보편적 논리에 의한 것이며, 융통성 있는 채용방법은 다양화된 업무분야에 적격자를 임용하는 수단이 된다.

넷째, 정부의 임용체제와 노동시장의 인적자원 양성체제 사이의 개방적 · 협력적인 관계를 발전시켜 나가야 한다. 이를 위해 개방형 충원의 범위를 좀 더 넓혀 나갈 필요가 있다. 개방형 충원제도는 행정서비스의 질을 높이고 공직의 경쟁력을 확보하는데 그 의의가 있다. 또한 상시채용이 곤란한 우수인력을 탄력적으로 활용할 수 있도록 상근근무제(full-time)외에 시간제 근무(part-time) 또는 인턴제(intern)와 같은 다양한 채용방법을 활용해야 할 것이다(권경득 · 김판석, 1999: 103).

다섯째, 행정의 전문화 추세에 부응하기 위해서는 전문 · 기술직 공무원의 보다

---

3) 1994년 공무원 의식조사에서 민간기업이 인적자원의 자질이나 실제 인적자원의 관리면에서 앞선다는 응답이 77.5%로 나타났다(조성대, 2003: 166).

많은 임용을 위한 임용체제의 변환을 위한 노력이 있어야 한다.[4] 이를 위해서는 행정직렬의 범위를 축소하고 전문 · 기술직렬을 확대하여야 하며, 전문 · 기술직 공무원들의 경력발전 기회를 확대하여야 한다.

여섯째, 관료제의 국민 대표성과 사회적 형평성을 높여야 한다. 특히 고위직 공무원의 지역별 및 성별 형평성을 고려할 필요가 있다.

일곱째, 내부임용의 융통성과 공정성을 확립해 나가야 한다. 내부임용에 있어서는 공무원의 직무적응과 자기발전을 촉진하는데 초점을 두어야 한다. 사회변화에 따른 행정기능과 직무요건의 변화에 따라 내부임용의 융통성도 높여나가야 한다. 이를 위하여 직무의 종류가 유사한 경우에는 조직내 상호교류와 기관간의 교류도 확대하는 것이 필요하다. 각 부서내의 일선책임자(과장)가 단위조직에 필요한 인력을 부서 소속공무원 중에서 선발할 수 있는 용병제도(draft제도)와 분야별 보직경로(전문분야) 내에서 같은 직급의 공무원이 서로 자리(post)를 맞바꿀 수 있는 직위상호교환제(mutual post exchange system)를 활용하여 보다 탄력적이고 유연한 인사제도를 운영할 수 있다(권경득 · 김판석, 1999: 105). 또한 정부간 인사교류 뿐만 아니라 민간부문과의 인사교류 확대와 중앙정부와 지방정부간의 인사교류 확대를 통하여 상호이해의 폭을 높여나갈 필요가 있다. 이는 기관간의 이해를 높이고 갈등의 조정 및 해결에 도움이 될 것이다. 승진제도에 있어서는 승진적체 해소와 승진의 공정성을 확보하기 위한 노력이 필요하다.

4) 능력발전

공무원의 능력발전은 교육훈련과 근무성적평정의 적정성에 의하여 이루어질 수 있다. 여기에서는 이 두 측면에 대하여 간략하게 논하고자 한다.

첫째, 사회의 급속한 변화 · 발전은 노동력의 조기 노폐화를 가져오고, 이는 일정한 시점의 능력을 재평가받도록 요구하고 있다. 고용관계의 다양화, 인적자원의 유동성 증대, 급속한 기술 변동은 교육훈련수요를 급속히 팽창시킬 것이므로 다양화되고 적응성 높은 교육훈련사업을 발전시켜야 한다. 행정수요에 탄력적으

4) 정부는 공무원 충원경로 다양화와 과학기술인력의 공직진출 확대방안을 실현하기 위하여 통신기술, 화공, 원자력 등 다양한 분야의 전문인력을 기존 고등고시 대신 서류전형 및 면접시험을 통해 과학기술인력 53명을 사무관(5급)으로 특별채용 할 계획이다. 2004년 8~9월에 시험계획을 공공하고 11월에 합격자를 발표할 예정이며, 결과가 좋을 경우 매년 50명 정도 전문인력 특별채용제도를 정례화 할 예정이다(http://www.csc.go.kr).

로 대응할 수 있는 교육훈련 체제가 필요하다. 교육훈련수요조사를 강화해야 하고, 개인의 구체적인 교육훈련수요에 적합하도록 교육훈련 사업을 분화시켜야 한다. 이를 위해서는 교육훈련기관을 외부에 개방하여 민영화, 민간위탁 등 민간교육기관과 연계시스템을 구축할 필요가 있다.

이와 같은 공무원교육훈련을 발전시키기 위해서는 공무원교육훈련에 대한 인식의 변화뿐만 아니라 예산에 대한 인식도 달라져야 한다. 즉, 교육훈련이 자기개발의 수단이라는 점이 강조되어야 하고, 교육훈련을 비용개념으로 볼 것이 아니라 국가발전을 위한 인적자본론적 개념으로 인식할 필요가 있다.

둘째, 근무성적 평정은 공무원의 자기 발전과 행정의 발전에 보다 잘 기여할 수 있어야 한다. 이를 위해서는 근무성적평정은 성과관리를 뒷받침할 엄정한 기준을 제공해야 한다. 이는 근무성적평정의 요소나 기법 그리고 평정의 공정성에 근거한다. 따라서 근무성적 평정의 자의적 조작이나 착오를 억제할 수 있도록 과학적인 기법의 개발에 노력해야 할 것이다. 평정제도들이 보다 신뢰성과 합리성을 제고하고 효율적으로 운영되기 위해서는 근무실적 및 성과중심의 평가지표를 개발하고, 합리적이고 객관적인 평정이 가능하도록 명료한 평정요소를 개발 · 선정하며 평정상의 복잡성을 축소하여야 할 것이다.(권경득 · 김판석, 1999: 110).

5) 동기유발

인사행정에 있어서 동기유발은 공무원들의 능률성 향상이라는 면에서 매우 중요하다. 앞으로 인사행정분야에서 무엇보다도 많은 관심과 연구가 필요한 분야라고 생각된다. 동기부여와 관련된 주요 요소는 동기이론 및 보수와 관련된 요소들이다. 공무원들의 동기유발을 위해서는 다음과 같은 조치들이 필요하다.

첫째, 공무원의 직무동기유발을 위해서는 동기이론[5]에 충실한 정책을 개발 · 운영하여 나가야 한다. 즉 공무원의 동기유발을 위해서는 조직내에서의 자아실현, 직무의 성취감, 내외적 인정감, 그리고 만족요인과 불만족 요인을 기초로 하는 동기유발 정책의 개발과 시행을 위한 노력이 기초가 되어야 한다. 이를 위해서는 외재적 동기유인과 통제의 관리에서 인간의 자기실현적 · 성장적 측면을 강조

5) 잘 알려진 동기이론으로는 내용이론으로써 Maslow의 욕구계층론, Alderfer의 ERG이론, Herzberg의 동기위생이론 등이 있고, 과정이론으로는 Vroom의 기대이론, Porter & Lawer의 동기유발 이론, Adams의 공정성 이론 등이 있다.

하는 동기유발 전략을 발전시켜야 한다. 또한 공무원들이 인간적 감수성과 자율규제적인 능력을 신장하고 발휘할 수 있는 여건의 조성에 보다 많은 관심을 가져야 한다.

둘째, 보수의 동기유발 기능을 높이기 위해서는 무엇보다도 공무원 보수의 형평성을 유지하는 것이 필요하다. 단순히 공직자로서의 사명감과 청렴성에 호소하기보다는 공무원의 보수를 노동에 대한 대가이자 동시에 유능한 인적자원의 확보와 양성을 위한 투자로 인식하여야 한다.

따라서 보수의 일반적 수준이 민간부문의 임금수준과 비교하여 대외적 형평성을 유지할 수 있도록 하여야 한다. 또한 대내적으로는 보수체계를 현재의 연공급 중심에서 성과급 중심으로 점차 바꾸어나가야 한다. 보수수준은 직무요인과 성과요인을 고려하여 형평성을 유지하도록 하여야 한다. 성과급제도가 합리적이고 공정한 실적평가에 근거하여 투명하게 실시되지 않으면 오히려 성과향상의 유인을 박탈하고 내부 불만을 증폭시키는 결과를 초래한다(이혜훈, 1998:43). 보수의 동기유발 기능을 높이기 위하여 현재 실행하고 있는 공무원 보수의 성과상여금과 연봉제 등 공무원 보수체계에 대한 개혁이 요구된다. 좋은 성적을 돌아가면서 받아 성과상여금을 균등하게 받는 소위 "돌려먹기식" 평가로는 동기부여는 물론 공직의 생산성을 높일 수 없다. 이러한 문제의 해결은 단기간에 이루어지기 어려울 수도 있으므로 우리의 행정문화에 적합한 보수체계를 구축하기 위한 계속적인 연구가 필요하다. 또한 공무원들의 후생복지 증진을 위해서도 더 많은 투자가 필요하다.

6) 공무원 윤리

공무원들의 건전한 사고방식과 가치관은 공직자의 부패 문제뿐만 아니라 인사행정의 전반적인 문제를 해결하는데 필수적인 전제조건이라고 할 수 있다. 공무원의 가치관과 태도변화는 공무원의 교육훈련을 통해서 올바른 공직윤리가 내재화되도록 하여야 한다.

그러나 건전한 공직윤리를 유지하기 위해서는 건전한 사회윤리가 먼저 확립되어야 한다. 또한 정부도 통제중심의 관리체제를 버리고 공무원들의 참여욕구와 성취감을 충족시키면서 결과에 대한 책임을 엄중히 평가하는 성과중심의 관리체제로 전환하여야 한다. 한편, 공무원의 비리를 근절시키기 위해서는 내부감사 외에도 시민 및 시민단체에 의한 외부통제기능을 강화하여야 하며, 내부고발제도(whistle-blowing)를 강화하고 내부고발자의 비밀과 권익을 보호할 수 있는 제도적 장치가 강화되어야 한다.

7) 퇴직관리

환경적 격동성이 높아지고, 기술변동이 급속해지고, 인적자원 수요의 유동성이 높아질수록 퇴직관리의 중요성은 더욱 커진다. 이는 유능한 인적자원의 손실을 막고 조직에 남아있는 구성원들의 사기관리라는 측면에서 매우 중요하다. 이를 위해서는 퇴직수요를 정확하게 진단하여 대처하여야 하며, 부득이 강제퇴직시킬 때에는 조직과 개인에게 주는 손실을 최소화해야 한다. 감원할 때에는 명분과 합리성을 갖추어 진행하여야 하고, 불합리하고 획일적으로 감원비율을 정해 놓고 추진하여 힘없는 부서나 하위직이 보다 많은 희생을 감당하여서는 안 된다. 이러한 문제점이 발생하지 않게 하기 위해서는 감원대상자의 선정이 공무원의 근무실적 및 능력에 기초한 합리적 기준에 의해서 이루어져야 하고, 감원을 줄이기 위해서는 명예퇴직, 직권면직 등의 활용과 계약직 · 시간제근무 · 인턴제(intern) 등의 적절한 활용을 통해 감원을 필요로 하는 환경변화에 적절히 대처할 필요가 있다. 물론 불가피한 퇴직을 대비하여 퇴직자들을 지원하는 조치들을 발전시켜야 한다.

제3절 한국 인사행정 연구의 현안과 과제

지난 40여 년간 한국 인사행정학은 급속한 발전을 이룩하였다. 인사행정은 선진각국의 인사행정 이론과 기법 등의 소개뿐만 아니라 한국 정부의 인사행정에 관한 이론적 · 경험적 연구를 통하여 인사제도의 개혁과 발전에 많은 기여를 해왔다. 그러나 아직도 인사행정에 대한 많은 문제점들이 남아 있다. 이러한 과제들을 해결하기 위해서는 몇 가지 전제적 노력이 있어야 한다. 우선 정치지도자들이나 인사권자들이 인사에 대한 바른 가치관을 확립하고 국가발전에 있어서 인적자원의 중요성을 바르게 인식해야 한다. 이것이 없이는 아무리 훌륭한 인사제도나 정책도 그 기능이 소용없게 될 수 있기 때문이다.

다음으로는 한국의 실정에 맞는 인사행정제도나 정책을 수행해 나가야 한다. 이를 위해서는 인사행정 연구에 대한 많은 투자가 있어야 할 것이다. 끝으로 일반 공무원이나 시민들의 의식이 높아져 인사행정에 대한 외부통제가 가능해야 한다는 것이다. 이러한 기능은 유권자들의 정치참여, 여론, 시민단체의 활발한 활동을 통해서 가능할 것이다. 이러한 조건들이 성숙한 상황에서 인사행정의 연구도 그 실효성을 가지게 될 것이다. 이러한 전제하에 한국 인사행정에 관한 종합적 평가와 향후 과제를 도출하면 다음과 같다.

첫째, 한국 인사행정에 대한 실증적 연구가 활발하게 수행되지 못하고 있다. 한국 인사행정에 관한 실증적 연구의 대부분은 통계자료나 설문조사 결과를 이용한 단순 빈도분석에 주로 의존하고 있다. 앞으로의 인사행정에 대한 실증적인 차원에서 변수 간의 인과관계를 좀 더 과학적 연구방법에 의해 전개해야 할 것이다.

둘째, 그 동안 기존의 연구에서 제시된 행정직렬의 세분화, 복수직급제도 도입, 공채 임용비율의 확대, 성과급 도입 등 많은 대안들이 정책에 반영되어 왔다. 그러나 성과급제도와 같은 일부 대안들은 한국의 행정문화와 조화를 이루지 못하여 문제점을 노출하기도 하였다. 이것은 정책대안을 고려함에 있어서 행정문화에 대한 중요성을 대변하는 것이라고 본다.

셋째, 인사행정의 전문성을 강조하고 이에 대한 연구방법으로서 계량적 접근방법을 중요시하여 왔으나, 인사행정의 가치 지향성과 그에 대한 연구에 보다 많은 관심을 두어야 할 것이다. 즉, 인사행정에 있어서 사회적 형평성, 공무원의 속성 및 권익 보장 등 좀 더 다양한 관점에서의 연구가 필요하다.

넷째, 대부분 인사행정에 대한 대학 교재들은 나름대로 인사행정을 체계화하고, 한국의 행정 현실에 적합한 제도적 개선 방안을 모색하기 위한 노력을 계속하고 있다. 그러나 기존의 교재들은 한국의 상황에 맞는 적실성 있는 내용과 인사행정 문제를 해결하는데 도움이 될 수 있는 실무능력을 배양할 수 있는 노력이 요구된다.

공무원 임용령 〈개정 2011. 3. 7〉 [별표 1]

일반직공무원의 직급표

직군	직렬	직류	계급 및 직급						
			3급	4급	5급	6급	7급	8급	9급
행정	교정	교정	부이사관	서기관	교정관	교감	교위	교사	교도
		교회			교회관	교회사	교회사보	교회원	교회원보
		분류			분류관	분류사	분류사보	분류원	분류원보
	보호	보호			보호 사무관	보호 주사	보호 주사보	보호 서기	보호 서기보
	검찰사무	검찰 사무			검찰 사무관	검찰 주사	검찰 주사보	검찰 서기	검찰 서기보
		검찰 수사			수사 사무관				
	마약 수사	마약 수사			마약수사 사무관	마약수사 주사	마약수사 주사보	마약수사 서기	마약수사 서기보
	출입국 관리	출입국 관리			출입국 관리 사무관	출입국 관리 주사	출입국 관리 주사보	출입국 관리 서기	출입국 관리 서기보
	철도 공안	철도 공안			철도공안 사무관	철도공안 주사	철도공안 주사보	철도공안 서기	철도공안 서기보
	행정	일반행정			행정 사무관	행정 주사	행정 주사보	행정 서기	행정 서기보
		법무행정							
		재경							
		국제통상							
		운수							
		노동							
		문화홍보							
		교육행정							
		회계							
	직업 상담	직업 상담				직업상담 주사	직업상담 주사보	직업상담 서기	직업상담 서기보
	세무	세무				세무 주사	세무 주사보	세무 서기	세무 서기보
	관세	관세				관세 주사	관세 주사보	관세 서기	관세 서기보

	사회 복지	사회 복지			사회복지 사무관	사회복지 주사	사회복지 주사보	사회복지 서기	사회복지 서기보
	통계	통계			통계 사무관	통계 주사	통계 주사보	통계 서기	통계 서기보
	사서	사서			사서 사무관	사서 주사	사서 주사보	사서 서기	사서 서기보
	감사	감사		감사관	부감사관	감사 주사	감사 주사보	감사 서기	감사 서기보
기술	공업	일반기계 농업기계 운전 항공우주 전기 전자 원자력 조선 금속 야금 섬유 화공 자원 물리		기술 서기관	공업 사무관	공업 주사	공업 주사보	공업 서기	공업 서기보
	농업	일반농업 잠업 농화학 식물검역 축산 생명유전			농업 사무관	농업 주사	농업 주사보	농업 서기	농업 서기보
	임업	산림조경 산림자원 산림보호 산림이용			임업 사무관	임업 주사	임업 주사보	임업 서기	임업 서기보
	수의	수의			수의 사무관	수의 주사	수의 주사보		

	해양 수산	일반해양			해양수산 사무관	해양수산 주사	해양수산 주사보	해양수산 서기	해양수산 서기보
		일반수산							
		수산제조							
		수산증식							
		어로							
		수산물 검사							
		일반선박							
		선박항해							
		선박기관							
		선박관제							
		수로							
		해양교통 시설							
	기상	기상			기상 사무관	기상 주사	기상 주사보	기상 서기	기상 서기보
		지진							
	보건	보건			보건 사무관	보건 주사	보건 주사보	보건 서기	보건 서기보
	의료 기술	의료 기술			의료기술 사무관	의료기술 주사	의료기술 주사보	의료기술 서기	의료기술 서기보
	식품 위생	식품 위생			식품위생 사무관	식품위생 주사	식품위생 주사보	식품위생 서기	식품위생 서기보
	의무	일반의무			의무 사무관				
		치무							
	약무	약무			약무 사무관	약무 주사	약무 주사보		
		약제							
	간호	간호			간호 사무관	간호 주사	간호 주사보	간호 서기	
	환경	일반환경			환경 사무관	환경 주사	환경 주사보	환경 서기	환경 서기보
		수질							
		대기							
		폐기물							
	항공	일반항공			항공 사무관	항공 주사	항공 주사보	항공 서기	항공 서기보
		조종							
		정비							

		관제							
	시설	도시 계획			시설 사무관	시설 주사	시설 주사보	시설 서기	시설 서기보
		일반토목							
		농업토목							
		건축							
		지적							
		측지							
		교통시설							
		도시교통 설계							
		시설조경							
		디자인							
	전산	전산개발			전산 사무관	전산 주사	전산 주사보	전산 서기	전산 서기보
		전산기기							
		정보관리							
	방송통신	통신사			방송통신 사무관	방송통신 주사	방송통신 주사보	방송통신 서기	방송통신 서기보
		통신 기술							
		전송 기술							
		전자통신 기술							
		방송기술							

공무원 임용령 〈개정 2011.7.4〉[별표 2]

기능직공무원의 직급표

직군	직렬	직류	계급								
			기능1급	기능2급	기능3급	기능4급	기능5급	기능6급	기능7급	기능8급	기능9급
정보 통신 현업	정보 통신 현업	정보 통신 현업	정보 통신 기장	정보 통신 기장	정보 통신 기장	정보 통신 기장	정보 통신 기장	정보 통신장	정보 통신장	정보 통신원	정보 통신원
토건	토목	토목					토목 기장	토목장	토목장	토목원	토목원
	건축	건축 목공					건축 기장	건축장	건축장	건축원	건축원
전신	통신	통신					통신 기장	통신장	통신장	통신원	통신원
	전화 상담	전화 상담					전화 상담 기장	전화 상담장	전화 상담장	전화 상담원	전화 상담원
	전기	전기					전기 기장	전기장	전기장	전기원	전기원
기계	기계	기계 영사					기계 기장	기계장	기계장	기계원	기계원
	열관리	열관리					열관리 기장	열관리장	열관리장	열관리원	열관리원
	운전	운전					운전 기장	운전장	운전장	운전원	운전원
화공	화공	화공					화공 기장	화공장	화공장	화공원	화공원
선박	선박 항해	선박 항해					선박 항해 기장	선박 항해장	선박 항해장	선박 항해원	선박 항해원
	선박 기관	선박 기관					선박 기관 기장	선박 기관장	선박 기관장	선박 기관원	선박 기관원
	등대 관리	등대 관리					등대 관리 기장	등대 관리장	등대 관리장	등대 관리원 표지 관리원	등대 관리원 표지 관리원

농림	농림	영림 원예					농림 기장	농림장	농림장	농림원	농림원
	산림 보호	산림 보호					신림 보호 기장	산림 보호장	산림 보호장	산림 보호원	산림 보호원
보건 위생	보건	보건					보건 기장	보건장	보건장	보건원	보건원
	간호 조무	간호 조무					간호 조무 기장	간호 조무장	간호 조무장	간호 조무원	간호 조무원
	위생	위생 사역					위생 기장	위생장	위생장	위생원	위생원
	조리	조리					조리 기장	조리장	조리장	조리 실무원	조리 실무원
사무	사무	조무 타자 전산 제도 필기 계리 사서 편집 집배 기상 관측 감식						사무 실무장	사무 실무장	사무 실무원	사무 실무원
방호	방호	방호 경비					방호 기장	방호장	방호장	방호원	방호원

REFERENCE

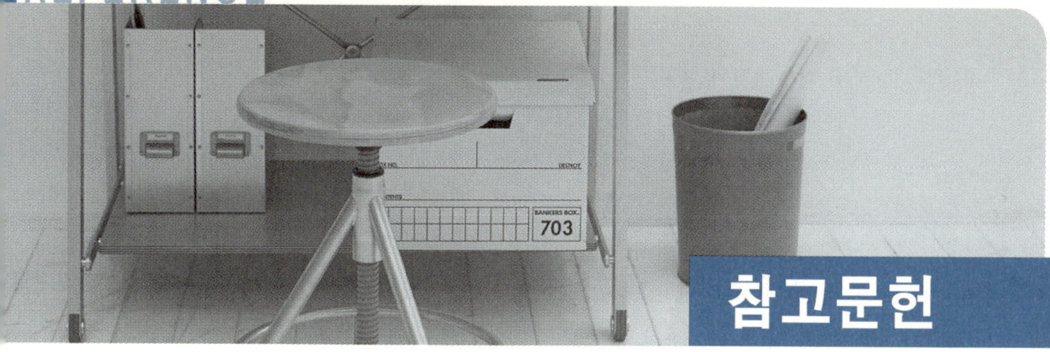

참고문헌

국내문헌

강성철 외. 「새 인사행정론」. 서울: 대영문화사, 1997.

________. 「새 인사행정론」. 서울: 대영문화사, 2000.

________. 「새 인사행정론」. 서울: 대영문화사, 2001.

________. 「새 인사행정론」. 서울: 대영문화사, 2002.

________. 「새 인사행정론」. 서울: 대영문화사, 2005.

________. 「새 인사행정론」. 서울: 대영문화사, 2011.

강신택. "직업공무원제도의 정치적 맥락," 「행정논총」, 1988.

강재호 역. 「일본의 행정과 행정학」(西屋勝 著). 부산대학교 출판부, 1997.

공무원제도조사회. "공무원제도 개혁의 기본방향에 관한 답신," 1999.

국민권익위원회, 공무원징계 · 소청심사, 실효성 제고, 제도개선총괄 2010-1-8, 2010.

권경득 · 김판석. "지방자치단체의 인사제도 개혁", 「한국행정학보」 33권 1호, 한국행정학회, 1999.

권인호 외 5인. 「인적자원관리」. 서울: 명경사, 1998.

김규정. 「행정학원론」. 서울: 법문사, 1997.

김명기. 「인사행정론」(재판). 서울: 한국방송통신대학교 출판부, 1994.

김병섭 · 박홍식. "신뢰와 정부개혁," 「1999년도 한국행정학회 춘계학술대회 발표논문」, 1999.

김병섭 · 하태권. "세대간 의식구조 차이와 조직관리 방안: 경찰공무원을 중심으로," 「행정논총」35(1), 1997.

김석회. 「조직행위론강의」. 서울: 법경사, 1993.

김성수. 「신 인사관리론」. 서울: 법경사, 1998.

김순양. "공무원 인사개혁의 방향," 「지방자치」, 1998.
김중량. 「한국인사행정론」. 서울: 법문사, 1994.
________. 「한국인사행정론」. 서울: 법문사, 1996.
________. 「한국인사행정론」. 서울: 법문사, 1999.
________. "공무원인사개혁의 방향," 「지방행정」. 1997.
김창준. "한국의 공무원제도 개혁: 회고와 전망," 「한국외국어대학교 논문집」, 1996.
김판석. "한국인사행정의 발전방향," 「한국행정연구」. 서울: 행정연구원, 2002 .
________(b). "국가경쟁력 제고를 위한 인사행정 혁신," 「2002년도 추계학술대회 발표논문집」. 한국행정학회, 2002.
김현식. 「인사관리론」. 서울: 무역경영사, 1995.
김홍기. 「신고인사행정론」(개정판). 서울: 대왕사, 1991.
김해동. "관료부채에 관한 연구," 「행정논총」. 10(1). 서울대학교.
노동부 국립중앙직업안정소. 「직무분석 및 방법」. 1083.
단국대출판부. 「국민윤리」. 1988.
박내회 「조직행동론」. 서울: 박영사, 1989.
________. 「인사관리」. 서울: 박영사, 1997.
________. 「인사관리」. 서울: 박영사, 1999.
박동서. 「인사행정론」. 서울: 법문사, 1994.
________. 「인사행정론」. 서울: 법문사, 1998.
________. 「인사행정론」. 서울: 법문사, 2001.
________. 「행정포커스」. 서울: 한국행정연구원, 2003.
________(b). 「정부혁신의 전략과 과제」. 서울: 법문사, 2001.
박연호. 「인사행정론」. 서울: 박영사, 1983.
________. 「인사행정신론」(개정판). 서울: 법문사, 1992.
________. 「인사행정신론」. 서울: 법문사, 1996.
________. 「인사행정신론」. 서울: 법문사, 1998.
박연호 · 박균성 譯. 「프랑스행정의 이해」. 서울: 박영사, 1997.
박영범. "한국 공공부문 노사관계의 현황과 정책과제. 박영범 카멜로 노리엘 편," 「공공부문 노사관계의 국제적 추세와 한국의 과제」(이원희 역). 서울: 한국노동연구원, 1994.
박천오 외. 「인사행정의 이해」. 서울: 법문사, 2000.
________. 「인사행정의 이해」. 서울: 법문사, 2001.
배득종. 공무원 재임용. 서울: 자유기업센터, 1997.
백종섭 · 고승희(2007). 충청남도 다면평가제에 관한 연구, 「지방정부의 인사정책: 진단과 처방」(한국인사행정학회 2007년 춘계학술대회발표논문집): 53-74.
서원석. "ILO회원국의 공무원 단체활동 비교 연구," 「KIPA 연구보고서 94-03」, 1994.

송하중. "중장기 정부인력 규모 예측,"「한국행정연구원 연구보고서 92-05」, 1993.
신유근.「인사관리」. 서울: 경문사, 1996.
안희수. 공무원제도의 사적 발전. 윤근식 외.「현대정치와 관료제」. 서울: 대왕사, 1976.
양창삼.「인적자원관리」. 서울: 법문사, 1994.
오석홍.「인사행정론」(신정판). 서울: 박영사, 1993.
________.「인사행정론」(신정판). 서울: 박영사, 2000.
________.「인사행정론」. 서울: 박영사, 2005.
________.「인사행정론」. 서울: 박영사, 2009.
오성호. "공무원의 능력발전 진흥 방안: 행정개혁을 전제한 근무평정과 교육훈련제도의 개선,"「한국행정학보」31(4), 1997.
오원철 외.「산업 및 조직심리학」. 서울: 박영사, 1996.
유민봉.「인사행정론」. 서울: 문영사, 1997.
유민봉 · 임도빈.「인사행정론」. 서울: 박영사, 2003.
유민봉,「한국인사행정론」. 서울: 박영사, 2010.
유석영. "공무원 부정방지에 관한 연구,"「한국행정학보」. 1981.
유종해 외 편저.「행정학사전」. 서울: 고시원, 1984.
유종해. "민주사회를 위한 행정윤리의 기능,"「한국행정학보」. 1988.
윤태범. "부패방지를 위한 정부의 역할 및 활동방향,"「한국행정학회 특별세미나 발표논문집」. 1999.
이상윤.「인사행정론」. 서울: 대왕사, 1994.
________.「공무원 인사제도론」. 서울: 대왕사, 2000.
이성덕. 영국의 관료제. 윤근식 외.「현대정치와 관료제」. 서울: 대왕사, 1976.
이종수 외.「새 행정학」. 서울: 대영문화사, 1993.
이종수.「행정학사전」. 서울: 대영문화사, 2000.
이학종.「인적자원관리」. 서울: 세경사, 1998.
________.「조직행동론」. 서울: 세경사, 1991.
이혜훈. "외국의 인센티브제도 어떻게 정착시켰나,"「지방행정」. 47(539), 1998.
조성대. "국가발전을 위한 인사행정의 개혁방안,"「한국정책과학학회보」. 한국정책과학학회, 2003.
조성한. "행정에 관한 국민과 공무원의 의식조사('95),"「KIPA 연구보고서」. 1996.
________. "중앙정부의 직무분석,"「KIPA 연구보고서」, 1997.
조영택. "99인사행정의 운영방향-행정환경의 변화와 인사제도의 개혁,"「자치행정」. 1999.
중앙인사위원회.「14개 OECD회원국의 고위공무원제도: CSC정책자료집 2000-2」. 서울: 중앙인사위원회, 2000.
________. 공무원보수업무 등 처리지침, 2002. 1. 11.

________.「인사행정」 여름호. 2003.

총무처.「공무원 인사제도」. 서울: 총무처, 1986.

________.「미국 연방공무원제도」(임용편). 서울: 총무처, 1996.

총무처 직무분석기획단.「정부혁신론」. 서울: 동명사, 1998.

최병대 외.「서울시 공무원의 전문성 제고방안」. 서울시정개발연구원, 1999.

채병일.「공무원 노조의 허용 반대론」. 서울대 행정대학원 국가정책과정, 1995.

최재식.「공무원연금의 재정악화와 원인분석」. 공무원연금관리공단, 1999.

최종태.「현대인사관리론」. 서울: 박영사, 1981.

________.「인사관리」. 서울: 박영사, 1985.

________.「인사관리론」. 서울: 박영사, 2000.

최해진.「전략적 인사관리론」. 서울: 형설출판사, 1999.

하동원.「미국연방공무원제도」, 서울: 동북아연구소, 1994.

하태권 외.「새 인사행정론」. 서울: 대영문화사, 1999.

하태권. "한국 직업공무원제도의 발전 방향,"「충북대학교 논문집」25. 1983.

________. "행정학 강의, 어떻게 할 것인가? :인사행정 교육의 효율화를 위한 몇 가지 제안,"「1998 서울행정학회 하계학술대회 발표 논문집」. 1998.

________. "광역지방자치단체장의 인사권확대에 관한 연구,"「한국행정학보」 29(3), 1995a.

한국행정연구원.「공무원 교육훈련 체제의 발전 방향」. 서울: 한국행정연구원, 1992a.

한영수. "공무원 연봉제에 관한 연구,"「사회과학논총」, 서울: 강남대학교, 1999.

행정자치부. 영국공무원제도. 1998b.

________.「통계연보」. 1999.

________. 행정자치백서, 2003.

________. 행정자치통계연보, 2003.

행정조사연구소. 한국공무원의 적정보수표에 관한 연구.「행정논총」 13(1). 1975.

SBC전략기업컨설팅.「신인사제도를 위한 직무분석 직능조사」. 1994.

➜➜ 국외문헌

桐木逸朗. 離退職制度. 日本人事管理協會, 1977.

西尾勝.「行政學」. 東京: 有斐閣, 1993.

藤田忠.「人事考課と勞務管理」. 東京: 白桃書房, 1977.

Adams, Stacy J. "Toward an Understanding of Inequality," *Journal of Abnomal and Social Psychology*. 1963.

Anderson, John R. *Learning and Memory: An Integrative Approach*. John Wiley & Sons, 1995.

Anthony, William P., Pamela L. Perrewe and K. Michelle. Kacmar. *Strategic Human Resource Management* (2nd ed.). Dryden Press, 1996.

Armstrong, Michael. *Principles and Practice of Salary Adminstration*. London: Kegan Page, 1974.

Arrow, K. J. "Higher Education as a Filter," *Journal of Human Resources* 8. 1973.

Aucoin, P. . *Administration Reform in Public Management: Paradigms, Principles, Paradoxes and Pendulums*. Governance. 3(2), 1990.

Ban, Carolyn. The Changing Role of the Personnel Office. in Stephen E. Condrey (ed.), *Handbook of Human Resource Management In Government*. San Francisco: Jossey - Bass Publishers, 1998.

Becker, G. S. "Investment Human Capital: A Theoretical Analysis," *Journal of Political Economy* 70. Supplement: 9～49, 1962.

Boling, T. Edwin and John Dempsy. "Ethical Dilemmas in Government: Designing an Organizational Response," *Public Personnel Management* 10(1). 1981.

Borman, Walter. "Effects of Instruction to Avoid Halo Error Reliability and Validity of Performance Evaluation Ratings," *Journal of Applied Psychology*, 1979.

Bowey, Angela. A Guide to Manpower Planning. London: McMillan, 1974.

Box. B. E & Whellan, F. "The Evolution of Staff Development System," *Management Review* October. 54-60. 1982.

Caiden, G. E. *Administrative Corruption*. Par 37(2). 1977.

Carpenter, W. S. *The Unfinished Business of Civil Service Reform*. Princeton, N.J.: Princeton University Press, 1952.

Carrell, Michael R., Robert F. Elbert and Robert D. Hatfield. *Human Resource Management: Global Strategies for Managing a Diverse Workforce* (5th ed.). Prentice-Hall, 1995.

Caruth, Donald L. and Gail D. Handlogten. *Staffing the Contemporary Organization.*

Quorum Books, 1997.

Catlin, Robert E. "Should Public Employees Have the Right to Strike?," *Public Personnel Review* 29(1). 1968.

Condrey, Stephen E. (ed.). *Handbook of human resource management in government.* San Francisco: Jossey-Bas, 1998.

Cotton, John L. and Jeffrey M. Tuttle. "Employee Turnover: A Meta-Analysis with Implications for Research," *Academy of Management Review* (11). 1986.

Cozzetto, Don A., Theodore B. Pedeliski and Terence J. Tipple. *Public Personnel Administration: Confronting the Challenges of Change*. Upper Sadle River, N.J.: Prentice-Hall, 1996.

Davenport, Thomas O. . *Human capital: What it is and why people invest it.* San Francisco: Jossey-Bass, 1999.

DeCenzo, David A. and Stephen P. Robbins. *Human Resource Management* (6th ed.). John Wiley & Sons, 1999.

Denhardt, Robert B. *Public Administration: An Action Orientation* (3rd ed.). Harcourt Brace, 1999.

Dror, Gabriel Ben. "Corruption, Institutionalization, and Political Development: The Revisionist Theses Revisited," *Comparative Political Studies* 7(1), 1973.

Dresang. *Public Personal Management and Public Policy*. (2nd ed.). New York: Longman, 1991.

Drewry, Garvin & Tony Butcher. *The Civil Service Today*. Oxford: Basil Blackwell. 1988.

Edward Van Roy. "On the Theory of Corruption," *Economic Development and Cultural Change*. 1970.

Elliott, R. H. *Public Personnel Administraion: A values perspective*. Reston, VA: Reston Publishing Co, 1985.

Farnham, David. *Employment Flexibilities in Western European Public Services: An International Symposium*. Review of Public Personnel Administration. 17(3), 1997.

Feldman, Robert S. *Understanding Psychology*. McGraw-Hill, 1996.

Flippo, Edwin B. *Personnel Management* (5th ed.). New York: McGraw-Hill, 1980.

__________. *Principles of Personnel Management*. New York: McGraw-Hill, 1971.

Foley, Frederick L. "Federal Personnel Offices: Time for Change?," *Public Personnel Management*. 1997.

Folger R. & M. A. Konovsky. "Effects of procedural and distributive justice on reactions to pay raise decisions," *Academy of Management Journal*, 32(1). 1989.

Fulton Report. *The Civil Service (Vol. 1, 2): Report of The Committee*. London: Her Majesty's Stationery Office, cmnd 3638, 1968.

Ganger, Palph E. "Computer-Based Training Improver Job performances," *Persennel Journal*, 1989. June.

Gerhanrt, Barry et al. "Employee Compensation: Theory, Practice, and Evidence," in *Handbook of Human Resource Management*. Oxford: Blackwell Publishers Ltd, 1995.

Gibson, J. L., J. M. Ivancevich and J. H. Donnelly. *Organizations Behavior, Structure, Processes*. Homewood, Ill: Irwim, 1988.

________________________________. *Organizations Behavior, Structure, Processes*. Homewood, Ill: Irwim, 1991.

Gilley, Jerry W. and Ann Maycunich. *Beyond the Learning Organization*. Perseus Books. 2000.

Goldstein, Irwin L. *Training in Organizations: Needs Assessment, Development, and Evaluation* (2nd ed.). Brooks/Cole, 1986.

Golembiewski, Robert T. *Men, Management and Morality*. New Brunswick, N.J.: Transaction, 1989.

Gould, David J. "The Effects of Corruption on Administration Performance: Illustration from Developing Conturies," in *World Bank Staff Working Papers* (No. 580), 1983. Washington D.C.: The World Bank.

Greenwood, John and Wilson David. *Public Administration in Britain Today* (2nd ed.). London: Urwin Hyman, 1989.

Gregory, Robert J. "Social Capital Theory and Administrative Reform: Maintaining Ethical Probity in Public Service," *Public Administration Review*. 59(1). 1999.

Gutteridge, T. and otte. F. "Organizational Gareer Development: What's going on out there?" *Training and Development Journal*, Vol. 37. 1983.

Ha, T. K. "Theories of Representative Bureaucracy," *Journal of Social Sciences* 5(1). College of Social Sciences. Chungbuk National University, 1988.

________. *Test of Three Selection Models: The Case of the Korean Senior Civil Service*. D.P.A. Dissertation. University of Georgia, 1988.

Hays and Reeves. *Personnel Management in the Public Sector*, Dubuque, lowa : Wm. C. Brwn Publishers, 1989.

________. *Personnel Management in the publie Sector*. Poston, Ma: Allyn and Bacon. Inc., 1991.

Hays, Steven W. and Richard C. Kearney. *Promotion of Personnel-Career*

Advancement. in Jack Rabin et al. (eds.). *Handbook of Public Personnel Administration*. New Youk: Marcel Dekker, Inc., 1995 .

Hays, Steve W. & T. Zane Reeves. *Personnel Management in the Public Sector*. Dubuque, Iowa: Brown Publishers, 1989.

Heidenheimer, Arnold J. *Political Corruption: Readings in Comparative Analysis*. Holt, Rinehart and Washington, 1970.

Heiden heimer, M. Johnston and Victor T. Levine eds, *Political Corruption*, New Branswick: Transaction, 1990.

Hellriegel, Don & J. W. Slocum, Jr. *Management*. Ohio: South-Western College Publishing, 1997.

Heneman III, Herbert G., Donald P. Schwab, John A. Fossum, Lee D. Dyer. *Personnel/ Human Resource Management*. Homewood, IL: Richard D. Irwin, Inc., 1983.

Hersey, Paul and Kenneth H. Blanchard. *Management of Organizational Behavior*. Englewood Cliffs, N.J.: Prentice-Hall, 1972.

__________________________. *Management of Organizational Behavior*. Englewood Cliffs, N.J.: Prentice Hall, 1977.

__________________________. *Management of Organizational Behavior: Utilizing Human Resources*. Englewood Cliffs, N.J.: Prentice-Hall, 1982.

Herzberg, Frederick. "One More Time: How Do You Motivate Employees?," *Harvard Business Review* 46(1). 1968.

Huczynski, Andrzej and David Buchanan. *Organizational Behavior* (2nd ed.). New York: Prentice-Hall, 1991.

Huddleston, Mark W. "Comparative Perspective on Administrative Sthics: Some Implications for American Public Administration," *Public Personnel Management* 10(1), 1981.

Hood, C. . "A Public Management for All Seasons?", *Public Administration*, 69(Spring), 1991.

__________. *Explaining Economic Policy Reversals. Buckingham: Open University Press*, 1994.

Kearney, Richard C. *Labor Relation in the Public Sector*. New York: Marcel Dekker. 1992.

Kingsley, J. D. *Representative bureaucuacy: An interpretation of the British civil service*. Yellow Springs: The Antioch Press, 1944.

Klingner, Donald E. and John Nalbandian. *Public Personnel Management: Contexts and Stratigies*. Englewood Cliffs, N.J.: Prentice-Hall. 1981.

Kligner, Donald E. *Public Personnel Management: Contexts and Strategies.* Englewood Cliffs, N.J.: Prentice-Hall, 1980.

____________________. *Strategic Human Resource Management.* In Jack Rabin (ed.). *Handbook of Public Personnel Management.* New York: Marcel Dekker, Inc, 1995.

Kranz, H. *The Participatory bureaucracy: Women and minorities in a more representative public service.* Lezington, M.A.: Lezington Books, 1976.

Krislov, S. & D. H. Rosenbloom. *Reprexentative bureaucracy and the American political system.* New York: Praeger, 1981.

Klingner, Donald E. . *Strategic Human Resource Management.* In Jack Rabin et al. (ed.), handbook of Public Personnel Administration, New York: Marcel Dekker, 1995.

Lawler, Edward E. *Motivation in Organization.* Monterey: Brooks/Cole, 1973.

Leap, Terry L. and Michael D. Crino. *Personnel/Human Resource Management.* Macmillan, 1989.

Leap, Terry L. *Collective Bargaining and Labor Relations.* New York: Macmillin Publishing Co., 1991.

Lee, Robert D. Jr. *Public Personnel System.* (3rd ed.). Gaithersburg: An Aspen Publishers, Inc., 1993.

Levitan, David S. *The Neutrality of Public Service.* Par (2), 1942.

Locke, E. A. "What is Job Satisfaction?," *Organaizational Behavior and Human Performance* (4). 1969.

Locke, Edwin A. *The Nature and Causes of Job Satisfaction.* In M. D. Dunnette (ed.). *Handbook Of Industrial and Organizational Psychology.* Chicago: Rand McNally. 1976.

Loverd, Richard A. & Thomas J. Pavlak. *Analyzing the Historical Development of American Civil Service.* in Jack Rabin (ed.). *Handbook of Public Personnel Administration* (1-19). New York: Marcel Dekker, Inc, 1995.

Maslow, Abraham H. "A Theory of Human Motivation," *Psychological Review*, 1943.

McClelland, David C. *The Achievement Motive.* New York: Appleton-Century- Crofts, 1953.

____________. "The Two Faces of Power," *Journal of International Affairs* 24(1). 1970.

Miles, Raymond. E. and Snow, Charles C. (1994). *Fit, failure, and the hall of fame.* New York: Free Press.

Milkovich, George T. and John W. Boudeau. *Human Resource Management* (7th ed.). Irwin, 1994.

Mondy, R. Wayne and Robert M. Noe Ⅲ. *Human Resource Management*. 5th ed., Boston: Allyn and Bacon, 1993.

Mosher, Frederrick. "Career and Career Services in the Public Service," *Public Personnel Review* (24). 1963.

__________. *Democracy and the Public Service*. (2nd ed.). New York: Oxford University Press, 1982.

Nigro, Felix A. and Lloyd G. Nigro. *The New Public Personnel Administration* (3rd.). Illinois: P. E. Peacock, 1986.

Nye, J. S. "Corruption and Political Development: A Cost-Benefit Analysis," in *Bureaucratic Corruption in Sub-Saharan Africa*. edited by Monday V. Expo. Washington: University Press of America, Inc., 1979.

O'Bannon, Gary(2001). *Managing Our Future: The Generation X Factor*. Public Personnel Management, 30(1): 95-109.

Odiorne, George S. *Personnel Management by Objectives*. Homewood. Illinois: Richard D. Irwin, 1971.

Osborne, David and Gaebler, Ted(1992). *Reinventing Government: How The Entrepreneurial Spirit is Transforming the Public Sector*, New York: Addison-Wesley, p. 247.

Paine, Frank T. and William M. Bassin. "Sensitivity Training: Theory and Practice," *Public Personnel Review* 36(2). 1965.

Patten Jr., Thomas H. "Precepts for Personnel Development," *Public Personnel Review*. 1970.

Paul, Pigors and Charles A. Myers. *Personnel Administration*. London: McGraw-Hill, 1977.

Pfiffner, James P. "Political Apppointees & Career Executives: The Democrasy-Bureaucracy Nexus in the Third Century," *Public Administration Review* 47(1). 1987.

Pigors, Paul and Charles A. Myers. *Personnel Administration*: A Point of View and a Method (8th ed.). McGraw-Hill. 1977.

Pollitt, Christopher(193). *Managerialism and The Public Services*, 2nd. Oxford: Blackwell.

Porter, Lyman W. & Edward E. Lawler. *Managerial Attitydes and Performance*. Homewood, Ill.: Irwin, 1968.

Powell, Norman J. *Personnel Administration in Government*. Englewood Cliffs, N.J.: Prentice-Hall, 1956.

Pynes, Joan E. and Shrader, Alan (1997). *Human resources management for public and nonprofit organizations*. San Francisco: Jossey- Bass.

Reeves, E. J. "Egual Employment and the Concept of the Dureaucracy as a Reprosentative Institution", *Midwest Review of Public Adminstration*: 3-13. 1972.

Rosenboom, David H. *A Theory of Public Personnel Reforms*. in Frederick S. Lane (ed.). Current Issues in Public Administration. New York: St. Martin's Press, 1986.

______________. *Public Administration: Understanding Management, Politics, and Law in the Public Sector* (2nd ed.). Random House, 1989.

Rue, Lrsilie W. and Lloyd L. Byars. *Management: Skills and Application*. McGraw-Hill, 2000.

Sayre, W. "The triumph of techniques over purpose," *Public Administration Review*. 1948.

Schein, E. H. *Organizational Psychology* (2nd ed.). Englewood Cliffs, N.J.: Prentice Hall, 1970.

Schuler, R. S. *Personnel and Human Resource Management* (2nd ed.). St. Paul, M.N.: West Publishing Co., 1984.

Shafritz, Jay M., Albert C. Hyde & David H. Rosenbloom. *Personnel Management In Government: Politics and Process* (2nd ed.). New York: Marcel Dekker, Inc, 1981.

Shafritz, Jay M. and E. W. Russell. *Introducing Public Administration*. Addison-Wesley, 1997.

Shafritz, Jay M. et al. *Personnel Management in Government*. Marcel Dekker. 1986.

________. *Personnel Management in Government*. New York: Marcel Dekker, 1992.

Shafritz, Jay M., Riccucci Norma, David H. Rosenbloom & Albert C. Hyde. *Personnel Management In Government: Politics and Process* (4th ed.). New York: Marcel Dekker, Inc., 1992.

Siegel, Gilbert B. and Robert C. Myrtle. *Public Personnel Administration*. Boston: Houghton Milfflin Co., 1985.

Siegel, Gilbert B. Designing and Creating an Effective Compensation Plan. in Stephen E. Condrey (ed.). *Handbook of Human Resource Management In Government*. San Francisco: Jossey-Bass Inc., 1998.

Srivastava, P. K. *Projecting Manpower Demand*. India Minisry of Home Affairs, 1964.

Stahl, O. Glenn. *Public Personnel Administration* (7th ed.). New York: Harpern & Row, 1976.

__________. *Public Personnel Administration* (8th ed.). New York: Harpern & Row, 1983.

Sylvia, Ronald D. *Public Persannel Administration*, Belmont, CA: Wadsworth

Publishing Co.

Tompkins, Jonathan. *Human resource management in government*. N.Y.: Harper Collins College Publishers, 1995.

Thompson, Frank J. *Managing Within Civil Service System*. in James L. Perry. (ed.). *Handbook of Public Administration*. Sna Francisco: Jossey-Bass, 1990.

Vroom, Victor. *Work and Motivation*. New York: Wiley, 1964.

Werner, Simcha S. "New Direction in the Study of Administration Corruption," in *PAR* 43(2), 1983.

Werther, W. B. Jr. and K. Davis. *Personnel Management and Human Resources*. New York: McGraw-Hill Inc., 1982.

White, Gaoff(1997). Pay *Flexibilities in the United Kingdom's Public Service*. Review of Public Personnel Administration. 17(3): 34-45.

Wolf, James. "The Student Responsibility Model of Public Service Internships," *Southern Review of Public Administration*. 1979.

INDEX

찾아보기

ㄴ

ㄷ

ㅅ

ㅇ

ㅈ

ㅎ

저자 약력

한영수
건국대학교 및 대학원 졸업(행정학 박사)
공무원 시험 위원
공무원 연수원 강사
지방자치단체 종합평가위원(행정자치부)
한국행정학회 회원
한국정책학회 감사
한국정책과학학회 이사 · 감사
현) 강남대학교 사회과학대학 행정학과 교수

저서 및 논문
현대사회복지론(번역서). 홍익재, 1994.
공무원 연봉제에 관한 연구(논문) 등 다수.

강인호
건국대학교 법정대학 행정학과 졸업(행정학사)
건국대학교 대학원 행정학과 졸업(행정학 석사)
미국 the University of Akron(행정학석사 및 박사)
대통령자문 정부혁신지방분권위원회 전문위원
행정고등고시 출제 · 선정 · 채점위원
한국행정학회 이사
한국지방자치학회 상임이사
한국지방정부학회 교육이사
한국정책과학회 섭외이사
한국거버넌스학회 편집이사
현) 조선대학교 사회과학대학 행정복지학부 교수

저서
지방정부기능론(삼영사, 공저)
행정학교육워크샵(대영문화사, 공저)
거버너스 이해(대영문화사, 공저)

인사행정론

초　판 1쇄 발행/ 2004년 3월 2일
개정1판 1쇄 발행/ 2006년 2월 6일
개정2판 1쇄 발행/ 2009년 2월 27일
개정3판 1쇄 발행/ 2012년 2월 29일

공저　한영수 · 강인호
발행처　형설출판사
서울시 종로구 통의동 7-33 · 전화 (02) 738-6052～4 · 팩시밀리 (02) 736-7134
대구광역시 북구 노원 3가 303-1 · 전화 (053) 425-2811～4 · 팩시밀리 (053) 425-7315
발행인　장지익
등록　라-제9호 · 1962년 5월 1일
홈페이지　http://www.hyungseul.co.kr
e-mail　hs@hyungseul.co.kr

정가 26,000원

ISBN 978-89-472-7231-5 93320